企业内部控制与风险管理

李天国◎编著

中国铁道出版社有限公司

CHINA RAILWAY PUBLISHING HOUSE CO., LTD.

2023年·北京

图书在版编目（CIP）数据

企业内部控制与风险管理/李天国编著 . —北京：
中国铁道出版社有限公司,2023.10
ISBN 978-7-113-30467-6

Ⅰ.①企… Ⅱ.①李… Ⅲ.①企业内部管理②企业
管理-风险管理 Ⅳ.①F270②F272.3

中国国家版本馆 CIP 数据核字（2023）第 150878 号

书　　名：企业内部控制与风险管理
　　　　　QIYE NEIBU KONGZHI YU FENGXIAN GUANLI
作　　者：李天国

责任编辑：郭景思　　　　编辑部电话：(010)51873007　　　电子邮箱：guojingsi@sina.cn
装帧设计：**WONDERLAND** Book design
　　　　　仙境 QQ:344581934
责任校对：苗　丹
责任印制：赵星辰

出版发行：中国铁道出版社有限公司（100054，北京市西城区右安门西街 8 号）
网　　址：http://www.tdpress.com
印　　刷：北京联兴盛业印刷股份有限公司
版　　次：2023 年 10 月第 1 版　2023 年 10 月第 1 次印刷
开　　本：710 mm×1 000 mm 1/16　印张：24.25　字数：397 千
书　　号：ISBN 978-7-113-30467-6
定　　价：98.00 元

风险管控事关公司生死存亡和老板人身安全

因税务风险管控不当，某上市公司因高管持股平台税务筹划失败，公司变合伙企业需补税 25 亿元，董事长说"有关单位告知我们有刑事（责任）风险"，董秘说"面临立即破产的风险"……

某某地产公司负债 2.9 万亿元，无法偿还到期债务……

为争夺公司控制权，小舅子以职务侵占罪和挪用资金罪将姐夫送进监狱 14 年……

某公司股东大打出手、抢公章……

某公司财务总监两年挪用 2.6 亿元赌博……

某著名公司的实际控制人因挪用公司资金出资注册公司，挪用的资金用了 5 天后归还，被判刑 8 年……

某公司仓库管理员两年偷卖公司材料 1 000 余万元……

骗子假冒董事长在 QQ 群里发指令，上市公司被骗走 3 505 万元……

以上案例只是冰山一角，现实中大量案例更加触目惊心，给企业造成重大损失，甚至导致企业家身陷囹圄。

这些，都是公司风险管理出了问题，内部控制失效造成的。

股权投资风险、税务风险、资金管理风险、资产管理风险、采购和销售业务中的风险、投资风险、融资风险、合同风险等，公司生产经营过程中面临方方面面、形形色色的风险。稍有不慎，轻则经济受损，重则管理者承担刑事责任，公司破产、倒闭。

无数案例以血的教训说明，加强公司风险管理，做好内部控制，事关公司生死存亡，到了刻不容缓的地步。

风险管控并不难，贵在方法对路，重在细节落实

公司风险管控如此重要，但现实中大多数公司做得并不好，可以说内部控制漏洞百出。说到原因，有的管理者觉得自己文化水平不高，风险管控太复杂，学不会；有的认为是财务部门、风险管理部门的事；有的认为只有大公司才做这些，中小企业没有必要；有的则是没有意识到其中的重大风险，出了事才后悔莫及。

其实，公司风险管控并没有想象的难，而是有一套早已被证实行之有效的、成熟的方法，只要建立制度、完善流程、落到细节，就能达到好的效果。

很多管理者希望学习指导能够通俗易懂、简便易行，能够以案例进行讲解，剖析原因，有政策合法性依据，并能提供可落地实施的辅导工具。

而这些，恰恰就是本书的特色和价值所在。

本书特色

• 真实案例：书中每个章节都列举了丰富案例，所选案例大多是最高人民法院或省级人民法院生效的司法判决案例、税务机关实际稽查案例、权威媒体报道或笔者亲历的实际案例。

• 从零开始：从案例发生开始讲解，着重从各关键节点分析原因，建立内控制度、流程，结合公司实际该怎么做，简明扼要，通俗易懂，让没有专业学过管理、财务、法律的读者也能轻松掌握，入门门槛很低。

• 内容新颖：以对公司非常重要而又经常发生的股权投资风险、税务风险作为重点进行讲解。

• 经验总结：本书涵盖企业管理、财务管理、风险管理、公司法、税法等方面知识，结合作者20多年的实践经验，对公司各环节、各业务流程的主要风险、产生原因做了系统总结，并提出切实可行的管控措施和管控流程建议。

• 内容实用：结合大量实例，对公司从筹划成立，到股权、控制、税务、采购、销售、资金、资产、投资、融资等关键节点的风险做了全面归纳总结。

本书读者对象

- 财务、税务、公司管理零基础入门人员；

- 公司实际控制人、股东、高管；

- 财务管理人员、财务从业人员；

- 创业者、潜在创业者；

- 公司各部门、各岗位管理人员；

- 对财务、税务、股权、企业管理感兴趣的人员；

- 各类财务、财经、财管院校学习的学生；

- 各类企业高管培训、财务培训的学员。

鸣　　谢

本书编写过程中，承蒙友人罗雨露女士的精心指导，成都农业经济发展促进会会长、庆龙凤连锁董事长温中彬先生的独到意见和提供的方便，四川省川能水利电力建设有限公司总经理、刘元文先生的建议和经验分享，营销专家、湖南白狮网络科技有限公司创始人郑鹏先生对企业营销方式与风险管控的真知灼见，李月婷女士大量的资料查询、文稿整理工作，以及一些企业家朋友提出的好建议，在此一并致谢！

目　录

第 3 章
税务风险管理与控制

第4章
资金风险管理及内部控制

第5章
采购业务风险管理及内部控制

第 6 章
销售业务风险管理及内部控制

第 7 章
资产管理风险及内部控制

第8章
筹资业务风险管理及内部控制

第9章
投资业务风险管理及内部控制

第1章

风险管理及内部控制基础

本章从一个大公司的破产案例，引入风险概念，介绍风险识别、风险分析、风险应对等风险管理方法，并着重讲解如何结合发展战略，运用不相容职务分离控制、授权审批控制、会计系统控制、财产保护控制、全面预算控制、合同控制等内部控制手段来管控风险，将风险控制在可承受范围内，实现公司可持续发展。

本章主要涉及的知识点有：

- 风险和风险管理；
- 内部环境；
- 内部控制；
- 全面预算控制；
- 上市公司风险管控漏洞案例。

案例呈现

盲目扩张、不聚焦主业、管理混乱——庞然大物轰然倒塌

A集团是某大学创办的电脑公司，凭着技术优势发展迅速，在香港上市后，更是迅猛发展，成为电脑行业排名靠前的知名品牌。最辉煌的2018年，A集团更是达到其巅峰，年销售收入达1 300多亿元，旗下6家上市公司，风光无限。

但就是这么牛的企业，也说倒就倒。2019 年底，A 集团向法院申请破产重组。根据破产重整清产核资审计报告显示，2019 年底，A 集团净资产合计 620 亿元，债务总额高达 1 470 亿元，是资产的两倍，而且，应收账款不清楚，还有应收账款减值 590 亿元无法解释。

这家资产数千亿元的世界 500 强企业，一个庞大的巨型集团，为何竟走到了破产重组的境地？

最主要的原因就是疯狂投资，而且是盲目地加杠杆并购投资。自 2002 年起，A 集团就陆续将××证券、××商业银行、××钢铁集团、××医疗健康、××智慧交通等收入囊中，早就改变了创立之初确定的科研成果转化这一定位和使命，由最初定位的高科技公司摇身一变成为一家金融控股财团。

公司效益方面，公司的净利润自 2015 年开始逐年下滑，2016 年下滑至 15 亿元，2017 年和 2018 年甚至为亏损状态。

由于盲目扩张、过度举债、过度多元化，导致 A 集团深陷债务危机，其自 2017 年起，20 多只中期票据、私募债、短期融资券、公司债等无法偿还，构成实质违约。

作为资产 3 600 亿元的庞然大物，压垮它的最后一根稻草，是一笔 20 亿元的短期借款。

造成 A 集团破产的原因很多，首先就是研发投入过低。A 集团作为一家高科技起家的巨头公司，2019 年上半年研发费用仅仅 2 亿元，占总营收比重的 0.33%，研发费用比例不到行业平均的零头，早把最初的科研成果转化这一高科技之魂丢了。看一下华为，2019 年研发投入达到 1317 亿元，占当年销售收入比例达 15.3%。

其次，A 集团在如日中天的时候，内部纷争也早就开始了，其内部分化为以董事局主席为首的技术派和以董事长为代表的经营派，两派之间不休地争斗一直在进行。虽然后来两派均被要求退出集团董事会，但随后轮番上位的继任者也未能免俗，内斗这一双输的局面从未停止，后来演变为群龙无首的混乱局面。

最后就是因证件问题，整天忙于起诉与被起诉，直至被债权人起诉到法院要求破产重组偿债，才就此落下了帷幕。

从案例可以看出，A 集团投资业务的风险管控也是失败的，这里粗略列举几条：

①盲目扩张、过度举债、效率极低的多元化投资导致其深陷债务危机；

②不专注主营业务，不聚焦，只想着赚快钱，置公司的发展战略于不顾；

③技术研发投入水平低，没有核心技术，使科研成果转化这一高科技定位形同虚设；

④利润逐年下滑甚至亏损；

⑤不但应收账款无法解释清楚，还有莫名其妙的应收账款减值 589 亿元，财务会计控制名存实亡；

⑥公司高层管理者争权夺利，公司架构、治理体系混乱。

以上这些，都是公司风险管理和内部控制需要解决的问题，将在后面的章节中一一展开。

1.1 风险和风险管理

本节围绕什么是风险管理，如何进行风险识别、风险分析、风险应对等，讨论如何有效进行风险管理。

1.1.1 风险管理

风险无时不在、无处不有，风险管理是企业管理的一个非常重要的方面。

1. 什么是风险管理

所谓风险，就是遭受损失、伤害、不利、危险的可能性，也就是我们生产经营目的与成果之间的不确定性，这种不确定性一方面表现为收益的不确定性，另一方面表现为成本或代价的不确定性。

风险不但具有客观性、普遍性、必然性、可识别性和可控性，同时具有损失性、不确定性和社会性，正因为有风险所以才要进行风险管理。

风险管理，就是选择最有效的方式，有计划地以最小成本获得最大安全保证。一个良好的风险管理，有助于降低决策错误概率，避免可能性损失，相对提高企业本身附加价值。

所以说，风险管理的目标就是要以最小的成本获取最大的安全保障。

2. 风险管理的基本框架

风险管理基本框架包括内部环境、目标制定、风险识别、风险评估、风险应对、控制活动、信息与沟通、监控等八个方面的内容，这八个方面贯穿于企业管理的全过程。

既然企业无时无刻不面临风险，就需要对风险采取正确的态度和方法，那就是进行有效的风险识别（看有哪些风险）、风险分析（评估风险发生的原因、可能性、影响程度）、风险应对（如何应对风险）。

1.1.2 风险识别

风险识别包括风险识别的类型、风险识别的流程、风险识别的方法三部分。

1. 风险识别的类型

企业面临的风险包括内部风险和外部风险，其中：

内部风险一方面是指企业的决策与外界环境不相适应的风险，另一方面是指生产经营活动中来自各个流程、各个部门的风险。内部风险又可分为战略风险、运营风险和财务风险三类。

外部风险是指外部环境本身的风险和外部环境变化对企业目标的影响，又可分为自然风险、政治风险、市场风险、法律风险四类。

企业面临的风险类别见表 1-1 企业风险类型。

表 1-1 企业风险类型

内外部	风险类型	风险描述	风险识别
内部风险	战略风险	不确定性对企业战略目标实现造成的影响	企业发展战略和规划、投融资计划、年度经营目标、经营战略，以及编制这些战略、规划、计划、目标的有关依据；科技进步、技术创新的有关内容；市场对企业产品或服务的需求；与企业战略合作伙伴的关系、未来寻求战略合作伙伴的可能性；企业主要客户、供应商及竞争对手的有关情况；与主要竞争对手相比，企业的优势与差距；企业对外投融资过程中曾发生或易发生错误的业务流程或环节
	运营风险	由于内部流程、人为错误或外部因素而令公司产生经济损失的风险	对现有业务和系统运行情况的监管、运行评价及持续改进能力；新市场开发、市场营销策略；企业组织效能、管理现状、企业文化；高、中层管理人员和重要业务流程中专业人员的知识结构、专业经验；质量、安全、环保、信息安全等管理中曾发生或易发生失误的业务流程或环节；因企业内、外部人员的道德风险导致企业遭受损失或业务控制系统失灵

内外部	风险类型	风险描述	风险识别
内部风险	财务风险	各种难以预料或控制的因素使企业财务收益与预期收益方式偏离，分为筹资风险、投资风险和收益分配风险	现金流、应收账款及其占销售收入的比重、资金周转率；产品存货及其占销售成本的比重、应付账款及其占购货额的比重；负债、或有负债、负债率、偿债能力；制造成本和管理费用、财务费用、销售费用；盈利能力；成本核算、资金结算和现金管理业务中曾发生或易发生错误的业务流程或环节；与企业相关的行业会计政策、会计估算以及与国际会计制度的差异及调节
外部风险	自然风险	自然灾害、自然环境等因素导致的损失	地震、台风等自然灾害造成的工程、建筑、电力、公用事业损失等；暴雨、火灾、冰雹等造成的原材料、人力资源等损失
	政治风险	政治环境发生变化、政局不稳、政策法规变化带来经济损失的可能性	国家政策禁止继续某项业务、政府规划改变导致现有场地不能继续使用、某类产品的强制标准提高导致产品增加等
	市场风险	市场变化、产品滞销等原因导致跌价或不能及时卖出自己的产品、金融市场风险	产品或服务的价格及供需变化；能源、原材料、配件等物资供应的充足性、稳定性和价格变化；主要客户、主要供应商的信用情况；税收政策和利率、汇率、股票价格指数的变化；潜在竞争者、竞争者及其主要产品、替代品的情况
	法律风险	具体行为不规范引起法律上不利后果发生的可能性	员工道德操守的遵从性；企业签订的重大协议和有关贸易合同；国内外与企业相关的政治、法律环境；影响企业的新法律法规和政策；企业发生重大法律纠纷案件的情况；企业和竞争对手的知识产权情况

2. 风险识别的流程

识别风险一般经过以下流程：

发现风险因素→认知风险因素→预见危害→重视风险暴露。

3. 风险识别的方法

风险识别的方法一般有财务报表分析法、流程图分析法、事件树分析法、因果图分析法、现场调查法、风险清单法等。

1.1.3 风险分析

风险分析，是在风险识别的前提下，继续就风险发生的可能性和对企业的影响程度进行综合评估，为风险应对提供依据。

1. 风险分析的内容

风险分析的内容包括以下几个方面。

（1）风险因素。企业要分析企业的战略风险、财务风险、市场风险、运营风险、法律风险等发生的可能性和对企业目标实现的影响。

（2）风险发生的可能性及影响程度。风险发生的可能性，就是假设在企业生产经营过程中不采取任何措施的情况下，风险发生的概率；影响程度分析，就是风险事故对实现企业目标影响程度的可能损失值。要按排序分析发生的可能性和影响程度，分清哪些是主要风险，哪些是次要风险。

（3）关系风险。将各个单项风险因素放在一起进行分析，观察各个风险之间的相互影响和综合风险。

2. 风险分析的程序

风险分析的程序一般是，建立风险分析程序→分析策划→收集风险数据→选择分析技术和方法→综合分析实施→撰写风险分析报告→建立风险分析数据库。

3. 风险分析的方法

风险分析的方法包括：风险坐标图、敏感性分析、情景分析法、蒙特卡罗法、关键风险指标法、风险价值法、压力测试等。

1.1.4 风险应对

前面做了风险识别，使企业认识到存在哪些风险，而且做了深入的风险分析，使企业不仅了解到存在风险，存在哪些风险，而且知道风险发生的可能性和对企业的影响程度。充分了解风险后，企业接下来要做的，就是如何应对风险。一般来说，风险应对的方法有风险规避、风险降低、风险转移、风险承受等几种。

1. 风险规避

风险规避，就是停止、取消、退出可能发生风险的活动。例如，企业本来打算做一项投资活动，可能带来较高的收益，但经过风险识别、风险分析，认为风险不仅存在，而且发生的可能性很大，一旦发生将对企业带来不可承受的影响。企业经过权衡利弊，决定取消该项投资，以规避风险。

（1）风险规避的方式。

风险规避的方式包括三类，一是完全放弃；二是中途放弃；三是改变条件，通过改变生产流程、制造工艺、技术路径、工作方法、生产经营性质等，规避其风险。

（2）风险规避的措施。

可以采取以下具体措施来规避风险：

①禁止。对于风险大的项目、活动交易，通过建立规章制度来禁止；

②限制。为避免单纯追求利润而不顾风险，对活动或业务范围等采取限制措施；

③剥离。将某些风险大的项目、活动剥离出来进行包括出售、清算等处置；

④筛选。对高风险低收益的项目筛选替代方案；

⑤消除。通过完善内控制度从源头消除风险、控制风险；

⑥终止。为了规避风险而调整战略和目标，果断停止高风险项目、活动。

（3）风险规避的优缺点。

风险规避的优点是可以事先进行规划和控制，从源头避免损失，避免盲目的非理性投资；缺点是可能因放弃而丧失机会，况且有的风险也无法回避，或又会产生新的风险。

2. 风险降低

风险降低，就是在面对风险时，采取各种措施使风险发生的可能性降低或者将不利影响降低，或者既降低可能性又降低不利影响，包括风险分散、风险分摊、企业内部活动控制三种方式。

（1）风险分散，就是将企业面临的风险化小，分散到若干个单位、环节，使企业总的风险程度最小，如开展多元化经营、将重要资产分开存放等。

（2）风险分摊，简单说就是采取合理的方式让其他企业与本企业共同承担某项风险，从而降低企业自身的风险，如联营、联合投资等。

（3）企业内部活动控制，就是控制内部各部门、各环节、各岗位的流程、制度、方式等来降低风险。

3. 风险转移

风险转移，又叫风险分担，就是采取一定的方式转移风险，是风险降低发生的可能性或影响的严重程度，或转移由其他主体承担一部分风险。风险转移有以下三种方式。

（1）保险转移，就是通过购买保险，将风险转移给保险公司来承担。

（2）财务型非保险转移，就是采取经济手段转移风险。例如，要求业务对象提供保证（抵押、质押、担保等）、再保证（为保险起见，在有保证的基础上再要求对保证人进行保证）、股份化（通过发行股份将老股东的风险转移给新股东）、套期保值等。

（3）控制型非保险转移，就是通过与他方确定合同、协议等法律文件，将风险转移给他方，从而使自己的风险降低。例如，业务外包（将风险转移给承包人）、租赁（企业作为承租方，将风险转移给出租方）、委托（将风险转移给受托方）、售后回租（将某项资产先出售再租回来，既把风险转移给购买方，又能缓解资金压力）等。

4. 风险承受

风险承受，就是知道风险可能发生，但经过权衡风险和收益后认为有承受风险的能力，而且留下风险的损失比转移风险的代价小，决定不采取措施干预而留下风险并承受风险。

风险承受的方式有：用企业自身的其他收入来弥补损失、外部融资设立风险基金等。

5. 风险应对的策略选择

面对风险，不能依靠以往经验盲目、随意应对，而应运用科学的分析方法进行评估和选择，以达到预期效果，其方法主要有期望值分析法、净现值分析法、决策树分析法。

（1）期望值分析法，就是通过已有统计资料对现在不可知因素的分析预测而得到期望值的方法，包括：损失期望分析（选取期望损失最小的方案）、收益期望分析（选取期望收益最大的方案）、效用期望分析（选择期望损失效用最小或期望收益效用最大的方案）。

（2）净现值分析法，就是在各种风险应对方案中，选择净现值最大的方案。运用净现值分析法可以指导企业追求企业价值最大化这一目标，但缺点是净现值计算比较麻烦。

（3）决策树分析法，就是按时间先后顺序将相互依赖的风险直观地表示在决策树图中，从而选出最优方案的方法。

1.2 | 内部环境

这里说的内部环境，并不是指企业内部的自然环境、卫生环境等有形环境，而是指企业进行风险管理、内部控制的软环境和无形的环节。

财政部公布的《企业内部控制基本规范》指出，内部环境是企业实施内部控制的基础，一般包括治理结构、机构设置及权责分配、内部审计、人力资源政策、企业文化等。

1.2.1 组织架构

拥有一个产权清晰、职责明确、管理科学的现代企业制度，可以使企业有效防范和化解各种舞弊风险，为风险管理和内部控制提供有力支撑。建立现代企业制度的核心是具备科学完善的组织架构。

1. 组织架构是什么

根据《企业内部控制应用指引第1号——组织架构》的解释，组织架构，是指企业按照国家有关法律法规、股东（大）会决议和企业章程，结合本企业实际，明确股东（大）会、董事会、监事会、经理层和企业内部各层级机构设置、职责权限、人员编制、工作程序和相关要求的制度安排。

组织架构又可分为治理结构和内部职能机构。

（1）治理结构。一般包括股东（大）会、董事会、监事会、经理层，就是在企业治理这个层面的组织架构，就是明确、科学、合理的确定股东（大）会、董事会、监事会、经理人员、其他利益相关者之间的权利、义务、责任、收益，并能有效制衡。

（2）内部职能机构。即企业内部设立的由各层级管理人员和专业人员组成的行使决策、执行、计划、监督、评价等权利和义务的管理团队。

2. 组织架构的设计

组织机构的设计应遵循符合法律法规、企业发展战略、管理控制、内外环境要求的原则，合理建立治理结构和内部职能机构。

（1）治理结构的设计。应按照决策机构、执行机构、监督机构三者之间相互独立、权责明确、相互制衡的原则，各司其职、各尽其责。董事会、监事会和经理层的人员构成、知识结构、能力素质应当满足履行职责的要求，其产生程序应当合法合规。

①股东（大）会，是企业的最高权力机构，享有依法行使企业经营方针、筹资、投资、利润分配等重大事项表决权在内的法律法规和企业章程规定的合法权利；

②董事会，是企业的决策机构，对股东（大）会负责，依法行使企业的经营决策权。企业可按照股东（大）会有关决议，设立战略、审计、提名、薪酬与考核等专门委员会，明确各专门委员会的职责权限、任职资格、议事规则和工作程序，为董事会科学决策提供支持；

③监事会，是企业的监督机构，对股东（大）会负责，监督企业董事、经理和其他高级管理人员依法履行职责；

④经理层，对董事会负责，职责分工应当明确，主持企业的生产经营管理工作。

（2）内部职能机构的设计。内部职能机构一般有四种形式：U形结构（直线职能制，中央集权式）、M形结构（事业部制，集权与分权相结合式）、H形结构（控股公司制，控股公司结构）、矩阵型结构（按职能划分部门和按产品项目划分小组相结合）。内部职能机构的设计应符合以下要求：

①应当按照科学、精简、高效、透明、制衡的原则合理设置内部职能机构，明确各机构的职责权限，一方面要避免职能交叉、缺失，另一方面也要防止权责过于集中，要通过职能机构和制度建设形成各司其职、各负其责、相互制约、相互协调的工作机制；

②在机构的职能上，对各机构的职能进行科学合理的分解，确定具体岗位的名称、职责和工作要求等，明确各个岗位的权限和相互关系；

③在确定职权和岗位分工过程中，遵循可行性研究与决策审批、决策审批与执行、执行与监督检查等不相容职务相互分离的要求。

为使员工了解和掌握组织架构设计及权责分配情况，并正确履行职责，应当制定组织结构图、业务流程图、岗（职）位说明书和权限指引等内部管理制度或相关文件，要清晰明了、易于理解。

3. 组织架构的运行

《企业内部控制应用指引第1号——组织架构》第九条指出，企业应当根据组织架构的设计规范，对现有治理结构和内部机构设置进行全面梳理，确保本企业治理结构、内部机构设置和运行机制等符合现代企业制度要求。

（1）治理结构的运行，应当重点关注：

①董事、监事、经理及其他高级管理人员的任职资格是否符合要求；

②董事、监事、经理及其他高级管理人员的履职情况是否忠实履行勤勉尽责；

③董事会、监事会和经理层的运行效果，是否符合相互独立、权责明确、相互制衡的原则，是否高效、合理。

（2）内部职能机构的运行，应当重点关注：

①内部机构设置的合理性，看是否存在职能交叉、缺失；

②内部机构运行的高效性，看是否运行效率低下。

1.2.2　发展战略

发展战略可以为企业找到市场定位，为企业的风险管理和内部控制设定战略目标，也是执行层的行动指南。

1. 什么是发展战略

根据《企业内部控制应用指引第 2 号——发展战略》的解释，发展战略是指企业在对现实状况和未来趋势进行综合分析和科学预测的基础上，制定并实施的长远发展目标与战略规划。

2. 实施发展战略应关注的风险点

企业制定与实施发展战略应当关注下列风险。

（1）盲目发展。没有发展战略或者虽然制定了发展战略但实施不到位；

（2）过度扩张。发展战略过于冒进、过度扩张，脱离企业的实际能力或偏离企业主业；

（3）频繁调整。发展战略随企业领导人的主观意志频繁调整、随意变动，既不严肃，也造成资源浪费和成本增加，更让下级无所适从。

3. 发展战略的制定

企业应科学制定既符合市场规律又符合企业实际的可持续发展的发展战略。发展战略的制定可以按下列步骤进行。

（1）设立战略管理机构。企业为推动发展战略，应设立发展战略管理机构，这个机构一般是在董事会下设立战略委员会，也可以指定相关机构负责发展战略管理工作，总之要有相关机构履行相应职责。

（2）调查研究、分析预测。调查研究、分析预测从这些方面入手——宏观经济政策；国内外市场需求变化；技术发展趋势；行业及竞争对手状况；可利用资源水平；自身优势与劣势、核心竞争力。

（3）制定发展目标。企业发展战略可以分解为发展目标和战略规划两个层次，发展目标是基本方向和要达到的水平；战略规划是具体规划、具体目标。

制定发展目标应聚焦主业，形成核心竞争力，不能过于冒进、过度扩张，脱离企业的实际能力，也不能过于保守，丧失发展机遇。

（4）制定战略规划。应当明确发展的阶段性和发展程度，确定每个发展阶段的具体目标、工作任务和如何实现这些目标的具体实施路径。

（5）审议发展战略。应重点关注其全局性、长期性和可行性；由董事会审议发展战略，如果发现重大问题，应当责成战略委员会对方案作出调整；经董事会审议通过后，报经股东（大）会批准实施。

4. 发展战略的实施

（1）根据发展战略，制订年度工作计划，将年度目标分解为季度目标、月度目标。

（2）组织各部门、各环节有效实施发展战略。

（3）将发展战略及其分解落实情况通过内部各层级会议和教育培训等有效方式进行传递和培训，加强对内部各管理层级和全体员工的宣传工作。

（4）定期收集和分析相关信息，当加强对发展战略实施情况的监控，对于明显偏离发展战略的情况，应当及时报告。

（5）如果由于各种因素发生重大变化确需对发展战略作出调整的，应当按照规定权限和程序调整发展战略。

1.2.3　人力资源政策

人才就是财富，如何调动员工的积极性、创造性和潜能，凝聚员工为实现企业的目标而努力，是人力资源政策需要考虑的。

1. 人力资源对企业的重要性

人力资源，是指企业组织生产经营活动而录（任）用的各种人员，包括董事、监事、高级管理人员和全体员工。

（1）发挥全体员工的积极性、创造性和潜能，是增强企业活力的源泉。

（2）良好的人力资源机制和制度，可以凝聚全体员工并提升企业核心竞争力。

（3）良好的人力资源机制和制度，可以激发全体员工一起努力奋斗，是实现发展战略的动力。

2. 人力资源管理的风险

人力资源管理应当关注下列风险。

（1）人力资源缺乏或过剩、结构不合理、开发机制不健全，都不能充分发挥员工的积极性、创造性、责任心，可能导致企业发展战略难以实现。

（2）人力资源管理制度、激励制度不合理，关键岗位人员管理不完善、管理能力不足，可能导致人才流失，或者经营效率低下，或者关键技术、商业秘密被泄露的风险。

（3）人力资源退出机制不当，可能导致法律诉讼或企业声誉受损。

3. 人力资源政策的主要内容

（1）人力资源规划。企业应根据发展战略、人力资源现状、未来需求预测，建立人力资源发展目标和人力资源规划。

（2）人力资源的引进。

（3）培训与开发。

（4）绩效管理。企业进行绩效管理要做好以下几个方面：第一，应设置科学的业绩考核指标体系；第二，对各级管理人员和全体员工进行严格的绩效考核，评价其工作业绩和工作结果；第三以绩效考核结果作为确定员工薪酬、职级调整和解除劳动合同等的重要依据。

绩效管理的注意事项：

①要有清晰的目标。要什么就考核什么，要将目标层层分解，使企业目标、部门目标、个人目标一致，每个人都有清晰的目标，大家向一个方向努力。

②要有量化标准。考核的标准要客观、公正，要能数字化表述、可计量、

不产生歧义，不能凭感觉来考核，否则就失去了公平性，难以服人，也不可能持久。

③与工资、奖金、利益、职务晋升挂钩。只有将考核结果与薪酬、利益、晋升挂钩，才公平合理，才会引起重视，才会被认真对待而不至于流于形式。

④重时效。对于每个人的工作过程及时进行考核、评价、奖惩，才会得到及时的思考、对照、总结、验证，如果周期过长，时过境迁，大家往往都不知道为什么会给这样的考核结果，因而效果会大打折扣。一般来说，基层员工每月考核一次，中层管理者每季度、半年考核一次，高层管理者以年底目标或者中长期目标考核。

⑤考核指标要繁简适度、关注重点。考核指标过多，平均用力，会不聚焦、没有重点，无法推进重要工作；指标过少、单一，很多工作可能又无法推进。

（5）薪酬管理。企业应当制定与业绩考核挂钩的薪酬制度，切实做到薪酬安排与员工贡献相协调，体现效率优先，兼顾公平。

①薪酬与员工的利益密切相关，同时，良好的薪酬制度可以吸引、留下员工，更可以激励员工，提升企业员工的获得感和企业的竞争优势。

②良好的薪酬制度可以达到三个目标，一是效率性，用适当的薪酬成本为企业带来最大的价值；二是公平性；三是合法性。

③工资结构。一般来说，比较合理的员工工资包括四个部分，第一是基本工资，只要出勤、在岗就有；第二是岗位工资，以员工所在岗位、职务确定工资等级和工资标准，但要与绩效考核结果适当挂钩；第三是技能工资，根据员工所具备的技能、能力确定的工资，技能、能力不同，支付标准也不同，但也要与绩效考核结果适当挂钩；四是绩效工资，以员工的业绩确定的工资，如提成工资、计件工资等。几部分结合，既体现日常行为，也体现岗位要求、技能水平，还体现工作结果。

（6）退出。一是结合企业实际建立健全员工退出（辞职、解除劳动合同、退休等）机制、条件和程序，确保员工退出机制得到有效实施；二是对考核不能胜任岗位要求的员工，安排再培训，或调整工作岗位，安排转岗培训；三是对仍不能满足岗位职责要求的，应当按照规定的权限和程序解除劳动合同。

1.2.4　企业文化

企业文化是企业的软实力，是企业实现发展战略过程中的灵魂，企业的兴旺在于管理，管理的优劣在于文化。在当今激烈的市场竞争中，企业文化对于企业实现发展目标、做大做强，有非常重要的作用。

1. 什么是企业文化

根据《企业内部控制应用指引第 5 号——企业文化》的解释，企业文化，是指企业在生产经营实践中逐步形成的、为整体团队所认同并遵守的价值观、经营理念和企业精神，以及在此基础上形成的行为规范的总称。

2. 企业文化的层次

企业文化包括三个方面的层次。

（1）企业理念。企业发展的未来定位和远景，是最核心的企业文化层面。

（2）企业的核心价值观。就是企业对待客户、对待工作、对待员工、做事情的准则。

（3）企业的形象和标示。

3. 企业文化建设的风险

加强企业文化建设应当关注下列风险。

（1）缺乏积极向上的企业文化。

（2）缺乏开拓创新、团队协作和风险意识。

（3）缺乏诚实守信的经营理念。

（4）忽视企业间的文化差异和理念冲突。

4. 企业需要什么样的文化

企业文化内涵丰富多彩，各具特色，通常来说，企业应当培育的企业文化包括以下几方面。

（1）体现企业特色的发展愿景。

（2）积极向上的价值观。

（3）诚实守信的经营理念。

（4）开拓创新的企业精神。

（5）团队协作。

（6）风险防范意识。

（7）履行社会责任。

1.3 | 内部控制

　　内部控制包括不相容职务分离控制、授权审批控制、会计系统控制、财产保护控制、预算控制、合同控制等具体控制方法，在形式上表现为一套相互监督、相互制约、相互制衡、彼此联结的方法、措施和程序，其中不相容职务岗位相互分离，是内部控制有效性保障的首要措施和手段。

1.3.1　认识内部控制

　　前面我们讲到，企业每时每刻都在面临形形色色的风险，需要企业加强管理，从制度、流程上，对这些风险加以识别、分析、预防和控制，需要企业从内部建立一系列的管理制度、流程、措施，这就需要内部控制。

　　内部控制是企业管理制度的一个重要组成部分，是为实现企业各项经营管理目标、防范风险的重要管理手段和措施。

　　1. 什么是内部控制

　　《企业内部控制基本规范》指出，内部控制是由企业董事会、监事会、经理层和全体员工实施的、旨在实现控制目标的过程。很多人对这个概念，都觉得有点晦涩难懂，读起来有点拗口，不太明白它的真正含义。

　　简单点说，内部控制，就是为了实现企业各项经营管理目标，防范控制风险，而建立和实施组织、管理、程序、制约、评价、控制的一系列方法和措施。

　　2. 如何理解内部控制

　　（1）为什么需要内部控制？内部控制是为了实现控制目标，即经营合法合规、资产安全、财务报告及相关信息真实完整，提高效率和增加效益，促进战略目标实现。

　　（2）控制什么？在控制目标的指引下，控制人员、财产、事情（活动）、信息等环节、事项、流程中的风险因素，规避、降低或消除风险。

　　（3）谁来实施控制？内部控制不仅仅是老板、管理层的事，也不仅仅是风控部门、审计部门的事，按照《企业内部管理基本规范》的定义，需要包括董事会、监事会、经理层、职能部门和全体员工共同参与实施。当然，主要是董事会负责组织领导内部控制体系建立，经理层、各部门具体落实内部控制体系建设与执行。

（4）控制到什么程度？内部控制要注意两种偏颇，一种是过于追求效率，内部控制过于松散、过于弱化，导致风险频次多、风险损失大；另一种是内部控制过度、过于烦琐，导致效率低下、官僚主义。企业应兼顾效率与风险、收益与成本，把握一个合理的度。

3. 内部控制的目标

内部控制的目标就是防范和控制风险，将风险控制在可承受范围之内，促进企业实现发展战略。内部控制要达到以下目标。

（1）符合并达成企业发展战略。

（2）保证各项资产安全、完好。

（3）提高生产经营的效率和效果。

（4）包括财务报告在内的各项相关信息真实、完整、可靠、及时。

（5）各项生产经营活动、管理制度遵循国家法律法规、产业政策、监管要求。

4. 内部控制的基本原则

企业建立与实施内部控制，应当遵循全面性、重要性、制衡性、适应性、成本效益原则。

（1）全面性原则。内部控制要贯穿于决策、执行、监督检查的全过程，落实到生产经营的所有业务、所有事项中，而不是局部执行，也不仅仅是风控部门、财务部门、审计部门的事。

（2）重要性原则。内部控制既要全面控制，更要特别关注重要业务事项、高风险领域。如果事无巨细、平均用力、面面俱到，既难以做到，也容易忽略重要风险，造成更大损失。

（3）制衡性原则。决策体系、机构设置、各岗位、各环节、各流程之间要相互牵制、相互监督，同时兼顾效率，最典型的就是不相容职务分离制度。

（4）适应性原则。适合自己企业的就是最好的，内部控制应当与企业的经营规模、业务范围、竞争状况和风险水平等相适应，并随着情况的变化及时加以调整。

（5）成本效益原则。内部控制并不是控制越严越好，控制过严、控制过度就意味着控制成本高、效率低，所以内部控制应当权衡实施成本与预期效益，以适当的成本实现有效控制。

5. 内部控制的要素

企业建立与实施有效的内部控制，应当包括内部环境、风险评估、控制活动、信息与沟通、内部监督这五个方面要素。

（1）内部环境。一般包括治理结构、机构设置及权责分配、人力资源政策、企业文化等，是企业实施内部控制的基础。

（2）风险评估。它是企业及时识别、分析生产经营活动中与实现内部控制目标相关的风险并采取措施应对的过程，是企业实施内部控制的重要环节和重要内容，这部分内容前面已有述及；

（3）控制活动。它是企业根据风险评估结果以及风险应对策略，采用相应的控制措施，将风险控制在可承受度之内。企业应结合生产经营的特点和要求来实施控制活动；

（4）信息与沟通。一方面是企业要全面、及时、准确地收集内部控制相关信息，另一方面是这些信息要在企业内部各部门之间、内部与外部之间进行传递和有效沟通。

（5）内部监督。它是企业对内部控制建立与实施情况进行合理性、有效性、持续性监督检查和评价，评价内部控制的有效性，形成书面报告，促进风险内部控制缺陷，及时改进和优化内部控制的措施。

6. 内部控制的措施

企业应当结合风险评估结果，通过合理有效的方法，运用各种控制措施，将风险控制在可承受范围之内。

内部控制措施一般包括：不相容职务分离控制、授权审批控制、会计系统控制、财产保护控制、预算控制、运营分析控制和绩效考评控制。

1.3.2　不相容职务分离控制

在中小企业，一个人可能不是专门只做哪个岗位的事，同时兼任几个岗位的工作不在少数，这就涉及不相容职务分离的内部控制措施。

1. 什么是不相容职务

不相容职务，是指在经济业务活动中，不能由一个人担任，否则既可能发生错误和舞弊行为，又可能掩盖其错误和舞弊行为的职务。例如，管钱的人不管账、管账的人不管钱，这是常识。出纳不能既管钱又管账，否则，出纳人员通过在账目上的错误和舞弊来配合谋取钱财，则是非常大的舞弊风险和漏洞。

为什么要求不相容职务分离？因为如果把这些不相容职务分配给两个（或两个以上）的部门或人员来做，一方面发生同样错误的概率会小很多；另一方面，两个人合伙起来舞弊的概率也比只有一个人小很多。并且，两个人可以起到相互监督、相互牵制的作用。

不相容职务分离控制，其核心就是内部牵制，它要求每项业务都有两个或两个以上的人员处理，相互监督、相互制约。通过不相容职务分离控制，可以预防并及时发现产生错误或舞弊的行为，大大降低发生错误或舞弊的风险。不相容职务分离控制是企业贯穿生产经营全过程的防范风险的重要手段。

2. 哪些属于不相容职务

虽然不同的企业可能所处行业不同、业务类型不同、业务模式不同，但原理是一样的，从总体上看，不相容职务主要分为五种：

（1）授权批准职务。

（2）业务执行职务。

（3）会计记录职务。

（4）财产保管职务。

（5）监督检查职务。

3. 不相容职务分工的原则

总的原则就是，将不相容岗位相互分离，也就是通过不相容职务分工，对不同岗位、不同人员制定不同的权限和岗位责任。总的要求就是，每一项业务不能全程完全由一个人办理，钱账、物账分管，严格健全的凭证制度。

不相容职务分工的原则是：

（1）经济业务处理过程的分工。经济业务分工的要点是，授权与执行分工；执行与审核分工；执行与记录分工；记录与审核分工。

（2）财物记录与保管的分工。财产物资的记录与保管分工的要点是，财产物资的记录与保管分工；保管与核对分工；总分类账与明细分类账的记录分工；总分类账与日记账的记录分工。

4. 不相容职务分离控制的内容

《企业内部控制基本规范》规定，不相容职务分离控制要求企业全面系统地分析、梳理业务流程中所涉及的不相容职务，实施相应的分离措施，形成各司其职、各负其责、相互制约的工作机制。

不相容职务分离控制的内容包括：

（1）授权批准与执行某项经济业务的职务分离。如有权决定或审批某些资产处置购入的人员，不能同时兼任该资产处置人，自己批准，然后自己去办理该资产处置的业务。

（2）执行与审核某项经济业务的职务分离。如报销费用的人员不能兼任该项费用的审核人员，自己报销费用自己审核。

（3）业务执行与会计记录的职务分离。如采购人员不能同时兼任会计记账工作。

（4）财产保管与会计记录的职务分离。如财产管理人员与仓库物资记账人员分离、出纳与会计职务分离等。

（5）授权批准与会计记录的职务分离。采购业务的授权批准与会计记录的职务分离、费用报销的授权批准与会计记录的职务分离等。

（6）财产保管与使用某项财产的职务分离。如非经审批仓库管理员不能直接使用自己管理的财产、出纳不能使用自己管理的资金等，这样可以有效防止那些保管、接近资产的人贪污、挪用资产，并利用职权采取涂改会计记录的办法隐匿这些行为。

（7）财产保管与盘点清查实存数和账存数的职务要分离。如不能由仓库管理员自己盘点，要由其他人员来盘点监督。

（8）记录明细账（明细账）和记录总账的职务分离。这一条在手工账条件下成立，但在电子计算机系统财务软件办公的条件下不成立，因为在此条件下，都是根据记账凭证一次同时登记明细账和总账，就是一个动作完成的，明细账和总账肯定也是相符的。在这里不相容职务分离控制的要点是，记账人员和审核人员分离，审核人员要定期或不定期检查监督账目数据及其凭证附件。

5. 轮岗制度

轮岗是将员工在内部不同岗位进行轮换，也是不相容职务分离控制的重要手段。一个人在一个固定岗位待的时间长了，容易形成某些垄断资源，也容易引发舞弊行为。轮岗既可以规避风险，也可以培养锻炼人才。

6. 强制休假制度

对关键岗位员工采取强制休假制度，让其离岗较长时间，有利于及时发现舞弊行为，也有助于对其工作成绩做出客观评价。

1.3.3 授权审批控制

企业每天都有非常多的事需及时处理，不能事事都要等领导安排了才去做，很多事情必须有人及时处理，但又不能失控，放任经办的人随心所欲处理，这就需要授权审批控制。

1. 什么是授权审批控制

授权审批控制，就是明确规定各级管理人员的职责范围和业务处理权限，凡是在其职责范围和业务处理权限以内，不需请示便可按制度、流程进行处理。超过授权范围的，必须经程序审批后才能处理。

有了授权审批控制，各级管理人员很清楚哪些业务可以自己处理，而且必须在规定时限内处理完毕；哪些业务自己无权处理，必须要得到授权才能处理。这样，一方面可以避免发生推诿扯皮的现象，另一方面各级管理人员也明白自己所承担的责任，能够大大提高工作质量和工作效率。

2. 授权的方式

授权有常规授权和特别授权两种方式。

（1）常规授权。

常规授权，就是各级管理人员按照既定的职责和程序处理经济业务的授权。常规授权大量存在，例如日常销售部门的销售业务、生产车间的生产制造业务等。

常规授权的范围应适度、合理，如果授权范围过小，经办人时时、事事都要请示、汇报，则常规授权形同虚设，没有起到授权的应有作用，无法调动其责任心和积极性；如果授权范围过大，失去对重要、关键业务的控制，也会有很大的风险。

为了保持常规授权的稳定性和激发经办人的积极性、主动性，常规授权的时效性一般比较长。

（2）特别授权。

特别授权，是在特殊情况、特定条件下办理非常规的、例外的经济业务的授权，也就是在超出一般授权范围的特殊业务时的应急性、临时性授权，这种授权通常是暂时有效。

例如，对于公司规定的销售价格，业务员可以有 5% 的打折权限，超过5% 则必须经主管领导批准。前者是常规授权，后者是特别授权。

3. 授权审批控制如何做

企业要做好授权审批控制，应注意以下几点。

（1）岗位责任明确。建立明确各部门、各岗位的职责、权限、业务流程等的管理制度，避免职责不清、流程不畅。

（2）建立授权审批体系。要建立授权审批体系，以制度的形式明确常规授权的职责范围、业务处理权限，并规范特别授权的范围、权限、程序和责任，严格控制特别授权。

（3）授权适度。应根据经营业务的重要程度和金额大小划分权限，保证不同层级、不同部门、不同岗位都能有责、有权，且权责对等。

（4）一经授权必须得到执行。已经授权的业务，必须按授权方案执行，不能打折扣、变通执行、自作主张等。

（5）集体决策和联签制度。对于重大的业务和事项，企业应当实行集体决策审批或者联签制度，任何个人不得单独进行决策或擅自改变集体决策。

（6）权责对等。要明确授权批准人所应承担的责任，有多大权力就要承担多大责任。

（7）评价监督检查。权力不能一授了之，应由董事会或决策层定期对授权审批控制的有效性进行评价，监督检查。

（8）信息反馈畅通。对授权审批控制的执行情况，应在各层级、各部门、各岗位、全体员工中畅通信息收集渠道，对不同问题、漏洞、缺陷，听取意见建议，不断弥补和完善。

1.3.4　会计系统控制

会计系统可以为企业提供完整的成本信息、资金信息、采购信息、销售信息、债权债务信息、生产信息、库存信息等，所以企业加强会计系统控制，是加强内部控制的关键和重要的控制措施。

1. 什么是会计系统控制

会计系统控制，就是通过会计核算、会计监督系统对企业经济业务所进行的控制，主要包括会计凭证控制、复式记账控制、会计账簿控制、会计报表控制及财务成果控制。

2. 会计系统控制的内容

会计系统控制主要包括以下内容。

（1）严格执行国家统一的会计制度、会计准则。

（2）统一企业内部会计政策、会计科目。

（3）统一规范会计凭证、账簿和财务报告的处理程序和处理方法。

（4）建立健全内部会计管理规范和监督制度，明确权责，相互制约。

3. 会计系统控制的设计方法

《企业内部控制基本规范》指出，会计系统控制要求企业严格执行国家统一的会计准则制度，加强会计基础工作，明确会计凭证、会计账簿和财务会计报告的处理程序，保证会计资料真实完整。

会计系统控制的设计方法包括以下方面。

（1）依法设置会计机构，配备会计从业人员，建立会计人员岗位责任制。

（2）执行国家统一的会计准则制度，结合企业实际情况，选择适合自己企业的会计政策并颁布实施。

（3）在国家统一规定的一级会计科目中，根据企业的生产经营实际情况需要选择使用一级会计科目，并统一企业内部明细科目，规定科目核算内容。

（4）建立原始凭证的取得、填制、审核，记账凭证编制审核，会计账簿登记等的方法、流程。

（5）建立包括会计报表的构成、编制、报送、奖惩等的财务报表管理体系。

（6）建立完善会计档案管理，会计工作交接的管理制度、流程。

（7）加强会计复核审核控制，确保原始凭证与记账凭证之间，凭证与账簿之间，账簿之间，账簿与报表之间，报表内各项目之间、各报表之间，信息的准确性和可靠性，防止错误和舞弊。

（8）登记、妥善保管合同、协议、备忘录、出资证明等重要文件、法律文书。

1.3.5 财产保护控制

企业通过财产保护控制，可以提高财产管理水平，有效防范财产损失风险。

财产保护控制，就是为保护财产安全、完整而采取的方法、措施，主要包括接近控制、定期盘点控制、财产记录等。

《企业内部控制基本规范》第三十二条规定，财产保护控制要求企业建立财产日常管理制度和定期清查制度，采取财产记录、实物保管、定期盘点、账实核对等措施，确保财产安全。

财产保护控制的方法有如下三种。

1. 限制接触控制

限制接触，就是只有经过授权批准的人员才能接触该资产，严格限制未经授权的人员对资产的接触和处置。通常来说，对变现能力强的资产如货币资金、有价证券、贵重物品、存货等，必须限制无关人员的接触。

例如，现金只能由出纳保管，或存入保险柜保管，但保险柜密码、钥匙只能出纳保管；支票、汇票、发票、股票、债券等有价证券由两个人同时接近资产，或者租用保险柜存放；存货、固定资产等实物资产，只能由仓库管理员负责看管，或者安装监控系统等。

2. 财产记录控制

财产记录控制一般包括以下内容。

（1）企业要建立相关财产的记录和监控制度，要建立财产的个体档案，并详细、及时记录每一笔业务入库、出库、增减变动情况，而且要有相应的凭证、附件予以佐证。

（2）固定资产要建立固定资产台账和卡片。

（3）购入后领用时一次性摊销的低值易耗品等费用，可以采取保留 1 元、0.01 元，或者另外件辅助账进行管理。

（4）落实不相容职务分离制度，财产记录应由仓库管理员之外的人（如会计）负责，或者双方同时记录。

3. 定期盘点控制

定期盘点控制一般包括以下内容。

（1）企业对现金、银行存款、债权债务、无形资产等非实物资产，应定期进行清查核对，并与会计记录进行比较。

（2）存货、固定资产等实物资产，应定期进行实物盘点，并与账面记录进行比较。

（3）要定期核对财产评估价值的真实情况，对于虽然存在但价值已经贬损的财产，应计提减值准备、跌价准备、坏账准备。

（4）平时要不定期由财产管理人之外的人员进行抽查，至少每年底应进行一次全面、彻底的财产盘点清查，对财产的真实性、完整性进行监督检查。

（5）对于清查盘点中发现的盘亏、短少，应查明原因、及时处理，追究相关人员责任。

（6）财产保险控制。

企业的重要资产、特殊资产，应向保险公司投保，万一发生意外情况可以获得保险公司的赔偿，减少损失。

需要特别说明的是，内部控制是公司风险管理的重要手段和方法，本节先讲基本理论，后面所有章节内容都是这些手段和方法的运用。

1.4 | 全面预算控制

全面预算控制是为数不多的能把组织的所有关键问题融合于一个体系之中的管理控制方法之一，本节从什么是全面预算管理、全面预算的流程入手，介绍预算管理的基本方法和各环节的风险控制措施，旨在说明全面预算控制可以在加强企业各环节的风险管控，推动企业实现发展战略的过程中发挥积极作用。

1.4.1 全面预算管理的特点

1. 什么是全面预算

全面预算管理，既是一种管理工具，也是一套系统的管理方法，是企业对一定期间的经营活动、投资活动、财务活动等作出预算安排，并凭借其计划、协调、控制、激励、评价等综合管理功能，整合和优化配置企业资源，提升企业运行效率，以实现企业的发展战略。

2. 全面预算管理的特点是三个"全"

全面预算管理的主要特点是"全面"，这个全面体现在"全员参与、全方位、全过程"这三个"全"。

（1）全员参与。全面预算管理不单是管理者的事，也不仅仅是预算管理部门、财务部门的事，而是需要各部门、各岗位、各环节领导、各级管理者、其他员工都参与预算编制与实施。

（2）全方位。全面预算通过对企业人、财、物进行资源的合理配置，实现对企业各部门、各职能、各项目进行协调统一，并适应企业外部经营环境的变化，做到内部资源与外部环境的有机统一，进行全方位的管理。

（3）全过程。体现在事前计划、事中控制、事后考核全过程纳入管控，不仅限于预算编制、分解和下达，而是由预算编制、执行、分析、调整、考核、奖惩等一系列环节所组成。

1.4.2 全面预算控制的作用

全面预算控制的作用主要表现在以下几个方面。

（1）明确工作目标。全面预算控制是实现发展战略和年度经营目标的有效方法和工具。它以企业发展战略为依据，制定年度经营目标，并进行分解、落实，使各个部门了解本单位的经济活动与整个企业经营目标之间的关系，可以使企业的长期战略规划和年度具体行动方案紧密结合，确保企业发展目标的实现。

（2）加强部门间协同。企业通过全面预算管理统一目标和方向，把各方面的工作纳入统一计划之中，使各部门的预算及各项工作在企业全面预算指引下相互协调、环环紧扣、协同一致、达到平衡，减少部门摩擦，形成共同的目标和努力方向。

（3）控制日常活动，有效管理风险。以编制预算为起点，在预算执行、预算考核整个过程中，企业、各预算部门通过计量、分析、对比，及时发现实际脱离预算的差异并分析其原因，及时识别、预测、评估和控制风险，以便采取必要措施，消除薄弱环节，保证预算目标的顺利完成。

（4）优化资源配置。全面预算以经营目标为起点，也是调度与分配企业资源的起点。预算计划过程和预算数据指标，直接体现了各部门、各环节使用资源的效率和对各种资源的需求，企业通过全面预算的编制和平衡，将有限的资源加以整合，协调分配到最能够提高企业经营效率效果的业务、活动、环节中去，避免资源浪费和低效使用，使其产生最大效用，从而实现企业资源的优化配置，增强资源的价值创造能力，提高企业经济效益。因此，全面预算也是为数不多的能够将企业的资金流、实物流、业务流、信息流、人力流等相整合的管理控制方法之一。

（5）业绩考核的标准。企业通过全面预算管理与绩效管理相结合，将各层级之间、各部门之间、各责任单位之间等内部权、责、利关系予以规范化、明细化、具体化、可度量化，做到责、权、利的统一，划清责任，奖罚分明，调动和激励员工的积极性，促使各部门为完成预算规定的目标努力工作。因而，预算确定的各项指标，也是考核各部门工作成绩的基本尺度。

1.4.3 需要编制哪些分类预算

企业的预算编制应按规定的制度、流程、方法进行，确保依据合理、程序适当、方法科学，避免预算指标过高或过低。

企业除了需要编制汇总预算外，还要编制很多分类预算，汇总的预算是分预算进行综合、平衡、汇总的结果。企业需要编制的分类预算主要有三大类。

1. 业务预算

业务预算，又叫经营预算，是日常采购、生产、销售、管理等各项业务的预算，包括销售预算、生产预算、直接材料预算、直接人工预算、制造费用预算、产品成本预算、销售费用和管理费用预算等。其中，销售预算是全面预算的起点和关键，其他所有预算均以销售预算为基础。编制销售预算应在预测销售的基础上，结合年度利润目标确定销售量和销售额。

2. 投资预算

投资预算就是为企业的长期投资，专门业务的资金规模，资金筹措方式、时间、预期收益等的预算。

3. 财务预算

财务预算就是预计现金收支、经营成果、财务状况的预算，包括现金预算（现金收入、现金支出、现金余缺与现金融通、期末现金余额）、预计利润表、预计资产负债表等。

1.4.4　预算编制的流程

预算编制，根据"自上而下、自下而上、上下结合"的原则，按照上下结合、分级编制、逐级汇总的程序，可以选择或综合运用固定预算、弹性预算、滚动预算等方法。

（1）先由预算管理委员会根据企业发展战略和经营目标提出年度预算目标，编制预算大纲，下发到各预算部门。

（2）各预算部门根据预算决策机构下达的预算目标和预算编制大纲，结合市场环境、拥有的资源、自身条件等因素，提出部门预算草案。

（3）预算管理委员会、预算工作机构对各预算部门上报的部门预算草案进行审查、汇总、分析、综合平衡，对存在的问题进行沟通，提出调整意见，并反馈到各预算部门。

（4）各预算部门根据预算管理机构反馈的意见进行调整、修改、完善。

（5）预算管理委员会、预算工作机构在对各部门修改后上报的部门预算进一步修改、调整、平衡的基础上，形成企业的预算草案，报总经理审批。

（6）预算管理委员会将预算草案提交董事会或股东（大）会审议批准。

1.4.5　预算编制的主要风险及控制措施

预算编制环节的主要风险及控制措施。

1. 预算不全面、部门参与度低

（1）主要风险：一方面是预算编制范围和项目不全面，各个预算之间缺乏整合与协调；另一方面是业务部门参与度较低，财务部门唱独角戏，预算管理责、权、利不匹配。

（2）控制措施：进行全面性控制，一方面是将各部门、单位的业务活动全部纳入预算管理；另一方面是将企业经营、投资、财务等各项经济活动的各个方面、各个环节都纳入预算编制范围。

2. 预算相关信息不足、基础数据不足

（1）主要风险：预算相关信息不足、基础数据不足，导致预算脱离发展战略、经营目标，准确率低。

（2）控制措施：进行编制依据控制和基础控制。以发展战略制定年度经营目标和计划，并作为编制预算的依据；深入做好市场调研、市场预测；分析上期预算执行情况，找到变化原因；重视历年基础资料的整理和运用。

3. 编制程序不规范、信息沟通不畅

（1）主要风险：预算编制程序不规范、信息沟通不畅，准确性、合理性、可行性差。

（2）控制措施：进行编制程序控制。按照"自上而下、自下而上、上下结合"的原则，进行充分协调、沟通，达成共识。

4. 编制方法不当

（1）主要风险：预算编制方法不当，导致可行性、科学性差。

（2）控制措施：进行预算编制方法控制。要充分考虑企业自身各方面的资源、业务特点、管理需要、基础数据管理水平、生产经营周期等，遵循经济活动规律。

5. 指标不合理

（1）主要风险：预算目标及指标体系设计不完整、不合理、不科学，无法达到预期效果。

（2）控制措施：进行预算目标及指标体系设计控制。预算指标体系要充分遵循企业的战略规划、经营目标，以财务指标为主体，非财务指标为补充，有所侧重，各业务环节都要纳入其中，并使预算指标体系与绩效评价指标协调一致，进行考核。

6. 预算编制时间不合理

（1）主要风险：预算编制时间不合理，不但准确性不高，也影响预算的执行。

（2）控制措施：进行预算编制时间控制。企业应以制度的形式明确对预算编制时间节点作出规定并严格执行。一般来说预算编制时间从每年9月份开始，并在12月上中旬完成。

1.4.6　预算指标分解应注意什么

全面预算经审批、下达后，企业的管理层要把预算指标进行层层细化、分解，横向到各个业务环节，涵盖所有业务，纵向分解到各部门、各单位及其下级，层层签订全面预算责任书，将预算责任全方位落实。

预算指标分解应遵循定量化、全局性、可控性原则，包括以下几点。

（1）要明确、具体，便于执行和考核。

（2）要有利于企业经营总目标的实现。

（3）预算指标应科学、合理，努力可以达到。

（4）责任部门或责任人以其责权范围为限，对预算指标负责。

1.4.7　全面预算重在执行

预算一经审批下达，企业应根据全面预算管理要求，组织各项生产经营活动和投融资活动，严格预算执行和控制。

1. 预算执行主要风险

（1）预算审批方面缺乏严格的授权审批制度或者预算审批权限及程序混乱，可能导致预算执行随意、越权审批、重复审批，缺乏预算执行效率和严肃性；

（2）预算执行过程中缺乏有效监控，可能导致预算执行不力，预算目标难以实现；

（3）缺乏健全有效的预算反馈和报告体系，可能导致预算执行情况不能及时反馈和沟通，预算差异得不到及时分析，预算监控难以发挥作用。

2. 预算执行环节的主要控制措施包括

（1）严格按资金预算加强资金收付业务管理，防范支付风险，调节资金收付平衡。

（2）严格资金支付业务的审批控制，建立规范的授权批准制度和程序，避免越权审批、违规审批、重复审批现象的发生，可以采取的措施包括：预算内事项和金额按授权程序审批；对于预算内非常规或金额重大事项，应经过较高的授权批准层（如总经理）审批；对于超预算或预算外事项，应当实行严格、特殊的审批程序，一般须报经总经理办公会或类似权力机构审批；金额重大的，还应报经预算管理委员会或董事会审批；预算执行单位提出超预算或预算外资金支付申请，应当提供有关发生超预算或预算外支付的原因、依据、金额测算等资料。

（3）预算执行实时监控制度，及时发现和纠正预算执行中的偏差、错误、舞弊。

（4）建立工程项目、对外投融资、关键性预算指标等重大预算项目特别关注制度，密切跟踪其实施进度、完成情况，跟踪检查。

（5）建立预算执行情况预警机制，超出预警范围时及时发出预警信号，积极采取应对措施。

（6）建立预算执行情况内部反馈和报告制度，确保预算执行信息传输及时、畅通、有效。

3. 进行预算分析

在全面预算管理中应建立预算执行情况分析制度，定期召开预算执行分析会议，分析解决预算执行中存在的问题，采取恰当措施处理预算执行偏差，通报预算执行情况，研究、解决预算执行中存在的问题，提出改进措施。

4. 严肃预算调整

企业批准下达的预算应当保持稳定，不得随意调整。由于市场环境、国家政策或不可抗力等客观因素，导致预算执行发生重大差异确需调整预算的，应当履行严格的审批程序。

1.4.8　预算考核助力预算落地执行

企业应当建立严格的预算执行考核制度，对各预算执行单位和个人进行考核，切实做到有奖有惩、奖惩分明，但在预算考核环节最需要注意的是考核指标不严格、不合理、不到位，可能导致预算目标难以实现、预算管理流于形式。

预算考核环节的控制措施包括以下方面。

1. 建立预算执行考核制度

建立预算执行考核制度，认真、严格地组织实施，并定期对各预算执行单位和个人进行考核，一般按照月度、季度实施考评，预算年度结束后再进行年度总考核。

2. 合理界定预算考核主体和考核对象

预算考核主体分为两个层次——预算管理委员会和内部各级预算责任单位，并实行上级考核下级、逐级考核（直接上级对其进行考核，间接上级不能隔级考核间接下级）、预算执行与预算考核相互分离原则（由其直接上级进行预算考核，不能自己考核自己）。

3. 怎样科学设计预算考核指标体系

（1）预算考核指标要以各责任中心承担的预算指标为主，同时增加一些全局性和与其关系密切的预算指标。

（2）考核指标应以定量指标为主，同时根据实际情况辅之以适当的定性指标。

（3）考核指标应当具有可控性、可达到性和明晰性。

4. 预算考核应公开、公平、公正

（1）考核程序、标准、结果要公开。

（2）考核结果要客观公正。

（3）奖惩措施要公平合理并得以及时落实。要奖罚并举，不能只奖不罚，并防止奖惩实施中的人情因素。

1.5 | 合同控制

加强合同管理，有利于企业规范、约束交易行为，优化资源配置，维护市场秩序。本节从合同管理的基本要求和流程入手，介绍合同各环节面临的风险及其控制措施，帮助企业规范经营行为，维护自身合法权益，防控法律风险，实现内部控制目标。

1.5.1 合同管理的基本要求

合同，是指企业与自然人、法人及其他组织等平等主体之间设立、变更、终止民事权利义务关系的协议。其中，这里指的合同，不包括企业与职工签订的劳动合同。

合同管理，就是企业对合同订立、合同签订、合同履行等各个环节、各个流程的管理，关注重点风险，并采取各种措施保护自己的利益，将风险控制在可控范围内的过程。

企业需要对合同管理建立一系列制度体系和机制保障，控制合同风险，促进合同管理的作用得到有效发挥。

1. 归口管理

企业通常指定法务部为合同归口管理部门（当然也可以根据自己的实际情况指定其他部门），统一规范合同管理的制度、流程、权限，并指导其他部门、其他单位的合同管理工作，检查、评价合同管理漏洞，完善合同管理制度。一些企业中很多部门都在管理合同，特别是业务部门，很多业务合同自己谈判、自己签订，没有一定的监督、制约，这当中存在很多合同管理风险。

2. 分级授权

不分轻重缓急一律统一在公司管理，或无论是否重要统统下发到下级部门和单位去管理，都是不对的，"一刀切"则不灵活、不方便、效率低，放任不管则各行其是，风险极大。

企业应根据重要程度、业务性质、管理层级、机构设置等建立合同分级管理制度，实行统一管理、分级负责。对于重大投资类、融资类、担保类、知识产权类、不动产类合同，上级部门应加强管理；下级单位不得签署属于上级管理权限的合同；上级应加强对下级单位合同订立、合同履行情况的监督检查。

3. 职责分工与联合审核

合同管理，表面是合同，实质是合同背后的经济业务，术业有专攻、职责有分工。虽然是由法务部门进行合同的归口管理，但并不排斥各部门、各环节充分发挥专业特长、业务特长的作用。在合同归口管理部门的指导、监督下，各部门发挥专业优势，对自己相关领域的业务联合审核，在职责范围内承办相关合同调查、谈判、订立、履行、后续管理等合同事务。公司财务部门侧重于履行对合同的财务监督职责。

4. 跟踪监控

签订合同并不是目的，也不能一签了之，束之高阁，更重要的是落实、履行合同。企业应对合同签订后的落实、进度、履行情况进行跟踪、监督，对存在的问题协调解决，保证依约、及时履行合同，维护企业合同利益。

5. 健全考核与责任追究

企业应当健全合同管理考核与责任追究制度，在跟踪、分析、监督的基础上开展合同后评估，对合同订立、履行过程中出现的违法违规行为，应当追究有关机构或人员的责任。

1.5.2 合同风险控制策略之一——审查对方资格、资信、履约能力

在合同订立前，企业应当调查了解对方的各方面情况。

1. 调查要点

重点调查对方的资信情况、履约能力，看主体资格是否符合企业要求，是否有代理权，是否存在各方面风险。

2. 主要风险

合同调查环节的主要风险包括以下几个方面。

（1）主体资格不符合。如对方不具备与其生产经营相关的资质，不具备民事权利能力，没有代理权或超越代理权等，可能导致合同无效。

（2）误判信用状况。未识别出对方是失信被执行人，口碑极差、信用不好，缺乏履行合同的诚信，使企业遭受损失。

（3）履约能力。没有深入、有效的调查了解，对其经济实力、履约能力评价不当，一方面可能把不具有履约能力的对象列为合作方，另一方面可能把真正有履约能力的对象排除掉。

3. 管控措施

合同调查环节的主要管控措施包括以下几种。

（1）核查证明文件。证件文件的核查，包括能够证明对方真实性、合法性的身份证件、营业执照、生产（经营）许可证、专有技术证明、资质证明、授权委托书等证明文件，如果是代理还应查明是否有代理权（对方和己方人员）。要通过各种方式收集相关资料，判断对方主体资格是否符合取得要求。

（2）获取财务资料和非财务信息。通过获取对方的财务报告、历史交易记录、招投标信息等，判断其资产状况、盈利能力、偿债能力、财务分析、信用情况等。

（3）现场调查。在对方生产经营场所进行现场调查、实地走访，进行左邻右舍访谈等，深入了解、评估其生产经营规模、技术水平、质量口碑、周边关系等，分析其履约能力、信用情况。

（4）相关方调查。通过与对方的合作方、相关方如主要客户、供应商、开户银行、市场监管部门、税务机关等沟通、调查了解，评估其信用情况、口碑、履约能力。

（5）相关查询。通过银行查询征信情况，市场监管部门查询股东、投资、注册资金、年检公示、质检、处罚等信息，税务部门查询税务违法、税务信用等级等，法院的诉讼公告、失信人员限制高消费等，企查查、天眼查等第三方平台查询关联关系、官司诉讼等，综合评估其信用情况和履约能力。

1.5.3 合同风险控制策略之二——合同文本不严谨

合同谈判大体达成初步共识后，就进入合同文本拟定阶段。

1. 主要风险

合同文本不严谨的主要风险包括以下几个方面。

（1）合同与国家法律法规、产业政策、企业的发展战略不符。

（2）合同内容和条款不完整、不准确。表述不严谨、存在重大遗漏、存在歧义有不同理解、存在欺诈等。

（3）为规避企业的监管制度故意进行拆分。

（4）合同文本须报经国家有关主管部门审查或备案的，未履行相应程序。

2. 管控措施

合同文本不严谨的主要管控措施包括以下几种。

（1）合同文本一般由业务承办部门起草，法务部门审核；重大合同或法律关系复杂的特殊合同应当由法务部门参与起草。

（2）法务部门、财务部门在审核、指导合同起草时，应重点关注合同与国家法律法规、产业政策、企业的发展战略的匹配情况。

（3）对于业务复杂、技术要求高、影响大的合同谈判，应组织业务能手、技术专家、法律和财务专业人员参加谈判，发挥各自的智慧和团队优势，必要时可聘请外部专家参与相关工作。

（4）坚持和完善授权审批制度和归口管理制度，严格合同审批和监督管理。

（5）严格审查对方起草的合同是否符合当初的约定。

（6）合同文本须报经国家有关主管部门审查或备案的，应当履行相应程序。

1.5.4　合同风险控制策略之三——无权限或超越权限签署合同

合同经过企业内部的审核程序后，进入合同签署阶段之前，应注意审核签署合同的人是否代理权限。

1. 主要风险

合同签署环节的主要风险包括以下几个方面。

（1）无权签署、超越权限签署合同。一般出现在乙方，某些时候甲方也可能会存在。

（2）因手续不全导致合同无效等。

2. 管控措施

合同签署环节的主要管控措施包括以下几种。

（1）严格审核对方代表有无签署合同的权限。

（2）合同应由法定代表人签署或者由法定代表人授权的代理人签署，并加盖印章。

（3）对方是法定代表人签署的，应查验法定代表人证明书并留存复印件；是代理人签署的，应提交并留存法定代表人的授权委托书。

（4）按照国家有关法律、行政法规规定，需办理批准、登记等手续之后方可生效的合同，企业应当及时按规定办理相关手续。

1.5.5 合同风险控制策略之四——合同印章管理不当

合同印章管理不当，也是合同管理风险之一。

1. 主要风险

合同印章管理不当的主要风险包括以下两方面。

（1）合同印章管理不当，被冒用、盗用等。

（2）签署后的合同被篡改。

2. 管控措施

合同印章管理不当的主要管控措施包括以下几种。

（1）建立并严格执行印章管理制度。

（2）印章应由专人保管。

（3）应建立印章使用登记台账，详细记录印章使用情况以备查。

（4）印章应经法定代表人或其授权代理人签字方能加盖用印。

（5）印章保管人应加强管理责任，保证印章处于其监控下，防止被盗用。

（6）两页以上的合同文件应加注页码、加盖骑缝章，使用防伪印记、使用不可编辑的电子文档格式等，文档空白处、空白页应做文字标注"此处空白、此页空白"等，防止被篡改、替换、加页。

（7）使用电子印章、远程控制技术。盖章过程由管理人员远程审批确认才能盖章，远程实时监控，将事前、事中、事后、申请、审批、用印全程记录，全程可追溯。

（8）切勿多枚印章对外盖章。公司对外使用印章，应一以贯之使用一枚印章对外，切勿多枚印章对外盖章，否则会导致债权人难以识别，也会要求承担责任。

下面我们来看一个案例。

2011 年 4 月 26 日、2012 年 3 月 23 日，A 公司召开股东会，与会四名股东一致同意向甲分两次借款 5 000 万元、2 100 万元，期限 3 个月。包括 B 公司在内的 3 家公司和 1 位自然人向甲出具《担保保证书》，同意为 A 公司的上述借款提供连带保证担保。后 A 公司未按约定偿还借款，甲将借款人 A 公司告上法庭，并要求 B 公司在内的 4 位担保人承担连带清偿责任。B 公司辩解，认为担保书上 B 公司的公章经青海省公安厅鉴定是虚假的，该担保无效，不应承担责任。

广东省高级人民法院认为，虽然《担保保证书》上担保人处所加盖的印章经青海省公安厅鉴定不是 B 公司的公章，但从 B 公司提交的证据显示，其曾使用过的公章不止一个，甲难以识别该公章是否为 B 公司曾使用过或正在使用或者是已经在公安机关备案登记的公章。因此，鉴于 B 公司法定代表人真实有效的承诺，以及 B 公司内部对公章的实际管理状况，甲有理由相信《担保保证书》系 B 公司的真实意思表示，对 B 公司具有法律约束力，判决 B 公司对 A 公司对甲所负债务承担连带清偿责任。

本案中，B 公司在担保书上的盖章不是在公安机关备案的公章，但因 B 公司曾经使用多个公章，债权人无法识别哪个是真的，而且法人代表签字了，所以就判决是真实的，需要承担连带清偿责任。这提醒我们，不对外使用多枚印章，防止印章被他人私自盖章，对于防范印章管理风险、防范合同风险，非常重要。

1.6 | 上市公司风险管控漏洞案例

风险管理和内部控制非常重要，但要做好也确实不容易，不仅中小企业如此，就是堂堂上市公司也存在各种各样的漏洞和风险。下面分享一个上市公司风险管理内部控制漏洞被警示的案例。

2022 年 3 月 24 日晚，深交所网站公布了对某上市公司广东 Z 股份有限公司的处罚决定，对保荐机构、签字保荐代表、签字会计师通报批评及书面警示。以下为对上市公司的通报批评及书面警示的主要内容。

1. 生产成本管理风险

（1）部分产成品返工导致生产成本核算不准确。

根据要求，上市公司应保持生产和原材料的记录与财务数据中原料出库和产成品入库记录相匹配，成本核算完整、准确。但现场督导发现，公司存在将部分产成品返工重新进入生产线的情形，并按照一定比例还原为各原辅料，导致生产成本核算不准确（就是新产品中没有加上进入返工这部分产成品的成本，所以生产成本核算不准确）。

（2）领料单等成本核算单据信息缺失。

产品追溯方面，公司应当对原料肉与原辅料编制进货批号，对同一生产时间批次产品编制生产批号，实现采购、生产、销售全流程追溯。对该公司现场督导发现，领料单信息缺失，无法追溯每个供应商、每批次原料肉对应的生产耗用情况，无法准确核查期末存货库龄信息。

2. 采购业务内部控制缺陷，与供应商之间存在异常

（1）采购业务内部控制缺陷。

采购业务内部控制存在缺陷，主要表现在两方面。

一是供应商送货单据缺失。公司内部的仓库管理制度规定，供应商送货后将送货单交由仓管员对物料进行核对，但现场督导发现，公司未单独保存送货单，供应商送货单据缺失，无法提供。

二是采购合同管理存在缺陷。公司与主要供应商湖南 C 公司、深圳市 W 公司签订的采购合同中，各存在两对合同编号与日期一致，但采购内容不一致的情形。

采购发票早于合同签订日。与深圳 W 公司的采购业务中，大量采购发票日期早于合同签订日和到货日，2017 年至 2019 年分别涉及的金额为 2 061.09 万元、200.59 万元、274.81 万元。

（2）与供应商之间存在异常。

公司与湖南 C 公司、深圳 W 公司等供应商之间存在持续大额预付款、盘点账实不符、供应商与公司的分公司联系方式地址相同等异常情形。

现场督导发现，一是大额预付款且付款金额大幅高于采购金额。2017 年至 2020 年各期末公司对湖南 C 公司均存在大额预付款，其中，2018 年发行人向湖南 C 公司转账金额较其当年采购金额高出 847 万元。

重庆 F 公司于 2020 年一季度成为公司新增供应商后，公司即向其采购 225.13 万元原料肉，并持续向其转账，全年共计 1 602.68 万元，2020 年期末预付余额为 655.18 万元。

二是大额预付款但未签订采购订单，无原料入库。深圳 W 公司为公司 2017 年、2018 年第一大供应商。现场督导发现，公司对深圳 W 公司存在大额预付款情况，在 2017 年 7 月未签订采购订单，无原料肉入库，8 月仅签订小部分订单的情况下，仍持续向深圳 W 公司转账。

三是异地租仓存储没有租赁合同、运输单据。公司借用供应商重庆 G 公司的仓库，异地存放向湖南 C 公司采购的冷冻原料肉。公司对此实施了库存监盘程序，核查认为账实相符。但现场督导发现，盘点照片显示湖南 C 公司异地仓库原料肉的包装为重庆丰都，且未能提供寄存租赁合同、运输单据等证明异地存放的相关材料。

四是供应商联系电话、邮箱与公司某分公司一致。工商登记信息显示，湖南 C 公司联系电话、邮箱与公司某分公司的电话、邮箱一致。

3. 实际控制人与施工方的资金往来异常

（1）实际控制人与施工方的资金往来异常。

公司实际控制人甲于 2020 年 1 月、7 月分别向施工方某市 P 工程有限公司对接人转账 600 万元、400 万元，未对此提供合理解释。

（2）向施工方付款进度持续超过实际工程进度。

公司向施工方 P 建筑公司、D 建筑公司付款进度持续超过实际工程进度，在相关土建工程完工进度为 8%、15% 时，向 D 建筑公司、P 建筑公司分别支付 2 280 万元、4 115 万元工程款，占相关工程预算金额的比例为 82%、34%；

装修工程尚未开工，已向 D 建筑公司预付 1 458 万元，占预算金额比为 53%，公司未对向施工方付款进度持续超过实际工程进度的异常情形提供合理解释。

4. 对销售收入以现金收款且明显异常

公司称现金收款真实来源于相关客户，相关销售收入真实、准确，但现场督导发现：

A 地区 4 家经销商客户多次在同一天向公司 A 地区分公司汇缴货款，缴款单回单显示缴存时间在十分钟之内且银行操作员为同一人，金额合计

1 542.8万元。4家A地区客户回函快递单单号、时间均接近且为同一快递员收件。

B地区3家位于不同城市的客户多次于同一天相近时间、同一银行网点以现金方式缴款，金额合计328万元。

·············

通过本章内容的学习，再结合以上案例，我们可以看到企业面临的风险是多种多样且全方位的。同时，我们对公司风险管理和内部控制的基础理论、基本概念、主要风险点、控制措施也有了一个初步的了解和感受，这些内容将贯穿于接下来的各章节，并运用到公司各环节、各流程中去。

第 2 章

股权风险管理与控制

自然人、企业通过股权投资，对被投资主体实施控制或施加影响，并获取投资收益，是非常普遍的经济现象。但是，股权投资中也面临出资瑕疵风险、创始人失去控制权风险、股东纠纷导致公司治理僵局风险、减资风险，等等。可能导致增加债务、面临诉讼、行政处罚、刑事责任、列入实行名单、招投标禁入等处罚，自然人、企业需要注意识别这些风险并进行有效防范。

本章主要涉及的知识点有：

- 注册资金未实缴的风险；
- 非货币出资风险；
- 创始人丧失公司控制权风险；
- 公司僵局风险；
- 有限公司股东可能承担连带责任风险；
- 股权代持风险；
- 减资风险、抽逃出资风险；
- 股权转让风险；
- 股权退出风险；
- 公司章程的重要性无论怎么强调都不过分；
- 企业家最易犯的十大刑事罪。

注意：股权投资风险这个内容，并未列入财政部对企业财务管理中风险内控的要求，但在企业管理实务中又是实实在在存在的、不容忽视的风险，有时甚至决定一个企业的生死存亡。而老板、投资者对股权投资中的风险又知之甚少，往往出事后才来处理的成本代价非常高。所以，股权投资风险的重要性无论怎么强调都不过分，希望务必引起老板、投资者的重视。

本章从企业实战的角度，以实战案例阐述股权投资可能面临的风险及防范措施。同时，有限责任公司占我国企业主体的绝大多数，而且股份有限公司的很多规定与有限责任公司基本相同，所以本章主要以有限责任公司为对象进行分析。

2.1 注册资金未实缴的风险

本节首先介绍有限责任与无限责任、注册资金及认缴制，以及认缴制下股东注册资金未实缴或者实缴后又抽逃出资的责任、处罚风险，提出防范措施。

2.1.1 有限责任与无限责任

目前我国主要的企业形式有股份有限公司、有限责任公司、个人独资、合伙企业、个体工商户等几大类，我把它们分为公司、其他企业两大类，如图 2-1 所示。

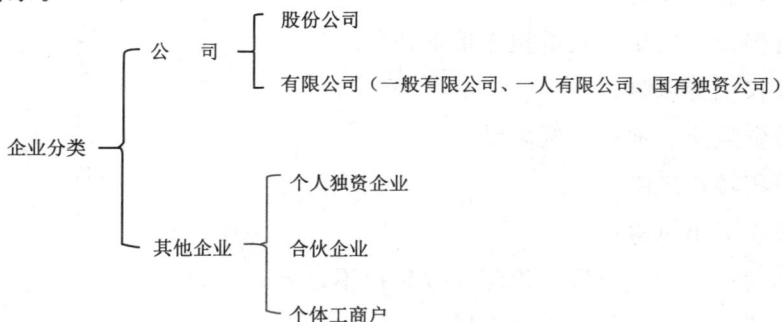

图 2-1 企业分类

这样分类是基于两点理由，旨在让读者清晰理解两大类主体在风险责任、税务承担上的重大区别，具体见表 2-1。

表 2-1　不同企业形式的责任类型、税务承担区别

主体形式		责任类型	增值税	是否交企业所得税	是否交个人所得税	股东分红是否交个人所得税
公司	股份公司	有限责任	相同	是	否	视情况
	有限公司					
其他企业	个人独资企业	无限责任		否	是	否
	合伙企业					
	个体工商户					

第一，在风险承担方面，公司类主体，无论是股份公司还是有限责任公司，都是以出资额（认缴、实缴）为限对公司债务承担责任，这就是有限责任；而其他企业（个人独资企业、合伙企业、个体工商户）是以个人或家庭财产承担责任，这就是无限责任。

第二，在税务承担方面，股份公司、有限公司交企业所得税，不交个人所得税（股东分红另论）；而个人独资企业、合伙企业、个体工商户交个人所得税，不交企业所得税。

所以，企业创始人在开始创业的时候，选择什么样的企业形式就显得非常重要，关系风险承担、税务承担等，需要慎重斟酌决策。

说明一下，有限责任公司通常也简称有限公司，股份有限公司简称股份公司，所以本书后面提到的有限公司也就是有限责任公司，股份公司就是股份有限公司。

注意：企业创始人在开始创业的时候请先思考自己的着重点在哪儿，如果想先低调一点，以节约成本为主，可以在初始阶段先以个体、个人独资为主，先赚钱以后再正规、再做强；如果认为公司比个体户更有利于形象和品牌，一开始就是以正规化、做大做强为目标，那就选择注册公司形式。

2.1.2　注册资本的实缴与认缴

注册资本，也称注册资金，对于有限责任公司和股份有限公司来说，有

细微区别。

股份有限公司的注册资本分为两种情况，采取发起设立方式（指发起人认购公司应发行的全部股份）设立的，注册资本为在公司登记机关登记的全体发起人认购的股本总额；采取募集方式（指由发起人认购公司应发行股份的一部分，其余股份向社会公开募集或者向特定对象募集）设立的，注册资本为在公司登记机关登记的实收股本总额。

对于有限责任公司，注册资本就是在公司登记机关登记的全体股东认缴的出资额。

请注意，这里就有一个非常重要的概念——认缴。关于认缴，这与公司注册资本的实缴制和认缴制相关。

注册资本的实缴制，就是在公司登记机关登记注册的资本是多少，你就必须实实在在的足额缴进公司来。公司营业执照上写多少注册资本，股东就必须实际缴多少资金到公司验资账户，经银行验资、会计师事务所出具验资报告，工商登记机关才会给你发营业执照。

我国在 2014 年之前长期实行注册资本实缴制，但这样的规定，增加了企业的营业成本，限制了市场竞争，特别是不利于没有资金、资金很少但有技术、有管理能力、有创业激情的各类创业者的积极性。

2014 年 3 月 1 日起实施的公司法修正案，将注册资本由实缴制改为认缴制。除了法律、行政法规以及国务院决定对有限责任公司注册资本实缴、注册资本最低限额另有规定的外，统统都实行认缴制。

所谓认缴制，就是股东可以自主约定认缴出资金额、出资方式、出资期限等，并记载到公司章程中。

在认缴制下，注册资本由股东自主决定，可多可少；可以立即缴出资，也可以先出一个认缴数，其余金额可以分期或者在若干年后才缴；可以货币出资，也可以用实物、知识产权、土地使用权等非货币财产作价出资等，大大方便了投资者、创业者。创业者、投资者可以根据自己和公司的实际情况自行协商确定注册资本的金额、出资方式、出资期限。

补充一下，目前仍有金融类（银行、保险、证券、财务公司、担保典当等）、劳务派遣类、直销企业、募集方式设立的股份有限公司这四大类 27 个行业，暂不实行注册资本认缴登记制，而是继续实行注册资本实缴登记制，依然需要提供验资报告，这 27 类行业是：

①采取募集方式设立的股份有限公司；②商业银行；③外资银行；④金融资产管理公司；⑤信托公司；⑥财务公司；⑦金融租赁公司；⑧汽车金融公司；⑨消费金融公司；⑩货币经纪公司；⑪村镇银行；⑫贷款公司；⑬农村信用合作联社；⑭农村资金互助社；⑮证券公司；⑯期货公司；⑰基金管理公司；⑱保险公司；⑲保险专业代理机构、保险经纪人；⑳外资保险公司；㉑直销企业；㉒对外劳务合作；企业；㉓融资性担保公司；㉔劳务派遣企业；㉕典当行；㉖保险资产管理公司；㉗小额贷款公司。

除了以上四大类 27 类行业的公司外，其他公司全部都是认缴制。

2.1.3 不出一分钱能否注册一个注册资金 1 亿元的公司——注册资金不实缴的法律后果

有人要说了，既然认缴制下股东有那么大的权利，股东可以随心所欲，注册资本想写多大就写多大，想写多少年以后才交就多少年后才交。例如，"我可以一分钱不出就注册一个注册资金 1 亿元的公司"。

理论上说，"一分钱不出就注册一个注册资金 1 亿元的公司"当然是可以的，并没有法律障碍。但是，股东要对自己吹的牛——认缴的出资额承担责任。

《中华人民共和国公司法》第三条第一款、第二款规定，公司是企业法人，有独立的法人财产，享有法人财产权。公司以其全部财产对公司的债务承担责任。有限责任公司的股东以其认缴的出资额为限对公司承担责任；股份有限公司的股东以其认购的股份为限对公司承担责任。

《最高人民法院关于适用〈中华人民共和国公司法〉若干问题的规定（三）》（以下简称《公司法司法解释三》）第十三条第二款规定，公司债权人请求未履行或者未全面履行出资义务的股东在未出资本息范围内对公司债务不能清偿的部分承担补充赔偿责任的，人民法院应予支持。

通俗点说就是，股东可以自主决定认缴多少出资额，但认缴多少就得承担多少的责任。你的公司注册资本 1 亿元，就是股东认缴 1 亿元，那么股东就对 1 亿元承担责任，如果你的公司亏损了、还不起债、破产了，债权人有权要求你公司的股东在认缴的 1 亿元范围内对公司债务承担赔偿责任。参见

"2.5.5 创始股东对其他股东出资瑕疵的连带责任"。

另外，如果一些股东实缴了出资，另一些股东未实缴，那么未实缴的股东除了承担上述对债权人的补充赔偿责任向公司足额缴纳外，还应当对已经实缴的股东承担违约责任。

2.1.4　认缴的期限越长越好吗——股东出资加速到期

公司注册资本实行认缴制，其核心是出资期限的自由。股东的出资义务只有到出资时间点时才应当履行，公司或者债权人在该时间点前不能要求股东提前履行出资义务。

公司注册资本实行认缴制，不仅赋予了股东认缴注册资本多少的权利，也赋予了股东自由约定出资期限的权利。你可以一次出资，也可以分多次出资；可以前期少出资、后期多出资，等等。例如，公司注册资本 2 000 万元，分三期出资，第一期在公司注册成立时出资 100 万元；第二期 500 万元，在 2 年内实缴；第三期 1 400 万元，在 10 年内或者 20 年内实缴。

有人说了，既然认缴期限可以股东自己约定，那股东可以约定注册资本 1 亿元，一百年后甚至一万年后才缴，这样既可以享受大额注册资本的好处，认缴期限那么长也就规避了承担实缴的责任。这种钻空子的心态要不得，现实中也确实有注册资本 10 年、20 年、30 年甚至 50 年后缴的。

但要想一百年甚至一万年缴就是在恶意利用规则，《中华人民共和国公司法》及其司法解释也在堵塞这些漏洞，"股东出资加速到期"就是其中一个利器。

所谓股东出资加速到期，是指公司在无法履行债务时，未到出资期限的未完全出资的股东，应当提前履行出资义务。也就是说，即使未到认缴期间，但公司无法履行债务、明显缺乏清偿能力、可能濒临破产时，债权人仍可以要求股东提前实缴你认缴的出资。

例如，A 公司股东甲认缴出资 1 000 万元，已实缴 200 万元，剩余部分认缴出资的时间为 2030 年 1 月 1 日。现 A 公司资不抵债，无法清偿到期债务，明显缺乏清偿能力，无法履行对 B 公司的到期债务 2 500 万元，那么按照股东出资加速到期，股东甲应将认缴的剩余出资 800 万元提前实缴到位，用于偿债。

当然，并不是只要公司无法履行债务就一定会导致股东出资加速到期，对此还是有非常严格限制的，即只有在破产、解散、已具备破产原因但不申请破产、恶意延长认缴期限这样的情况下才会要求股东出资加速到期。股东出资加速到期的情形有：

（1）公司破产；

（2）公司解散；

（3）已具备破产原因，但不申请破产，或者不能清偿到期债务且明显缺乏清偿能力，人民法院穷尽执行措施无财产可供执行；

（4）恶意延长认缴期限（公司债务发生后，股东会决议延长股东的出资期限，以逃避公司履行债务）。

实务中，北京市第三中级人民法院的"（2020）京03民初＊＊号"判例，对股东出资加速到期做了最好的解释（如图2-2所示为股东出资加速到期法院判例判词）：

××公司注册资本980万元，股东于某认缴264.6万元、王某认缴715.4万元，约定出资时间2046年11月8日，出资方式为货币，实缴出资额0万元……因不能清偿到期债务且无清偿能力，股东被判加速到期出资。判词中的阐述如下。

在注册资本认缴制下，股东依法享有期限利益。债权人以公司不能清偿到期债务为由，请求未届满出资期限的股东在未出资范围内对公司不能清偿的债务承担补充赔偿责任的，人民法院不予支持。但是，公司作为被执行人的案件，人民法院穷尽执行措施无财产可供执行，已具备破产原因，但不申请破产的情形除外……本案中，因××公司未履行确定的债务，本院在执行过程中查明××公司名下无银行存款、房产登记、车辆登记和可供执行的对外投资……无财产可供执行，其不能清偿到期债务且缺乏清偿能力，故××公司已具备破产原因，于某的出资应加速到期。

注意：这里法院认为应加速到期的理由是，公司不能清偿到期债务，无财产可供执行，不能清偿到期债务且缺乏清偿能力，已具备破产原因。一句话，公司无法还债，临近破产但还没破产的状态，就有可能加速到期，就有可能要求股东"把你认缴的还没到期的钱拿出来还债"。你还认为吹牛不用上税吗？还认为"0元注册一个注册资金1亿元的公司"没风险吗？

其已履行出资义务的主张能否成立。对此，本院具体分析如下：

（一）关于 ▓▓▓▓ 的出资应否加速到期。

在注册资本认缴制下，股东依法享有期限利益。债权人以公司不能清偿到期债务为由，请求未届满出资期限的股东在未出资范围内对公司不能清偿的债务承担补充赔偿责任的，人民法院不予支持。但是，公司作为被执行人的案件，人民法院穷尽执行措施无财产可供执行，已具备破产原因，但不申请破产的情形除外。关于"已具备破产原因"，根据《中华人民共和国企业破产法》第二条第一款、《最高人民法院关于适用〈中华人民共和国企业破产法〉若干问题的规定（一）》第一条之规定，破产原因是指下列两种情形之一：（1）公司不能清偿到期债务且资产不足以清偿全部债务；（2）公司不能清偿到期债务且明显缺乏清偿能力。另，《最高人民法院关于适用〈中华人民共和国企业破产法〉若干问题的规定（一）》第二条规定："下列情形同时存在的，人民法院应当认定债务人不能清偿到期债务：（一）债权债务关系依法成立；（二）债务履行期限已经届满；（三）债务人未完全清偿债务。"第四条规定："债务人账面资产虽大于负债，但存在下列情形之一的，人民法院应当认定其明显缺乏清偿能力：……（三）经人民法院强制执行，无法清偿债务。"本案中，因××公司未履行"（2019）京仲调字第 ▓▓▓▓ 号"调解书确定的债务，▓▓▓▓ 公司向本院申请强制执行，本院在"（2019）京03执 ▓▓▓▓ 号"案件执行过程中查明 ▓▓▓▓ 公司名下无银行存款、房产登记、车辆登记和可供执行的对外投资，暂无财产可供执行，故裁定终结本次执行程序。另，在本案审理过程中，▓▓▓▓ 公司认可其公司资产不足以清偿债务，且明显缺乏清偿能力。综合上述情况，▓▓▓▓ 公司作为"（2019）京03执 ▓▓▓▓ 号"案件的被执行人，无财产可供执行，其不能清偿到期债务且缺乏清偿能力，故 ▓▓▓▓ 公司已具备破产原因，▓▓▓▓ 的出资应加速到期。

图2-2　股东出资加速到期法院判例判词

2.1.5　如何合理设计公司的注册资金

举个例子，某公司注册资金5 000万元，实缴500万元，最近两年经营比较困难，欠债很多，濒临破产，被客户告上法庭追讨欠款。法庭判决，股东要在没有出资的4 500万元的范围内承担连带赔偿责任。

这提醒我们，虽然现在实行的认缴制，可以不用实缴，但是认缴制并不是注册资本越多越好。我们有的老板不管公司所在行业、不管公司规模、不管公司所处阶段、不管公司是否实际需要，总是喜欢把注册资本做得很大，觉得注册资本越大越风光、越有面子，其实这样他的风险也很大。

当然我们有些特殊行业，必须要求注册资本达到多少，有些行业招投标比较频繁，要求有多少注册资本才有招投标资格，这类情况另当别论。

但是大多数企业我们还是建议，你的公司注册资本与经营规模、实际需要匹配就好，并不是越大越好。而且，公司可以随着业务的扩大，根据需要逐步增加注册资本。

公司先以较小的、与业务基本匹配的资本注册，随着规模、业务的扩大，可以根据需要去增加注册资本，这比先高资本注册然后减资要好。

增资比减资更合适。原因有三：第一，减资容易引起工商部门关注；第二，减资给人一种公司在走下坡路的感觉，不像增资给人公司蒸蒸日上的好印象；第三，减资必须通知债权人（理由后面会讲），债权人有权要求你提前还钱。

如果说你的注册资本开始做得很大，远远超过你的实际需要，现在可以去公司登记机关办理减资手续，把注册资金减下来。

2.1.6　股东如何证明已履行出资义务

我们知道，公司股东以认缴的出资额为限对公司债务承担责任，但如果股东不能证明你实缴了出资，在公司负债或者面临破产的情况下，债权人可以要求股东在未出资的范围内承担赔偿责任。这里存在两个问题，一是谁来承担证明已实缴出资的责任，二是如何证明。

2014 年之前，股东实缴之后，还会请会计师事务所出具一个验资报告，证明实缴了出资。那现在不用做验资报告了，谁应该承担证明股东是否实缴出资义务的责任呢？

根据最高人民法院的司法解释，只要有合理证据怀疑，就要由股东自己承担已履行出资义务的举证责任。

在上述 2.1.4 的案例中，××公司的股东于某向法院提交了支出汇总表及 24 张微信支付截图、支付宝支付凭证，用以证明作为股东已足额出资，并且于某向法院提交了尾号为 0802 的账户和尾号为 7159 的账户的招商银行户口历史交易明细表，用以证明××公司的收入与支出是分开的，公司前期资金投入与后期收入无关，但并没有得到法院支持，理由是两点：

首先……规定，股东以货币出资的，应当将货币出资足额存入有限责任公司在银行开设的账户，有限责任公司成立后，应当向股东签发出资证明书；但是，根据已经查明的事实，于某未将其出资存入××公司账户，××公司亦未向于某签发出资证明书。

其次……规定，对公司资产，不得以任何个人名义开立账户存储……，现于某主张通过其个人账户自 2017 年 3 月至 2019 年 1 月支出的××万元系其对公司的出资，但是于某支出的大部分款项来源于尾号为 0802 的账户和尾号为 7159 的账户，而于某自认上述两个账户中有公司的收入、支出款项，故于某提供的证据不足以证明通过其个人账户支出的款项均来源于其个人财产，亦不足以证明其已实际履行出资义务。

那么，股东如何证明你向公司实缴了出资？参照上述法院的判决理由，要注意四点：

第一，在实缴出资时，千万不要交现金或存入个人账户、个人卡，一定要存入公司的对公银行账户，并且要在备注栏注明"某某某对××公司实缴出资投资款"，以便以后需要时作为出资凭据。

第二，一定要叮嘱财务计入"实收资本（或股本）"科目，计入股东名下实收资本，千万不要放到往来款里面。我们在实务当中发现，往往有很多财务，不清楚款项性质就放到往来款，往来款就意味着是借款还款，跟实缴没关系。

第三，最好是让公司给你出具一个出资证明书，并由法定代表人签字。

第四，千万不要以为股东个人帮公司垫付款项、垫付费用开支就一定会被认为是出资，很多时候你是无法证明的，一定要认真、正式地履行出资手续，出资和垫款一定要分开。

这些细节注意了，才能在关键时刻避免不必要的麻烦。

注意：很多人往往以注册资本的多少来判断公司规模、实力，以为注册资本越大规模越大、实力越雄厚，其实这是一个误区，例如注册资本 1 亿元，但实缴出资可能为 0，这里有一个诀窍，看资产负债表"实收资本""未分配利润"栏的金额。实收资本就是股东实缴出资金额，未分配利润是公司历年的利润积累，故实收资本、未分配利润越大，公司实力越雄厚。

2.2 非货币出资风险

本节介绍非货币出资种类、作价原则和注意事项，以及非货币出资瑕疵的法律后果及风险防范方法。

2.2.1 非货币出资的要求

企业出资方式经历了多次变化，长期以来基本上要求以货币资金出资或者要求货币资金出资必须达到多少比例。2013 年 12 月 28 日《中华人民共和国公司法》修改后就不再对货币资金出资做硬性要求，以什么类型的资产出资完全由股东自行决定。

非货币出资，顾名思义就是不是以现金、银行存款等货币资金实缴出资，而是以现金、银行存款之外的其他方式出资。

根据《中华人民共和国公司法》第二十七条的规定，除了法律、行政法规明确规定不能作为出资的财产以外，都可以用于出资。一般来说，能够作为非货币出资的，包括以下几类：

（1）实物。包括房屋、建筑物、车辆、机器设备、原材料、产成品等。

（2）知识产权。包括商标权、专利权、著作权、非专利技术、特许经营权等。

（3）土地使用权。包括国有土地使用权、集体土地使用权等。

虽然以什么类型的资产出资完全由股东自行决定，但并不意味着股东可以随心所欲，特别是对于非货币出资，并不是随便找个资产随意定个价，我说出资了就出资了，我说出资值多少钱就值多少钱。

股东的非货币出资必须价格公允，物有所值，如果弄虚作假，实际价值显著低于公司章程所定价额的，由交付该出资的股东补足其差额；公司设立时的其他股东承担连带责任。

为了证明非货币出资价格公允，一定要聘请具有合法资格的评估机构对该财产做价值评估，并出具评估报告。

2.2.2　非货币出资的风险防范

对于非货币出资防范，应注意两点：

第一，必须聘请专业机构做价值评估并以公允价值作价。

如果股东出资时未依法评估作价，应股东、债权人请求，法院可以委托具有合法资格的评估机构对该财产评估作价。如果法院委托评估确定的价额显著低于公司章程所定价额的，会认定出资人未依法全面履行出资义务。

第二，必须办理产权转移手续。

《中华人民共和国公司法》第二十八条第一款规定，"股东以……；以非货币财产出资的，应当依法办理其财产权的转移手续。"

如果出资人以房屋、土地使用权或者需要办理权属登记的知识产权等财产出资，已经交付公司使用，但未办理权属变更手续，在法院指定的合理期间内办理权属变更手续的，可以认定其已经履行了出资义务，并自其实际交付财产给公司使用时享有相应股东权利；出资人已经办理权属变更手续，但未交付给公司使用，在实际交付之前不享有相应股东权利。

另外，非货币出资，属于个人转让非货币性资产和投资两个行为同时发生。对个人转让非货币性资产的所得（转让收入减除该资产原值及合理税费后的余额），应按照"财产转让所得"项目，计算缴纳个人所得税。如果一次性缴税有困难的，可合理确定分期缴纳计划并报主管税务机关备案后，五年内分期缴纳个人所得税。

有时候，股东在以非货币性资产投资时，可能没有足够的资金来交个人所得税，即使五年内交，如果投资的项目回报不高、没分红，也可能没有资金来交税，也是一大风险点。

2022 年 4 月，苏州市相城区税务局发布催收公告，余某某 2016 年 4 月非货币性资产投资分期缴纳个人所得税 2.56 亿元到期未交，限期 15 日内缴，逾期将申请人民法院强制执行，由此也可看出非货币资产出资的风险。

注意：如果非货币出资有瑕疵，公司成立时的其他股东是要承担连带责任的。如何避免非货币出资瑕疵，除了处理出资的非货币资产一定要物有所值，还要注意程序性的手续，一是做评估（评估报告），二是办理产权转移手续（不仅是产权转进公司就算了，而且要办理产权变更手续）。

2.2.3　建筑、房地产行业痛点——专利权出资风险大

除了前面说的非货币出资的风险外，建筑业、房地产等对资质有专门要求的行业，非货币出资还会面临增资中的个人所得税问题。

以建筑行业为例，建筑法规要求，要获得建筑工程施工总承包一级资质，建筑公司必须具备的首要条件是净资产 1 亿元以上。

为了达到这个条件，不少资金实力稍逊的建筑公司在代办中介的建议下想了不少办法，其中比较用得多的就是股东以极低的价格购买专利权（是否有价值另论），然后作为股东非货币出资高价评估投到公司，成为股东实缴出资，这样一方面履行了股东实缴出资义务，另一方面公司净资产也达到了资质要求。例如，50 万元购买某项专利技术，评估成 5 000 万元或者 1 亿元出资到公司。

但大家都忽略了，股东个人转让专利权到公司，要就增值部分缴纳 20% 的个人所得税，1 亿元转让就是 2 000 万元的个人所得税，这笔个人所得税不仅数额大，而且是凭空多出来的，觉得有点冤，但又必须交，最多五年内，超过五年税务机关会追缴。

笔者就遇到有多家公司此前因专利权出资 5 000 万元、6 000 万元、1 亿元不等的，因个人所得税未缴，无法变更法人、股东，被频频税务预警。

说实话，基于资质方面对公司净资产的要求，如果公司资金实力不足确实不好解决，但也不能不管不顾，图一时洒脱，做了再说，把问题留给以后，那以后解决起来成本可就太高了。

这里提一个解决思路，就是提前做公司架构，搭建家族公司（怎么搭建后面会讲），以家族公司去投资做股东，即使想要以专利权投资也要以公司去投资公司，避免个人股东的个人所得税，这样公司转让专利权收益的企业所得税就更好规划。

2.3 | 创始人丧失公司控制权风险

本节从创始人丧失公司控制权的三个案例，分析创始人丧失控制权的危害和成因，围绕控制权、股权架构、常见架构体系，以及知名公司股权结构分析几方面进行讲解。

2.3.1 反目成仇官司不断——创始人丧失公司控制权案例

大多数民营企业创业初期，受资金、风险、成本、资源等因素的制约，往往是与亲戚、朋友、同学、同乡、同事等熟人一起创业，这样降低了失败风险和沟通成本，企业存活概率较高。但是，很多时候在股份、分红、管理等方面往往是口头约定，或者根本没有约定，初期或者规模较小时尚能齐心协力求生存、谋发展。而公司一旦度过生存期或者规模较大后，则会在控制权、管理权、发展方向、分红等问题上出现意见分歧，而且不容易妥协，最终或导致好兄弟、好同学、好朋友反目成仇，或官司缠身，或丧失发展良机，令人嘘唏。

案例一　创始人、董事长三次出局，退赔 5.6 亿元，判刑 10 年

2000 年，甲与同学乙丙共同出资成立光明公司，三人分别持股 45％、27.5％、27.5％。甲是创始人并且为第一大股东，但乙丙两人合计持股 55％，联合就可以制约第一大股东甲。

由于经营理念不同，甲与乙丙逐渐产生分歧。为缓和矛盾，甲将自己持有的股权向乙丙分别各转让 5.83％，三位股东的持股变为 33.34％、33.33％、33.33％。

一段时间后，纷争再起，甲打算加大投入、扩大生产，而乙丙要求分红，双方互不妥协。股权比例决定了甲不占优势，无奈之下只好将自己持有的光明公司的股权以 8 000 万元转让给乙丙，自己退出光明公司。但股权转让协议签订后，剧情反转，光明公司的全国 200 多个供应商、经销商和光明公司中高层集体支持甲留下，乙丙只好各自以 8 000 万元的价格将自己的股权转让给甲后退出，甲终于 100％控制光明公司。

甲需向乙丙支付的 1.6 亿元股权转让款不是小数，不得已甲引入 A、B、C 三家外国资本，此时甲、A、B、C 在董事会的席位分别为 2∶2∶1∶1，甲虽然仍为第一大股东，但在董事会只有两个席位，外资资本 4 席。甲没有对董事会的控制权，并因涉嫌关联交易被警方调查，宣布辞去光明公司的所有职务。但光明公司员工停工、核心供应商停止供货，要求甲回到公司。压力下外国资本让步，甲再次回到光明公司董事会并担任 CEO。

2013 年，甲将持有的光明公司 11.8％的股份转让给 D 公司，D 公司并在二级市场收购光明公司普通股股票，摇身一变成为光明公司的第一大股东，甲成为第五大股东。2014 年，D 公司在光明公司临时股东大会上指责甲私下输送利益，违规担保，可能使光明公司遭受 1.7 亿元巨额损失，罢免了甲。而在前两次纷争中坚定支持甲的光明公司中高层员工、核心供应商和经销商，这次再也没有站在甲这边。

2014 年 12 月，甲被公安机关以涉嫌挪用资金罪、职务侵占罪刑事拘留，随后被某市中级人民法院以犯挪用资金罪、职务侵占罪，判处有期徒刑十年，退赔总额约 5.6 亿元。

光明公司由三个同学一起创业，他们因理念不合分道扬镳，创始人三次失去控制权，最终退赔 5.6 亿元，判刑 10 年，这是真实案例，当年也挺轰动。甲目前仍在狱中，2024 年刑满。回头来看，甲创业不可谓不成功，但随

后付出的代价也不可谓不大，其中股权、控制权的影响，可以引发创业者的深思。

案例二 公司控制权之争——坐牢14年，争斗尚未结束

本案例的主人公暂且叫甲吧，甲的小舅子乙开了一家餐饮店，后来吸收姐姐、姐夫甲夫妻俩一起经营，股份占比为乙占50%、甲夫妻俩50%（姐姐、姐夫甲各25%）。

姐夫甲颇有经营头脑，对于餐饮店的规划和经营管理很有一套，他将餐饮店改为××餐饮公司，主导餐饮店标准化改造，一改餐饮行业大多靠师傅教、自己琢磨、随意性大、没有客观标准、不成体系的现状，使餐饮店的菜品得以标准化，餐饮店也得以蓬勃发展，并快速复制、扩张，短短几年开店达数百家，大有成为国内餐饮龙头之势，××餐饮公司的商标也非常有名。随之而来的是，××餐饮公司的主导权慢慢从小舅子乙转到了甲的手中。

2008年甲夫妻离婚，姐姐把25%的股份让给甲，由此，乙与前姐夫甲各占××餐饮公司50%的股份，双方股权占比平分秋色。

2009年，××餐饮公司引进风投Y机构和Z机构，两家机构各占3%股份，乙和姐夫甲各占47%。甲暗中收购Z机构67%的股权，获得Z机构的董事会席位。

与此同时，甲以在××餐饮公司推行规范化、职业化管理之名，替换掉乙的高管人员，引发双方矛盾，甲并意图将××餐饮公司旗下资产、商标转移到自己的公司。

随着双方矛盾激化，2000年，乙要求清查××餐饮公司财务账目，被甲拒绝，乙起诉到法院，法院判决××餐饮公司不能拒绝股东查账。

乙通过查账掌握了甲的违规线索，向公安机关举报甲职务侵占公司资金，2011年甲被捕，2013年因职务侵占罪和挪用资金罪被判刑14年。

2013年底，××餐饮公司召开临时董事会，选举乙为公司法人代表、董事长。但姐夫甲虽然在狱中，仍起诉乙及××餐饮公司，认为董事会选举乙为公司法人代表、董事长不符合公司章程规定，是非法的，要求撤销，得到一审、二审法院支持，这意味着乙作为××餐饮公司董事长、法人代表的合法性被否定。

2016年，乙及××餐饮公司起诉，要求判决甲因其不当履行公司职务赔偿损失7.8亿元，以及向××餐饮公司派董事长不合法，被广东省高院及最

高人民法院 2021 年 8 月驳回，理由是，乙不是合法的法人代表，不能代表××餐饮公司提起诉讼。

争端还在持续，甲也将于 2024 年出狱。

××餐饮公司的案例很经典，也很精彩，适合作为教科书级的研习案例，其内容后面还会讲到。

案例三　没有老大的团队注定散伙

甲乙丙三位大学同学决定创业，三人于 2014 年按 40%、30%、30% 的出资占比注册了一家计算机公司，但业务并不顺利，决定改行做糕点。在糕点店中，甲负责对外宣传、拉投资，乙负责产品研发、生产、采购配送，丙负责店面运营。

真是有心栽花花不开，无意插柳柳成荫，2015 年 4 月糕点店开业，生意出乎意料的火爆，开业几天，就有机构给出了 4 000 万元的估值。

甲在对外宣传、接洽投资人过程中认识到，此前的公司股份设置有瑕疵，太过于平均，没有掌握公司控制权所需要的出资占比，不利于决策和公司长远发展，为了便于公司的管理和决策，自己需要足够的话语权、决策权，因而要求一是他要三倍投票权；二是为了公司之后在海外的发展，组建 VIE 架构（通过签订协议的方式实现对实际运营公司的控制）。

对于甲的要求，乙不同意，矛盾升级，已经开始与投资人的谈判也搁浅。最终，沟通无效，都不愿妥协，乙退出另开了同样的糕点店，三位同学的创业团队正式散伙。

如果创业之初大家就约定好游戏规则和决策方式，结果会不会不同呢？

2.3.2　关于创始人对公司控制权的思考

从上述创始人丧失公司控制权案例，以及现实中更多、更戏剧性的类似案例可以看到，公司股权、控制权纷争，导致好兄弟、好同学、好朋友、好伙伴反目成仇，或者官司不断身陷囹圄，或者陷入僵局错失发展良机的屡有发生。

究其原因，大家还是没有法律意识、规则意识，在初创时期没有讲清楚游戏规则，或者即使有也很模糊，一旦发生争议，无法通过法律法规、股东协议、公司章程等规则来解决。上述案例给我们带来的启示至少有以下四点思考。

1. 创业团队一定要有一个核心人物

一定意义上说，企业就不是一个讲民主的地方，更类似于军队，面对瞬息万变的市场、稍纵即逝的机会、机遇与风险并存的竞争环境，必须有一个主心骨，一个有胆识的决策者，能够在关键时刻当机立断，拍板决策；一旦形成决策，就必须步调一致，高效执行。一个企业如果无限制地讨论、扯皮、久拖不决，或者坐失良机，或者任风险放大，或者陷入无尽的纠纷扯皮的恶性循环中。

2. 核心创始人一定要掌握公司控制权

创始人一定要有控制权意识，特别是公司在初创时、公司融资需要引入投资时，一定要掌握比较高的股份，并明确约定重要事项决策机制，把控制权牢牢掌握在自己手里。具体方法后面会讲，关键是先要有此意识。

特别在引入外来投资者、风险投资时，更要特别注意控制权的稀释，否则，可能公司做大了，也与你没有多大关系了。

所以，创始人，为了你的事业，为你的梦想，请看好你的控制权。

3. 遵纪守法

法律是一扇屏障，是自身安全的根本保障。因虚开发票、偷税、挪用资金、职务侵占等被刑事处罚、行政处罚的企业家不在少数，给个人、公司都带来不小的风险和实际损失，也可能带来控制权风险，甚至使自己坠入万劫不复的深渊。

4. 合理利用规则

合理制定规则、遵守规则，发生争议按规则解决。公司章程对公司、股东、董事、监事、高级管理人员具有约束力。除了《中华人民共和国公司法》及其司法解释等法律法规，创始人应特别重视股东协议、公司章程等公司内部规则的制定和运用。

有限公司强调人合性，就是尊重股东对公司的自主决策权，在遵守法律的前提下，大多数公司内部治理事项都可以由股东内部约定，所以公司创始人要特别重视股东协议、公司章程，不要在网上粘贴复制一下就拿到公司使用，而要结合公司实际使其合理、可行，具备可操作性。

2.3.3 公司控制权中出资比例的几大生命线

根据《中华人民共和国公司法》第四十二条规定，股东会会议由股东按照出资比例行使表决权；但是，公司章程另有规定的除外。

也就是说，股东行使股东权利的基础是出资比例（也可以由公司章程另行约定其他方式），那么作为股东，特别是作为创始人，你要想牢牢保持对公司的控制权，拥有比其他股东更高的出资比例就是必然的要求。

所以股东、创始人需要了解，以下几个关键的出资比例代表了不同的权利，被视为是公司控制权中出资比例的几大生命线。

1. 67%（三分之二）——绝对控制权

根据《中华人民共和国公司法》第四十三条规定，股东会会议作出修改公司章程、增加或者减少注册资本的决议，以及公司合并、分立、解散或者变更公司形式的决议，必须经代表三分之二以上表决权的股东通过。

其中，修改公司章程就是最重要的权利，创始人要想对公司实施控制，虽然有其他方式，但最有效、最直接、最理想的方式就是掌握三分之二以上的表决权，甚至可以通过修改公司章程来实现自己的战略意图。

2. 51%（过半数）——相对控制权

可以在股东会决策除"修改公司章程""增加或者减少注册资本的决议""公司合并、分立、解散""变更公司形式"这四项外的非常重要的事项。

像股东会的职权、股东会的议事方式和表决程序、选举和更换董事、董事长副董事长的产生办法、董事会的职权、董事会的议事方式和表决程序这七项非常重要的权利，在股东会过半数通过就可生效。

所以，公司创始人在不能保持绝对控制权（三分之二出资比例）时，能够保持相对控制权（出资比例超过半数）也是不错的选择。

3. 34%（三分之一）——一票否决权

《中华人民共和国公司法》并没有一票否决权的说法，这是相对于绝对控制权而言的。如果你不是大股东，但拥有三分之一以上的表决权，那么，修改公司章程、增加或者减少注册资本的决议，以及公司合并、分立、解散或者变更公司形式的决议——这些最重要的权利，必须经代表三分之二以上表决权的股东通过，只要你不同意就不可能达到三分之二，就不能生效，变相的就是你否决了大股东的决策权，特别是能够否决修改公司章程，更能最大限度维护自己的合法权益。

这是对大股东绝对控制权的牵制，也是双方博弈的重要工具。有时候也许几个小股东一联合就达到了三分之一，大股东的绝对控制意图就不能实现。

这从另一方面说明，为什么说 67% 是绝对控制权，对创始人来说是非常重要的。

4. 30%——上市公司要约收购线

收购人持有一个上市公司的股份达到该公司已发行股份的 30% 时，继续增持股份的，应当采取要约方式进行，发出全面要约或者部分要约。

5. 20%——重大同业竞争警示线

同业竞争指上市公司所从事的业务与其控股股东或控股股东所控制的其他企业所从事的业务相同或近似，双方构成或可能构成直接或间接的竞争关系。股东不能从事与公司业务相同或近似的业务，构成直接或间接的竞争关系，一般认为是持股 20% 以上股权的股东。

6. 10%——临时会议权、提请解散权

代表 10% 以上表决权的股东有权：提议召开股东会；自行召集和主持股东会；在公司僵局的情况下提起解散公司诉讼。

7. 5%——重大股权变动警示线

上市公司持股达到 5% 以上股份的股东，每增加或者减少 5% 的特股，应向证券机构报告并公告。

8. 3%——临时提案权

上市公司持股 3% 以上股份的股东，可以在股东大会召开 10 日前提出临时提案。

9. 1%——代位诉讼权

董事、监事、高管有严重侵犯《中华人民共和国公司法》规定的第一百四十九条公司利益的行为，股份公司持股 1% 的股东可以起诉；有限公司股东可以起诉。

注意：这里说的是创始人要非常重视出资比例，但也不要绝对化，还要注意公司章程的制定权、修改权，以及其他控制方式的运用。

2.3.4 掌握公司控制权的核心

既然公司的控制权对创始人、对公司如此重要，那是怎么对公司实施控制的呢？通常，按重要程度由大到小可以有以下几种方法。

1. 控制股东会

股东会是公司的权力机构，拥有广泛的权利，最重要的是修改公司章程

（必须超过三分之二通过）。上面讲了，过半数就可以决定绝大多数重要事项，超过三分之二就可以决定七项特别重大的事项，如果觉得哪些事项不满意，可以通过修改公司章程来达到自己的目的，所以掌握了股东会也就掌握了控制权。

公司治理的核心是股东会，股东会的治理依靠章程、协议、投票比例，其基础依然是出资比例所代表的表决权。如何控制权股东会，详见 2.3.5 掌握公司控制权的几个大招。

2. 控制董事会

董事会是公司的决策机构，公司的很多重大事项由董事会决策和执行，例如决定公司的经营计划和投资方案，决定公司内部管理机构的设置，决定聘任或者解聘公司经理（总经理）、副总经理、财务负责人及其报酬事项，制定公司的基本管理制度，制订公司的年度财务预算决算方案、利润分配方案、增资减资、债券发行、公司分离合并解散方案等非常重要的事项，非常重要。一般来说，控制了董事会也就在很大程度上控制了公司。

但要注意，根据《中华人民共和国公司法》的规定，董事会决议的表决，实行一人一票（不是按出资比例），董事会的控制依靠人数票决。所以，掌握董事会的核心还是掌握董事的提名权，保证能执行自己意图的董事人数在董事会占多数。再说得直白一点，你自己的人在董事会的席位数决定你对董事会的控制权。

3. 控制运营层

控制运营层包括负责公司日常生产经营活动的经理层，如总经理、副总经理、财务总监、各部门负责人，甚至包括法人代表、公章、执照、账户等重要岗位的运维人员等。

虽然运营层只是负责公司生产经营的日常具体事务，并不能决定很多重要事项，但正因为公司生产经营日常具体事务繁杂，有的还需要较强的技术性和协调性，如果不能有效运行，也会对公司产生重要影响。

像前面讲到的光明公司控制权争夺的案例，创始人甲被逼无奈出局，但公司中高层联合供应商和经销商，全部支持甲，竟然两次让甲重新掌握控制权。

可见，虽然运营层在公司治理结构中地位不高，但其遵从度、配合度、倾向性、影响力仍然不可小觑，获得他们的支持对于有效实施公司控制也是非常有益的。

4. 控制专有技术、特许使用权

通常情况下，专有技术、特许使用权等并不能对公司控制权产生多大影响，但如果公司在某些特殊情况下非常依赖某项专有技术、专利、商标、特许使用权等，失去了这些权利对公司有致命性影响，则控制了这些权利也就拥有了对公司的话语权。

5. 控制法人代表

很多公司的实际控制人并不担任法人代表，而且法人代表也可以根据公司股东会决议进行变更，在公司内部似乎是可有可无的存在。但是，法人代表是公司的代表人，有权对外签署很多法律文件，而且很多文件只要法人代表签署了，就对外产生效力，内部股东、管理者如果有异议，也不能对抗外部善意的第三人。法人代表还可以代表公司进行很多活动，有的时候如果法人代表不配合，实际控制人也无奈。所以法人代表对外非常重要，不可忽视，法人代表一定要在实际控制人可以控制的范围内。

上述 2.3.1 案例二中，乙及××餐饮公司起诉要求判决甲因其不当履行公司职务赔偿损失 7.8 亿元以及向××餐饮公司派董事长不合法，被广东省高院及最高人民法院驳回，理由就是乙不是合法的法人代表，不能代表××餐饮公司提起诉讼，由此可见法人代表的重要性真的不能忽视。

6. 公司印章

公司印章在对外交往、签订合同时也很重要，一旦失控或者被不可靠的人掌握也有很大风险，网上知名公司双方抢夺印章的新闻想必大家都有耳闻。

2.3.5 掌握公司控制权最有效的几个大招

前面说了，控制董事会，可以通过作出股东会决议、修改公司章程（在绝对控股的情况下）、选举董事等，从而控制董事会，这是最基本、最直接的控制方法。但如何控制股东会呢？特别是创始人在出资比例并不占绝对多数的时候如何控制股东会呢？通常来说，控制股东会的方法有以下几种。

1. 绝对控股（出资比例 67%）、**相对控股**（出资比例 51%）

就是创始人的出资比例所代表的表决权，可以直接通过股东会决定公司重大事项，体现创始人的意志。

2. 一致行动人协议

虽然创始人的出资比例所代表的表决权不足以作出有效决策,但创始人与其他股东签订一致行动协议,共同行使表决权,即创始人投什么票、作出什么意思表示,其他股东投出完全相同的意思表示,创始人表决权加上其他股东(一致行动人)的表决权足以在股东会作出有效决策,实现创始人目的,以确保团队老大对公司的控制力。

一致行动人简单来讲就是抱团一致对外,特别是引入外来投资者而可能面临控制权丧失时,原股东的一致行动可以有效制约外来投资者对公司和原股东的利益危害。

注意:但是,股东有各自不同的利益,股东之间也需要利益博弈,需要相互监督、相互制约,这些都是正常的,不可想象公司所有股东在一切情况下都能做到一个声音、一致行动而没有任何反对意见。所以,通常是在引入外部投资者时才需要签署一致行动人协议。

3. 委托投票权

其他股东、小股东将自己的投票权委托创始人行使,有利于获得额外投票权力。在创始人的出资比例不占多数的情况下,通过委托投票权也是争夺公司控制权的一种方法。

4. AB 股

AB 股又叫特别表决权、差异化表决权,是指将股份分为 AB 股两类,持有 A 类股的,每股拥有更多的投票权,例如每股可投 10 票,由核心创始人持有;持有 B 类股为普通股,每股对应 1 票投票权。

AB 股就是典型的同股不同权。法律依据是《中华人民共和国公司法》第四十二条,"股东会会议由股东按照出资比例行使表决权;但是,公司章程另有规定的除外。"也就是说,我国公司法一般情况下是同股同权,但也贯彻人合性,尊重公司股东自治,可以通过在公司章程自行约定同股不同权,实行 AB 股。

设置 AB 股结构的核心在于使创始人在持股比例较低的情形下,也能确保对公司的实际控制权。说得直白点,AB 就是给予核心人物(尤其是创始股东、创始团队核心成员)比其他股东更高的投票权比例,例如核心人物的 1 票可以抵其他股东 5 票,那么他哪怕只有 10% 的出资比例,也可能拥有 50% 的表决权,从而保证了控制权。

采用 AB 股架构的企业如京东、小米和美团。例如，根据香港联合交易所有限公司证券上市规则规定，小米集团在香港上市之日实行的特殊投票权架构为：每一 A 类普通股股份有 10 份投票权，每一 B 类普通股或优先股股份有 1 份投票权。雷军和联合创始人林斌同时持有 A 序列股票。

但需要注意的是，创始团队内部是平等的，单独要求多倍表决权是不合适的，容易激化矛盾。所以，如果想要采取 AB 双层股权架构，时机的把握非常重要，最好是在起初就约定好；如果起初没有做，那一般是在有一定规模后欲引入外来投资者时，创始团队对于投资人使用。

另外要说明的是，《中华人民共和国公司法》对于上市公司要求同股同权，不承认 AB 股架构，《中华人民共和国公司法》第一百零三条规定，股东出席股东大会会议，所持每一股份有一表决权。

5. 有限合伙企业的普通合伙人

《中华人民共和国合伙企业法》规定，有限合伙企业由普通合伙人 GP 执行合伙事务，有限合伙人 LP 不执行合伙事务，不得对外代表有限合伙企业。

也就是说，有限合伙企业由普通合伙人 GP 说了算。运用这一规则，可以设计一个有限合伙企业，把核心创始人设置为普通合伙人 GP，其他投资者为有限合伙人 LP，由核心创始人作为普通合伙人执行合伙事务，掌握控制权，其他投资者只享有分红权，这样就有效解决了公司控制权问题。如图 2-3 所示合伙企业分类及特点。

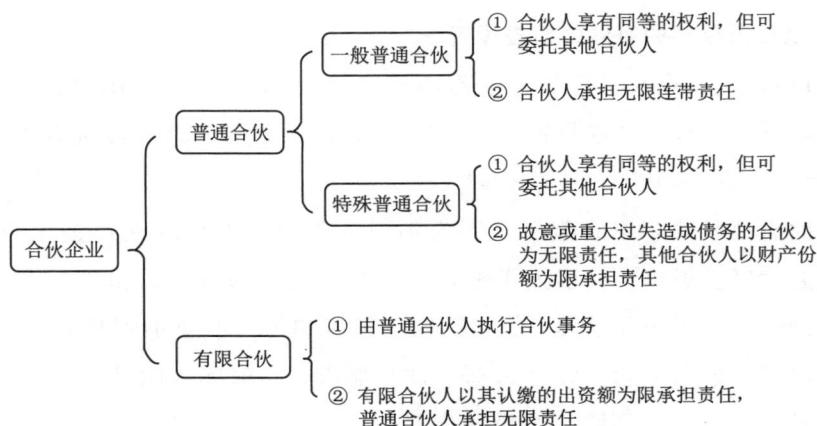

图 2-3　合伙企业分类及特点

当然，合伙企业与公司不一样，公司一般是有限责任，缴纳企业所得税，而合伙企业一般是无限责任，自然人合伙人缴纳个人所得税。所以，设立合伙企业还需要综合考虑有限责任与无限责任、企业所得税与个人所得税的综合风险和税务成本。

一般来说，如果作为控制权的需要而设立有限合伙企业（创始人为普通合伙人），那么可以考虑把这个有限合伙企业作为投资平台，即只做投资，只做股东，而把实际的生产经营放到投资后的有限公司实体中去，这样既掌握了控制权，又隔离了无限责任的风险，同时也在一定程度上可能降低税务成本（公司缴纳企业所得税，可能比合伙企业的个人所得税低一些，但如果分红仍然要缴纳个人所得税）。

设立有限合伙企业作为投资平台掌握控制权，特别适合于公司对核心骨干员工进行股权激励的股权架构设计，具体操作方法是，创始人可以只占投资的小股份（哪怕是1%），但作为普通合伙人，执行合伙事务，掌握控制权；其他核心员工投资可大可小，只有分红权，也可以不完全按投资比例分红，而以工作结果、贡献大小参与分红，等等。

蚂蚁科技集团，就是以杭州君澳股权投资合伙企业、杭州君瀚股权投资合伙企业这两个合伙企业作为大股东，对蚂蚁科技集团实施控制。而代表杭州君澳、杭州君瀚实施控制的，则是以普通合伙人为身份的马云控制的杭州云铂投资咨询有限公司，这个案例后面还会讲到。

6. 以自己控制的有限公司去投资

假设有限公司A，股东为甲乙丙三个自然人，出资比例分别为60%、25%、15%。现有一个项目投资10 000万元，计划引入外部投资者丁，投资4 000万元，占比40%。

但此时控股股东甲犹豫了，因为不引入丁吧，项目缺乏资金无法启动，可能失去大好发展机会；引入丁吧，原来的股权会被稀释，引入后各位股东出资比例甲乙丙丁分别为36%、15%、9%、40%，甲达不到相对控股51%的股份比例，很大可能丧失对A公司的控制权，一时陷入两难。

此时，如果换个思路，将投资项目新设立一个项目公司B，以A公司、投资者丁为B公司的股东，其中A公司投资额6 000万元，占比60%，丁投资额4 000万元，占比40%。

这样，A 公司持有 B 公司 60％的股份，拥有 B 公司相对控制权；而股东甲持有 A 公司 60％的股份，拥有 A 公司的相对控制权，股东甲也就间接控制了 B 公司。这就是，以公司控制公司，以自己控制的有限公司去投资设立新的公司，可以放大自己的控制权，有效避免自然人投资因股权稀释而导致的丧失控制权风险。

2.3.6　掌握公司控制权的最佳时期

毕竟所有人都希望拥有平等的权利，都希望得到尊重，作为股东也不例外。所以我国《中华人民共和国公司法》的基础是同股同权，但也授权股东自己约定可以把权利让渡出去。

上述一致行动人协议、委托投票权、设立 AB 股、有限合伙企业的普通合伙人等等这些方法，都是同股不同权，是通过放大创始人出资比例所代表的表决权倍数，从而拿到比别人多的话语权、决策权，是别人要把自己的权利让渡给你来行使。

那么别人为什么要出钱而且心甘情愿地把权利让渡给你呢？至少有三方面原因：

第一，你非常可靠、非常值得信赖，不会损害大家的利益；

第二，你非常有能力、有资源，能给大家带来他自己或别人无法带来的价值；

第三，你已经有一套自己的思路、想法、模式、规则，而且正在实施，哪怕不是很完美，但能让别人相信可以带来极高的价值，因而他们愿意接受你制定的游戏规则，愿意投资于你，愿意把自己的权利让渡于你。

所以，真正设立规则、建立股权架构和决策机制最好的时机，就是在公司刚创立阶段和引入外来投资者阶段，这是成本最低的时候。

刚创立阶段，毕竟要有人提议、牵头、主持操办，你成为事实上的核心创始人，你草创的规则别人愿意遵守；而在引入外来投资者阶段，公司已经有了一定基础、一定规模，游戏规则已经基本确定，别人要进入就只能遵守你的游戏规则，你也就顺理成章地掌握了控制权。

因此，作为创始人股东，一定要在初创阶段搭建好基本的架构，设立基本的游戏规则，并使之书面化、制度化，先小人后君子，避免今后不必要的纷争和麻烦。如果初创阶段运用得不好，则在引入外部投资者时，借势及时进行弥补、完善。当然，如果创始人拥有绝对的控股、绝对的优势地位，在发展过程中逐步优化也会比较顺畅。

而且，通常创始人在最初是最高出资比例、拥有绝对控制权，形成在公司的绝对控制地位和权威，随着公司的发展、扩张，逐步降低出资比例，逐步引入核心管理团队和外部投资者，逐步释放股权，甚至把出资比例降得很低，但运用自己长期形成的优势地位和各种方法保持对公司一定的控制权（当然必须有架构安排和制度文件作为支撑）。

所以创始人一定要注意这个顺序，如果一开始没有或者忽视相应的控制地位、权威，随着发展、扩大才来要求控制权，难度非常大、成本非常高，很容易形成公司僵局。

注意：尽管有上述掌握控制权的方法，但创始人一定要明白，控制权的基础，一定是出资比例所代表的表决权，其他所有的方法都是在这个出资比例所代表的表决权基础上协商约定的、自然形成的，而不是相反。

2.3.7 全球开店、几家公司上市、爆发式增长——海底捞做对了什么

要论公司股权架构、控制权问题，××餐饮公司、海底捞无疑是正反两方面的经典案例。

比起海底捞，××餐饮公司起步更早、发展更快、名气更大，但随后因控制权纠纷反目成仇、同室操戈，陷入无尽的纠纷，前面已有介绍。

而同样是餐饮行业，同样是亲戚、朋友、同学、同乡等熟人一起创业，起初同样面临股权问题（股权平分，没有绝对大股东），海底捞却顺利解决股权架构、控制权问题，为其后来的飞速发展并在内地和香港上市，创造了非常重要的基础和前提条件。

海底捞是由张勇和舒萍、施永宏和李海燕两对情侣创业开的餐饮店（据说张勇和施永宏是四川拖拉机厂同事），最原始的股权结构是人各25%。后来两对情侣变成了两对夫妻，也就是张勇和舒萍、施永宏和李海燕两对夫妻各占50%的股份。图2-4为海底捞最初股权结构——股权平分。

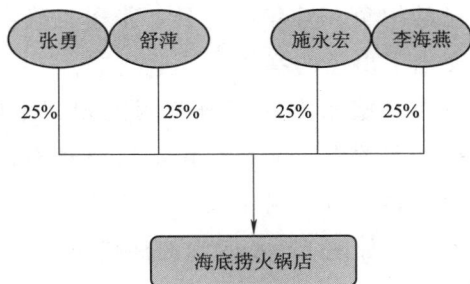

图 2-4　海底捞最初股权结构——股权平分

　　随着企业的发展壮大，张勇超前的市场眼光、经营理念越发显现，另外三个股东是否能完全跟上步伐，其思维、理念能否得到有效实施也面临考验。像绝大多数公司一样，海底捞也面临决策权、控制权问题，但海底捞幸运的是，张勇充分展现了一个成熟企业家的眼光和手腕。他对海底捞的股权调整方案是：

　　第一，施永宏夫妻把 18％的股权让给张勇夫妇，所以张勇的股权变成了68％，对公司拥有绝对控股权；

　　第二，成立持股平台简阳市静远投资有限公司，把 50％的股份都转到这个持股平台上，形成简阳市静远投资有限公司（张勇夫妇持股 68％）、两对夫妇 4 个股东共同持有海底捞公司的格局。张勇夫妇在海底捞的投票权占了2/3 以上，达 68％。

　　图 2-5 为海底捞调整后的股权结构——张勇实现控股 68％。

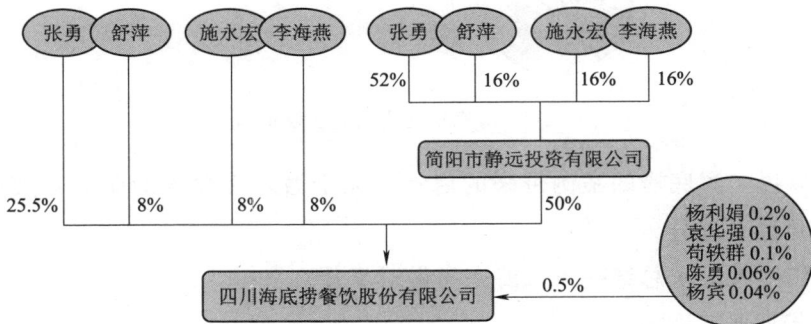

图 2-5　海底捞调整后的股权结构——张勇实现控股 68％

　　由此，张勇实现了对海底捞的绝对控制权（股份占比 68％），可以在这个舞台上尽情施展自己的抱负和才华，而且，张勇也确实没有辜负这个平台和原始股东的信任，交出了出色的答卷。

此后，以张勇和舒萍、施永宏和李海燕两夫妇为主要股东的颐海国际、海底捞先后上市，并打造了蜀海（北京）供应链管理有限责任公司，形成了颐海国际主要经营火锅底料、海底捞主要经营川味火锅、蜀海主要承担餐饮供应链的三足鼎立的格局，如图 2-6 所示为海底捞优化后的股权结构。

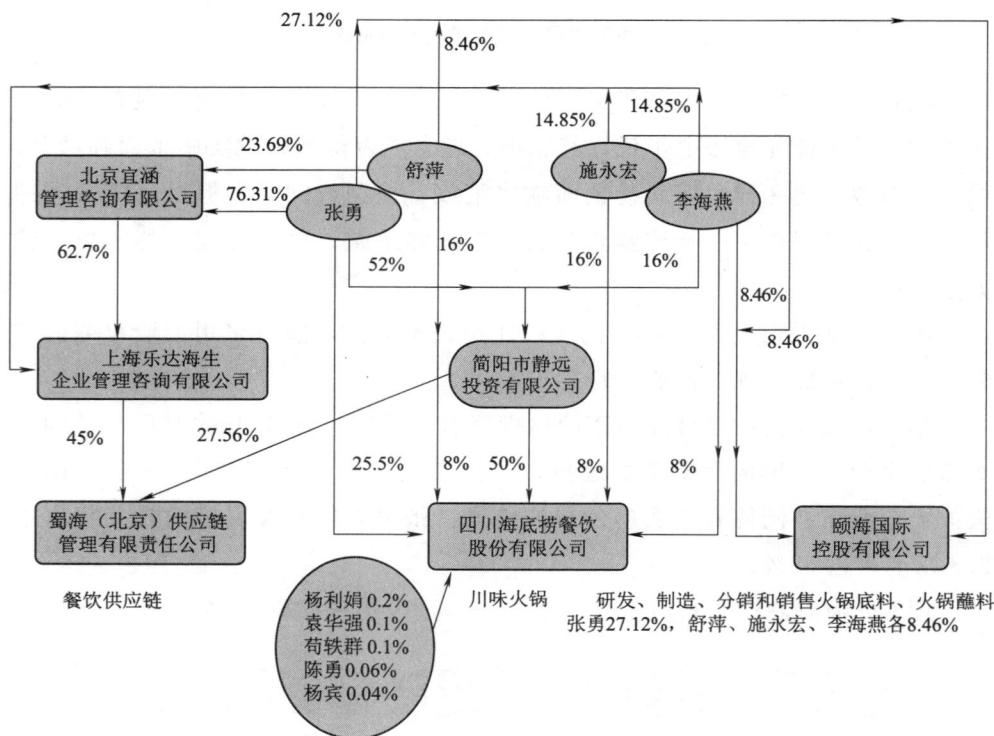

图 2-6　海底捞优化后的股权结构

可以说，海底捞的案例带来的启示，无论做多么深入的研究，其重要性怎么强调都不过分。

我们回过头来总结一下，海底捞做对了什么？

1. 控股股东层面

张勇在初期同样面临股权平分，核心股东未掌握控制权，可能像很多公司那样发生股权纷争的瓶颈，但他敏锐发现问题所在，并果断进行股权改造，掌握了控制权。张勇在此基础上展现出了把控大局的能力，有动力、有意愿把公司做大，也充分展现了自己的远见、才能，实现了公司的稳定发展、爆发式增长，更好地回馈了股东，给了他们高额回报。可以设想，海底捞如果等到产生严重的纷争、内耗才来处理，那成本可就高得多了，是否能改得成功、是否有今天的海底捞都是未知数。

2. 合伙人层面

不管是否出于自愿，施永宏都主动或被动居于配角角色，让张勇能够以自己的意愿施展拳脚，最终成就了张勇，成就了海底捞，也成就了自己。这里说的成就了自己，是说 2021 年 3 月，施永宏、李海燕夫妇以 1 150 亿元人民币财富位列《2021 年胡润全球富豪排行榜》第 117 名。试想，如果换了别人，也许其他公司普遍存在的股权纠纷也会在海底捞火锅店上演，也许也就没了后来这样辉煌的海底捞。

对于当初施永宏股份的减少，很多人算不明白这个账，如果只是一个 100 万元的规模，就算是 50%，那也才 50 万元；但如果是 100 亿元的规模，那哪怕只有 10%，也能分到 10 亿元，翻了不知多少倍，不知有多少人能算清这个账或者有这个境界、格局、眼光？

也就是说，大股东需要小股东的支持（需要控制权），小股东需要大股东带领公司做大做强，分到更多的钱。

3. 骨干员工及高管层面

杨利娟，初中辍学、16 岁端盘子的服务员，从女服务员到成长为一家拥有 14 万员工的海底捞总经理，跟随张勇 25 年，赚来 70 亿元身家。

公司在发展、股东赚钱的同时，也要关注骨干员工及高管层的利益，股东也要舍得为骨干员工及高管层配置股份、期权，激励大家心往一处想、劲往一处使，把公司做大做强，这样骨干员工也能获得与自己的贡献相匹配的、远远超出工资薪酬的高额回报。

这也从另一方面提醒我们，在做公司股权架构设计的时候，要同时进行管理层、核心员工的股权、期权激励设计，把大家的利益绑在一起，真正实现公司、股东、员工的多赢。

2.3.8　最糟糕的公司股权结构

说了那么多创始人控制权失败的案例，大家可以看到基本都是因为股权结构出了问题才失败的，最糟糕的股权结构是：

50％：50％；

34％：33％：33％；

25％：25％：25％：25％；

20％：20％：20％：20％：20％。

仔细观察可以看出，这些股权结构的特点有以下几点：

（1）基本都是平分股权，或者即使不是平分但差距也不大，突出的症结就是没有大股东、没有形成核心股东，遇到问题大家平等协商，不能够在关键时刻当机立断，拍板决策，往往陷入扯皮、久拖不决，或者坐失良机。

（2）完全按出资比例来分配股权，没有考虑每个股东在资金、资源、技术、管理等方面的差异，而资金只是其中一个方面，其他几个因素在公司中也非常重要；

（3）没有退出机制，做好做坏一个样。

由上述可以看出，类似这样的股权结构，危害是相当大的，但在现实中却是相当普遍，笔者就曾遇到不下 10 家公司，他们在实施股权改造中困难重重，或者包袱太重无法改造，或者改造成本奇高。

2.3.9　比较合理的股权结构

糟糕的股权结构有目共睹，但也没有非常完美的股权结构，或者说没有统一的标准，只能说适合自己的就是最好的。

比较合理的股权结构，其基本原理就是，要有相对核心的大股东，能够拍板决策；同时，也不能一股独大，独断专行，需要有一定的监督、制约，要有保护中小股东利益的股权设置和机制，像股东会、监事会等。这看似矛盾，但其实并不矛盾，是一种平衡艺术，当然操作起来并不容易，所以说没有完美的，只有相对合理的。

从现实中的案例来看，相对合理的股权结构是：

60％：20％：20％；

50％：20％：10％：10％：10％。

基本原理是，有相对控制的大股东，能对日常重要事项决策，同时，需要联合其他中小股东才能决策公司特别重大事项，例如修改公司章程等，这样既能高效决策，又能合理制约。

2.3.10　常见公司股权架构

常见的股权结构有以下几类形式。

1. 传统的公司结构（自然人→公司）——自然人直接投资设立实业公司

自然人→公司的股权架构，比较简单、直接，但也存在一些问题。

从股东风险控制角度来看，实业公司经常发生业务、债务、事故、税务、诉讼等风险，可能会对股东造成麻烦甚至让其承担责任，不利于切割股东与公司的风险；

从控制权角度来看，自然人→公司更容易被稀释股权，而如果是公司→公司的股权架构，则有利于放大和维护大股东的控制权（理由见 2.3.5 掌握公司控制权最有效的几个大招——以自己控制的有限公司去投资）；

从所得税角度来看，公司向个人分红，交个人所得税 20%，向公司分红免税。也就是说，自然人直接投资公司，在分红时需要缴纳个人所得税，不能像公司投资公司那样享受分红免税。

所以，一般来说，自然人先投资设立有限公司，然后再以自己的有限公司去投资设立公司，可以享有分红免税的好处。

2. 投资人→家族公司→实业公司

就是自然人先设立有限公司，然后再以这个有限公司去投资设立实业公司，这类股权架构，在自然人和有限公司（实业公司）之间设立了一个有限公司，避免了传统的自然人→有限公司（实业公司）的缺点，比较流行。

3. 自然人→家族公司→投资公司→实业公司

就是在第二类家族公司与实业公司之间增加了一层投资公司，多了一层架构，就多隔离一层风险，也多放大一次股权，同时，保留了公司投资公司的优点。如图 2-7 所示为这类形式的股权架构。

4. 投资人→家族公司→投资公司→集团公司→实业公司

即在第三类的基础上增加了一层集团公司，原理与第三类一样，不再赘述，如

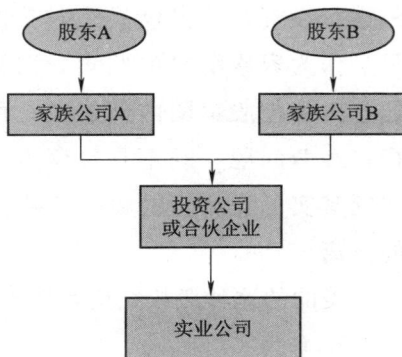

图 2-7　自然人→家族公司→投资公司→实业公司股权架构

图 2-8 所示为这类形式的股权架构。

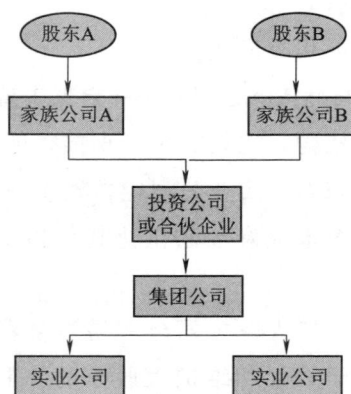

图 2-8 投资人→家族公司→投资公司→集团公司→实业公司股权架构

2.3.11 著名公司创始人掌握控制权案例

认真分析后我们会发现，很多知名公司基本都是用的股份占比、一致行动人、AB 股、投票权委托、合伙企业、有限公司等方法，并结合上述股权架构之二、三、四类设计的。

1. 美的集团

美的集团创始人何享健与家人先设立家族公司美的控股，然后以美的控股投资控制美的集团，成为美的集团大股东、实际控制人。

这里家族公司的微妙之处就在于美的控股集团并不从事实业，也不对外进行投资，而仅仅只是对美的集团进行控股，成为它的母公司，实际上只是作为家族财富的归集，财富如何分配、家族如何影响美的集团，都是通过美的控股集团内部解决。由于美的控股集团不存在实业，所以也就不存在经营问题，既不是经营者，也不存在企业家，所以，何氏家族的家族问题其实已经从美的集团转移到了美的控股集团，从而实现了家族与企业的分离。

美的的这种股权结构，就类似于上述第三、第四类。

2. 华为

截至 2022 年 12 月 31 日华为的股权结构是创始人任正非持股 0.73%、华为工会委员会持股 99.27%，实际上工会委员会是员工的持股平台；然后任正非、华为工会持股华为投资控股，华为投资控股持股华为技术有限公司，华为技术有限公司有海思电子、华为机器、华为数字能源等若干子公司、分公司。

华为的特点是，第一，华为是有限公司不是股份公司，可以约定不按出资比例行使表决权；第二，员工持股通过工会，工会是虚拟组织，如何行使股权还是要落实到人；第三，员工是分红股不是实股；第四，最重要的是，任正非有一票否决权，可以否决董事会的决定。正因为这些原因，基本上是创始人任正非决策，从而保证了任正非在华为的控制权。

但同时可以看出，华为如果想要上市，可能股份制改造也会比较麻烦。当然，华为自身不缺钱，没有资金压力，不想上市可能也是主要原因。

3. 阿里巴巴

马云只占阿里巴巴 7.8% 左右的股份，是如何牢牢控制阿里集团的呢？马云为防止自己的股权被稀释，保护控制权的方式是：

第一，投票委托协议。阿里除了几个大股东以外，还有很多当初一起创业的小股东，马云和小股东签订投票委托权，收拢小股东，增加自己的决策权。

第二，一致行动人协议。马云让大股东董事雅虎和孙正义跟自己签订一致行动人协议，以后无论马云在董事会提名谁，雅虎和孙正义都要与自己保持一致意见。

第三，修改公司章程，规定只有 95% 以上的投票权同意，才能修改公司章程，而马云自己持股只要 5% 以上，他不同意就没人能修改公司章程。

通过这些组合方案，马云给自己打造了一套适合自己的控制权方案，牢牢控制了阿里。

4. 蚂蚁科技集团

马云在阿里巴巴集团之外打造的蚂蚁科技集团，则运用有限公司与有限合伙企业的组合搭配，以 1 010 万元的资金控制了 3 000 多亿元的蚂蚁集团。

杭州云铂投资咨询有限公司成立于 2012 年 10 月 22 日，注册资金 50 万元，2014 年 4 月 28 日增资到 1 010 万元，只有马云一个股东（一人有限公司），直到准备启动上市前的 2020 年 8 月 21 日才增加井贤栋、蒋芳、胡晓明三位股东，由自然人独资的一人有限公司变更为 4 个自然人控股的有限公司。如图 2-9 所示为杭州云铂投资咨询有限公司企业类型及股东变更情况。

变更信息				
序号	变更事项	变更前内容	变更后内容	变更日期
1	企业类型变更	有限责任公司(自然人独资)	有限责任公司 (自然人投资或控股)	2020年8月21日
2	法定代表人变更	马云	蒋芳	2020年8月21日
3	经营期限(营业期限)变更	营业期限至: 2032-10-21	营业期限至: 营业期限至: 长期	2020年8月21日
4	高级管理人员备案	姓名: 彭蕾; 证件号码: ****************; 职位: 经理; 姓... 更多	姓名: 蒋芳; 证件号码: ****************; 职位: 执行董事兼总... 更多	2020年8月21日
5	投资人(股权)备案	姓名: 马云; 出资额: ****.*万; 百分比: ***%;	姓名: 马云; 出资额: ***.*万; 百分比: **%; 姓名: 井贤栋; 出资额: ***.*万; 百分比: **%; 姓名: 胡晓明; 出资额: ***.*万; 百分比: **%; 姓名: 蒋芳; 出资额: ***.*万; 百分比: **%; 收起	2020年8月21日

共 查询到 8 条记录 共 2 页　　首页　‹上一页　1　2　下一页›　末页

图 2-9　杭州云铂投资咨询有限公司企业类型及股东变更情况

杭州云铂投资咨询有限公司设立杭州君澳、杭州君瀚两个合伙企业，并成为这两个合伙企业的普通合伙人，执行合伙事务，再以杭州君澳、杭州君瀚两个合伙企业入股蚂蚁科技集团（占比 50％以上），并辅以淘宝控制的阿里巴巴，从而，马云以很小的资金完全掌握了蚂蚁科技集团的控制权。如图 2-10 所示为马云通过云铂公司、合伙企业控制庞大的蚂蚁科技集团。

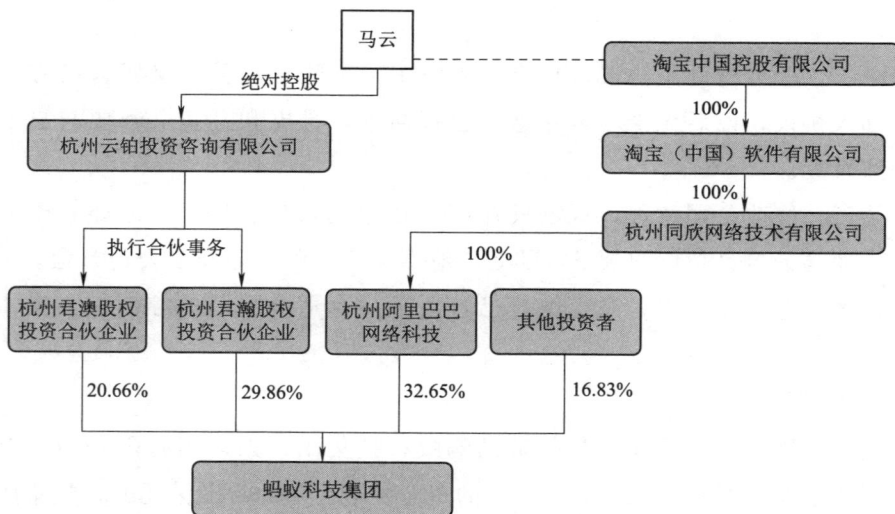

图 2-10　马云通过云铂公司、合伙企业控制庞大的蚂蚁科技集团

5. 京东

刘强东在京东采取的是 AB 股模式。刘强东所持股票属于 A 类股，其 1 股拥有 20 票的投票权，而其他股东所持股票 1 股只有 1 票的投票权。

2019 年 2 月 28 日，刘强东为京东第二大股东，持有 15.4％股权，但他持有京东 79％的投票权；第一大股东腾讯，持有 17.8％股权，投票权仅为 4.5％；第三大股东沃尔玛持有京东 9.9％的股权，拥有 2.5％的投票权。

注意：关于控制权的几点提示，第一，必须强调控制权的基础是股权，有了足够的出资比例所代表的股权，实施控制就是自然而然、水到渠成的；第二，在准备创业时创始人就要考虑设计好股权结构，让别人自愿遵守你定的游戏规则才是最好的，成本也是最低的；第三，即使股权比例较低，也可以通过公司章程的约定以其他方式增加自己的表决权来实施控制；第四，创始人一定要重视公司章程，不要用网上的模板，这个内容后面还会专门讲。

2.4 | 公司治理僵局风险

本节主要介绍公司僵局的含义、产生原因和破解方法，以及如何从股权结构上、制度上预防僵局的产生。

2.4.1 什么是公司僵局

公司经营、发展过程中，股东之间、董事之间以及公司决策层之间长期矛盾对立，不能化解，形成僵持局面，使公司无法作出有效决策，经营管理发生严重困难，这就是公司僵局。

公司僵局主要表现为股东会僵局和董事会僵局，具体包括以下几类：

1. 由于股东之间的矛盾，长期无法召开股东会（股东大会），或者股东会（股东大会）因无法达到规定的比例而不能作出有效决议；

2. 由于董事之间的矛盾，长期无法召开董事会或董事会会议不能作出有效会议决议，也无法通过股东会（股东大会）改选董事、监事来解决；

3. 公司高管人员不执行股东会、董事会决议事项，股东会（股东大会）、董事会无法通过更换公司高管人员来化解。

虽然有矛盾、对立，但是能够通过改选董事、监事或者更换高管人员来化解，或者通过仲裁、司法途径来解决，则不属于公司僵局。

2.4.2　公司僵局的产生原因及解决方法

公司僵局使公司处于事实上的瘫痪状态，例如公司只有两个股东，且没有绝对控股人，两个股东谁也不服谁，长期无法对公司事项作出决策，公司无法正常运行，实际上是公司自身的机制已经无法解决。

公司僵局的解决途径有两条：

1. 在股东之间能够协商、配合的情况下，或者服从法院调解和判决的情况下，冲突一方收购另一方股份使另一方退出；或者将公司分立，各自经营；或者增资、减资、引入外来投资者，重新搭建股权结构以打破僵局。

2. 如果无法协商、配合，也不服从法院的调解和判决，始终无法打破僵局，则由法院判决解散公司。

2.4.3　利用法律途径化解公司僵局

股东无法通过公司自身的机制化解僵局，公司陷入困境，对股东利益也是严重损害的，在不得已的情况下只能由法院判决解散公司。

《中华人民共和国公司法》第一百八十二条规定，公司经营管理发生严重困难，继续存续会使股东利益受到重大损失，通过其他途径不能解决的，持有公司全部股东表决权百分之十以上的股东，可以请求人民法院解散公司。

《最高人民法院关于适用〈中华人民共和国公司法〉若干问题的规定（二）》（简称《公司法司法解释二》）以限制的方式列举了法院受理司法解散的四种情形：

（1）公司持续两年以上无法召开股东会或者股东大会，公司经营管理发生严重困难的；

（2）股东表决时无法达到法定或者公司章程规定的比例，持续两年以上不能作出有效的股东会或者股东大会决议，公司经营管理发生严重困难的；

（3）公司董事长期冲突，且无法通过股东会或者股东大会解决，公司经营管理发生严重困难的；

（4）经营管理发生其他严重困难，公司继续存续会使股东利益受到重大损失的情形。

2.4.4 怎么预防公司僵局

公司等到陷入僵局才来处理，特别是解散公司，毕竟耗时长、成本高、损失大，所以有必要提前采取预防措施。

1. 合理设计股权和公司章程

公司通过合理设计股权、表决权或者公司章程，保证有一个大股东有67％或者51％的表决权，能够按约定的规则及时作出决策，尽量避免两个股东50％∶50％。

2. 提前在公司章程中约定解决条款

公司可以提前在公司章程中约定遇到双方意见僵持不下、无法作出决策、公司陷入僵局时如何解决的条款。例如，约定仲裁机构调解、行政主管部门调解、独立董事裁决、会计师事务所或律师事务所接管、权威人士小组裁决等。

公司可以在公司章程规定，在某些事项上如果股东会形成僵持局面，无法作出决议，则启动打破僵局的机制，可以由约定的特定机构或人员暂时接管公司事务，或者由特定人士组成的委员会、独立董事、独立监事、仲裁机构、行业协会或者行政主管部门来居中调解或裁决，以防公司经营因决策僵局而遭受破坏。

注意：不要涉及两个股东各50％的出资比例；特别需要提醒的是，避免公司僵局最重要的也许莫过于审慎选择合作伙伴。

2.5 有限公司股东可能承担连带责任风险

本节主要介绍股东与公司人格混同、一人有限公司、夫妻共同100％持股一家有限公司、股东出资瑕疵出资义务、董监高未尽到忠诚勤勉义务、关联公司间人格混同等情形下股东可能承担的连带责任，以及风险防范。

很多人以为，既然是有限责任公司，那股东肯定是有限责任了，殊不知，虽然通常情况下有限公司的股东承担有限责任，但是，并不是绝对的，在某些情况下，有限公司股东仍然可能承担连带责任。现实中已有无数这样的案例发生，股东们务必要高度重视。

2.5.1 股东与公司人格混同需承担连带责任

如果公司没有独立的财产，就无法对外承担责任；同时如果公司不具有独立于股东的意思，那么公司人格的独立性也就不复存在。公司没有独立的财产、没有独立意思就构成公司人格混同，股东就可能为公司债务承担连带责任。

2019 年 11 月 8 日最高法在其发布的《全国法院民商事审判工作会议纪要》里明确说明，法院在审查人格混同案件时，关键看公司是否有独立意思和独立财产。

实际中判断公司与股东是否存在人格混同，主要看是否存在财产混同、业务混同、人员混同、住所混同等。

1. 财产混同

有限公司之所以称为有限公司，就是因为股东只以认缴出资为限对公司债务承担有限责任。有限责任的前提是，股东出资成立公司后，其出资的财产就成为公司的财产，财产所有权属于公司而非股东。如果公司没有独立的财产，或者不能区分公司财产与股东财产，公司不具有独立于股东的意思，就构成公司财产混同，那股东就可能承担连带责任。

《中华人民共和国公司法》第二十条第三款规定，公司股东滥用公司法人独立地位和股东有限责任，逃避债务，严重损害公司债权人利益的，应当对公司债务承担连带责任。

关于因财产混同股东承担连带责任的情形，让我们一起来看看最高人民法院"（2017）最高法民申 2＊＊＊号"这个案例。

李某借给某教育公司 851 万元，该款项按指令汇到教育公司股东兼会计肖某某账户下，到期后经催要一直未还。李某向法院起诉称，肖某某的银行账户不仅与另一股东宋某某、教育公司的账户资金往来频繁，还与教育公司业务单位及教育公司其他工作人员如鲁某、郭某等互相转移资金，另外还使用该账户进行理财和消费，这导致教育公司的财产与股东的财产发生了实质性的混同，股东田某某、肖某某、宋某某应承担连带赔偿责任。

教育公司、田某某、肖某某、宋某某辩解称，向李某借款属于公司行为、职务行为，所有借款均用于公司经营，和田某某、肖某某、宋某某没有关系，不应当承担责任。

法院审理认为，我国实行银行账户实名制，账户所有人原则是账户资金的权利人。而且根据财政、税务部门等相关规定，公司应当使用单位账户对外开展经营行为，公司账户与管理人员、股东账户之间不得进行非法的资金往来，以保证公司财产的独立性和正常的经济秩序。李某出借的款项均汇入了教育公司股东肖某某账户，教育公司亦通过肖某某、宋某某等股东账户向李某偿还借款；而且教育公司的账户与肖某某、宋某某等股东的账户之间存在大量、频繁的资金往来，且资金用途复杂，导致公司财产与股东财产无法进行区分。这种情形属于公司股东滥用公司法人独立地位和股东有限责任，逃避债务，严重损害公司债权人利益，判决田某某、肖某某、宋某某对借款本金及利息承担连带清偿责任。

实践中，财产混同可以从以下几方面来判断：

（1）股东无偿占用公司财产或资金，或者用公司的资金偿还股东、他人债务，或者将公司的资金无偿提供给关联公司、个人使用，但未做财务记录；

（2）公司收益与股东收益交织在一起，无法区分；

（3）公司账簿与股东账簿未分设，无法区分公司财产与股东财产；

（4）公司财产被股东占用并记录在股东名下；

（5）控股股东、决策人以公司名义为自己或自己控制的其他公司的借款提供担保等滥用公司法人独立地位和股东有限责任的行为。

2. 业务混同

股东和公司之间经营相同的业务，时而以公司名义，时而以股东名义进行，且在经营过程中资金、收入、成本费用、债权债务等混淆无法区分，构成业务混同。

特别要注意，如果一个公司签订的合同由另一个公司履行，这在实践中是业务混同的典型表现。

3. 人员混同

股东与公司之间在组织机构、人员严重的交叉、兼职，也就是俗称的一套人马、几个牌子。例如，公司与股东的董事、监事、高级管理人员特别是财务人员基本是一套人马、交叉任职，严重损害公司的独立意志和财产独立性。

4. 住所混同

股东与公司使用同一办公设施，股东与公司的住所地一致，经营场所、设备等财产权利的归属存在混同。

当然，在财产混同、业务混同、人员混同、住所混同及其判断中，最核心的是要做到财产分开、账务记录分开。在另一个案例中，最高人民法院"（2017）最高法民终＊＊号"也阐述了不构成人格混同的相反理由：

股权转让行为是否属于滥用公司人格的行为，应从公司人格与股东人格是否混同进行分析判断。公司法人人格独立是建立在财产独立的基础之上，是否贯彻财产、利益、业务、组织机构等方面的分离，是判断是否构成人格混同的标准……股东出资后其出资即与股东相分离成为公司财产……结合两公司的企业法人营业执照、××公司章程等证据来看，两公司的住所地、法定代表人及组织机构等并不相同，亦无证据证明二者存在业务和利益分配上的混同，故不能认定存在人格混同的情形。

所以，对于股东与公司人格混同的风险，防范措施就是股东要与公司在财产上、业务上、人员上分开不能混。

具体的混同认定，还可以参见下节2.5.2关联公司之间人格混同需承担连带责任。

需要说明的是，虽然要避免公司人格混同，但法律并不禁止股东与公司之间有正常的借贷、借用活动，正常的兼职，若有财务记录证明股东与公司之间是借贷或者借用，恰好证明了股东与公司是两个独立的责任主体，关键是要有明确的财务记载。

2.5.2 关联公司之间人格混同需承担连带责任

上一节2.5.1讲到如果股东（包括自然人股东和法人股东）与公司人格混同（财产混同、业务混同、人员混同），股东是要承担连带责任的。

同样道理，如果同一控制人的多家关联公司之间在人员、业务、财务等方面交叉或混同，导致各自财产无法区分，丧失独立人格的，构成人格混同，严重损害债权人利益的，关联公司相互之间对外部债务承担连带责任。

让我们来看看最高法指导案例"（2011）苏商终字第0＊＊＊号"是怎样解释的。

王某为A公司、B公司的控股股东、总经理，又是C公司总经理（其妻张某是 C 公司占 90％股份的股东）。

债权人 D 公司起诉称：C 公司拖欠其货款未付 1 090 万元，而 A 公司、B 公司与 C 公司人格混同，三个公司实际控制人王某与 C 公司股东等人的个人资产与公司资产混同，请求判令 C 公司支付所欠货款及利息，A 公司、B 公司及王某承担连带清偿责任。

A 公司、B 公司及王某均辩称：三个公司虽有关联，但并不混同，不应对 C 公司的债务承担清偿责任。

法院审理认为：C 公司与 A 公司、B 公司人格混同，A 公司、B 公司应对 C 公司的债务承担连带清偿责任，理由如下。

1. 人员混同

三个公司的控股股东均为王某（或其妻张某），且王某为三个公司总经理；三公司的财务负责人均为凌某，出纳会计均为卢某，工商手续经办人均为张某；其他管理人员亦存在交叉任职，C 公司的人事任免存在由 A 公司决定的情形。

2. 业务混同

三个公司经营中均涉及工程机械相关业务，经营范围基本重合；经销过程中存在共用销售手册、经销协议的情形；在对外进行宣传时信息混同，未做区分；以唯一经销商身份经营相关业务时，未区分彼此；而且，在 C 公司向其客户开具的收据中，有的盖有 A 公司的财务专用章，有的盖有 B 公司的财务专用章，而一个公司签订的合同由另一个公司履行是业务混同在实践中的重要表现情形之一。

3. 财务混同

三个公司都使用卢某、凌某的个人银行账户，往来资金额巨大，其中凌某的个人账户资金往来达 1 300 余万元，卢某的个人账户资金往来高达 8 800 余万元；具体用款的依据仅是三个公司的总经理王某某的签字，对三公司共同使用的账户中的资金未进行必要的区分和相应的记载；三个公司与 D 公司之间的债权债务、业绩、账务、返利均计算在 C 公司名下，且对相关业务的收益未在三个公司间进行区分（如返利）。

2.5.3　一人有限公司的股东可能承担连带责任

一人有限公司，顾名思义就是只有一个股东（一个自然人或一个法人企业）。一人有限公司虽然只有一个股东，但也是有限公司，股东也是承担有限责任。

一人有限公司只有一个股东，不容易像多个股东的有限责任公司那样在股东之间相互监督、相互制约，因而更容易利用混同恶意利用有限责任规避债务，损害债权人利益，因此，法律对一人有限公司要求要严格一些。

《中华人民共和国公司法》规定，一人有限责任公司的股东不能证明公司财产独立于股东自己的财产的，应当对公司债务承担连带责任。公司应在每一会计年度终了时编制财务会计报告，并经会计师事务所审计。

也就是说，对于一人有限责任公司财产是否独立于股东自己的财产，股东对此负有举证责任，由股东来举证，而不是像多股东的有限责任公司谁主张、谁举证。

那么一人有限公司股东如何证明公司财产和股东个人财产是独立的呢？可从几方面着手：

（1）公司应当在每一会计年度终了时编制财务会计报告，并经会计师事务所审计，但并不是只要有审计报告就行了，审计报告应当真实、完整，能够证明公司和股东之间财产相互独立，还应附能够证明真实、完整的财务会计资料、凭据等，这样材料应足以佐证股东主张；

（2）公司应当建立独立、规范的财务制度，公司账簿与股东账簿分开，并妥善保管，确保公司财产与股东自身财产严格分开；

（3）公司与股东之间不要混用银行账户，不要使用股东账户收取公司款项；

（4）公司、法人股东应保持经营独立，公司与法人股东之间经营场所、人员、业务、财务不能混同。

A 公司为一人有限责任公司，甲是公司唯一股东。B 公司向法院申请强制执行 A 公司所欠工程款 1 350 万元，并由甲承担连带责任。

甲答辩称，甲、A 公司提交了会计师事务所出具的审计报告，能够证明 A 公司财务独立，股东个人财产独立于公司财产，B 公司并没有提交甲、A 公司人格混同的证据。

山东省高级人民法院得到最高人民法院确认的"（2019）鲁民初 1＊＊号"判决认为，基于一人有限责任公司的特殊性，一人有限责任公司的股东对于公司财产是否独立于股东自己的财产，负有举证责任。甲提交的会计师事务所出具的 A 公司审计报告，连可通过公开查询获知的案涉执行债务都没有纳入 A 公司的资产负债表，审计报告存在明显的审计失败情形，而且没有在每一会计年度终了时编制财务会计报告并经会计师事务所审计，这足以表明 A 公司财务管理混乱，甲作为公司唯一股东，应当承担公司财产混同的不利后果。

注意：一人有限公司与普通有限公司的区别在于，一人有限公司的股东要能证明公司财产独立于股东自己的财产，否则可能承担连带责任，这是举证责任倒置；而如果要想让普通有限公司股东承担连带责任，则举证责任不在股东，而在债权人，债权人通常只能按前面一节讲的股东与公司人格混同来举证，但这个举证难度是相当大的。所以，最好不要注册一人有限公司；如果必须注册一人有限公司，必须每年做审计报告，但并不是有审计报告就能证明公司财产独立于股东自身财产，审计报告要做得很专业。

2.5.4 夫妻共同100％持股一家有限公司可能承担连带责任

夫妻共同打拼、共同创业的不少，夫妻共同持有同一家有限公司股份的也不少，但需要注意的是，这种持有有限公司股份并不必然是有限责任，如果夫妻100％共同持有一家有限公司的股份，有可能会被要求承担连带责任。

这里说的有可能承担，并不是一定承担。说有可能，前提是夫妻双方共同持有该有限公司100％股份，而且不能证明股东个人财产与公司财产是相互独立的，那么这种情况下有限公司会被推定为一人有限公司，股东应该对公司债务承担连带责任。

要说清楚这个问题，需要分别理解以下几个问题。

（1）为什么夫妻共同出资设立的明明是有限公司，可能会被推定为一人有限公司呢？

因为夫妻双方共同出资100％设立有限公司，该公司的全部股权实质上来源于夫妻同一财产权，并且被夫妻同一个所有权共同享有和支配，那么拥有该公司的股权就是夫妻同一个利益主体，与一人有限责任公司的主体非常相似。通俗点说就是，夫妻的财产是一体的，这个有限公司被同一所有权实际控制、支配，可以视为只有一个股东。

（2）夫妻共同100％持股一家有限公司就必须承担连带责任吗？

不一定。一人有限公司的股东只要能证明股东财产与公司财产是相互独立的，就可以只以出资额为限承担责任，这也适用于夫妻共同100％持股一家有限公司，需要自己能够证明股东财产与公司财产是相互独立的。

（3）怎样避免夫妻有限公司被推定为一人有限公司？

最好在夫妻发起设立有限责任公司时，到公司登记机关自愿备案财产分割证明或协议，这样在发生争议时，法院一般会以公司登记备案资料中是否有财产分割的协议或证明作为判断依据，也就是要先对夫妻财产进行分割，并在公司登记机关备案。

当然，最好是不要设夫妻共同100％持股的有限公司，适当稀释哪怕很小的比例给其他合作者、高管、员工，就能防范这个风险，并且能够充分调动大家的积极性。

（4）如何证明股东夫妻的财产与公司财产是相互独立的？

参见"2.5.2 关联公司之间人格混同需承担连带责任"，这也适用于夫妻共同100％持股一家有限公司，要自己能够证明股东个人财产与公司财产是相互独立的。

注意：夫妻共同100％持股一家有限公司可能承担连带责任，是基于认定公司的全部股权实质来源于同一财产权，并为一个所有权共同享有和支配，被视为系实质意义上的一人有限责任公司，其实也就是在一人有限公司基础上的延伸，理解了一人有限公司的实质，也就能够理解这个问题。

2.5.5　创始股东对其他股东出资瑕疵的连带责任

首先，这里所说的创始股东，是指公司设立时的股东。

一般认为，有限责任公司的股东以各自认缴的出资额为限对公司承担有限责任，如无特别约定（提供担保等），股东相互之间通常不承担连带责任，但对于创始股东来说，这个问题的回答是否定的，可能出现以下几种情况。

1. 创始股东需就其他创始股东对设立公司的非货币财产出资瑕疵承担连带责任

《中华人民共和国公司法》第三十条规定，有限责任公司成立后，发现作为设立公司出资的非货币财产的实际价额显著低于公司章程所定价额的，应当由交付该出资的股东补足其差额；公司设立时的其他股东承担连带责任。

也就是说，如果公司成立时你就是股东，不管股份大小，你和全体创始股东都要注意别人以非货币财产出资的情况，如果该非货币财产出资的价值与实际价额明显不足，要及时进行干预处理，否则需要承担连带责任。

2. 发起人对创始股东在公司设立时的出资义务履行瑕疵承担连带责任

《公司法司法解释三》规定，股东在公司设立时未履行或者未全面履行出资义务的，公司的发起人与被告股东承担连带责任。

至于如何界定发起人，按照《公司法司法解释三》的规定，发起人须同时满足以下三个条件：其一，为设立公司而签署公司章程；其二，向公司认购出资；其三，履行公司设立职责。

3. 发起人与其他股东对股东新增注册资本范围内承担的补充赔偿责任承担连带责任

《公司法司法解释三》第十三条第三款规定，股东在公司设立时未履行或者未全面履行出资义务，依照本条第一款或者第二款提起诉讼的原告，请求公司的发起人与被告股东承担连带责任的，人民法院应予支持。

《中华人民共和国公司法》第三十条规定，有限责任公司成立后，发现作为设立公司出资的非货币财产的实际价额显著低于公司章程所定价额的，应当由交付该出资的股东补足其差额；公司设立时的其他股东承担连带责任。

由于公司增加注册资本与公司设立时的初始出资并没有区别，按照最高人民法院执行工作办公室在《关于股东因公司设立后的增资瑕疵应否对公司债权人承担责任的复函》（〔2003〕执他字第33号）的精神，公司股东若有增资瑕疵，应承担与公司设立时的出资瑕疵相同的责任。

2.5.6　董事、监事、高管也可能承担连带责任

不仅是股东，董事、监事、高管也可能承担责任，具体包括以下情形。

1. 股东在公司出资、增资时未履行出资义务的，董监高管应承担责任

A公司注册资金300万元，股东赵某某（出资153万元）、越某某（出资147万元），孙某某为监事（非股东）。2014年12月股东会决议将公司注册资本由原300万元变更为10 000万元，增资9 700万元由股东赵某某认缴，但股东会决议及变更后的公司章程均未载明该笔增资的出资时间，至发生诉讼时未实际缴纳该笔增资。

2015年12月北京市某人民法院判决A公司偿还王某工程余款158万元，

但 A 公司无可供执行的财产，裁定股东赵某某在未依法出资的范围内对 A 公司应履行债务承担清偿责任。王某向法院起诉，孙某某作为监事、高管，对 A 公司未尽到忠实勤勉义务，要求判令孙某某对 A 公司的债务，在股东赵某某未缴纳的注册资本 9 700 万元范围内，承担清偿责任。

孙某某辩解称，是否担任 A 公司的监事由股东会决定，并非孙某某自己决定，事实上孙某某并没有担任公司监事。

法院认为，《中华人民共和国公司法》规定，董事、监事、高级管理人员应当遵守法律、行政法规和公司章程，对公司负有忠实义务和勤勉义务。孙某某认为其不是监事，但根据国家企业信用信息公示系统显示，截至本案诉讼，A 公司监事仍登记为孙某某，孙某某亦未提供证据证明 A 公司就选举新的监事作出了股东会决议。孙某某作为 A 公司监事，没有证据证明其履行了相应督促出资的职责，未尽到忠实和勤勉义务，对于赵某某未履行或者未全面履行出资义务所产生的责任应当承担连带清偿责任。

最高人民法院"（2018）最高法民再 3 ＊＊ 号"在另一起类似案件对此也有解说：

《中华人民共和国公司法》及其司法解释规定，董事、监事、高级管理人员应当遵守法律、行政法规和公司章程，对公司负有忠实义务和勤勉义务。虽然没有列举董事勤勉义务的具体情形，但是董事负有向未履行或未全面履行出资义务的股东催缴出资的义务，这是由董事的职能定位和公司资本的重要作用决定的。法律赋予董事、高级管理人员对股东增资的监管、督促义务，负有向股东催缴出资的义务，从而保证股东全面履行出资义务、保障公司资本充实。

从此案例可以看出，董事、监事、高管负有催缴股东出资的义务，否则可能承担连带责任，特别是监事，有的公司随便抓个人来做监事，也有的监事认为自己不过是挂名而已，但看了这些案例应该明白自己的责任。

案例也从另一方面提醒我们，认缴制下，注册资金不是越高越好，不能随心所欲。

2. 协助股东抽逃出资的其他股东、董事、高级管理人员或者实际控制人承担连带责任

《公司法司法解释三》规定，股东抽逃出资，公司或者其他股东请求其向公司返还出资本息、协助抽逃出资的其他股东、董事、高级管理人员或者实际控制人对此承担连带责任的，人民法院应予支持。

注意：董事、监事、高管对于股东未履行或者未全面履行出资义务有催缴的责任，还要能提供催缴的凭据。

2.6 | 股权代持风险

本节主要介绍股权代持，以及从隐名股东的风险、显名股东的风险、公司和其他股东的风险等方面，阐述如何防范股权代持风险。

2.6.1 什么是股权代持

股权代持是指实际认购出资的人在公司章程、股东名册或者工商登记中不出现，而记载他人为公司股东，其中实际认购出资的人称为隐名股东，未实际出资但在公司章程、股东名册或者工商登记中记载的人称为显名股东、名义股东。

也就是隐名股东与名义股东签署代持协议，借用显名股东的名义实际出资，享有公司权利和收益；而显名股东仅为挂名，不实际出资也不享有公司权利和收益。

股权代持现象产生的原因有很多很复杂，主要有以下几大类：

（1）出于规避法律限制的需要。如公务员不能经商办企业，投资领域的身份、投资比例限制，股东人数有限制（有限责任公司只能由 50 个以下股东出资设立）等；

（2）实际出资人的个人需要。如不愿暴露自己的个人信息和财富等；

（3）便于公司运营。如希望通过借用名人的名义出资提升公司影响力，规避关联交易限制，规避同业竞争限制，实际出资人不符合商业合作要求需要他人代为持股等；

（4）避税需要。如外籍个人从外商投资企业取得的股息、红利所得暂免征收个人所得税，有些纳税人为了享受该优惠，就采取了通过外籍个人代持个人股权的方式。

股权代持在实务中比较多，但发生纠纷的也不少，委托方、代持方、公司都可能存在法律风险。

《公司法司法解释三》第二十五条第一款规定，有限责任公司的实际出资人与名义出资人订立合同，约定由实际出资人出资并享有投资权益，以名义出资人为名义股东，实际出资人与名义股东对该合同效力发生争议的，如无法律规定的无效情形，人民法院应当认定该合同有效。

股权代持风险分为隐名股东风险、显名股东风险、公司和其他股东风险几部分来说。

2.6.2 隐名股东的风险

隐名股东可能存在的风险包括：

1. 因违反法律法规，股权代持协议无效，隐名股东无法取得股东地位

杨某某、林某某股权转让纠纷中，最高人民法院"（2017）最高法民申2＊＊＊号"指出，该案属于上市公司股权之代持，根据我国法律、法规、规章，上市公司发行人必须真实，并不允许发行过程中隐匿真实股东，通俗而言，即上市公司股权不得隐名代持。

本案中林某某代杨某某持有股份，实际隐瞒了真实股东或投资人身份，违反了发行人的如实披露义务，损害社会公共利益，代持协议无效。杨某某要求将股权过户至其名下的请求未得到支持。

当然，虽然股权代持协议认定无效，隐名股东将无法取得股权，但可以请求依据公平原则对投资收益进行分割，由显名股东取得股权，但返还出资款、折价补偿隐名股东受到的损失。

2. 未经其他股东半数以上同意，隐名股东无法显名

在委托代持过程中，如果隐名股东想显名，也就是不想让别人代持而是自己堂堂正正的登记为公司股东，如果不能得到公司半数以上股东的认可，是无法显名的。

《公司法司法解释三》第二十五条第三款规定：实际出资人未经公司其他股东半数以上同意，请求公司变更股东、签发出资证明书、记载于股东名册、记载于公司章程并办理公司登记机关登记的，人民法院不予支持。

当然，如果隐名股东能够提供证据证明有限责任公司过半数的其他股东知道其实际出资的事实，且对其实际行使股东权利未曾提出异议的，对隐名股东提出的登记为公司股东的请求，人民法院依法予以支持。

3. 因显名股东原因导致股权被查封、冻结或执行的风险

《中华人民共和国公司法》第三十二条第三款规定，公司应当将股东的姓名或者名称向公司登记机关登记；登记事项发生变更的，应当办理变更登记。未经登记或者变更登记的，不得对抗第三人。

显名股东代持的股权在登记机关做的登记具有公示效力，不能对抗外部善意债权人对名义股东的正当权利。如果显名股东违法犯罪、承担债务、法律诉讼或者其他原因，代持的股权可能会被法院保全、冻结、查封、拍卖。

4. 被显名股东滥用或恶意侵占

显名股东可能将股权转让、质押或恶意占有，或者不按隐名股东的意愿处分股权、行使表决权、获取收益等，恶意损害隐名股东的权益。

2.6.3 显名股东的风险

显名股东可能存在的法律风险包括：

1. 被要求履行出资义务或承担债务

因为未经登记或者变更登记的，不得对抗第三人。如果隐名股东未履行出资义务、抽逃出资，公司债权人有权根据工商登记的股东信息，要求显名股东在未出资范围内承担清偿责任。《公司法司法解释三》第二十七条第一款规定，公司债权人以登记于公司登记机关的股东未履行出资义务为由，请求其对公司债务不能清偿的部分在未出资本息范围内承担补充赔偿责任，股东以其仅为名义股东而非实际出资人为由进行抗辩的，人民法院不予支持。

2. 因欠税、逃税被处罚的风险

中国税务报 2022 年 2 月 22 日报道，安徽某药业公司股东鲍某与殷某签订《股权转让协议》，将其实际持有的该药业公司 51.09％的股权（其中 40％由李某代持）转让给殷某，实际转让价格为 7 000 万元。鲍某为偷逃相关税款另行伪造《股权转让协议》，将股权转让仅作价 300 多万元进行纳税申报，少缴税款 1 175.48 万元。

稽查部门经查按照登记公示的股权持有和转让信息，分别以鲍某和李某（代持的显名股东）为纳税人，分别追缴鲍某少缴个人所得税 254.54 万元、印花税 0.72 万元并处以罚款，追缴李某少缴个人所得税 917.6 万元、印花税

2.61 万元并处以罚款。

所以，代持股权的显名股东也存在涉税风险，因为虽然股权代持在民法、公司法上得到认可，是合法有效的；但在税法上，税务机关只以登记的股东作为纳税人征税。

3. 显名股东退出公司受阻的风险

如果显名股东不愿再继续代持股权，按公司法规定应当经过公司其他股东过半数同意，如果其他股东不同意，则显名股东可能难以如愿退出。

4. 显名股东按隐名股东的要求从事违法行为

在日常经营活动中，显名股东可能按隐名股东要求从事如虚开发票、逃税、销售伪劣产品、假冒注册商标权等违法行为，可能被追究法律责任。

2.6.4 公司及其他股东的风险

公司及其他股东的风险包括：

1. 可能使公司卷入股东纠纷或诉讼

隐名股东要显名、确认股权，或要求公司办理工商变更登记，可能会涉及纠纷或诉讼。

2. 股东之间产生矛盾

如果其他股东对股权代持不知情，则显名股东要求退出或隐名股东要求显名，都可能导致股东之间产生矛盾。

2.6.5 如何防范股权代持的风险

应对股权代持的风险，一般采取以下措施：

（1）保留代持的证据，例如公司登记资料、股东会决议、验资证明、出资证明、股东代持协议等，最好对代持协议进行公证；

（2）代持协议不能违法，违反法律规定的代持协议无效，例如公务员不能经商办企业、不能代持，上市公司不能股权代持等；

（3）约定清楚代持双方的权利义务；

（4）如实告知公司和其他股东；

（5）约定排除显名股东在离婚、死亡时其他利害关系人的财产分配权、继承权；

（6）约定显名权、股东权利。

为了保障隐名股东作为股东对公司的权利，同时为防止将来隐名股东想显名时其他股东阻挠，最好在公司章程、股东协议或者公司管理制度中约定隐名股东的权利，包括将来随时可以要求显名的权利。

2.7 │ 减资、抽逃出资的风险

本节从股东出资后减资、抽逃出资，阐述违法减资、抽逃出资所要承担的责任，从而规避减资的风险。

2.7.1 减资的程序

公司减资的一般程序是：

（1）编制资产负债表及财产清单；

（2）做出减资决议；

（3）十日内通知债权人，并于 30 日内在报纸上公告；

（4）按债权人的要求清偿债务或提供担保（债权人在收到通知之日起三十日内提出、未接到通知书的自公告之日起四十五日内提出）；

（5）向公司登记机关办理变更登记。

根据《中华人民共和国公司法》，公司需要减少注册资本时，必须编制资产负债表及财产清单。公司应当自作出减少注册资本决议之日起十日内通知债权人，并于三十日内在报纸上公告。债权人自接到通知书之日起三十日内，未接到通知书的自公告之日起四十五日内，有权要求公司清偿债务或者提供相应的担保。

2.7.2 减资程序不合法需承担补充赔偿责任

这里必须要强调三点。

1. 要将减资情况通知到债权人并清偿债务

公司减资属于公司内部行为，也是股东的权利，应由股东根据公司的经营状况自主决定，但公司减资要通知债权人，并按债权人要求清偿债务或者提供相应的担保。

如果未履行、未全面履行通知义务即减资，债权人有权要求股东在减资范围内对公司债务承担补充赔偿责任，这点与股东违法抽逃出资实质是一样的。

2. 减资情况要直接通知到债权人

减资情况要直接通知到债权人（而且要保留通知的证据），而不是在报纸上发个公告了事。《中华人民共和国公司法》要求的是通知债权人并在报纸上公告，如果不是直接通知债权人而是发公告，可以认为没有按规定通知债权人，除非有证据证明无法联系债权人。

3. 仍要对减资前已经形成的债务承担责任

股东减资所减轻的责任只能是对减资后的公司债务，仍然要对减资前公司已经形成的债务承担责任。

四川省崇州市人民法院"（2021）川 0184 民初＊＊号"判决书指出，公司减资可由公司股东自主决定，但应根据公司法规定直接通知和公告通知债权人，以避免因公司减资产生损及债权人债权的结果。公司虽然在《成都晚报》上发布了减资公告，但并未就减资事项直接通知债权人，故该通知方式不符合减资的法定程序，减资行为存在瑕疵，使债权人丧失了在公司减资前要求其清偿债务或提供担保的权利，股东应在公司减资数额范围内对公司债务不能清偿部分承担补充赔偿责任。

2.7.3 什么情况下构成抽逃出资

抽逃出资，指在公司成立并实缴出资后，股东又暗中将所缴的出资从公司撤回，但仍保留股东身份，并且表面上仍保持原有出资数额，这种行为会让他人误判公司实力、偿债能力，损害公司、其他股东和公司债权人的利益。

根据《中华人民共和国公司法》及其司法解释三，股东行为符合下列情形之一且损害公司权益的，可能认定为抽逃出资：

（1）制作虚假财务会计报表虚增利润进行分配；

（2）通过虚构债权债务关系将其出资转出；

（3）利用关联交易将出资转出；

（4）其他未经法定程序将出资抽回的行为。

在实务中，法院认定抽逃出资并不拘泥于上述形式，最终是从实质上进行判断，只要将出资非法转出的，就是抽逃出资。例如，股东将出资款转入公司账户验资后又转出的，就是典型的抽逃出资行为。

实务中还有的股东认为，公司净资产高于注册资金，这种情况下抽回出资不属于抽逃出资，这是完全错误的，混淆了公司注册资本与公司资产的区别。

2.7.4 抽逃出资的法律责任

股东抽逃出资应承担的法律责任包括：

1. 偿付本息

抽逃出资的股东，应向公司返还出资本息，或在抽逃出资的本息范围内对公司债务不能清偿部分承担补充赔偿责任，协助该股东抽逃出资的其他股东、董事、高级管理人员或实际控制人应承担连带责任。

2. 对股东权利的影响

对抽逃出资的股东，可以按照章程或股东会决议对其股东权利进行适当限制，如对其抽逃的份额不予分红、不予优先认购新股等。

3. 取消股东资格

股东抽逃全部出资，经公司催告在合理期限内仍不返还的，可以股东会决议解除其股东资格。

2.7.5 抽逃出资一般不会负有刑事责任

在 2013 年《中华人民共和国公司法》修正前，注册公司需实缴注册资本并且验资，抽逃出资要承担刑事责任。《中华人民共和国刑法》规定了虚报注册资本罪、虚假出资罪、抽逃出资罪。

2013 年 12 月 28 日，《中华人民共和国公司法》进行了修正，施行注册资本认缴制，取消了注册资本实缴制度。相应的，《中华人民共和国刑法》也作了配套调整，承担刑事责任的只适用于依法实行注册资本实缴登记制的公司。

也就是说，在现有法律框架内，除非是依法实行注册资本实缴登记制的公司（27 类），有限责任公司的股东抽逃出资，不构成抽逃出资罪。

现在仍有大量媒体、自媒体，包括一些所谓"专家"，仍然高调渲染"股东抽逃出资涉嫌抽逃出资罪"或"股东抽逃出资需承担刑事责任"等，这是对政策、法律的修改不了解，是过时的、错误的，也是夸大其词的、误导人的。

注意：以上减资、抽逃出资，是站在股东角度讲的，那么站在债权人角度如何维护自己的权益呢？一方面如果接到债务人（公司）的减资通知（包括登报的减资公告），一定要及时（30 日内）向债务人提出交涉，要求立即清偿债务或者提供担保；另一方面如果债务人（公司）没有财产可供执行，也可以通过查询是否违法减资、抽逃出资，如果属实，可以要求违法减资、抽逃出资的股东承担赔偿责任。

2.8 | 股权转让风险

本节从股权转让涉及的股东同意权、优先购买权，特别是股东出资瑕疵的责任等，分析论证股权转让双方的风险及防范技巧。

2.8.1 股权转让应经其他股东过半数同意

股东当然有转让股权的自由，但有限公司强调人合性，也就是股东之间的相互信赖、共同协商。本来现有股东之间沟通顺畅、配合默契，也许加入其他股东就会打破这种默契，甚至引发纠纷，所以，有限公司的股东转让股权更强调沟通、协商。《中华人民共和国公司法》关于股权在股东之间可相互转让、向股东以外的人转让应经其他股东过半数同意、同等条件下其他股东的优先购买权的规定，就是人合性在股权转让中的具体表现。

《中华人民共和国公司法》第七十一条第一款、第二款规定，有限责任公司的股东之间可以相互转让其全部或者部分股权。股东向股东以外的人转让股权，应当经其他股东过半数同意。股东应就其股权转让事项书面通知其他股东征求同意，其他股东自接到书面通知之日起满三十日未答复的，视为同意转让。其他股东半数以上不同意转让的，不同意的股东应当购买该转让的股权；不购买的，视为同意转让。

要说明的是，股东之间转让股权是可以相互转让的，不需取得其他股东同意。

同时，《中华人民共和国公司法》虽然规定向股东以外的人转让股权应当经其他股东过半数同意，但也授权公司章程可以另行约定。也就是说，原则上向股东以外的人转让股权应当经其他股东过半数同意，但如果公司章程约定不需要征得其他股东同意，也是可以的，这也是人合性和股东自治的体现。

2.8.2 其他股东的优先购买权

经股东同意转让的股权，在同等条件下，其他股东有优先购买权。

两个以上股东主张行使优先购买权的，协商确定各自的购买比例；协商不成的，按照转让时各自的出资比例行使优先购买权。

同样的道理，股东之间转让股权是可以相互转让的，其他股东不存在优先购买权，除非公司章程另有约定。

同样，公司章程也可以另行约定股东向股东以外的人转让股权，其他股东是否享有优先购买权。

法院强制执行股东的股权，其他股东在同等条件下有优先购买权；但自人民法院通知之日起满二十日不行使优先购买权的，视为放弃优先购买权。

上述因转让股权对公司章程中关于股东及其出资额的记载的该项修改，不需再由股东会表决。

2.8.3 反对股东会某些决议的股东可要求公司收购其股权

正常情况下，股东对公司出资后，其股份可以转让，但不能要求公司收购其股权，但是在某些特殊情况下，持反对意见的股东是可以要求公司收购其股权的，比如：

（1）公司连续五年盈利且有分配利润条件，但连续五年不向股东分配利润的，对不分配利润持反对意见的股东可以请求公司按照合理的价格收购其股权；

（2）公司合并、分立、转让主要财产的，反对的股东可以请求公司按照合理的价格收购其股权；

（3）公司章程规定的营业期限届满，股东会会议通过决议修改章程使公司存续的，反对的股东可以请求公司按照合理的价格收购其股权；

（4）公司章程规定的其他解散事由出现，股东会会议通过决议修改章程使公司存续的，反对的股东可以请求公司按照合理的价格收购其股权。

上述请求公司按照合理的价格收购其股权，自股东会会议决议通过之日起六十日内，股东与公司不能达成股权收购协议的，股东可以自股东会会议决议通过之日起九十日内向人民法院提起诉讼。

为什么允许某些特殊情形反对股东会决议的股东可以要求公司收购其股权呢？

我们知道，有限公司的股东以其出资比例行使表决权，绝大多数事项只需过半数通过即可生效（特定事项超过 2/3），那么在很多时候少数股东即使持反对意见也只能遵从股东会作出的决议。

但是，像公司连续 5 年盈利而不分红，就让股东希望以投资获取收益的愿望落空；或者公司合并、分立、转让主要财产，公司章程规定的营业期限届满或者章程规定的其他解散事由出现，股东会会议通过决议修改章程使公司存续，就超过了当初约定的可预期的状态。这些都可能使股东面临不可预期的风险，为保障少数股东的权益，应该让他们有选择退出的权利。

2.8.4　股权转让后也不能免除原股东的补缴出资责任

股东应当按期、足额缴纳公司章程中规定的各自所认缴的出资额，对于未按公司章程足额缴纳出资的股东，即使对外转让了其所持有的股权，仍然不能免除出资责任，仍应当依法向公司补足出资。

A 公司注册资金 100 万元，三个股东贺某、邱某、谢某分别出资 33％、34％、33％，但谢某实际出资 3.5 万元，剩余的 29.5 万元未缴。

2013 年 3 月，谢某与邱某某签订《股东转让出资协议》，约定将其持有的 A 公司股权（33％）中的 30％作价 30 万元转让给邱某某，已支付转让款并已办理股权变更登记。

A 公司认为，谢某仅出资 3.5 万元，未履行全部出资义务，遂依据公司章程约定，请求谢某履行剩余 29.5 万元出资义务。

谢某辩解称，A 公司的三位发起人股东都只实际出资 3.5 万元，A 公司只起诉谢某一人有失公平；而且邱某某受让股份后已作为 A 公司股东、实际控制人，对于谢某实际出资 3.5 万元的出资情况是明知的，要求谢某对已经转让的股权承担补缴出资义务没有依据。

对此，陕西省高级人民法院"（2017）陕民申 5＊＊号"认为，股东应当按期足额缴纳公司章程中规定的各自所认缴的出资额。A 公司章程明确规定谢某认缴出资额为 33 万元，实际出资为 3.5 万元。现 A 公司依据公司章程约定，请求谢某履行剩余出资义务，符合法律规定。虽然谢某已经将其所持有的 30％股权转让给了公司股东邱某某，但是并不能免除谢某补缴认缴出资的义务。A 公司没有追究其他股东的出资责任，仅诉请谢某承担未全面履行出资义务的责任，属于 A 公司处分自身权利，并无不当之处。判决谢某向 A 公司履行公司设立时的不足出资 29.5 万元。

当然，谢某补缴出资后，可以向邱某某追偿。

注意：此案有两点值得提醒，第一，虽然《公司法司法解释三》第十九条第一款规定了受让人承担连带责任，但公司、其他股东只起诉转让股东而放弃受让人的，会只判转让股东承担责任；第二，虽然多位股东同样有出资瑕疵，但公司只追究其中一位而没有追究其他股东的出资责任，法院会尊重公司的处分权，只要求被追索的股东承担出资责任。

可见，股东即使把股权转让了，其补足出资的义务也不因股东身份丧失而免除，公司、其他股东、债权人仍有权请求转让股东履行出资义务。

因此，在股权转让前，股东一定要弥补未履行、未适当履行出资义务的瑕疵，免得以后产生可能不必要的麻烦。

注意：总结一下，股东未履行或未全面履行出资义务，可分为股东出资不实、虚假出资、抽逃出资三种情形。股东出资后再抽逃出资仍然会被视为未履行或未全面履行出资义务。

2.8.5 受让人要承担股东出资瑕疵的连带责任

根据《公司法司法解释三》第十九条第一款规定，有限责任公司的股东未履行或者未全面履行出资义务即转让股权，受让人对此知道或者应当知道的，公司、股东、公司债权人有权要求受让人对此承担连带责任，这是针对受让人而言的。

当然，受让人根据前款规定承担责任后，可以向该未履行或者未全面履行出资义务的股东追偿，但是，当事人另有约定的除外。

A 公司成立于 2008 年 3 月，注册资本为 3 万元，股东彭某 41％、王某 39％、单某 20％。2008 年 5 月，A 公司增资为 500 万元，彭某、王某、单某按此比例认缴出资，增资的 497 万元验资后全部抽逃。

2009 年 11 月，范某某以 25 万元受让王某 5％的股份、25 万元受让单某 5％的股份、100 万元受让彭某 20％的股份，成为 A 公司持股 30％的股东。

2011 年 5 月，A 公司向张某借款 20 万元，一直未还。

张某诉至法院，要求判令 A 公司返还借款 20 万元及利息；彭某、范某某、王某在未出资本息范围内对 A 公司的还款义务承担连带清偿责任；范某某在未出资本息范围对彭某、王某的补充赔偿责任承担连带责任。

范某某辩称：对彭某、王某未全面履行出资义务并不知情，并且已经尽最大注意义务；虽然彭某、王某未实际出资，但范某某作为受让人已足额出资；而且彭某、王某在股权转让协议中承诺出资真实，范某某又不参与公司的实际经营，仅从能掌握的材料中无从知晓股东出资的实际情况，故不应对彭某、王某的出资不实承担连带责任。

上海市高级人民法院"（2014）沪高民二（商）申字第 1＊＊号"认为，在实施商事行为时应当谨慎、勤勉。范某某在 2009 年 11 月的《股权转让协议》中明确承诺对该公司的经营状况、财务状况已充分了解。按常理，范某某在受让原股东股权时，应当全面了解公司的出资情况和经营情况，特别是对受让对象股东的出资情况的了解。A 公司原股东几乎将注入公司的 500 万元资金全部抽逃，现在 A 公司不能清偿本案债务，范某某也没有证据证明其购股款已用于填补公司出资不足。判决 A 公司返还借款 20 万元及利息；彭某、王某对 A 公司上述债务不能清偿的部分在其未出资本息范围内承担补充赔偿责任；范某某在其受让的 50 万元股权范围内对彭某、王某的上述补充赔偿责任承担连带责任（因为债权人张某表示不向单某追偿，所以范某某也就不用承担单某未出资的连带责任，否则还会承担更多）。

通过本案例，我们可从以下几点来理解受让人的连带责任问题。

（1）受让人应谨慎、勤勉，全面了解公司的出资情况和经营情况，特别是对受让对象股东的出资情况的了解更是其本分义务，在签转让协议之前一定要仔细了解、审查是否足额出资、出资后是否有抽逃出资。

（2）原股东要受让人在《股权转让协议》中明确承诺对该公司的经营状况、财务状况已充分了解，就是为了撇清自己的责任。在转让合同中带有充分了解的条款时，受让人一定要小心，认真对待，承诺了解经营状况、财务状况，也就当然包括了解股东的出资情况，发生纠纷才说不了解股东的出资情况，会将自己置于谨慎、勤勉、诚信的对立面。

（3）受让方虽然足额支付了购股款，但这是支付给股东的，并不代表其购股款已用于填补公司出资不足。

（4）如果最终被迫承担了连带责任，可以在承担责任后向转让股权的原股东追偿。

（5）如果还有其他债权人比照要求承担连带责任，可以就已承担部分抗辩，就是只能在受让股权未出资范围内承担，而且是连带责任，在这个范围内已经承担了其他人就不能再要求重复承担。

2.8.6　出资期限未到的未缴出资不用承担责任

前面讲的股东出资瑕疵，都是出资期限届满，股东应缴未实缴或未完全实缴出资，所以应承担补充赔偿责任。那么，在认缴制的情况下，如果出资期限尚未届满，股东尚未完全实缴出资，是否属于"未履行或者未全面履行出资义务"？如果在此情形下转让股权，其出资义务应该由谁承担？

如果出资期限尚未届满，股东无实际出资的义务，不属于未履行或未全面履行出资义务；在认缴出资期限届满前转让股权，其出资义务一并转移，只要没有隐瞒、恶意串通或违反法律、行政法规的强制性规定的情形，其出资义务应该由受让方承担。

最高人民法院"（2020）最高法民申5＊＊9号"指出，根据《公司法司法解释三》规定，有限责任公司的股东未履行或者未全面履行出资义务，公司债权人可以请求该股东在未出资本息范围内对公司债务不能清偿的部分承担补充赔偿责任。在注册资本认缴制下，股东应当按期足额缴纳公司章程规定的认缴出资额，股东对于认缴的出资享有期限利益，在出资期限届满前无实际出资的义务，因此，股东在认缴出资期限届满前转让股权，不属于未履行或者未全面履行出资义务。

出资期限未到也可能承担责任的例外情形，参加"2.1.4"认缴的期限越长越好吗——股东出资加速到期。

2.8.7　如何证明受让人知道出资瑕疵并让其承担责任

《公司法司法解释三》第十九条第一款规定，有限责任公司的股东未履行或者未全面履行出资义务即转让股权，受让人对此知道或者应当知道，公司请求该股东履行出资义务、受让人对此承担连带责任的，人民法院应予支持；公司债权人依照本规定第十三条第二款向该股东提起诉讼，同时请求前述受让人对此承担连带责任的，人民法院应予支持。

也就是说，如果要受让人承担连带责任，必须满足两个条件：第一，股东在出资或增资时未履行或者未全面履行出资义务即转让股权；第二，受让人对此知道或者应当知道。

受让人即使知道也不会承认，那么，在信息不对称的情况下，如何证明受让人知道或应当知道股东出资瑕疵呢？法律对此并无清晰规定和统一的标准，但从各级法院判决书的说理部分，也可总结出一些规律性或者常识性的思路。

实务中，法院通常会根据是否可以通过公开渠道了解出资情况、受让人与出让人之间是否存在密切关系、受让人是否在股权转让协议中承诺对目标公司状况充分了解、受让人受让股权时是否支付以及支付多少对价等因素对受让人是否知道或应当知道股权存在瑕疵进行综合判断。

1. 出让方与受让方、公司其他股东之间存在特殊的身份关系

四川省高级人民法院"（2014）川民终第＊＊号"认为，姜某作为A公司49％股权的受让人及蔡某某的妻子，应当知道蔡某某、龚某抽逃出资的事实，当其知道该股权是瑕疵股权并且受让时，就理应知道受让该股权的法律后果，即应当承担该瑕疵股权项下的股东出资不实或抽逃出资的民事责任。

2. 未约定转让价格，或者转让价格畸低或者为零

最高人民法院"（2018）最高法民申2＊＊6号"指出，杨某某将其股权中的5％转让给唐某某，却并未对转让价格作出约定，据此认定受让人唐某某知道或者应当知道出让人杨某某未履行或者未全面履行出资义务即转让股权的情形。

3. 虽约定了转让价格，但受让人未实际支付转让款

4. 受让人在公司担任董事、监事、法人代表、高管等管理职务

广东省深圳市中级人民法院"（2015）深中法商终字第2＊＊8号"判决书认为，转让的标的A公司成立之时，黄某某即担任A公司董事，同时担任公司发起人B公司的法定代表人、董事长，其对A公司发起人未足额出资的情况应当知情，故其受让原股东C公司持有的A公司股权，应在受让股权的范围内对C公司的赔偿责任承担连带责任，其责任范围为未出资本金及利息；曾某某自A公司成立时起即担任公司监事，负有稽查公司财务的职责，其对公司发起人的出资情况也应当知情，故其同样应在受让的股权范围内对 C 公司的赔偿责任承担连带责任，其责任范围为未出资本金及利息。

5. 转让人明确告知受让人瑕疵出资事实的

6. 双方明确约定出让方用股权转让款补足对公司的出资，或者受让人辩称已经履行督促的责任

上海市第一中级人民法院"（2016）沪 01 民终 1＊＊＊7 号"判决书认为，A 公司确认，B 公司、C 公司将其享有的 D 公司股权转让给 A 公司后，B 公司、C 公司用 A 公司支付的股权转让款向 D 公司补足出资，A 已经履行督促的责任，这说明，A 公司在受让 B 公司、C 公司股权之前即已知晓 B 公司、C 公司抽逃出资的事实，否则不存在 A 公司履行督促义务的问题。

7. 出让股东已经因抽逃出资行为受到工商行政管理机关处罚

上述"（2016）沪 01 民终 1＊＊＊7 号"判决书指出，受让股权之前应当对股权状况及公司经营状况进行审查，出让股东抽逃出资的行为已经被工商机关行政处罚，作为股权受让方，其应当知晓行政处罚的事实，因此，即便被告股权转让时不知晓抽逃出资的情况，根据交易惯例，亦应当推定其知晓抽逃出资的事实。

2.8.8 如何防范因转让方瑕疵出资而承担连带责任

作为投资人、股权受让方，在进行股权投资时，要及时识别风险，其中识别股东未履行或者未全面履行出资义务即转让股权，避免因转让方瑕疵出资而承担连带责任，也是应有之义务。那么，如何识别、防范转让方瑕疵出资风险呢？

（1）详细了解目标公司的经营状况、财务状况、出资情况、资产情况。如查验验资报告，公司章程关于股东出资方式、认缴出资额、实缴出资额、出资期限的记载，财务报表关于实收资本（股本）的记载，在全国企业信用信息公示系统中公示的年报中关于股东实缴出资的记载等。

最重要的是核查目标公司各项账面资产是否与实际相符，这是最根本的一点，要尽可能避免未经审查就在股权转让协议中约定自己已明知出让股权无法律瑕疵的条款。

（2）由目标公司就转让方实缴出资情况出具证明文件，并与受让人、转让方一起共同签署转让协议。

（3）由转让方陈述和保证出资已经实缴到位，且不存在瑕疵出资、抽逃出资等情形。

（4）在转让协议中就转让标的股权是已经实缴或尚未实缴的部分进行明确约定，避免歧义。

（5）在股权转让协议中，约定如果转让方存在瑕疵出资，受让人有权解除合同，有权要求转让方返还股权转让款，支付违约金或赔偿损失。

（6）避免无对价或以极低价格受让股权，如果股权价格低于正常市价，最好双方通过书面方式说明原因。

总之，受让人要对自己负责，尽一切努力尽到勤勉、审慎义务，避免不必要的损失和麻烦。

2.8.9　股东能否1元、0元转让股权

股东能否1元甚至0元转让股权？这个问题要从公司法、税法、是否逃避债务这三方面来说。

从公司法方面来说，股东转让股权是股东对自有权利的处分，转让价格高低影响的是股东自身权益，对公司财产并不产生直接影响。也就是说，股东处分的是自己的权益，而不是公司的权益（没有低价处理公司的资产），所以1元甚至0元转让股权，也是没问题的。

从税法方面来说，股东如果低价转让股权，申报的股权转让收入低于股权对应的净资产份额的，视为股权转让收入明显偏低，损害了国家的税收利益，要承担相应的责任。主管税务机关可以核定股权转让收入，以此计算应缴纳税法。也就是说，虽然低价甚至0元转让股权，但只要保证对国家的税收不减少，该补交的1分不少的补交上，那转让也是没问题的。

从民法、合同法来说，如果债务人放弃到期债权、无偿转让财产或者以明显不合理的低价转让财产，对债权人造成损害的，债权人可以请求人民法院撤销股权转让的行为。

注意：对1元、0元等低价转让股权的行为做一个总结，从公司法角度，只要不低价处分公司资产、不损害其他人利益，转让有效；从税法角度，如果转让价明显偏低（以低于净资产份额为判断标准），根据税务机关核定的价格补税；从民法、合同法角度，如果转让价格过低或者无偿转让而逃避债务，损害债权人利益，则转让合同可撤销。所以，最好还是以公允价值转让，不要违法做所谓的筹划，不要钻空子，否则可能给自己找麻烦。

2.8.10　股权转让或增资的个人所得税风险

股东在转让股权时，或者各种原因不方便做股东而需要退出时（如公职身份不能做股东、法人代表），或者以未分配利润、资本公积、盈余公积转增注册资本时，自然人股东都会面临缴纳个人所得税的问题。

按照税法，应当按照市场公允价值计算增值部分的个人所得税，对增值部分，自然人股东要缴纳 20％ 的个人所得税，根据国家税务总局的规定，要按照不低于净资产价值计算。

但实务中，不少老板对股权转让的个人所得税了解不多，往往是股权转让了才被税务机关要求补缴个人所得税。

笔者就遇到过，股权转让后账面有几亿元的未分配利润，工商机关办理了股权变更，被税务机关追缴几千万元个人所得税，而且不止一家公司出现这种情况。

解决的办法，建议先分红，后转股。合理用好税收优惠政策，如果是家族公司投资，公司先分红（公司向公司分红不交所得税，怎么搭建家族公司后面会讲），先分红把利润降下来，然后平价或者很低的溢价转让股权，所得税自然就低了，所以股权设计、公司架构很重要。

另外，在转让前先做资产评估，把那些不实的资产计提坏账准备、减值准备，尽可能把未分配利润降下来，减少溢价，这样所得税也就降下来了。

2.9 │ 股权退出风险

股权退出包括转让股权退出、被解除股东资格退出、公司回购股权退出、离职退出、严重违反管理制度退出等退出方式。转让股权退出前面章节已有较多讲述，此处不再展开，本节重点讲解后面几种退出方式。

2.9.1　未出资或抽逃全部出资的股东可以解除股东资格

有限公司强调人合性，需要股东之间沟通、合作，如果在某些特定情况下某一股东与公司其他股东无法合作、无法达成妥协，能否通过特定程序解除该股东的资格呢？

《中华人民共和国公司法》对于解除公司股东资格并没有明确的规定，但实践中最高人民法院发布的司法解释认可两种情况下对特定股东进行除名：一是根本没有向公司履行出资义务；二是履行出资义务后又抽逃了全部出资。

《公司法司法解释三》第十八条第一款规定，有限责任公司的股东未履行出资义务或者抽逃全部出资，经公司催告缴纳或者返还，其在合理期间内仍未缴纳或者返还出资，公司以股东会决议解除该股东的股东资格，该股东请求确认该解除行为无效的，人民法院不予支持。

根据最高人民法院"（2018）最高法民再3＊＊号"判决书的论述，公司召开股东会对股东除名，应注意以下几点：

第一，股东没有履行出资义务。一方面指根本没有向公司履行出资义务（已到出资期限仍未能履行出资义务）；另一方面指履行出资义务后又抽逃了全部出资。

但要注意，这里指的是没有出资或者出资后又抽逃全部出资。这里有一个漏洞，理论上说，如果应缴1 000万元但只缴了100元，或者抽逃全部出资1 000万元只返还100元，也无法通过该条款来解除该股东资格，但可以按实缴来确定分红权、投票权等。

第二，要给予股东补正的机会。公司要进行催告要求缴纳或者返还，并给予合理的补正期间，经公司催告缴纳或者返还，该股东在合理期间内仍未缴纳或者返还出资；

第三，符合《中华人民共和国公司法》和公司章程规定的召集程序和表决办法的要求。

"（2018）最高法民再3＊＊号"案例，历时5年，原告一审二审全胜诉，最终在最高人民法院再审被推翻而败诉，就是因为仅有30％表决权的股东通过，未达到法定表决权比例。

第四，在股东会上，拟被除名的股东没有表决权。

但是，实务中如果被除名股东要钻空子或者找寻一些程序瑕疵，如只象征性交了1元或者返还1元出资，无法证明该股东已收到公司的催告，未给予合理的缴纳时间，股东会召集或表决程序瑕疵等，都可能导致股东会除名决议无效。

所以，最根本的还是在公司章程中对出资和解除股东资格等作出明确约定。例如，对于未全面出资（部分出资）或抽逃部分出资的，经催告并给予合理期间仍未缴纳的，可以经股东会表决予以解除股东资格。

2.9.2 离职解除劳动合同可丧失股东资格

如果公司事先在公司章程、入股协议、股权转让协议中约定，员工股权仅限于在公司服务期间，如果辞职、调离、辞退、解除劳动合同，即解除股东身份，所持股份由企业收购。

这种方式较多用在对公司高管、专业技术人才、核心员工等的期权、股权激励，对于留住人才、留住核心员工，并充分调动其积极性，有非常重要的作用，也非常有效。

这种情况解除股东股权要注意保障股东的合法权益，虽然按约定由于其身份原因不适合再做股东，但不能无偿收回，也不能以明显不合理的低价强行收回，股东仍有获取对价收益的权利，其持有的股份仍应以合理的对价转让给其他股东或由公司收回。

2.9.3 严重违反管理制度或公司僵局可收回股权

本文一直在强调，有限责任公司的人合性、封闭性，决定了股东之间的沟通、配合非常重要，一旦股东之间起纠纷、闹僵局，对公司损害非常大。

所以，公司有必要在股东协议和公司章程事先约定一些非常情况下的退出机制，避免股东之间矛盾激化，比如：

（1）可在股东协议和公司章程事先约定，哪些违法犯罪行为、严重违反公司管理制度、严重违反劳动纪律的行为、故意或重大过失造成公司严重损失的行为等，可以由公司收回股权；

（2）可在股东协议和公司章程事先约定，未能达成哪些约定的目标、约定的事项，可以收回全部或部分股权；

（3）可在股东协议和公司章程事先约定，对股东会哪些事项持反对意见可以由其他股东或公司收回股权，避免公司僵局，等等。

注意：还是那句话，这一切都要事先在股东协议、公司章程中作出设计、约定，使得在将来发生分歧纠纷时有章可循。

2.10 | 公司章程的重要性

本节从公司内斗、法人代表、股东出资、分红权、股东会、董事会等最容易引起争议的环节，阐述设计一个符合自己公司实际的公司章程的极端重要性，和设计公司章程时应注意的事项。

公司章程不仅对内，对外也有效力。公司章程对内规定了出资占比、决策权及决策程序、经营管理制度、财务制度等重大事项；对外，在公司登记机关备案的公司章程有公示效力，也就是股东之间、股东与公司之间的内部约定，不得对抗基于公示在外的公司章程信任的债权人、第三人。所以说，公司章程的重要性无论怎么强调都不过分。

但实务中，绝大多数公司往往都使用网上下载的工商局的统一模板，而没有结合公司实际情况作出符合公司需要的安排和约定，很多非常需要明确的重要事项都没有约定，或者即使有约定也含糊不清容易产生歧义，为后面纠纷的解决埋下严重隐患，不能不说是非常的遗憾。

需要在公司章程规定的事项不仅多，而且需要规定得具体、明确，不容易产生歧义，特别是注册资本和出资时间、出资方式，股东会的召开方式和表决权，董事会组成和董事会职权，分红权，法人代表等，都需要在公司章程进行明确规定。

2.10.1 公司章程和法人代表的重要性

前面 2.3.1 的案例二讲过，××公司合伙人、股东小舅子和姐夫内斗，姐夫以职务侵占罪和挪用资金罪被判刑 14 年。此处要接着这个案例往下讲的，就非常魔幻、非常惊奇了，不得不佩服姐夫甲的公司法学得好，公司章程设计得非常到位。

姐夫甲虽然在坐牢，但在牢中仍然是××公司合法的法人代表。××公司后来的实际控制人、小舅子 B 召集董事会罢免了甲的董事长、法人代表，并选举自己担任董事长、法人代表，也在工商机关做了董事长、法人代表的变更登记，但甲就算在牢中也能根据公司章程扳回来，官司打到市中级人民法院、省高级法院、最高人民法院一直都赢。

乙甚至就连以××公司名义起诉甲都没有资格，因为乙不是合法的法人代表，不能代表公司起诉，有公章也不行。

最高人民法院"（2021）最高法民终＊＊号"论述如下：

重点看一下××公司的公司章程。

××公司的章程第 4.2 条规定，公司董事会由五名董事组成，由甲、乙、丙、丁、戊方各任命一名董事。除非各方另有书面协议，否则董事长应由甲方任命，副董事长应由乙方任命，董事长、副董事长或董事的任期为三年。经原任命一方继续任命可以连任。如董事会的董事职位出现空缺，应由造成空缺的董事的原任命一方填补。任何一方在任何时候出于任何原因均可解聘由该一方任命的任何或全部董事，并任命他人取代被免职的董事，在相关任期的剩余时间里出任董事。第 4.3 条规定，董事长是公司的法人代表。第 4.6 条规定，章程的修正应有全体五名董事（本人或派代理人出席）在按规定程序召开的董事会议上一致投赞成票方可通过。

对这个公司章程，最重要的就有三点，第一，董事会只能由姐夫甲任命董事长（除非各方另有书面协议，也就是说任何人想当董事长没有甲的同意都不行）；第二，董事长是公司的法人代表（意味着只有董事长甲才能代表公司）；第三，对公司章程的任何修改都必须有全体五名董事一致投赞成票才能生效（意味着如果想要修改公司章程，也必须要甲同意才算数）。

2009 年小舅子乙要求清查×公司财务账目被拒后起诉，法院判决××公司拒绝股东查账违法。乙查出违规线索后次年向警方举报姐夫甲侵占公司资金；2011 年 4 月，甲因涉嫌经济犯罪被捕，2013 年 11 月因职务侵占和挪用资金两项罪名判 14 年。

2013 年 12 月，××公司召开临时董事会，决定修改公司章程并选举乙为公司董事长，并在工商局办理了变更。

2014 年 2 月，姐夫甲向法院起诉，以××公司临时董事会会议的召集程序、表决方式及董事会决议内容违反公司章程为由诉至该院，要求撤销该次董事会决议（修改公司章程及任命乙为董事长）。

2016 年 7 月，法院判决撤销××公司 2013 年 12 月临时董事会决议，修改公司章程、任命乙为董事长的董事会决议无效，理由是会议通知送达行为明显存在瑕疵，未能合理保障甲所享有的基本权利。（但试想一下，即使会议通知没有瑕疵，按规定送达了甲，甲也可以按公司章程委派新的董事长、不同意修改公司章程，事实上甲也确实委派了董事长，只是乙不承认）。

乙及××餐饮公司向法院起诉，要求判决甲因其不当履行公司职务赔偿损失 7.8 亿元，以及甲向××餐饮公司派董事长不合法，均被广东省高院及最高人民法院 2021 年 8 月驳回，理由是，乙不是合法的法人代表，不能代表××餐饮公司提起诉讼。

从这个案例中也可看出公司章程的重要性，法人代表的重要性。

注意：多说一句，法人代表依法登记具有对外公示效力，也就是外面的人有理由相信法人代表的意思表示代表的是公司行为，其行为结果由公司承担；但在公司内部，不是以登记的法人代表的意思行事，而是以股东意志行事，这个股东意志如何表示以公司章程的规定为准。

2.10.2　注册资本和出资时间、出资方式

《中华人民共和国公司法》第二十五条规定，有限责任公司章程应当载明公司注册资本以及股东的出资方式、出资额和出资时间。

《中华人民共和国公司法》第二十八条第一款、第二款规定，股东应当按期足额缴纳公司章程中规定的各自所认缴的出资额。股东以货币出资的，应当将货币出资足额存入有限责任公司在银行开设的账户；以非货币财产出资的，应当依法办理其财产权的转移手续。股东不按照前款规定缴纳出资的，除应当向公司足额缴纳外，还应当向已按期足额缴纳出资的股东承担违约责任。

除了法律明确规定的部分行业外，公司的注册资本实行认缴制，注册资本金额、股东的出资方式、出资额和出资时间等，都由股东协商确定，并在公司章程载明。

《中华人民共和国公司法》第三十条规定，有限责任公司成立后，发现作为设立公司出资的非货币财产的实际价额显著低于公司章程所定价额的，应当由交付该出资的股东补足其差额；公司设立时的其他股东承担连带责任。

关于出资方面，对于未履行出资义务、未完全履行出资义务、抽逃出资的，增资时是否按照实缴的出资比例认缴出资，或者出资的非货币财产的实际价额显著低于公司章程所定价额的，公司章程应就补足时间、补足方式，以及对已按期足额缴纳出资的股东承担违约责任的方式作出具体明确的约定。

2.10.3　股东会的召开方式和表决权

股东会是公司的权力机构，可以决定公司的重大问题和事项。股东会会议要关注召开时间及通知、表决权、股东会议事方式和表决程序。

第一，召开时间及通知

《中华人民共和国公司法》第三十九条第一款、第二款规定，股东会会议分为定期会议和临时会议。定期会议应当依照公司章程的规定按时召开。代表十分之一以上表决权的股东，三分之一以上的董事，监事会或者不设监事会的公司的监事提议召开临时会议的，应当召开临时会议。

《中华人民共和国公司法》第四十一条第一款规定，召开股东会会议，应当于会议召开十五日前通知全体股东；但是，公司章程另有规定或者全体股东另有约定的除外。

股东之间出现矛盾时，可能即使控股股东也往往难以召开临时股东会，导致出现公司僵局，影响公司的正常运营。而每年至少一次的股东会是必须召开的，有必要在章程中明确规定股东会定期多长时间召开一次，例如明确半年或一年召开一次。

召开股东会，必须提前通知全体股东，这里有两点需要注意，第一，该通知有时间要求，必须提前多少天通知（一般要求召开十五日前）；二是必须通知到达股东。如果没有在公司章程规定的提前时间通知，或者通知没有到达股东，该股东会会议所形成的决议可能被法院撤销。

所以，股东会会议通知的时间、通知到股东的方式，以及如何证明，都很重要，一方面需要在公司章程中明确规定，另一方面需要在实际通知时保留完整的凭据。

董事会会议的通知时间、通知方式也是一样的道理，也应在章程中作明确规定，不再赘述。前面"2.10.1 从合伙人在牢中仍能代表公司看公司章程和法人代表的重要性"讲的××公司乙与甲的争议，甲能胜诉，除了公司章程约定条款对甲有利外，××公司在董事会会议通知送达上的瑕疵也是导致诉讼失败非常重要的因素。

第二，股东会会议的表决权、股东会议事方式和表决程序

《中华人民共和国公司法》第四十二条规定，股东会会议由股东按照出资比例行使表决权；但是，公司章程另有规定的除外。

《中华人民共和国公司法》第四十三条第一款、第二款规定，股东会的议事方式和表决程序，除本法有规定的外，由公司章程规定。股东会会议作出修改公司章程、增加或者减少注册资本的决议，以及公司合并、分立、解散或者变更公司形式的决议，必须经代表三分之二以上表决权的股东通过。

也就是说，《中华人民共和国公司法》的原则是按照出资比例行使表决权（同股同权），但也可以不按按照出资比例（同股不同权），可以另行约定其他方式。像前面章节"2.3.4 创始人牢牢掌握公司控制权的几大法宝""2.3.5 掌握公司控制权最有效的几个大招"，特别是在创始人不占大股、引入外来投资者时，AB股、一致行动人、一票否决权等的运用也非常重要，这些都可在公司章程中作出规定。

2.10.4　董事会组成和董事会职权

董事会是公司的决策机构，公司的很多重大事项都由董事会决策，是公司的核心机构，但也可以不设董事会，只设一名执行董事。

第一，董事会的组成和产生方式

《中华人民共和国公司法》第四十四条第一款、第三款规定，有限责任公司设董事会，其成员为三人至十三人；但是，本法第五十条另有规定的除外。董事会设董事长一人，可以设副董事长。董事长、副董事长的产生办法由公司章程规定。

《中华人民共和国公司法》第四十五条第一款、第二款规定，董事任期由公司章程规定，但每届任期不得超过三年。董事任期届满，连选可以连任。董事任期届满未及时改选，或者董事在任期内辞职导致董事会成员低于法定人数的，在改选出的董事就任前，原董事仍应当依照法律、行政法规和公司章程的规定，履行董事职务。

董事会的产生方式，董事长、副董事长的产生，由公司章程规定，但董事长掌握董事会的召集权，往往很多时候还是公司的法人代表，所以很重要，是控制公司的一大手段，也是股东的争夺点。

所以公司章程必须对董事会的产生方式，董事长、副董事长的产生作出明确规定。

第二，董事会的职权

《中华人民共和国公司法》第四十六条规定了董事会包括召集股东会会

议、制定公司的基本管理制度在内的十一项职权，可以说囊括了公司所有重大事项。从现代企业的发展趋势来看，适当扩大董事会职权是大势所趋，有助于提高企业经营决策的效率，也能体现、发挥董事会对公司发展的作用。

董事会的职权，实际上是股东授予的，股东需要考虑平衡提高决策效率和股东会（特别是大股东）对董事会本身的控制，确定哪些事项对董事会授权；中小股东也要对股东会、董事会进行监督和制约。在此基础上，公司也需要将董事会的职权在公司章程中规定得更具体明确。

第三，董事会的议事方式和表决程序

《中华人民共和国公司法》第四十八条第一款、第二款、第三款规定，董事会的议事方式和表决程序，除本法有规定的外，由公司章程规定。董事会应当对所议事项的决定作成会议记录，出席会议的董事应当在会议记录上签名。董事会决议的表决，实行一人一票。

董事会的议事方式和表决程序由公司章程规定，但是特别需要注意的是，董事会决议的表决，实行一人一票，而不是按出资比例。

所以，大股东控制董事会的方式，往往是自己人在董事会的人数占多数，这样董事会表决的时候自然就会体现自己的意图。

而董事会的产生方式、表决程序，也需要在公司章程中明确规定，这样才能真正把大股东的意图以合法的方式固定下来。

因董事在某些情况下由于董事会的决策给公司造成的损害负有赔偿责任，但在董事会上投反对票的董事可以免除赔偿责任，因此应当将董事对决议发表的不同意见记入会议记录，作为今后免责的依据。

第四，执行董事的职权

执行董事的职权完全由公司章程规定。现实中，采用执行董事的一般多为家族企业或股东很少的公司。毕竟执行董事是一个人，为了防止执行董事权力过大，只设执行董事的公司需慎重授权，可以考虑将重大事项的决策权保留在股东会中，对执行董事形成一定程度的制约。

2.10.5　分红权

通常的理解，公司一般是按出资比例分红，但《中华人民共和国公司法》也授权可以约定不按出资比例分红而另行约定分配方式。

《中华人民共和国公司法》第三十四条规定，股东按照实缴的出资比例分取红利；公司新增资本时，股东有权优先按照实缴的出资比例认缴出资。但是，全体股东约定不按照出资比例分取红利或者不按照出资比例优先认缴出资的除外。

而在实务中，公司分红不能仅仅考虑股东出资比例，往往还要考虑股东在管理、资源、技术、知识产权、贡献等方面的多重因素，特别是越来越看重人的因素，对公司出力多的、贡献大的、有管理能力的、有专有技术的、有各方面资源的股东，在分红上都会被倾斜照顾。

其实，这也是为了公司和股东的长远利益，毕竟公司之间的竞争归根结底还是人的竞争，把公司规模做大了，盈利能力提高了，股东的分配比例虽然降低了，但能分到手的钱增加了。

某些情况下，大股东可能会利用其对公司的支配地位，明明利润、资金很多也没合适的投资项目，但就是宁愿资金闲置多年也不分配，引得小股东不满。

所以，如何分红也是需要在公司章程明确规定的。

2.10.6 法人代表

法人代表，又叫法定代表人，是指依法代表法人行使民事权利，履行民事义务的主要负责人。《中华人民共和国公司法》第十三条规定：公司法定代表人依照公司章程的规定，由董事长、执行董事或者经理担任，并依法登记。公司法定代表人变更，应当办理变更登记。

法人代表的主要职能体现在对外代表公司，其履行职能的结果由公司承担责任，其重要性在上节也可看出。

但在公司内部、股东之间和股东与公司之间，法人代表并无实际权利。上面也讲了，公司内部以章程体现出来的股东意志表示为准。根据《中华人民共和国公司法》，公司内部的实际权利基本集中在董事长、执行董事或者经理。

同时，公司在安全生产事故、食品安全事故、税务违法等方面出现问题，法人代表也可能会被要求承担行政责任、刑事责任，也可能会被列入失信人员名单，可能会被限制高消费等。

法人代表并不一定非得是股东才能担任，非股东也可以成为法人代表。《中华人民共和国公司法》规定，法人代表由董事长、执行董事或者经理担任，也就是说，非股东如果担任经理，也可担任法人代表。

但是，鉴于法人代表对外代表公司的重要性，而董事会是公司的决策机构，所以通常由董事长（执行董事）担任法人代表，也有由经理（总经理）担任法人代表的，至于由谁担任，由公司章程规定。

2.11 │ 企业家最易犯的十大刑事罪

本节围绕企业家最容易触犯的十大刑事罪，主要介绍非法吸收公众存款罪、拒不支付劳动报酬罪，这些都是非常严重的处罚，企业家千万不要碰触。

2021 年 4 月 24 日，由北京师范大学中国企业家犯罪预防研究中心、中国刑法学研究会、北京企业法律风险防控研究会主办，北京师范大学刑事法律科学研究院与安徽师范大学法学院承办的第八届企业刑事合规高端论坛发布《2019—2020 企业家刑事风险分析报告》。该分析报告显示，企业家最容易触犯的十大罪依次是：①非法吸收公众存款罪；②职务侵占罪；③拒不支付劳动报酬罪；④虚开增值税专用发票罪；⑤挪用资金罪；⑥合同诈骗罪；⑦集资诈骗罪；⑧非法经营罪；⑨污染环境罪；⑩重大责任事故罪。

其中的 1~5 项罪名，非法吸收公众存款罪、职务侵占罪、拒不支付劳动报酬罪、虚开增值税专用发票罪、挪用资金罪，这五个罪名占本年度企业家犯罪频次总数的 67.18%，是最容易触犯的，风险非常大，要特别小心。

非法吸收公众存款罪与筹资活动有关，将在第 8 章《筹资业务风险管理及内部控制》专门讲解。

职务侵占罪、挪用资金罪都与资金使用管理有关，将在第 4 章《资金风险管理及内部控制》专门讲解。

逃税罪、虚开增值税专用发票罪与税法和税务风险密切相关，其内容将在第 3 章《税务风险及控制》专门讲解。

第3章

税务风险管理与控制

税收是公司很重要的事务，也是很大的成本，同时更是公司最高风险因素。公司日常会花费很大的精力来处理税务事项，但也未必能规避税务风险。税务风险又真实存在，而且不仅是行政处罚，还很可能有坐牢的风险，所以务必要引起老板、高管、财务人员的重视。

本章主要涉及的知识点有：

- 你需要了解的税务基础知识；

- 税务违法的风险；

- 如何以"四流一致"证明业务真实；

- 税务机关为什么会盯上你——企业税务处理常见误区；

- 税务筹划方案为什么失败；

- 合理税务规划之——企业组织形式；

- 合理税务规划之——商业模式；

- 合理税务规划之——业务分拆；

- 合理税务规划之——财务处理；

- 用好税收优惠政策就是最好的税务规划；

- 没有发票怎么办；

- 如何应对税务稽查。

3.1 你需要了解的税务基础知识

本节围绕增值税、企业所得税、优惠政策、小规模纳税人与一般纳税人、核定征收与查账征收等方面，介绍税务基础知识。

3.1.1 增值税的税负高低由什么决定

增值税是以商品（含劳务、服务）在流转过程中产生的增值额作为计税依据而征收的一种流转税。也就是说，增值税是有增值（毛利或服务收入）才征税，如买价 100 元，卖价 150 元，只对增值的毛利 50 元这部分征税。

中国也采用国际上通用的税款抵扣的办法，即根据销售商品或劳务的销售额，按规定的税率计算出销售税额，然后扣除取得该商品或劳务时所支付的增值税款（也就是进项税额），其差额就是增值部分应交的税额。增值税的计算公式为：

应交的增值税＝销项税额－进项税额＝销售额×税率－进项税额。

增值税的税率分为三个档次：13％（一般是销售货物和有形动产租赁等）、9％（交通运输、房地产、建筑、销售粮食等）、6％（服务、无形资产）。

例如，本月销售货物 1 000 万元，购进该货物的金额 800 万元、进项税额 104 万元（800×13％），税率都是 13％，没有前期留抵税额，则本月应交增值税＝1 000 万元×13％－104 万元＝26 万元。

由增值税的计算公式可以看出，增值税的税负高低由税率、增值额决定，在税率法定的情况下，增值税的税负高低实际上就由增值额决定。所谓增值额，简单点说就类似于毛利（销售额－成本）。

如上述例子，本月销售货物 1 000 万元，购进该货物的金额 800 万元（成本），毛利率为 20％（毛利 200/1 000），则在毛利率为 20％的情况下：

增值税税负率＝20％×13％＝2.6％

但是必须强调，要想抵扣进项税，必须取得合法进项专用发票，没有或者不合法的进项专用发票则不能抵扣，那么就要按销项税额交税，如上例，如果没有取得进项发票，则本月应交增值税＝1 000万元×13％－0＝130万元，税负率为13％。

可以看出，增值额（毛利率）的高低决定增值税税负率的高低，而有无合法的进项税发票，则决定进项税是否可以抵扣，对增值税的影响是很大的。

3.1.2 小规模纳税人和一般纳税人有什么区别

小规模纳税人和一般纳税人，是增值税的一个专业术语，他们的区别主要有3点：

（1）从营业收入的规模来讲，连续12个月营业收入超过500万元，就划为一般纳税人，小于等于500万元就是小规模纳税人。

就是说，是以营业收入的规模来划分，与企业的类型没关系，公司、个体户、个人独资企业、合伙企业都既可以是一般纳税人，也可以是小规模纳税人，就看是否达到收入标准（500万元）。当然，即使低于500万元，也可以自愿申请成为一般纳税人。

（2）它两个的税率不同，一般纳税人的基础税率是13％，建筑、房地产、农产品之类税率9％，服务类、无形资产6％。小规模纳税人征收率一般是3％（阶段性优惠为1％，2027年12月31日前）。

（3）专票（进项发票）可不可以抵扣，这是最主要的区别点。一般纳税人收到的专用发票是可以抵扣的，小规模纳税人不管收到的是专票、普票，通通都不能抵扣。

前面介绍的13％、9％、6％的税率是一般纳税人的税率，计算和发票要求都比较复杂，而小规模纳税人就比较简单，直接以销售额乘以征收率，例如，小规模纳税人企业A，本月销售额20万元，则应交增值税＝20万元×3％＝0.6万元。（备注：按目前税收优惠政策，每月营业额10万元以内的小规模纳税人免征增值税，后面也会讲到。）

当然，也有特殊情况，像建筑行业的一般纳税人本来税率是9％，但如果是可以适用简易计税的项目，那即使是一般纳税人，也可以按简易征收，直接以销售额（扣除支付的分包款）乘以征收率。例如，某建筑公司本月建筑收入1 000万元，均为简易计税项目，则应交增值税＝1 000万元×3％＝30万元，而不是应交增值税＝1 000万元×9％－进行税额。

还有旅游、劳务派遣等，可以差额纳税的项目，也可以按差额，以简易征收。

此外，很多人以为小规模纳税人不能开具专用发票，这是不对的，小规模纳税人不仅可以开具发票，也可以开专票（可以自己开或者请税务局代开）。

3.1.3　主要的增值税优惠政策

增值税优惠政策包括免征增值税、不征增值税、即征即退、加计抵减四大类。

1. 免征增值税

农业生产者销售的自产农产品等七大类；从事蔬菜批发零售的纳税人销售的蔬菜、从事农产品批发零售的纳税人销售部分鲜活肉蛋产品；小规模纳税人销售收入月 10 万元以内，2027 年 12 月 31 日前；"十四五"期间支持科技创新，等等。

销售免税项目不能开增值税专用发票，用于免税项目的进项税是不能抵扣的。

2. 不征增值税

（1）供应或开采未经加工的天然水；（2）资产重组中涉及的不动产、土地使用权转让行为；（3）会员费收入；（4）融资性售后回租；（5）符合条件的销售二手车行为；（6）存款利息。

3. 即征即退

即征即退，简单说先交税，随后再全部或部分返还，是税收优惠的一种形式。即征即退的进项税可以抵扣，而且销售也可以开具专用发票。

主要有：资源综合利用退 30%～100%；新型墙体材料即征即退 50%；软件产品，对其增值税实际税负超过 3% 的部分实行即征即退；安置残疾人，限额即征即退增值税为经省人民政府批准的月最低工资标准的 4 倍确定；退役士兵从事个体经营，在 3 年内按每户每年 12 000 元为限额，限额标准最高可上浮 20%；建档立卡贫困人口，在 3 年内按每户每年 12 000 元为限额，限额标准最高可上浮 20% 等。

4. 加计抵减

就是按照当期可抵扣进项税额增加一定比例抵扣额，主要有：

（1）允许生产、生活性服务业纳税人（指提供邮政服务、电信服务、现代服务、生活服务取得的销售额占全部销售额的比重超过 50％ 的纳税人），按照当期可抵扣进项税额加计 10％ 抵减应纳税额；（2）允许生活性服务业纳税人按照当期可抵扣进项税额加计 15％，抵减应纳税额。

3.1.4　小规模纳税人超过免征额要全额纳税

小规模纳税人不仅征收率较低，而且如果月销售额在 10 万元（季度 30 万元）以内，还可以享受免税政策。

但要注意，超过 10 万元，则全部纳税，而不是超过部分纳税。例如，某月销售额 100 000 元，则不用交税。如果 100 001 元全部纳税，而不是只 1 元纳税。

而且，哪怕在 10 万元的免税额度内，如果开增值税专用发票则也是要交税的，开专票不免税。如果当月既有开专票、也有开普票，要分别计算，在免税额度内专票交税，普票免税。

3.1.5　企业所得税的税负高低由什么决定

企业所得税是国家对企业生产经营所得和其他所得征收的一种所得税，通俗地说，企业所得税就是你企业有利润了国家按当年的利润收税，亏了不管。

企业所得税与增值税也是有区别的，增值税是只要有增值（有毛利）就交税，但公司的增值额（毛利）有的时候可能会不足以抵消费用，因费用高过毛利造成亏损，仍然要交增值税；企业所得税是有利润才交税，亏损不用交税。

可以从以下这几点来理解企业所得税。

（1）实际上类似于干股，可以理解为国家作为股东虽然没有直接投资（但提供了管理和服务），公司有利润，则参加分红。

（2）无偿性、强制性，不是你愿不愿意，是你的义务，交不交、交多少不能协商。

（3）只要当期有利润，就必须交，而且是每个季度预缴，不像股东分红，虽有利润但如果资金不足或者想用于扩大再生产就可以约定不分红。

（4）不是你账面有多少利润就按比例交多少。公司的利润当中可能有少计收入、多计成本费用等少算的利润，因而意图少交所得税，所以必须按规定的凭据、规定的手续重新算，调整增加（减少）。即使你实际已经开支了并且是合理的，但如果不符合规定的凭据、规定的手续也不行。（实际发生的与取得收入有关的、合理的支出，包括成本、费用、税金、损失和其他支出，准予在计算应纳税所得额时扣除——《中华人民共和国企业所得税法》第八条）。

企业所得税的纳税主体方面，公司（有限责任公司、股份有限公司）才交企业所得税；个人独资企业、合伙企业、个体工商户，不交企业所得税（交个人所得税）

分公司的企业所得税，可以在当地交，也可以汇总到总公司统一交，但一般汇总交。

企业所得税的基本税率是 25％。例如假设你公司今年盈利 1 000 万元，那就交企业所得税 250 万元（不管股东是否分红，如果股东分红还要交个人所得税）。

可以看出，企业所得税的税负高低由企业当年的利润总额决定，利润越高，企业所得税就越高。

当然，在基本税率 25％ 之外，也有一些优惠税率，后面会讲。

3.1.6　成本费用准许在所得税前扣除是有条件的

《中华人民共和国企业所得税法》第八条规定，企业实际发生的与取得收入有关的、合理的支出，包括成本、费用、税金、损失和其他支出，准予在计算应纳税所得额时扣除。

也就是说，可以在企业所得税前扣除的成本费用，需要同时符合以下几个条件：

第一，真实性，反映的经济业务真实，且支出已经实际发生的，需要把握的关键是如何证明真实；

第二，合法性，票据凭证的形式、来源符合国家法律、法规等相关规定，只要是增值税应税项目，都应该取得发票，否则不可以扣除；

第三，相关性，所有的成本费用支出应与取得收入有关。与企业取得收入无关的成本费用，即使真实、合法、有合法凭据、也是合理的，但也不能抵扣（如股东个人费用与公司业务无关，不能在公司报销）；

第四，合理性，成本费用的支出应具有合理性，才准予扣除。

所以，很多人以为只要有发票就可以扣除，到处找发票、出点钱让别人开票，这种理解是错误的，也给自己带来了非常大的税务风险。要能够扣除，除了要发票，还要有其他佐证的资料能够证明真实性、合理性、相关性。

3.1.7　哪些成本费用准许在企业所得税前扣除

在满足上述扣除条件的前提下，可以扣除的成本费用包括：

（1）工资薪金，实际发生的支出准予据实扣除。

（2）职工福利费，不超过工资薪金总额的14％部分准予扣除。

（3）工会经费，不超过工资薪金总额的2％部分准予扣除。

（4）职工教育经费，不超过工资薪金总额的8％部分，准予税前扣除，超过部分，准予在以后纳税年度结转扣除。

（5）社保费及商业保险，企业按照规定为员工缴纳的社保保险费及住房公积金（公司承担部分）准予扣除；缴纳的补充养老保险及补充医疗保险分别在不超过工资薪金总额5％内的部分，准予扣除，超过部分不得税前扣除；依法为特殊工种员工缴纳的"人身安全保险"（属于商业保险）准予税前扣除；职工因公出差乘坐交通工具的人身意外保险费准予扣除；企业参加的财产保险，按规定缴纳的，准予扣除；企业为投资者购买的商业保险不得税前扣除，投资者需要缴纳个人所得税。

（6）业务招待费，按照实际发生额的60％税前扣除，且不得超过当年销售（营业）收入的千分之五。

（7）广告费和业务宣传费，不超过当年销售营业收入的15％准予税前扣除（特殊行业：化妆品制造与销售、医药制造、饮料制造（不含酒类）扣除标准为30％），超过部分准予结转以后年度扣除。

（8）依法提取的环境保护专项资金，用于环境保护、生态恢复等方面的专项资金准予扣除，提取后改变用途的，不得扣除。

（9）劳动保护费，实际发生的合理的劳动保护支出准予扣除。

（10）租赁费，经营租赁方式租入的固定资产，按照租赁期限均匀扣除；融资租入的固定资产租赁费支出，按照计提的折旧费用分期扣除。

（11）公益性捐赠支出，不超过年度利润总额的12％的部分，准予扣除，超过部分，准予结转以后3个纳税年度内扣除。

（12）固定资产折旧、无形资产摊销（不包括自创商誉）、长期待摊费用，准予扣除。

（13）存货成本，准予在计算应纳税所得额时扣除。

（14）各项税金及附加。

（15）资产损失扣除，企业实际发生的实际处置、转让相关资产发生的合理损失，准予扣除（说明：计提的资产减值准备，因未实际处置或转让，基于审慎原则，可以作会计处理，但不得税前扣除）。

（16）亏损弥补。企业某一纳税年度内发生的亏损，可以以后年度的所得弥补，最长弥补期限不得超过 5 年。特殊行业特殊年份的亏损，有相关政策可以适当延长，比如高新技术企业或科技型中小企业，具备资格之前 5 年的尚未弥补的亏损，准予结转以后年度弥补，最长结转期限由 5 年延长至10 年。

以下支出不得税前扣除：

①向投资者支付的股息红利等权益性投资收益；②企业所得税税款；③税收滞纳金；④罚款、罚金和被没收财产的损失；⑤非广告性质的赞助支出；⑥未经核定的准备金支出；⑦与企业取得收入无关的其他支出。

3.1.8　企业所得税优惠政策

企业所得税的优惠政策，主要有免税收入、减计收入、免征减征企业所得税、加计扣除一次性扣除加速折旧、特殊群体税收优惠五大类。

1. 免税收入

（1）国债利息收入；（2）符合条件的居民企业之间的股息红利等权益性投资收益；（3）地方政府债券利息所得；（4）符合条件的非营利组织的规定收入。

2. 减计收入

（1）资源综合利用收入减按90％；（2）提供社区养老、托育、家政服务取得的收入，减按 90％计入收入总额等。

3. 免征、减征企业所得税

从事农、林、牧、渔业项目的所得，免征企业所得税；从事符合条件的环境保护、节能节水项目的所得三免三减半；符合条件的技术转让所得，不超过 500 万元的部分，免征企业所得税，超过 500 万元的部分，减半征收企业所得税。

小型微利企业（就是常说的小微企业）减按 25％ 计算应纳税所得额，按 20％ 的税率缴纳企业所得税。也就是说，小微企业的企业所得税实际税率 5％。（执行至 2027 年 12 月 31 日。）

高新技术企业、技术先进型服务企业、西部地区鼓励类产业，减按 15％ 的税率；

上海自贸区、平潭、海南、珠海横琴自贸区、横琴粤澳深度合作区，一定时间内减按 15％；

从事污染防治的第三方企业，一定时间内减按 15％；

国家鼓励的重点集成电路设计企业及软件企业，最高免征十年。

4. 加计扣除、一次性扣除、加速折旧

制造业研发费用、科技型中小企业研发费用加计扣除 100％；

超过 500 万元的设备器具，一次性扣除的规定延长至 2023 年 12 月 31 日；

加速折旧扩大至全部制造业领域。

5. 特殊群体税收优惠

残疾人员工资加计扣除 100％；招用退役士兵抵税 9 000 元/（年·人）。

3.1.9　小微企业和小规模纳税人是一回事吗

小微企业和小规模纳税人虽然都有一个"小"字，但完全是两个不同类型的概念和划分标准。

用最简单、最通俗易懂的话来说，小微企业和小规模纳税人主要有税种、优惠方式两方面的区别。

第一，两者针对的税种不同。小规模纳税人与一般纳税人对应的是增值税，小微企业对应的是企业所得税。

（1）小规模纳税人——增值税，前面讲过，企业（包括有限公司、股份公司、个体工商户、合伙企业、个人独资企业等）根据营业收入大小，在增值税上划分为小规模纳税人和一般纳税人。连续 12 个月营业收入 500 万元以下为小规模纳税人（也可以申请成为一般纳税人），500 万元以上为一般纳税人。

因为是根据营业收入划分小规模纳税人和一般纳税人，所以公司、个体户、合伙企业、个人独资企业都既可能是小规模纳税人，也可能是一般纳税人。

（2）小微企业——企业所得税，根据企业规模来划分，分为大型企业、中型企业、小型企业和微型企业，这里指的小微企业就是小型企业、微型企业的统称。

小微企业的标准，要同时满足这三个条件：应纳税所得额（可以简单理解为年利润总额）不超过 300 万元、从业人数不超过 300 人、资产总额不超过 5 000 万元。

第二，两者针对的税收优惠方式不同。

小规模纳税人的增值税优惠，一方面是适用 3‰ 征收率征收增值税，另一方面是当月营业收入 10 万元（季度 30 万元）(含本数) 以内，免征增值税。

小微企业的所得税优惠，企业所得税实际税率 5%。

3.1.10　核定征收与查账征收

首先我们一定要明白，核定征收和查账征收，都是针对企业所得税而言，增值税是不存在核定征收或查账征收的。

查账征收，是由纳税人依据账簿记载，先自行计算缴纳，事后经税务机关查账核实，如有不符时，可多退少补，简单说，就是根据账面记录计算的利润交企业所得税。

什么是核定征收？

是指由于纳税人的会计账簿不健全，资料残缺难以查账，或者其他原因难以准确确定纳税人应纳税额时，由税务机关采用合理的方法依法核定纳税人应纳税款的一种征收方式，简单说就是由税务机关来核定你需要加多少税，包括核定税额和核定税率两种。

核定税额，就是税务机关直接核定交多少所得税额。例如，核定某个体工商户每月交 5 000 元，就是核定税额。

核定税率，就是税务机关核定一个交税比例，有多少营业额直接乘以核定税率就是应交的税额。

本来，纳税人的会计账簿不健全、资料残缺难以查账，或者其他原因难以准确确定纳税人应纳税额时，才由税务机关核定征收。

但是，前些年核定征收被滥用，很多专家、中介给出的税收筹划方案就是粗暴的核定，往往被作为逃避纳税的一种操作手段，一些网红、明星、高收入群体，明明按收入规模水平应使用较高的税率，缴纳较高的税，但却通过核定很低的税率，大量偷逃税款。

税务机关也发现了这个漏洞，进行了完善，从 2021 年起，全国绝大多数省市基本上取消了一般纳税人的核定征收，转为查账征收。

2021 年 12 月 30 日财政部、税务总局发布 2021 年第 41 号公告，持有股权、股票、合伙企业财产份额等权益性投资的个人独资企业、合伙企业，一律适用查账征收方式计征个人所得税。

目前，核定征收理论上还存在，没有取消，但已经很严，实际上已经很难，除了个体工商户相对容易，个人独资企业、合伙企业经营性业务有少量核定征收（股权、投资不能核定必须查账）外，公司基本上不能核定。

3.1.11　为什么明明公司亏损还要交税

为什么明明公司亏损还要交税？很多人有这样的疑问，是因为不了解我国的税种和税制。

我国主要的税种有三大类，一般公司都会遇到。

第一类是增值税。所谓增值税，也就是对你增值部分收税，简单地说你有毛利，并且发票符合抵扣条件的，那就是以毛利乘以税率。

比如你这个月营业额 1 000 万元，毛利 20％有 200 万元的毛利，那就是 200 万元乘以 13％交 26 万元的增值税。

不管你盈亏，只要有毛利的都要交增值税。

第二类是企业所得税。企业所得税是有利润才交，亏损就不用交。

比如还是刚才的例子，有 200 万元的毛利，如果有 100 万元的费用，有 100 万元的利润，只这 100 万元的利润交企业所得税。

如果有 300 万元的费用，亏损 100 万元，亏损不用交企业所得税（但增值税已经交了）。

第三类是个人所得税。那就是股东要分红才交，不分红即使账面上还有几百万元、几千万元利润，也不用交个人所得税。

这三大税种有很大的区别。

3.2 | 税务违法的风险

本节主要从税务违法会面临哪些处罚，逃税罪、虚开增值税专用发票罪的具体情况等方面，论述税务违法行为可能承担的风险以及如何防范税务风险。

3.2.1 税务违法会面临哪些处罚

说到税务风险，一方面，存在一些不良媒体、自媒体为了博取眼球、获取利益，或者一知半解地解读政策，或者故意曲解政策，或者不负责任乱支招，或者过度贩卖焦虑，搞得大家无所适从；另一方面，也确实有不少老板、财务人员麻木疏忽，对真实的税务风险浑然不觉、视而不见，待到真正风险降临到自己身上时茫然失措，或者无力承受风险之重。

但不可否认，很多公司在日常生产经营中，不管是有意还是无意，税务风险也是确实存在的，大家千万不要小看。

先说税务违法会面临哪些处罚措施。税务违法会面临刑事处罚、行政处罚、信用惩戒（其实也可以算是行政处罚）三大类处罚，其中每个大类下面又有具体的处罚措施。

刑事处罚：拘役、有期徒刑、无期徒刑、罚金；

行政处罚：追缴、加收滞纳金、罚款、行政处分；

信用惩戒：列入失信人名单、限制高消费、限制招投标、行业或职业禁入、平台封禁等。因税务违法被列入失信人名单、限制高消费、限制招投标、行业或职业禁入、平台封禁等的明星艺人不少，大家应该都有所了解，此处不再赘述。

总之，用几句话来总结，巨大的税务风险就是：

坐牢——税务违法风险之不可承受之重；

重罚——税务违法风险之经济破产风险；

失信——税务违法风险之人格破产；

封杀——税务违法风险之惩戒新利器。

此处特别要说一下税务违法的刑事责任，也就是坐牢，我国刑法中，专门在第三章第六节有危害税收征管罪，共 16 个与税收、发票有关的罪名，其中最常见、风险最大的就是逃税罪、虚开增值税专用发票罪。

而且公司违反税法规定，构成犯罪的，对其直接负责的主管人员和其他直接责任人员判处刑罚，记住，是处罚个人，而公司一般会判处罚金。事实上，因税务违法，公司的老板、法人代表、其他主管领导、财务人员被判刑的案例不在少数，一定要引起高度重视。

3.2.2　千万不要小看税务行政处罚

税务违法行政处罚措施，包括追缴欠税、加收滞纳金、罚款。

欠税本来就应该交，被追缴没话可说；滞纳金的收取标准是每日万分之五，时间长了累积下来还是蛮高的；罚款的标准是偷逃税款的 0.5～5 倍，至于罚多少倍，会根据情节，自由裁量权在税务机关。

千万不要小看税务机关的处罚，必须要认真对待，原因在于：

第一，滞纳金（可能会超过本金），如果情节严重被处罚几倍的罚款（最高 5 倍），那么金额会非常大。不要小看这个滞纳金、罚款，某明星偷税 2.55 亿元，被追缴及罚款 8.84 亿元；某网红主播逃税 6.43 亿元，其他少缴税款 0.6 亿元，最终被追缴及付款 13.41 亿元。

第二，即使罚款数额很小，也可能会关系是否承担刑事责任。哪怕几千元、一两万元，在很多公司看来无所谓，但会在税务机关留下已被税务行政处罚的案底，是会被计入税务机关处罚的次数的。公司高管在可能面临逃税罪追溯时，如果公司之前被税务机关处罚没有超过两次，那么这次只要接受了税务机关处罚就不会被追究刑事责任。但如果此前已经有两次被税务机关处罚的记录，再犯通常会被追究刑事责任，很多时候即使很小的罚款都会成为是否构成承担刑事责任的决定因素。

第三，被税务机关追缴税款、滞纳金、处以罚款时，如果不及时去缴或者没钱去缴，会被移交公安机关追究刑事责任。笔者手中就有因几十万元被判刑几年的案例。

第四，被税务机关追缴税款、滞纳金、处以罚款时，如果不及时去缴，通常也会影响法人代表变更、股东转让股权，以及其他信用影响。

3.2.3 首次犯罪接受处罚可不用坐牢——逃税罪

简单说，逃税罪就是逃避缴纳税款数额较大并且占应纳税额 10% 以上，最高判 7 年。

《中华人民共和国刑法》第二百〇一条第一款〔逃税罪〕规定，纳税人采取欺骗、隐瞒手段进行虚假纳税申报或者不申报，逃避缴纳税款数额较大并且占应纳税额百分之十以上的，处三年以下有期徒刑或者拘役，并处罚金；数额巨大并且占应纳税额百分之三十以上的，处三年以上七年以下有期徒刑，并处罚金。

第四款规定，有第一款行为，经税务机关依法下达追缴通知后，补缴应纳税款，缴纳滞纳金，已受行政处罚的，不予追究刑事责任；但是，五年内因逃避缴纳税款受过刑事处罚或者被税务机关给予二次以上行政处罚的除外。

这里指的不仅是逃避缴纳税款，而且还要同时符合两个条件，一是逃避缴纳税款的数额较大，二是占应纳税额 10% 以上。

2022 年 4 月 29 日最高人民检察院、公安部联合修订后的《关于公安机关管辖的刑事案件立案追诉标准的规定（二）》第五十二条规定，应予立案追诉的逃避缴纳税款为 10 万元（此前标准为 5 万元）以上。

3.2.4 同样是逃税，为什么有的人坐牢有的人却没事

在实务中，同样是逃税，而且数额都非常大，最后的结果却大不相同，这其中有法律变动修改的原因，更有是否遵从法律的原因，值得总结。

案例一，甲明星偷税案。

2004 年的甲明星偷税案，当年非常知名，人尽皆知，起因、过程就不在这里讲了，有兴趣的读者可以自己在网上查询。只说结果，北京××文化艺术有限责任公司因偷税 667 万元，全部追缴，罚金 710 万元，甲明星坐牢 422 天；以偷税罪判处总经理、明星的妹夫有期徒刑三年。

案例二，乙明星偷税 2.55 亿元，追缴及罚款 8.84 亿元。

2018 年，乙明星偷税 2.55 亿，被追缴税款、加收滞纳金及罚款共计 8.84 亿元，没有追究刑事责任；但经纪人因指使公司员工隐匿、故意销毁涉案公司会计凭证、会计账簿，阻挠税务机关依法调查，涉嫌犯罪，牟某广等人被公安机关依法采取强制措施。

案例三，丙网红主播逃税，被追缴并罚款 13.41 亿元。

2021 年 12 月，媒体公开报道丙网红主播逃税 6.43 亿元，其他少缴税款 0.6 亿元，最终被追缴及付款 13.41 亿元。

同样是明星、网红，为什么甲偷税 600 多万元就坐牢，乙、丙偷税数亿元，却不用坐牢呢？

是因为国家对刑法进行了修改，2009 年 2 月 28 日公布实施的《中华人民共和国刑法修正案（七）》，在《中华人民共和国刑法》第二百〇一条增加了第四款："有第一款行为，经税务机关依法下达追缴通知后，补缴应纳税款，缴纳滞纳金，已受行政处罚的，不予追究刑事责任；但是，五年内因逃避缴纳税款受过刑事处罚或者被税务机关给予二次以上行政处罚的除外。"

首次（此前没因逃税被刑事处罚或被税务机关处罚两次以内）逃税构成犯罪，只要接受税务机关的追缴税款、接受处罚，就不给予刑事处罚，很多人把它称为"首违不罚"（逃税罪首次不追究刑事责任）。

因此，乙明星、丙网红们正是沾了刑法修改的光，追缴税款、接受处罚后，没被追究刑事责任。

案例四，鲍某利用"阴阳合同"隐瞒股权转让收入逃税 1 175 万元，判处有期徒刑刑 4 年。

但并非人人都能理解、掌握"首违不罚"这个法律优待，仍然有不少人因为逃税而被追究刑事责任。

安徽省淮南市中级人民法院"（2021）皖 04 邢终 102 号"判决书说，鲍某利用"阴阳合同"隐瞒股权转让收入逃税，转让价 7 000 万元报 326 万元，少缴税款合计 1 175.48 万元，淮南市税务稽查部门依法作出对鲍某追缴税款、加收滞纳金并处罚款的处理处罚决定后，鲍某未按期补缴税款、滞纳金和罚款。税务部门随即依法将该案移送公安机关立案侦查，进入司法程序后，鲍某补缴全部税款。2021 年 3 月，安徽省某区人民法院判决认定鲍某已构成逃税罪，判处鲍某有期徒刑四年，并处罚金人民币 50 万元。

3.2.5　如何避免逃税罪的刑事处罚

凡是逃税的案件，都会先由税务机关处理，只有超过税务机关规定期限而拒不接受处罚，才会移交司法机关追究刑事责任，这就是给税务违法行为一个改正的机会，你虽然触犯了逃税罪，但只要按规定改正，就不予追究刑事责任。那么，这就是作为公司、个人避免逃税罪被刑事处罚的最后机会，有逃税行为的人一定要把握住这个机会，避免被追究刑事责任。

关于逃税罪，如何规避刑事责任，可以重点关注以下几点：

（1）如果确实逃税了，而且也达到了金额10万元以上、逃税占比10％的逃税罪标准，那么经税务机关依法下达追缴通知后，立即补缴应纳税款，缴纳滞纳金，接受行政处罚。只要你之前没有因逃避缴纳税款受过刑事处罚，或者没有被税务机关给予行政处罚二次以上，补缴了税款滞纳金，接受了处罚，这样就可以不予追究刑事责任。

如果觉得税务机关的定性、处罚存在问题，可以先按要求缴纳税款，然后提起行政复议，对行政复议结果不服还可以向人民法院提起诉讼。

但是，补缴应纳税款、接受处罚，要在税务机关下达处罚通知的阶段内，如果下达处罚通知后没有缴纳，被移送到公安机关后再补缴，是不会影响刑事责任追究的。

（2）对于五年内因偷税受过刑事处罚或者受过两次行政处罚又因偷税而构成犯罪的，即使补缴应纳税款，缴纳滞纳金，已受到行政处罚的，仍然要追究偷税罪的刑事责任。

（3）平时要努力遵从税法，不要有偷税行为，尽量不要被税务机关行政处罚，更不要被刑事处罚，这样即使哪一天被定性为并达到逃税罪，也可以因此前没有被刑事处罚过或被税务机关处罚两次以内，而不予追究刑事责任。

（4）如果确有税务违法行为，看能否争取税务机关同意只补缴应纳税款，缴纳滞纳金，不要给予行政处罚（可能比较难，尽可能争取吧），尽量不为以后留下被处罚过的案底。

3.2.6　虚开增值税专用发票风险非常大

虚开增值税专用发票罪，是所有税务违法行为中风险程度最高、处罚最严厉的犯罪，主要是基于以下几点。

（1）起点低、容易犯。虚开增值税专用发票税款10万元以上（2022年立案标准修改之前为5万元）就构成犯罪，而虚开普通发票100份以上，或者虚开金额累计在40万元以上才构成犯罪。

（2）处罚非常重，最高刑期是无期徒刑（2011年之前最高是死刑，而且也确实有被判死刑的）。前面已经介绍了，逃税罪的最高刑期是7年（无论逃税金额多大）；虚开普通发票（非增值税专用发票），最高刑期也是 7 年；而虚开增值税专用发票罪最高为无期徒刑，处罚非常严厉。

（3）触犯即构成犯罪，没有改正机会。前面讲了，逃税行为即使达到追诉的金额标准，还有两次改正机会，还不一定追究刑事责任。只要此前没有因逃税被追究过刑事责任，或者被税务机关处罚两次以内，那么在税务机关查处时按要求缴纳税款、滞纳金、接受处罚，就不会判刑。

虚开增值税专用发票罪就不同，只要触犯即可能被追究，没有给予只要缴纳了税款就不追究刑事责任的机会（可以作为从宽处罚的情节）。

所以，各位老板、各位公司负责人一定要注意，虚开千万不要碰，风险太大。赌上自由、赌上身家性命，只为少交点税，值得吗？

说句要不得的话，你就是偷税、逃税了，就算数额非常大，只要不是虚开增值税专用发票，最大风险也就是 7 年；就算是虚开普通发票，最大风险也就是 7 年，自己权衡吧。

虚开增值税专用发票处罚之严厉，看几个典型案例：

案例一，付 12%～13% 的点子费购买增值税专用发票，被判 10 年。

根据四川省泸州市中级人民法院"（2020）川 05 刑终 163 号"刑事裁定书，唐某按照票面金额的 12% 或 13% 的点子费，购买增值税专用发票共计 26 份金额 2 579 万元，判有期徒刑 10 年，罚金 10 万元，追缴 374.8 万元。

案例二，介绍虚开增值税专用发票被判有期徒刑 10 年 4 个月。

四川省雅安市中级人民法院"（2020）川 18 刑终 65 号"，李某某介绍他人虚开增值税专用发票 5 566 万元，获利 20 万元，判处有期徒刑 10 年 4 个月，罚金 8 万元；追缴违法所得 20 万元。

案例三，以农业专业合作社的名义开农产品（中药）名目普通增值税发票判刑十一年。

四川省内江市中级人民法院"（2021）川 10 刑终 13 号"，梁某某在没有真实货物交易的情况下，虚构销售合同和银行流水，以农业专业合作社的名义、以农产品（中药）为名目开具普通增值税发票，受票方可用发票票面金额 13% 的税率向税务机关抵扣进项税额。受票方已经向税务机关抵扣进项税额 490 万余元，判处有期徒刑十一年，并处罚金人民币 20 万元；追缴违法所得 3 500 元。

案例四，接受虚开重庆綦江董事长、财务负责人均被判刑。

重庆市綦江××工贸有限公司接受虚开的增值税专用发票价税合计720万余元，并抵扣税款104万余元。接到群众举报被查，案发后缴纳税款280万余元、滞纳金215万余元、罚款108万余元，共计604万余元。2021年1月，董事长谢某犯虚开增值税专用发票罪，判处有期徒刑四年；财务负责人申某某犯虚开增值税专用发票罪，判处有期徒刑二年。

能够证明业务真实性，是避免虚开增值税专用发票的最有力途径。如何证明业务真实，需要做很多功课，需要注意很多手续凭据，具体做法在后面的"如何证明业务真实性——四流一致"会专门讲，在此暂时略过。

3.2.7　虚开增值税专用发票罪的定罪处罚标准

《中华人民共和国刑法》第二百〇五条第一款规定，虚开增值税专用发票或者虚开用于骗取出口退税、抵扣税款的其他发票的，处三年以下有期徒刑或者拘役，并处二万元以上二十万元以下罚金；虚开的税款数额较大或者有其他严重情节的，处三年以上十年以下有期徒刑，并处五万元以上五十万元以下罚金；虚开的税款数额巨大或者有其他特别严重情节的，处十年以上有期徒刑或者无期徒刑，并处五万元以上五十万元以下罚金或者没收财产。

最高人民法院法发〔1996〕30号《最高人民法院关于适用〈全国人民代表大会常务委员会关于惩治虚开、伪造和非法出售增值税专用发票犯罪的规定〉的若干问题的解释》规定，具有下列行为之一的，属于虚开增值税专用发票：

（1）没有货物购销或者没有提供或接受应税劳务而为他人、为自己、让他人为自己、介绍他人开具增值税专用发票；

（2）有货物购销或者提供或接受了应税劳务但为他人、为自己、让他人为自己、介绍他人开具数量或者金额不实的增值税专用发票；

（3）进行了实际经营活动，但让他人为自己代开增值税专用发票。

（4）介绍他人虚开增值税专用发票，指在违法行为中沟通联系、牵线搭桥的行为。

具体如何认定虚开，后面还会讲到。

关于虚开增值税专用发票罪的定罪标准，分为立案标准和定罪标准两部分来说。

在立案标准方面，2022 年 4 月 6 日最高人民检察院、公安部联合发布《关于公安机关管辖的刑事案件立案追诉标准的规定（二）》，根据这个标准，虚开发票的税款数额达 10 万元以上，或者造成国家税款损失数额在五万元以上的，就会被公安机关立案，追究刑事责任。（说明一下，以前是虚开发票的税款数额达 5 万元以上即应予追诉，此次数额有提高）

定罪标准方面，根据最高人民法院 2018 年 8 月 22 日发布的法（2018）226 号《最高人民法院关于虚开增值税专用发票定罪量刑标准有关问题的通知》规定，这个标准为：

虚开的税款数额在 10 万元以上，以虚开增值税专用发票罪处三年以下有期徒刑或者拘役，并处二万元以上二十万元以下罚金；

虚开的税款数额在 50 万元以上的，认定为刑法第二百〇五条规定的"数额较大"，处三年以上十年以下有期徒刑，并处五万元以上五十万元以下罚金；

虚开的税款数额在 250 万元以上的，认定为刑法第二百〇五条规定的"数额巨大"，处十年以上有期徒刑或者无期徒刑，并处五万元以上五十万元以下罚金或者没收财产。

虚开发票的主体，一般有三类人，第一类是开票者（可能是有部分真实业务而虚开，也有可能没有真实业务而虚开）；第二类是买票者；还有可能是介绍开票者。

还要特别强调的是，虚开增值税专用发票罪很多时候往往是单位犯罪，处罚的对象则是直接负责的主管人员和其他直接责任人员，也就是公司的直接负责人（老板、法人代表、实际控制人或者总经理）和财务人员（财务主管、会计），像前述 3.2.6 案例四，就是董事长和财务负责人被判刑，并且，基本上是单位负责人判得比较重，老板们一定要注意。

3.2.8　虚开发票罪

这里说的虚开发票罪，是指虚开普通发票（除增值税专用发票之外，不能抵扣进项税额的发票，如增值税普通发票、定额发票、卷式发票等）。

虚开发票罪不属于上述虚开增值税专用发票罪的范畴，也是虚开，但构成虚开发票罪，处罚轻得多。

根据《中华人民共和国刑法》第二百〇五条之一第一款的规定，〔虚开发票罪〕虚开本法第二百零五条规定以外的其他发票，情节严重的，处二年以下有期徒刑、拘役或者管制，并处罚金；（这里指的是，虚开发票在 100 份以上，或者虚开金额累计在 40 万元以上的，属于虚开发票"情节严重"，应以虚开发票罪追诉刑事责任，处二年以下有期徒刑、拘役或者管制，并处罚金）情节特别严重的，处二年以上七年以下有期徒刑，并处罚金。

讲个题外话，虚开发票罪（不是专用发票）、逃税罪，在不算太严重的情况下，很多时候会判缓刑，只要缓刑期间不再犯新的罪，就不会执行，但是，也可能你的一次酒驾就会老账新账一起算。以下案例就是虚开发票判缓刑后又危险驾驶，被前罪和后罪一起算、一起执行。

根据四川省泸州市江阳区人民法院（2021）川 0502 邢监 1 号，敖某某 2020 年 9 月 28 日因犯虚开发票罪被判处有期徒刑八个月，缓刑一年，并处罚金二万五千元。2021 年 3 月 26 日以危险驾驶罪（酒驾），判处敖瑞拘役二个月，缓刑三个月，并处罚金人民币五千元。后被法院发现判决确有错误，在缓刑考验期限内犯新罪，应当撤销缓刑，前罪和后罪一起算，进行再审。

3.3 | 如何以"四流一致"证明业务真实

本节从如何认定虚开发票行为、什么是四流一致、交易真实性的证明材料、税务机关认定虚开理由的稽查案例等方面，围绕"四流一致"证明业务真实。

3.3.1 如何认定虚开发票行为

总结一下，通常符合交易不真实、不是销售方开发票、开票内容与实际交易不相符、跨地区开票、明知是虚开而接受的，都会被界定为虚开发票。

第一，只要是与实际经营业务情况不符的发票，为他人开、为自己开、让他人为自己开、介绍他人开，都属于虚开发票；（《中华人民共和国发票管理办法》第 22 条）——不是真实交易

第二，即使是真实交易，但购货方从销售方取得第三方开具的专用发票（销售方名称、印章与其进行实际交易的销售方不符）；——不是销售方开具的发票

第三，即使交易真实，发票所注明的销售方名称、印章与其进行实际交易的销售方也是相符的，但增值税专用发票所注明的数量、金额、税额与实际交易不相符的；——开票内容与实际交易不相符

第四，专用发票为销售方所在省（自治区、直辖市和计划单列市）以外地区的（是指销售方跑到外地去开票，开票地点在外地，而不是向外地客户开票）——跨地区开票

第五，有证据表明购货方明知取得的增值税专用发票系销售方以非法手段获得的。——明知是虚开

为什么此处只说虚开发票，而不是分别虚开增值税专用发票、虚开发票呢？是因为只要是虚开，不管是虚开专用发票还是虚开其他发票，都是违法行为，都会受到处罚，只是处罚的程度轻重不同而已。虚开增值税专用发票后果很严重，处罚很严厉，相对来说虚开其他发票处罚就轻得多。

但有一点是一致的，就是只要业务不真实、是虚假的，就肯定会涉嫌虚开发票（专用发票、其他发票）。

那么，怎么做才是符合要求，不会被认定为虚开发票呢？也有标准。根据《国家税务总局关于纳税人对外开具增值税专用发票有关问题的公告》（国家税务总局公告 2014 年第 39 号），同时符合以下情形的，不属于对外虚开增值税专用发票：

一、纳税人向受票方纳税人销售了货物，或者提供了增值税应税劳务、应税服务；

二、纳税人向受票方纳税人收取了所销售货物、所提供应税劳务或者应税服务的款项，或者取得了索取销售款项的凭据；

三、纳税人按规定向受票方纳税人开具的增值税专用发票相关内容，与所销售货物、所提供应税劳务或者应税服务相符，且该增值税专用发票是纳税人合法取得、并以自己名义开具的。

总结一下，就是有真实交易，收到款项、发票内容与实际一致。

3.3.2　什么是四流一致

税务局判断是否存在虚开发票，不是以发票的真伪，而是以业务是否真实来判断的。

为了证明交易真实，结合税务机关的要求，实践中总结出了三流一致、四流一致的方法。所谓四流一致，是指能证明交易真实发生的四个业务流向：

第一，合同流，双方是否签订了合同；

第二，发票流，是否开具了发票？

第三，资金流，双方签订了有合同，也有发票，那是否有资金的支付或者取得了索取销售款项的凭据？

第四，货物（服务）流，就是货物或者服务是否真实交付。

有合同、有发票、有资金收取，这些都很好办，很好验证，真正难的、真正更重要的是第四项，货物（服务）流。广东湛江市税务局第一稽查局要求提供的交易真实证据材料，包括但不限于双方签订的购销合同、物流运输单据、商品交割单据等。

总之，四流一致，从某种程度上说比发票更能证实业务真实性。

3.3.3 如何证明交易真实性

公司在生产经营中，日常业务有很多，通常证明这些交易真实性的材料有以下几类。

1. 购买实物的证据材料

请购审批单；采购合同；付款凭据（或应付凭据）；对方的出库单、送货单；运费结算单、运费发票；验收单、入库单。

此处的验收单就非常重要，如果有人验收、入库，并在单据上签字，就要对业务的真实性负责。

2. 工资费用的证据材料

劳动合同；社保缴费记录；代扣代缴个人所得税记录；银行支付记录；考勤记录；工资薪酬制度。

3. 接受服务（如咨询、技术服务）的证据材料

服务合同；付款凭据；实施过程资料，如会议记录、资料清单、现场图片、音视频资料等；成果交付资料；发票；资质证明。

4. 会议费的证据材料

会议计划及审批单；合同、协议；会议议程；会议签到表；付款凭据；发票；会议图片、音视频；会议纪要。

3.3.4　税务机关认定虚开理由的稽查案例

关于税务机关会如何认定虚开，其理由有哪些，江苏淮安市税务局第一稽查局〔2021〕42号税务处理决定书认定违法事实说明包括：

（1）生产经营中大部分为大额现金交易，采购为全现金交易；

（2）票款大部分不一致（账上销售涉及下游购方105户，票款金额一致共计30户，票款金额不一致共计75户）；

（3）电耗与产能严重不匹配（单位账上无电费支出，解释称与某木制品厂共用其发生的电费，但无法提供每个月通过微信转账向某木制品厂支付电费的对应银行流水证明。某木制品厂账上无电费支出，根据对方提供的产品耗电率数值，2018年某木制品厂实际发生的电费仅达到自己厂的预估耗用标准）；

（4）无运费支出；

（5）除工资外无生产经营的相关费用支出；

（6）固定资产无发票入账且为全现金购买；

（7）购销大部分无合同且已有的合同签订的数量、金额与实际发生不一致；

（8）存在资金回流；

（9）与交易方的收付款情况严重不符（某电器有限公司账上显示余款挂往来未付款，对方单位账上显示余款通过现金已结清）。

3.4 ｜ 税务机关为什么会盯上你——企业税务处理常见误区

本节以被税务机关盯上的原因、高频曝光的常见税务违法案例、不良中介所谓"专家"的常见套路、无经营实质的税收洼地策划等众多实际案例，讲解税务规划应避开的误区。

3.4.1　什么原因导致税务机关盯上你

什么情况下税务机关会盯上你？会被稽查，除了随机抽查到外，通常来说你可能存在这些行为，其中的蛛丝马迹被大数据发现，让税务机关盯上了你。

（1）同一地址注册多家公司、生产经营的地址异常；

（2）对外虚开发票；

（3）买票（也就是接受虚开发票）；

（4）微信支付宝、现金、个人银行卡收支公司款项；

（5）公司、法人、股东、出纳账户大额资金异常进出；

（6）法人、财务负责人、办税人员交叉过多，或被非正常户牵连；

（7）上游供应商走逃失联；

（8）财税人员不专业被税局大数据分析出风险；

（9）税务风险应对不当；

（10）货物进销不匹配；

（11）签订阴阳合同、虚构业务或金额，与对方提交税务机关的数据不匹配；

（12）生产能力与销售量不匹配；

（13）自然资源、市场监管、公安、法院等外部部门信息共享交换导致被稽查；

（14）被税务通知自查但自查不彻底被移交稽查；

（15）重点税源户、重点税源行业、行业头部；

（16）重点整顿行业、重点监控税务事项；

（17）被竞争对手、内部员工、内部合伙人内讧举报；

（18）冒名发工资被本人查询到在税务 App 投诉举报；

（19）法定代表人冒名；

（20）员工人数与销售额不匹配；

（21）生产企业水电费无支出或者与生产能力严重不匹配；

（22）生产企业无生产该产品必需的机器设备；

（23）走逃失联企业；

（24）客户要求开发票久拖不开；

（25）与供应商、客户、员工、其他单位或个人发生诉讼，交换信息至税务局；

（26）经常顶格开具发票；

（27）深夜频繁、大量、大额开具发票；

（28）同一 IP 多家公司开具发票；

（29）外地 IP 开具发票；

（30）突击大量开具发票。

3.4.2 税务机关曝光的典型稽查案例

根据税务机关曝光的稽查案例，企业税务违法处理常见手法如下：

（1）开票 IP 地址异常（跨区域开具发票）。

广东省兴宁市税务局叶塘税务分局兴税叶塘罚（2021）3 号行政处罚决定书显示：

违法事实："2021 年 11 月 23 日未经批准跨规定的使用区域开具发票……"

（2）税务机关代开发票也可能构成虚开。

"无锡××贸易公司以个体工商户的名义，至原国税代开点开具了江苏省税务局代开通用机打发票 18 份，发票内容为"咨询服务"，价税合计 800 万元，被追缴税款 206.29 万元、滞纳金 206.84 万元（按 5 年半）、罚款 206.29 万元，合计 619.42 万元。"

（3）向员工发年终红包、向个人客户支付奖励和节日福利未代扣个税被罚 60 万元。

（4）高税率低报骗取留抵退税 69 万元被 1 倍罚款，税收大数据分析。

（5）零库存存货开出超 5 000 万元销售发票。

"徐州市税务局通过税收大数据平台进行例行月度风险分析时，发现新沂市某石油有限公司 2019 年 5 月至 8 月汽油库存为零，但开出了 5 005.39 万元的汽油销售发票。"

（6）利用个体户税筹被税务局稽查处罚。

"……于 2019 年在没有真实交易的情况下，利用镜湖区杨某某商务信息咨询服务部、镜湖区李某商务信息咨询服务部、镜湖区陈某某商务信息咨询服务部、镜湖区李某某商务信息咨询服务部、镜湖区蒋某某商务信息咨询服务部等单位虚开 62 份增值税专用发票，构成偷税。"

（7）财务公司帮建筑公司策划留抵退税被公安机关立案侦查。

"合肥某财务管理有限公司为其代账的合肥某建筑工程有限公司策划并实施，通过取得虚开发票虚增进项税额、虚假申报等手段，骗取留抵退税

53.56 万元……目前该案移送公安机关立案侦查。"

（8）以员工借款名义发奖金、"其他应收款"科目隐藏股东借款被税务稽查。

"……③你单位于 2016 年至 2019 年 9 月期间，在'其他应收款'科目中记载曾某某向公司借款 336 986.24 元，至今仍未归还，曾某某系你单位股东。④你单位于 2016 年至 2019 年 9 月期间，以员工借款名义，向员工发放奖金共计 281 770.55 元，以上你单位并未计工资薪金所得代扣代缴个人所得税。"

（9）天猫商场销售货物偷税被处罚。

2016 年至 2019 年存在通过天猫商城销售货物、收取货款没有开票、没有申报纳税的情况……4 年合计共 119 279.00 元。

（10）以支付虚假工程预付款的形式套出资金为股东分红规避个人所得税。

"2011 年你本人通过从滁州××开发有限公司向合肥市××建筑安装工程有限公司支付虚假工程预付款的形式，共套出分红资金 48 484 947.45 元……公司未履行代扣代缴个人所得税义务，你本人也未向我局申报缴纳该笔个人所得税。"

（11）巨额劳务费未发生。

"……你单位在 2018 年'主营业务成本—工资及附加'科目中列支了代开的 8 份增值税普通发票，货物名称'劳务费'，价税合计 26 091 255.00 元。经核实，代开的该 8 份劳务发票对应的人员实际未给无锡市××房产服务有限公司提供过劳务，属于取得与实际经营不符的发票……"

（12）起诉客户未付款 124 万被查偷税。

"你单位在 2017 年至 2020 年期间，向佛山市××家具有限公司等 5 个客户销售货物，客户未按约定支付货款，你单位向上述 5 个客户提起诉讼，合同纠纷对应含税销售收入合计 1 241 267.00 元，该经营收入未按规定入账，未申报纳税……"

（13）异常放弃留抵退税也是税局数据分析重点。

"……借助税收风险分析工具，将已办理留抵退税、期末留抵税额较大和异常放弃留抵退税等情况作为数据分析重点，通过'全景扫描＋人工比对'方式，根据风险扫描结果确定风险等级，采取差异化风险应对措施。"

（14）暂估成本科目被稽查。

"你单位在 2018 年 2 月期间产生的成本包含：记账凭证号为记-032 号、043 号对应的摘要为'暂估成本'……以上 2 份记账凭证共计列支成本 2 059 489.89 元，存在缺失合法、有效的税前扣除凭证进行成本列支的问题，且账簿中后续未见合理关联的账务处理及真实、合法、有效的税前扣除凭证，相应支出不得在企业所得税前列支……"

（15）追踪上下游之间的股东关联关系、上下游开票 IP 地址相同。

利用金税系统超强功能：第一，追踪到上下游之间的股关联东关系（同一股东重复出现）；第二，上下游开票 IP 地址相同。如图 3-1 所示上下游股东关联关系、上下游开票 IP 地址相同也会被稽查。

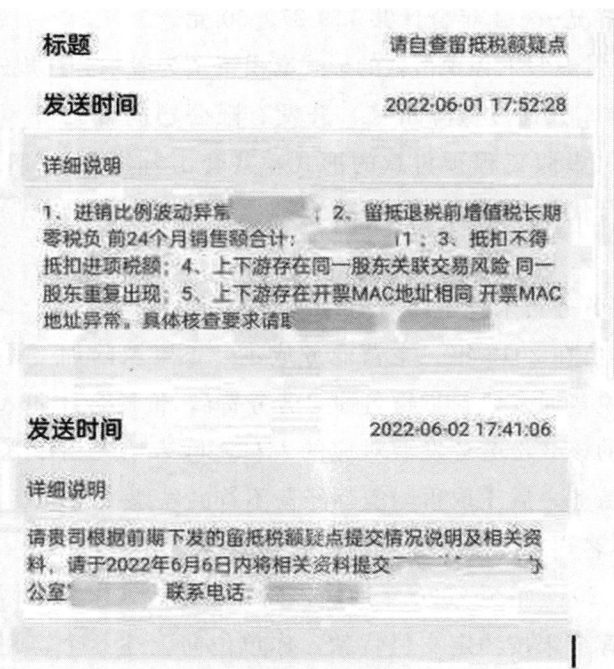

图 3-1　上下游股东关联关系、上下游开票 IP 地址相同也会被稽查

（16）超出税法规定比例列支业务招待费构成偷税。

"经检查你公司提供的相关凭证等资料发现，你公司 2019 年度管理费用合计 1 574 833.51 元，其中业务招待费 97 486.92 元，你公司可以在税前扣除的业务招待费为 11 499.99 元，实际超出扣除限额 85 986.93 元……综上所述，你公司所列支的业务招待费实际超出扣除限额 85 986.93 元，造成少缴企业所得税，已构成偷税行为。"

（17）个体户开具发票金额大于申报收入。

"2017 年 10 月至 2018 年 12 月，你经销部开具发票金额大于申报收入，少申报收入 3 232 931.07 元……属于偷税。"

（18）母公司费用被认定为无关支出不能扣除。

"①该公司取得萍乡某公司开具的增值税专用发票，进项税额合计 1 269 311.66 元已认证抵扣，以上销售费用实际是母公司购买销售代理服务的支出，与该公司的生产经营无关……②该公司取得上海某合伙企业开具的增值税专用发票，进项税额合计 455 120.92 元已认证抵扣，费用已入账，以上的销售费用实际是母公司购买咨询服务的支出，与该公司的生产经营无关……③2016 年该公司向母公司支付债券利息费用 13 704 166.67 元，已计入财务账，结转成本并做税前列支，上述利息费用是与该公司生产经营无关的费用；④略。⑤该公司 2018 年代付集团下属某区域公司人员社保公积金等，计入财务账并结转成本，未做企业所得税纳税调整……"

（19）开具农产品收购发票以股东为销售方定性为偷税。

"你单位 2016 年开具农产品收购发票 103 份，计算金额 9 131 851.32 元，计算抵扣税额 1 187 140.68 元，开具的收购发票全部以徐某某为销售方，徐某某为公司股东。你单位开具不合规农产品收购发票，多列支出、多抵扣税款……其行为是偷税。"

（20）年会手机作奖品抽奖发给职工、对外赠送茅台酒未代扣代缴个人所得税。

"……②2020 年 1 月在管理费用/福利费列支年会手机奖品 205 000.00 元；2020 年 2 月在管理费用/福利费列支年会手机奖品 6 600.00 元，均为年会抽奖发放给员工的手机奖品，未代扣代缴个人所得税。③2020 年 12 月，在管理费用/业务招待费列支酒水费用 187 999.99 元，为购买茅台酒对外赠送；列支礼品费 440 000.00 元，为购买黄金对外赠送；列支超市卡 98 000.00 元，为购买山姆超市卡对外赠送。以上对外赠送的礼品均未代扣代缴个人所得税，未视同销售……"

（21）股东在公司报销个人费用被追缴企业所得税和个税。

"你公司 2019 年 4 月至 2020 年 5 月期间，存在股东报销与公司业务无关个人消费的行为，股东黄某某列支与公司业务无关个人消费 43 884.74 元、黄某某报销与公司业务无关个人消费 68 713.47 元，金额合计 112 598.21 元（购买烟酒，实为股东个人消费报账）……"

公司列支股东个人家电费、服装费、物业费、装饰材料等费用，与该公司取得收入无关，系股东以发票报销的形式取得分红款，应代扣代缴个人所得税。

（22）深夜集中虚开发票案被破获。

"……广西税务局接到移交线索后，第一时间联合广西公安厅经侦部门召开税警协作联席会议，通报案源情况，并对涉案企业分析。通过分析，税警双方都认为，这 9 户企业具有在短时间内集中成立、经常深夜开票、大量开具电子专用发票后失联的特点，其背后很可能是一个虚开电子专用发票团伙……"

（23）某人力资源公司虚假用工存在数千条个人所得税 App 投诉。

"……存在数千条个人通过'个人所得税移动 App'投诉未在你公司任职的个人所得税综合所得异议申诉信息，经过筛选重复数据后并结合你公司 2018 年至 2019 年个税申报表，上述投诉信息涉及工资薪金合计 13 893 973.23 元，你公司未能提供有效证据证明争议工资已实际发放。"

（24）税务稽查局在经营场所发现 4 张收据出售废料未入账。

"检查人员在你厂的经营场所发现 4 张收据，开具时间为 2020 年 1 月，内容均为不锈钢废料款，合计金额 215 830.00 元，经进一步核实确认，上述 4 张收据合计取得销售收入 215 830.00 元（含税）为你厂在 2020 年 1 月清理车间不锈钢废料的销售收入，但没有依法申报纳税……行为属偷税。"

（25）发票清单与电子底账管理系统中显示的货物名称不相符罚款 946 万元。

"2015 年 8 月至 2017 年 6 月，你公司从新疆××药业有限公司、陕西××制药集团控股有限公司等七家公司，取得 207 份增值税专用发票，在物流系统中记载有购进、有销售记录，但与外调部分销售对象提供的购货明细中没有相对应的药品购销记录，药品品名不一致且你公司留存的增值税发票清单中的货物名称与增值税专用发票电子底账管理系统中显示的货物名称也不相符……"

（26）付借款利息未代扣个税被税务稽查。

"你单位向个人陆某某借款 200 万元，借款期为 2019 年 2 月 20 日—2019

年 4 月 20 日（由于公司资金紧张，一直没归还，并每月支付利息至 2019 年底），利息每月 4 万元，2019 年共支付 40 万元。你单位向个人贾某某借款 300 万元，借款期 2019 年 1 月 1 日—2019 年 12 月 26 日，利息每月 6 万元，2019 年共支付 72 万元。以上合计支付利息 112 万元，你单位未按规定代扣代缴个人所得税。"

（27）为子公司统采业务未做销售处理应交增值税、企业所得税。

"你单位根据子公司扬州××汽车内饰件有限公司、广东××机械科技有限公司的物料需求，由其采购计划部门统一制定采购计划，统一组织采购，所采购原材料由该单位统一付款，并将取得的增值税专用发票申报抵扣进项税额，货物由供应商直接发给两个子公司，由子公司对货物办理验收入库，其实质是你单位（母公司）将统一采购的材料销售给子公司，应按规定计提增值税销项税额。"

（28）股东向单位借款年度终了未归还又未用于生产经营。

"你单位法定代表人马某某持有你单位 58％的股份，其于 2017 年度至 2018 年度向公司借款，在年度终了未归还。2017 年度"长期应付款—其他—马某某"借方余额 3 291 790.61 元；2018 年度"长期应付款—其他—马某某"借方余额 6 071 838.52 元。上述借款在纳税年度终了既未归还又未用于生产经营，你单位未按规定代收个人所得税。"

补充说明一下处罚依据：根据《财政部 国家税务总局关于规范个人投资者个人所得税征收管理的通知》（财税〔2003〕158 号）第二条纳税年度内个人投资者从其投资企业（个人独资企业、合伙企业除外）借款，在该纳税年度终了后既不归还，又未用于企业生产经营的，其未归还的借款可视为企业对个人投资者的红利分配，依照"利息、股息、红利所得"项目计征个人所得税。

（29）非本企业职工报销差旅费。

"你单位 2019 年 6 月第 24 号凭证，杜某某报销差旅费 5 032 元；2019 年 6 月第 26 号凭证，陈某报销差旅费 4 400 元；2019 年 6 月第 27 号凭证，陈某报销差旅费 2 784 元；2019 年 6 月第 31 号凭证，陈某报销差旅费 3 450 元，以上三人均非你单位职工。你单位利用非本企业职工报销差旅费，伪造成本，虚列费用，违反了《中华人民共和国税收征收管理法》第六十四条之规定，属于编造虚假的计税依据的行为。"

（30）员工福利费支付月饼费未扣个人所得税被税务稽查。

"你单位 2017 年 10 月 11 号凭证"应付职工薪酬/职工福利"科目列支月饼费 64 740.00 元，应扣未扣工薪所得个人所得税 1 622.41 元。2018 年 11 月 16 号凭证'应付职工薪酬/职工福利'科目列支 10 月购买月饼160 000.00元，应扣未扣工薪所得个人所得税 2 137.19 元。合计应扣未扣个人所得税 3 759.60元。"

（31）实地盘存数据与账簿上的数据进行比对查假账。

"……二是实地比对"现真容"。在对甲合伙制医院检查过程中，为进一步掌握真实数据，检查人员检查了该企业的药品库房和医院药房，通过掌握的实地盘存数据与账簿上的数据进行比对，发现了端倪。该库房里库存商品有 70 余万元，但账上的库存商品为负 800 万元。在确凿的事实面前，企业承认不真实入账的情况。"

（32）广告宣传费超限额扣除被税务稽查。

"该单位于 2016 年将 844 800 元广告宣传费计入'待摊费用－销售服务费'科目，于当年 12 月 31 日结转至'销售费用－服务费'科目，当年账载广告费和业务宣传费为零，营业收入 471 698.11 元，按销售收入 15％的扣除率计算的广告费和业务宣传费扣除限额为 70 754.72 元，本年扣除的以前年度结转额 0 元，未调整增加应纳税所得额 774 045.28 元，未足额缴纳 2016 年度企业所得税。"

（33）预收账款长期挂账被税务稽查。

"该单位共计 10 418 772.11 元预收账款长期挂账，实际为售房款项，未在交付时点确认收入，该批预收账款均应结转主营业务收入，并相应结转主营业务成本，结转利润部分需补缴企业所得税。"

（34）无偿借款给法人股东被税务稽查。

"该单位 2018 年从银行借入资金，实际无偿出借给关联方法人股东使用，未用于公司生产经营，法人股东实际占用资金的利息费用属于与企业取得收入无关的支出，不得税前扣除。"

（35）向个人借款无合同、无发票未代扣个人所得税。

"2017 年期间向个人借款，未与出借人签订借款合同，列支并支付借款利息共计 623 220 元，未取得相应发票，已作税前扣除，无法补开相关发票。你单位在支付上述利息时，未按规定代扣代缴个人所得税。"

（36）资金无偿借给个人使用被税务稽查。

"该单位在2018年3月至2019年6月期间，将部分企业资金无偿借给个人使用，共6笔借款，借款金额总计510万元……该单位未按规定做视同销售服务处理，未缴纳增值税及相关附加税费。"

总结一下，公司无偿借款给个人是否需要交税？应视同销售服务交增值税。不属于企业所得税视同销售的情形，但如果不具有合理商业目的，税务机关有权调整要求交企业所得税。"

3.4.3　不良中介、所谓"专家"的常见套路

随着税务要求越来越高，监管越来越严，很多公司也意识到税务违法的风险越来越大，公司自己也有了正规化的内在动力，也想在遵从税法的前提下尽可能少交税，因此也就对税务筹划有了需求，故有一定能力的税务筹划人员、中介机构有了施展的空间。

但是，税务筹划方面也难免泥沙俱下、鱼龙混杂，一些不良中介、所谓"专家"，或者对税法一知半解，或者断章取义、曲解税法，或者为了拉拢业务，什么话都敢说，什么保票都敢打，也确实迷惑了不少老板、高管，埋下不小的风险隐患。

以下案例揭示的某些"专家"的所谓税务筹划高招，相信不少人都听过、见过，听讲时热血沸腾、跃跃欲试，殊不知确实埋下了大雷。

案例一，虚假注册个人独资企业虚开技术服务费发票。

某科技公司2018年账面利润较大，一家财税中介为其进行筹划。在财税中介的策划下，这家科技公司到某园区注册了十几家个人独资企业，这些独资企业向科技公司开具了大量"技术服务费"的发票来冲抵利润，税负当时确实降下来了，但也留下来风险隐患。2021年税务局在日常评估时发现了该企业的疑点问题，经过问询企业财务人员后得知该企业人为虚列费用近4 000万元，依法要求企业纳税调增，并补缴了企业所得税等近1 000万元。

案例二，设立82家虚假小微公司为药业公司虚开会议费、咨询费及服务推广费发票8 000多万元。

国家推行两票制后，药厂的很多开支（甚至部分特殊费用）无法正常支出，从而需要大量的各种推广服务发票冲账。根据某中介机构的策划建议，吴某某、朱某某以支付现金的方式收集他人身份证，注册82家小微公司，在

没有开展真实业务的情况下，采用模板、虚构会议等方式编制虚假推广资料，做咨询服务推广协议书，开具推广服务费、会议服务费等普通发票，收6.5%的开票费，共开普通发票898张，金额共计8 096.47万元，上缴税款264.7万元，实际获取非法所得261.57万元。涉案的为成都某药业有限公司、成都某制药股份有限公司、北京某药业集团等20家知名药厂。经税务鉴定，仅成都某药业有限公司就因此少缴纳税款540万元。吴某某、朱某某犯虚开发票罪（注意：不是虚开增值税专用发票罪），虽然认罪态度好，但根据其犯罪的性质、情节、后果，不应当处以缓刑，法院没有采纳检察机关提出的缓刑建议，判处有期徒刑三年，并处罚金10万元。

案例三，房租被专家筹划分为出租房屋和场地节省房产税被核定。

苏州某机械公司出租厂房，在某高手策划下采取将房租分拆为房租和提供保洁等服务费的形式，意图是将房租费化小，少交房产税。税务机关检查后认为不合理被核定征收："你单位采用整体出租方式出租厂房并提供保洁等管理活动，但你单位分割的房租收入明显偏低……核定房屋出租收入征收房产税。"

案例四，某偷税被巨额罚款因聘用所谓专业机构存在问题。

2021年12月，税务部门公布了对某网红主播偷逃税的处理结果，其通过隐匿个人收入、虚构业务转换收入性质进行虚假申报偷逃税款，被依法追缴税款、加收滞纳金并处罚款。该主播的经理人发布致歉信称，"……这个行业的规模突飞猛进，我深知我们在税务上并不专业，因此聘用所谓的专业机构帮我们进行税务统筹合规，但后续发现这些所谓的合法合规的税务统筹均存在问题，在更为专业的财务团队到岗后，发现税务统筹有极大风险，于是自2020年11月至今，我们终止了所谓的税务规划统筹……"

看来，高价聘请的专业机构并不专业。睁大眼睛，千万不要被不良中介、所谓"专家"给忽悠了。

3.4.4 慎用税收洼地——有无实质性经营是关键

深圳某广告公司在新疆霍尔果斯设立全资控股公司霍尔果斯××公司，两个公司都经营广告相关业务，均属于香港某控股集团成员企业。

根据税务机关通报，"2015年至2017年，深圳某广告公司申报营业收入合计3 871万元，缴纳企业所得税合计4.86万元；同期霍尔果斯××公司申报营业收入合计 79 640 万元"。由于霍尔果斯××公司享受（财税〔2011〕112 号）企业所得税优惠政策，申报减免所得税额合计 9 243 万元，缴纳企业所得税 0 元。

霍尔果斯××公司仅注册登记两名财务人员，日常并无实际业务人员在霍尔果斯市从事主营业务相关工作，其业务运作主要由控股集团其他人员履行。因此，税务机关认定深圳某广告公司为实现享受税收优惠的目的，将收入、利润转移至霍尔果斯××公司，从而少交企业所得税，核定将霍尔果斯××公司营业收入 79 640 万元中的 66 154 万元（占比 83%）调整到深圳某广告公司，并按照 30% 的应税所得率核定应纳税所得额（可以理解为税前利润）21 007 万元 [（3 871＋66 154）×25%]，应交企业所得税 5 247 万元，并加收滞纳金，这一核定，比之前多交了 5 200 多万元。

本案例说明，并不是只要在税收洼地成立一家公司就能享受税收洼地的税收优惠政策，必须要有实质性经营。

那么什么是实质性经营呢？

根据财政部、税务总局《关于海南自由贸易港企业所得税优惠政策的通知》（财税〔2020〕31 号），所称实质性运营，是指企业的实际管理机构设在海南自由贸易港，并对企业生产经营、人员、账务、财产等实施实质性全面管理和控制。对不符合实质性运营的企业，不得享受优惠。

对于仅在自贸港注册登记，其生产经营、人员、账务、资产等任一项不在自贸港的居民企业，不属于在自贸港实质性运营，不得享受自贸港企业所得税优惠政策。

海南省税务局、财政厅、市场监督管理局关于海南自由贸易港鼓励类产业企业实质性运营有关问题的公告，注册在自贸港的居民企业，从事鼓励类产业项目，对于仅在自贸港注册登记，其生产经营、人员、账务、资产等任一项不在自贸港的居民企业，不属于在自贸港实质性运营，不得享受自贸港企业所得税优惠政策。

生产经营、人员、账务、资产等任一项不在自贸港，都不属于在自贸港实质性运营，说得够明确了吧？

那些整天鼓噪、忽悠去税收洼地注册而不说实质性运营的中介机构、专家，靠不靠谱？

3.4.5 股权转让，税务局的底线在哪——转让时点净资产

转让股权是经常遇到的事，但转让价高低，对于股东来说意味着个人所得税的高低，所以如何对转让股权作价就很棘手，高了划不来，低了税务局通不过。

税务局会如何看待股权转让作价呢？

第一，通常是要求按市场价。

第二，如果没有市场价，可能会参照政府其他主管部门出具的交易参考价格。下面案例就是参照县发改局出具的交易参考价格：龙门县税务局龙潭税务分局惠龙龙潭税税通〔2022〕3号税务事项通知书（核定应纳税额通知）。

"2017年11月，你将龙门县××山生态旅游度假村有限公司所持56％的股权转让给深圳市××科技有限公司，按价格缴纳个人所得税13 670.09元。经复核，你申报的股权转让收入明显偏低，且无正当理由。根据……规定并参照龙门县发改局价格认证中心向龙门县税务局出具的《关于龙门县××山生态旅游度假村有限公司股权转让市场交易参考价格的函》（龙价认函〔2021〕01号），核定你（邱某某）2017年11月上述股权转让应缴纳个人所得税8 230 173.65元，已缴13 670.09元，应补缴8 216 503.56元。"

第三，如果没有市场价，也没有其他参考价，税务局对股权转让价的底线是，最低不能低于转让时点的净资产。以下是杭州市税务局的稽查案例，对于判断转让价低了，以及转让时点净资产的计算，有清晰的说明。

"该单位于2019年3月以交易定价520 000元出让杭州××餐饮有限公司100％股权，初始投资成本517 391.78元，转让时点净资产为573 058.54元。该单位当月应确认投资收益55 666.76元，实际已确认投资收益2 608.22元，未按规定确认股权交易对价低于净资产部分投资收益53 058.54元。"

3.4.6 拆借资金不合规会被要求补税

2014年1月至2017年12月，A集团发生了多笔集团内部资金拆借业务，对其中部分拆借资金收取了利息，并按照税法规定计算缴纳税款，部分拆借资金未收取利息未确认收入。税务机关在检查原始凭证和相关资料时发现，A集团有几笔资金拆借业务既没有借款合同，也没有取得合法有效的增值税

发票，但却对相应的利息支出做了企业所得税税前扣除处理。

税务机关的处理：一是对于出借方未签订借款合同、未确认利息收入的，应按照同类同期银行贷款利率确认利息收入并补缴企业所得税；二是双方签订了无息借款合同的内部资金拆借行为，不符合独立交易原则的要求，税务机关核定了 A 集团的应纳税所得额——按可比非受控价格法预估税款，以企业同期向外发出债券利率 4.95％ 计算应收利息，补缴企业所得税 4 800 多万元。

这个案例提醒公司管理者，公司之间，特别是关联企业之间，有资金拆借是正常的，既能满足企业短期资金周转需求，也能提高资金使用效率，但一定要亲兄弟明算账，要注意避免两点：一是企业所得税处理不符合独立交易原则；二是交易的原始凭证和相关资料不齐全。

一方面，在发生相关交易前，从经济实质出发及时签订相应的合同，作为双方真实发生业务的重要原始依据。另一方面，应符合独立交易要求，按照同类同期银行贷款利率确认利息收入。公司管理者应避免因相关手续不齐全、资料不完整、不计息或计息过低过高等原因引发税务风险。

当然，根据增值税的相关规定，对企业集团内单位（含企业集团）之间的资金无偿借贷行为，免征增值税，但一定要注意企业所得税是一定交的。

3.5 | 税务筹划方案为什么失败

本节论述税务筹划的认识误区、偷税与合理避税的区别、合理税务规划的理念和基本要求，并简要介绍合理税务规划的基本方法。

3.5.1 税务筹划方案为什么失败

很多所谓税务筹划方案之所以失败，最主要的原因在于有硬伤：

（1）不存在真实交易，或者即使有部分真实交易但夸大、隐瞒；

（2）资金回流（回流到实际控制人、其他股东、其他员工、会计、出纳、亲友等）；

（3）无相应的合法有效凭据证明真实性（合同、业务单据、物流单据、结算依据、资金凭据等）。

带这些硬伤的所谓税务筹划方案，在掌握税法制定权、解释权的税务机关面前，在税务机关真正的专家面前，在税务机关的税务大数据等强大工具面前，都是小儿科。

不少人都以为交多少税、税务筹划这些都是财务部门的事，如果觉得税交多了，或者发生了税务风险，就是财务部门、财务人员没有做好，或者专业技能不行，甚至不少老板都有这种看法。

还有更奇葩的，笔者就见到这样的案例，某公司由人事部门主导的绩效考核，对财务部门的主要考核指标之一就是税负率，税负率高于多少扣多少绩效工资，低于多少不仅增加绩效工资，而且按比例另行奖励（类似的案例曾被某些人力资源管理者作为经验在网上分享）。结果该公司财务部门连续两三年绩效都比较高，提成奖励也不少，但财务人员也在两三年后陆续离职了，随后公司也被查了、倒闭了……

虽然最终交多少税是由财务人员算出来的，但应该交多少税是根据公司业务、按照税法规定的标准决定的，财务人员只能根据公司业务量（如收入额、利润等）、税法规定的税种、税率来计算，并不能按自己的意愿随心所欲。

也就是说，业务决定税务，业务性质、业务类型决定税负的高低，但可以通过改变交易模式从而改变交税的多少。

例如，公司本月销售收入 1 000 万元，税率 13％，发生运费 200 万元，税率 9％。销售一般货物税率 13％，销售收入 1 000 万元，销项税 130 万元，这个是既定的，没法改变，而同样是承担 200 万元运费，可以有三种方式，结果也不同：

第一种方式，合同双方约定将货送到客户处，也就是销售价里面包含运费，则运费视为混合销售，销售收入为 1 200 万元（1 000 万元货款＋200 万元运费），销项税 156 万元（1 200×13％）；

第二种方式，合同双方约定将货送到客户处，雇请外面运输公司的车辆运输，销项税 148 万元（1 000×13％＋200×9％）；

第三种方式，合同双方约定货物客户自提（运费客户承担），则销项税为 130 万元（1 000×13％）。

看，是不是交易模式不同，税也不同？而这个不同，也不是财务人员事后能改变的，而是业务开始之前就规划好才行。

从这个简单的例子可以看出，要想合理交税（不是刻意少交税），要想防范税务风险，需要从改变交易模式入手，方法有很多，但一定是事先规划。而这个规划不仅仅是财务部门，更需要公司高层管理者、各业务部门参与，也需要各业务部门、各业务环节按规划的流程办，并且取得各项合法票据和凭证。

如果事先对税收没有合理规划，也没有按规划的流程办，更没有相应的合法票据，财务人员只是根据业务部门完成后的实际结果办记账报税，那财务人员即使再熟悉税法，也只能是望税兴叹，无能为力。在这样的情况下，如果非要财务人员想办法少交税，那就是本末倒置，结果要么是虚开发票、搞两套账把风险留给公司、老板和财务人员承担，要么就是财务人员因感觉税务风险大而被迫离职，没有第三种可能。

当然，财务人员也不是无所作为，而是大有可为。一方面要熟练掌握税法，特别是现在税法变化更新很快，更应加强学习，了解政策，掌握更多方法；另一方面，要主动应用税法，结合公司的实际情况提出税务规划的合理方案建议，争取管理层和各部门的理解、支持和配合。

总之，税收问题不仅仅是财务部门的责任，更主要的是老板、高管层的的责任，只有老板、高管层真正理解了、重视了、亲自安排部署了、落实了，公司的税收工作才能做到顺其自然、水到渠成、合法合理。

最优的税务规划，一定是老板＋财务＋高管层的组合。

3.5.2 两套账、隐匿收入、接受虚开发票——税务筹划方法简单粗暴

有的公司除了有"税务筹划是财务部门的事"这样的观念，税务筹划方法也简单粗暴，不会合理规划业务流程，不会用税收优惠政策，只图少交税。所以方法上就是简单粗暴的设两套账，需要开发票的收入就走外账，银行对公户收款；不需要开发票的收入就走内账或者不记账，个人银行卡、微信、支付宝收款；更有甚者，虚构业务虚开发票，抵扣增值税企业所得税、个人所得税，等等。

这样的操作，当时很爽，殊不知埋下了巨大的税务风险隐患，特别是在金税三期、金税四期陆续上线、各政府部门数据共享、个人银行卡（微信、支付宝）收付款监管越来越严的情况下，不被查出问题那是侥幸。

3.5.3 所有的问题都是认识问题

关于税务风险，关键还是认识不足的问题。

（1）领导层没有税务风险意识，有的老板根本不知道偷逃税、虚开发票这些行为风险大，罚款、滞纳金是非常高的，而且严重了可能是要坐牢的。

（2）侥幸心理，有的可能对风险知道一点，但认为我身边那么多人比我还不如，我一直比较幸运，不会查到我身上；或者我做得比较高明，不会查出来。

（3）查到再说，大不了补税。

（4）以为一切交给财务在处理，对财务是否能搞定不闻不问。

（5）一听要交税就反感，越少交税越好，不交最好。

（6）能力不足。财务人员税务政策法规知识匮乏，不知道税收优惠政策，财税处理技能不足，沟通协调能力缺乏，无法有效协调公司业务流程和获取合法票据等。例如，像老板的大额借款长期挂账、大额应付账款多年未支付、错发票错账的处理，等等。

（7）受不良中介、专家忽悠。有的公司也意识到了税务风险，也安排了学习，也聘请了中介、专家来服务指导。但现在的中介市场鱼龙混杂，有的中介人员为了招揽业务，夸大其词，忽悠客户，或者对税法断章取义、歪曲解释，所出的税务筹划方案违反税法精神、不具有合理商业目的，最终被判违规；或者脱离业务实际空谈税务筹划，税务筹划与实际业务规划脱节，没有可落地的细节流程，最终既付出了费用成本，也付出了风险代价。

（8）公司架构不合理，没有合理设计可以合法节税的公司架构。

（9）业务设计不合理。前面说过，业务类型决定了应该交多少税，要合理交税就要合理设计业务。

（10）内部各部门、各环节各管各，互相没有沟通协调和配合，需要在业务环节提供的各项业务单据、业务凭证不准确、不完整，无法证明业务真实性。

3.5.4 偷税与税务筹划的区别

有的人以为税收筹划就是钻税法的空子，是偷税漏税，是非法的，这是不了解什么是合理、合法、合规的税务筹划。

其实，偷税与税务筹划是有区别的。偷税是违反税法的规定，是违法的，甚至可能是有罪的。

而税务筹划，就是通过对经营活动和财务活动的安排，达到免税或者少缴税款目的。税务筹划一是用好税收优惠政策少交税；二是利用税收政策的选择性条文避税；这两种方式并不违法，所实施的结果是合理合法的。

其他的还有，三是利用税法不清晰的条文避税；四是利用税法伸缩性条文避税；五是利用税法矛盾性、冲突性条文避税。这三种行为虽然违反税法精神，但由于这些行为不符合逃税罪的犯罪构成，故只能根据税法的有关规定作补税处理，不能认定为逃税罪。

我们说税务筹划，主要就是用好优惠政策、利用税收政策的选择性条文避税这两个，当然偶尔也可能会用其他几个方法。

但是，税务筹划这个名词，已经被不良中介、专家玩坏了，名声臭了，说起税务筹划，大家的第一感觉就是两套账、虚开发票、偷税漏税。

所以，我更愿意用税务规划这个名词，一方面以示与不合法的所谓税务筹划相区别，另一方面税务也确实需要事先进行规划，从公司架构、交易模式、业务流程、合同签订等等影响税收的各个环节开始。

所以说，税务规划是在既定的框架内，通过对其战略模式、经营活动、投资行为等事项进行事先规划安排以节约税款、延期纳税和降低税务风险为目标的一系列税务规划活动。

税务规划是合法的，税务也需要规划。

3.5.5 税务规划应有的理念

税务规划应有的理念为：

第一，合理的税务规划一定是税务法规及优惠政策、中长期目标、公司架构和企业形式、业务交易模式、管理体系、能证明业务真实性票据等几方面的最优结合；

第二，业务决定税务，税务跟着业务走，税务规划在业务之前。如果财务人员只是被动接单子，被动处理税务，那么就只有就业务结果处理税务结果，就谈不上税务规划；

第三，任何税务规划都是在符合税法、业务真实、凭据充分、符合商业目的前提下的自然结果，而不是以不交税、少交税为目标。如果没有合理的商业目的，以不交税、少交税为目标，那么即使表面看来符合税法，形式上的凭据多么充分，都会被判定为偷税。

3.5.6　合理税务规划的基本要求

合理税务规划的八个基本要求。

第一，合规性。一定是在税法的框架内在符合税法要求的前提下进行，具有合理商业目的（避免虚开发票和两套账）。

第二，安全性。税务风险控制到可以承受范围内（不是完全没有风险）。

第三，合理性。所有的税务规划前提是具有合理的商业目的，不以不交税、少交税为目的。

第四，转化成符合税法要求的税务语言。税务规划所安排的交易模式、业务流程、合同表述等，都要符合所欲套用的税法的要求。

例如，建筑公司出租建筑施工设备，如果出租设备并配备操作人员的，按照"建筑服务"缴纳增值税（财税〔2016〕140号），租赁费税率9%；如果只出租设备，则是动产租赁，租赁费税率13%。那么，你在租赁合同中就要注明出租设备是否配备操作人员，在财务处理时就要说明是出租设备并配备操作人员，按建筑服务类，交增值税（9%）。否则，没有符合税法要求的清晰表述，就可能按高税率执行。

再如，签订购销合同需要按合同金额交印花税，但如果合同中将应交的增值税单独列出来，增值税额不用交印花税；不分开单列则应交的增值税额也应包括在合同金额中计算印花税。

第五，成本低。税务成本和管理成本合理、较低（不是不交税、不是硬性少交税）。

第六，充分沟通。税务规划方案在公司决策层达成共识，并得到各业务部门支持。

第七，业务真实。业务真实发生，不存在虚构。

第八，凭据充分。各环节业务单据、凭据真实、完整、合法。

3.5.7 合理税务规划的常用方法

合理的税务规划还是有方法的，常用的方法有如下几种。

（1）企业组织形式规划。如合理选择分公司、子公司，个人独资企业、合伙企业，个体工商户，公司＋农户经营模式，小注册资金＋股东借入等，组织形式不同交税不同；

（2）商业模式规划。如对酒店的不同投资方式、分解设立研发子公司、分解设立工程勘察设计子公司、选择不同股权转让方式、把业务分解到一般纳税人＋小规模＋个体户等；

（3）业务分拆。如出售机械设备与拆分安装、销售商品与拆分运费、出租建筑施工设备是否配备操作人员、会员制模式等。

（4）业务处理与财务处理方式。如销售折扣的处理、业务费与广告费、老板买车还是公司买车、捐款等；

（5）用好税收优惠政策，这是税务规划的重点和精髓。如小规模、小微企业，农产品优惠，西部大开发，高新技术，税收洼地等。

合理、灵活用好这些方式或组合，既能节税，也能规避大的税务风险。

3.6 | 合理税务规划之——企业组织形式

企业的组织形式不同，纳税方式也不同，可以利用税法对不同企业组织形式的纳税方式差异进行税务规划。

3.6.1 子公司、分公司、办事处税务规划

子公司，是相对于母公司而言的，母公司是子公司的投资主体，也就是子公司的控股股东，有点类似于母子关系，因为母公司的投资因而有了子公司，所以称为母公司、子公司。母公司、子公司只是表明双方的这种投资与被投资、控制与被控制关系，各自的名称中并没有母、子字样加以区别。例如，甲公司投资700万元成为乙公司的控股股东，占比70%，则甲公司称为乙公司的母公司，乙公司称为甲公司的子公司。子公司是独立的法人，具有法人资格，拥有独立的名称、公司章程和组织机构，对外以自己的名义从事

经营活动，独立承担民事责任，也就是以子公司的全部财产为限对其债务承担责任。子公司的债务与母公司无关。

分公司是相对于总公司而言的，分公司是由总公司在其住所地之外设立，属于公司的分支机构。分公司不具有法人资格，没有独立的名称、公司章程和组织机构，以总公司分支机构的名义从事经营活动，其民事责任由总公司承担。也就是说分公司由于没有自己独立的财产，与总公司在财务上统一核算，因此，其经营债务由总公司负责清偿，即总公司以其全部财产为限对分公司在经营活动中的债务承担责任。

办事处也是公司在外地设立的办事机构，但它与分公司最大的不同是，分公司是以总公司分支机构的名义从事经营活动，需要在工商管理机关办理注册登记；办事处是临时性的，不能以分支机构的名义从事经营活动，不需要在工商管理机关登记注册，其成立、撤销都不需要经过工商管理机关，其民事责任由总公司承担。

也正因为子公司、分公司、办事处，设立方式不一样、承担责任方式不一样、资产不一样，在纳税义务的规定上就有很大不同。办事处本身只是公司的一个办事机构，相当于公司的一个部门，纳税义务主体就是总公司，无须多说，此处只论述子公司、分公司税务规划上的差异。

母公司与子公司之间虽然称为母子关系，但这种关系更多是出于投资关系、控制关系。虽然称为母公司、子公司，但母公司一般不直接控制子公司，而是通过任免子公司董事会成员、作出投资决策等方式影响子公司的生产经营活动。而子公司是一个独立法人，母、子公司应分别纳税，子公司只有缴纳各项税收后有利润才能按股东占有的股份进行利润分配。所以母公司与子公司之间，在纳税上与一般公司之间并无不同。

分公司不是独立法人，流转税（如增值税）在所在地缴纳，利润由总公司合并缴纳企业所得税。

也即是说，子公司、分公司，两者在增值税上并没什么差异，最大的差异是分公司的利润由总公司合并缴纳企业所得税。

在公司有新的投资机会时，根据被投资对象、项目的情况，设立不同的企业组织形式，缴纳较少的税负，这也是税务规划的一种方法。

如果预计该投资项目在经营初期几年可能会出现亏损，则设立分公司，分公司的亏损可以合并到总公司冲抵总公司的利润，达到合法少交税的效果。

例如，甲公司每年税前利润 4 000 万元，企业所得税税率 25％，需缴纳企业所得税 1 000 万元。现有一个投资项目，预计投资的前 5 年每年亏损 1 000 万元，5 年以后才会逐渐盈利，该投资项目是设立子公司好，还是分公司好？

如果设立分公司，分公司前 5 年每年的亏损 1 000 万元，可以合并到总公司，则总公司每年的税前利润为 3 000 万元（4 000－1 000），企业所得税 750 万元，可以少交 250 万元，而设立子公司则达不到这样的效果。

因此，可先设立分公司，达到亏损合并到总公司抵减利润，满 5 年后，如果确实需要，再把分公司独立出来设立子公司。

3.6.2　个人独资企业、合伙企业税务规划

个人独资企业和合伙企业的共同点是：第一，均不具有法人资格；第二，均没有自己的独立财产，个人独资企业的财产为其所有者所有，合伙企业财产由其合伙人所有；第三，个人独资企业的投资人以其个人财产对企业债务承担无限连带责任；合伙企业中的普通合伙人对合伙企业的债务承担无限责任（有限合伙人以其认缴的出资额为限对合伙企业的债务承担有限责任）。

个人独资企业和合伙企业在所得税上（增值税与公司相同）最大的特点是，个人独资企业的所有者和合伙企业都只缴个人所得税，不缴企业所得税。

那么，在做税务规划时，选择个人独资企业和合伙企业的企业形式，在所得税方面具有一定的优势：

第一，由于只缴个人所得税，不缴企业所得税，按个人所得税发的生产经营所得税目，最高税率 35％；而一般公司要交企业所得税 25％，股东分红时还要交股息红利的个人所得税 20％，两者合计下来比生产经营的个人所得税高。选择独资企业和合伙企业，税率要低一些。

例如，甲、乙、丙、丁四人共同出资设立一个有限责任公司，各占 25％，初步测算每年利润 2 000 万元。收益如下：

（1）企业所得税 500 万元（2 000×25％）；

（2）个人所得税 300 万元（可分利润 2 000－500＝1 500 万元，股息红利税率按 20％）；

（3）可分利润 1 200 万元（2 000－500－300）；

（4）每个股东可分 300 万元。

如果改为设立合伙企业，同样是利润 2 000 万元，每人 500 万元，不交企业所得税，只交个人所得税（分配不再另外交）：

（1）个人所得税 168.45 万元（500×35%－65 500）；

（2）每个股东可分 331.55 万元。

总计可节税 31.55 万元，节税比例 6.51%

这还是在利润基数很大的情况下，若每年利润基数不超过 50 万元，则节税效果更明显。

这就是为什么那么多文艺界人士偏爱个人独资企业、合伙企业的原因（当然以前更多的是办核定征收，核定很低税率，交的税更少得多）。

第二，无论是股份公司还是有限公司，已经基本上不能核定征收，而个人独资企业和合伙企业在某些地方还可以核定征收（股权投资已经全部改为查账征收，不允许核定征收），而且核定的税率比较低，与公司相比，税负低了很多。

当然，由于对核定征收的管理越来越严，核定征收的地方和税率优势越来越小，像以前那样大范围的以核定征收（核定低税率）作为主要手段的税务筹划方式已经没有多大空间，已经很少使用。目前合伙企业的组织形式更多的是用于股权投资，主要用于吸收财务投资类人，以及高管、技术人员的入股。

3.6.3 个体工商户税务规划

个体工商户也和个人独资企业、合伙企业一样，不具有法人资格，以个人或家庭财产对债务承担无限连带责任。

但最重要的是，个体工商户群体直接带动近 3 亿城乡人员就业，关系亿万家庭的生计，故国家出台了若干优惠政策，鼓励发展，管理相对宽松。

所以个体工商户在大多数地方一般都能核定征收，而且核定的税率都比较低，大多在 0.5% 左右。在目前公司基本不可能核定，个人独资、合伙企业基本取消核定（不是完全没有，而是控制得比较严）的情况下，个体工商户管理相对宽松、容易核定征收、风险相对较小的优势就很明显体现出来了，这也是老板们为什么一下子都青睐个体户的根本原因。有媒体爆料大量个人独资、合伙企业注销，改为注册个体工商户，是有原因的。

如果你的项目规模较小，对资质没有特殊要求，不妨先设立个体工商户，享受国家对个体工商户的优惠扶持政策，待发展壮大了再改造为公司或者新设立公司。

而且，个体工商户也可以享受国家对小微企业的税收优惠政策，例如，减征地方"六税两费"，减征资源税、城市维护建设税、房产税、城镇土地使用税、印花税（不含证券交易印花税）、耕地占用税和教育费附加、地方教育附加。又如，月营业额 10 万元（季度 30 万元）以内免征增值税；再如，年应纳税所得额不超过 200 万元部分，减半征收个人所得税。

3.6.4 公司＋农户经营模式税务规划

根据国家税务总局公告 2010 年第 2 号的相关规定，采用"公司＋农户"经营模式从事农、林、牧、渔业项目生产的企业，可以享受减免企业所得税优惠政策。对于牲畜的宰杀、去皮、去内脏、分割、切块或切片、冷藏或冷冻属于农产品初加工，可享受企业所得税优惠政策。

如果采取公司＋农户经营模式，龙头企业和分散的农户、农业专业合作社、农业基地签订合同，公司为农户提供生产原料、技术服务和成品回购，农户接受公司培训，生产出符合公司要求的初级加工农产品。

这种模式将农产品初级加工环节的纳税主体从公司转变为农户，农户由于是初级农产品的产者，龙头企业也可享受一般公司所不能享受的税收优惠。

这里主要是说明采用"公司＋农户"这样的企业形式、经营模式从事农业项目，这种模式的具体优惠政策参见"3.14.3 农产品税收优惠政策"。

3.6.5 注册资金少些既可规避风险也能节税

先举一个例子：

例如，某人现有一个投资项目需要投入资金 5 000 万元，所从事的领域没有注册资金、净资产等投资方面的特殊要求。他有两个投资方案可供选择：方案一是注册资金 5 000 万元并实缴；方案二是注册资金 1 000 万元并实缴，另外 4 000 万元以借款方式借入公司。应该如何选择？

我们来比较一下两个方案的利弊：

方案一，注册资金 5 000 万元并实缴。

如果以后经营良好，盈利多，假设每年利润 800 万元，股东想收回投资则需通过分红，收回5 000万元投资需交分红个人所得税1 000万元（5 000×20%）。

如果由于市场变化、经营策略等原因，效益并不如预期，投资后多年亏损，最终资不抵债，被债权人告上法庭，公司资产被查封、被执行，股东的投资打水漂。

方案二，注册资金1 000万元并实缴，另外4 000万元以借款方式借入公司。

如果以后经营良好，盈利多，假设每年利润800万元，股东想收回投资5 000万元，其中4 000万元是公司归还对股东的借款，不需要交税；1 000万元通过股东分红收回，需交分红个人所得税200万元（1 000×20%），可以节税800万元；而且，公司向股东的借款，可以向股东支付利息（需要开利息发票），所支付的利息费用在公司可以所得税前扣除，也少交了税。

如果由于市场变化、经营策略等原因，效益并不如预期，投资后多年亏损，最终资不抵债，被债权人告上法庭。公司只需以注册资金1 000万元承担责任，另外4 000万元是公司向股东的借款，不仅在平时就可陆续归还，而且作为普通债权，与其他债权人一样有平等的受偿权。

可见，注册资金小些，既能节税，也可在一定程度上规避风险。

3.7 | 合理税务规划之——商业模式

本节以对酒店的不同投资方式、设立研发子公司、设立工程勘察设计子公司、不同股权转让方式等案例，阐述税务规划先从商业模式入手，从而合理规划税收。

3.7.1 税务规划先从商业模式入手

商业模式就是企业与外部（供应商、客户等）的连接方式和内部（如部门、业务单元）的连接方式。商业模式是企业竞争的的核心，也是税务筹划的起点。相同的业务可以通过不同的业务模式来实现，而商业模式不同，税收也不同。常见的商业模式有三种：

第一种，产品购销模式。也就是买产品（采购原材料自己生产或委托加工）、卖产品，这种交易模式大多数税率13％或9％。

第二种，解决方案供应商模式。在第一种模式的基础上在前后两端有服务，在前端提供产品设计、开发服务，然后进行生产（或委托加工）、销售，后端还有安装调试、培训、维修维护等服务，前后端都延伸了产业链，服务竞争能力更强，这种模式生产、销售产品税率大多在13％或9％，前后端提供服务大多数税率是6％；

第三种是服务供应商模式。通过搭建自己的电商平台，为消费者提供服务，不卖产品，卖服务，这种服务类模式大多数税率是6％。

可以看出，第一种产品购销模式税负最高，第二种解决方案供应商模式税负较低，第三种服务供应商模式税负水平最低。

在不同的若干商业模式中，逐个评估税务成本，优选一个商业上可行、税务成本相对较低的模式，这也就是我们在做税务规划时的基本操作思路。

也就是说，税务规划先从商业模式入手，而不是先考虑税收政策，被税收政策固化。

这样的税务规划方式，在绝大多数行业都可进行，可以说所有行业、所有企业都有规划空间，只看你是否能发现而已，以下举几个案例抛砖引玉。

3.7.2　对酒店的投资方式不一样税负也不一样

某公司自己拥有一处房产，打算以该房产建一个酒店，现有几个投资方案可供选择：

方案一，买卖模式，某公司将房产卖给酒店公司；

方案二，租赁模式，某公司将房产租赁给酒店公司；

方案三，分公司模式，某公司以该房产设立酒店分公司；

方案四，投资模式，某公司将房产作为注册资金投资到酒店公司。

这几个投资方案中，交易模式不同，所交的税也不同。方案一是买卖关系，某公司卖房产要交增值税、企业所得税（涉及的其他税种此处忽略）；方案二按租金交增值税、企业所得税；方案三因房产在某公司没有发生变动，没有交易，不产生增值税和企业所得税；方案四将房产作为投资应视同销售，交增值税、企业所得税。

换个角度看，投资建厂等也可以参考运用这些方式。

具体的决策，需要结合公司的发展目标、经营策略，测算几种方案中长期的税负情况，选择税负成本较低的方案来实施。

3.7.3 设备制造公司设立研发子公司

某设备制造公司规模很大，采购、生产、销售、研发、安装、服务等部门齐全，但税负也比较高。现打算进行商业模式的改造，初步的方案如下。

（1）分离研发部，设立技术研发子公司。思路是，增值税方面，技术服务类的增值税税率6％，税负比设备制造的13％低，而且可向设备制造公司开专票。企业所得税方面，可申请高新技术企业，按15％的所得税优惠税率，而且短期内技术研发子公司规模较小，可享受小微企业优惠政策，比税率25％低很多；中长期是将技术研发子公司申请高新技术企业资质，因技术研发前景好，效益好，故规划该公司上市。

（2）设立安装服务子公司，将安装服务费从销售额中分解出来。这样降低了销售额，安装服务的增值税税率9％，比销售设备低；而且安装服务公司可享受小微企业优惠政策。

（3）设立市场推广调查子公司，为设备制造公司提供服务。其增值税税率6％，可向公司开专票，还可同时享受小微企业优惠政策。

（4）设立销售公司，将工厂生产制造的设备委托给销售公司去经销。销售公司设在税收洼地享受增值税返还，或者就在当地享受小微企业优惠。

通过这些商业模式的改变，也合理降低了税负。

3.7.4 建筑公司设立工程勘察设计子公司

某建筑公司也面临规模大、税负高的困境，通过梳理产业链，现打算进行商业模式的改造，初步的方案如下。

（1）分离技术部，设立工程勘察设计子公司。专门为公司提供工程勘察、设计业务，可开专票，增值税税率6％，地点在海南海口市，享受企业所得税15％、个人所得税15％（因技术人员薪酬高）优惠政策。

（2）分离采购部，设立物料供应公司。保有适当利润，享受小微企业优惠政策。

（3）分离施工部，设立劳务分包公司。为建筑公司提供劳务分包，可开专票，享受小微企业优惠政策。

（4）设立劳务派遣公司。对于建筑公司需要的季节性、临时性民工，由劳务派遣公司进行派遣，可开专票或普票，享受小微企业优惠政策。

3.7.5　七种方式转让股权交税不一样

公司的股权转让涉及缴纳印花税，和在溢价转让股权情况下的企业所得税，不同的股权转让方式所交的税也不同。怎样的交易方式才是税收成本相对较低的，可以从一个案例来看一下：

甲公司出资 7 000 万元成立 A 公司，占 A 公司 70％的股份，乙公司出资 3 000 万元占 A 公司的 30％股份。现甲公司准备将持有的 A 公司 70％的股份全部转让给自然人丙，并购买自然人丙持有的 B 公司的股份。

截止股权转让前，A 公司的未分配利润为 10 000 万元，盈余公积为 8 000 万元。甲公司持有的 A 公司股份作价 22 000 万元。

请问甲公司以哪种转让方式转让税收成本相对较低？

方案一，直接转让股权。

根据《国家税务总局关于贯彻落实企业所得税法若干税收问题的通知》（国税函〔2010〕79 号）第三条的规定，企业在计算股权转让所得时，不得扣除被投资企业未分配利润等股东留存收益中按该项股权所可能分配的金额。

（1）甲公司的股权转让收入 22 000 万元；

（2）甲公司的股权转让所得为 15 000 万元（22 000－7 000）；

（3）应缴企业所得税 3 750 万元（15 000×25％），税负较高。

方案二，先分红后转让。

根据《中华人民共和国企业所得税法》第二十六条第（二）项的规定，符合条件的居民企业之间的股息、红利等权益性投资收益免征企业所得税。

A 公司先分红，甲公司根据持股比例可以收获分红 7 000 万元（10 000×70％）。甲公司收到的 7 000 万元分红，免征企业所得税。

（1）分红后甲公司的股权转让收入变为 15 000 万元（22 000－7 000）；

（2）甲公司的股权转让所得 8 000 万元（15 000－7 000）；

（3）股权转让所得缴纳企业所得税 2 000 万元（8 000×25％）。

通过以上计算分析，先分红后转让比直接转让股权节约企业所得税 1 750 万元（3 750－2 000）。

方案三，先"分红＋盈余公积转增资本"再转让。

根据《中华人民共和国公司法》第一百六十六条第一款和第一百六十八条第二款的规定，分配当年税后利润时，应当提取利润的 10％列入公司法定公积金。公司法定公积金累计额为公司注册资本的 50％以上的，可以不再提取。法定公积金转为资本时，所留存的该项公积金不得少于转增前公司注册资本的 25％。

A 公司的盈余公积 8 000 万元，已超过注册资本 10 000 万元的 50％。A 公司可用盈余公积转增注册资本 5 500 万元（转增后所留存的该项公积金 2 500 万元，不少于转增资本前公司注册资本 10 000 万元的 25％），转股后公司的注册资本增加至 15 500 万元，其中甲公司的投资成本变为 10 850 万元（7 000＋5 500×70％）。

由于 A 公司先分红，甲公司根据持股比例可以收获分红 7 000 万元（10 000×70％），这部分分红 7 000 万元，免征企业所得税。

（1）分红后甲公司的股权转让收入变为 15 000 万元（22 000－7 000）；

（2）A 公司通过盈余公积转增资本的方式，致使甲公司的投资成本变为 10 850 万元，所以甲公司的股权转让所得为 4 150 万元（15 000－10 850）；

（3）股权转让所得缴纳企业所得税 1 037.5 万元（4 150×25％）。

通过以上计算分析我们可以看出，通过先分红＋盈余公积转增资本再转让股权，比直接转让股权节约企业所得税 2 712.5 万元（3 750－1 037.5），同时比先分红后转让节约元企业所得税 962.5 万元（2 000－1 037.5）。

方案四，先撤资后增资。

根据《国家税务总局关于企业所得税若干问题的公告》（国家税务总局公告 2011 年第 34 号）第五条的规定，投资企业从被投资企业撤回或减少投资，其取得的资产中，相当于初始出资的部分，应确认为投资收回；相当于被投资企业累计未分配利润和累计盈余公积按减少实收资本比例计算的部分，应确认为股息所得；其余部分确认为投资资产转让所得。

根据以上规定，如果甲公司和乙公司达成减资协议约定：甲公司先从 A 公司撤出 70％的出资份额，获得 220 000 万元的撤资款；然后自然人丙与 A 公司签订增资协议约定：由丙出资 22 000 元，占 A 公司 70％的股权。（《中华人民共和国公司法》规定，增资减资需召开股东大会，必须经代表三分之二以上表决权的股东通过减资和增资协议）。

（1）收回投资的情况下，7 000万元作为投资资本的收回，不交企业所得税；

（2）按撤资比例70％应享有的A公司盈余公积和未分配利润的份额12 600万元〔（10 000＋8 000）×70％〕应确认为股息、分红所得，免征企业所得税；

（3）其余2 400万元（22 000－7 000－12 600）应确认为股权转让所得，应交企业所得税600万元（2 400×25％）。

另外，丙的出资行为除了增资需要缴纳印花税外不涉及其他税种。

通过以上分析，甲公司通过先撤资后增资转让股权的方法，比直接转让股权节约企业所得税3 150万元（3 750－600），同时比先分红后转让节约企业所得税1 400万元（2 000－600），比先分红＋盈余公积转增资本再转让股权节约企业所得税437.5万元（1 037.5－600）。

方案五，关联公司之间先"定向分红＋盈余公积转增资本"再转让。

根据《中华人民共和国公司法》第三十四条的规定，股东按照实缴的出资比例分取红利，但是全体股东约定不按照出资比例分取红利的除外。因此，在甲公司、乙公司、A公司为关联公司的情况下，《公司章程》约定：A公司在分红时，甲公司可以优先分红直至10 000万元为止，以后公司取得利润，乙公司再进行分红。

（1）根据公司章程约定，甲公司优先分红10 000万元后，股权转让价格变为12 000万元（22 000－10 000）；

再将5 500万元盈余公积转增资本，转增后甲公司的投资成本变为10 850万元（7 000＋5 500×70％）；

（2）甲公司股权转让所得1 150万元（12 000－10 850）；

（3）股权转让应缴企业所得税287.5万元（1 150×25％）。

通过以上分析，甲公司先定向分红＋盈余公积转增资本再转让股权的方法，比直接转让股权节约企业所得税3 462.5万元（3 750－287.5），同时比先分红后转让节约企业所得税1 712.5万元（2 000－287.5），比先分红＋盈余公积转增资本再转让股权节约企业所得税750万元（1 037.5－287.5），比先撤资后增资节约企业所得税312.5万元（600－287.5）。

需要说明的是，不按投资比例分得的利润，企业能否享受免税优惠，现行规定并未限制。但是，在企业的利润分配方案中，如果分红比例与出资比例不一致，企业须证明其分配方案具有合理的商业目的、符合真实交易原则。如果企业不能证明，税务机关对此有纳税调整的权力。

需要充分准备相关资料，提供足够证据支撑，以证明其分配方案具有合理商业目的。例如，根据企业的何种经营实际，该利润分配方案早已确定，而非根据年底获利情况进行的临时性调整；具体说明制定该利润分配方案的出发点，与企业发展规划的匹配程度，并具体说明该利润分配方案对公司优化综合资金利用的效果等情况。

特别需要注意的是，第一，企业不宜经常性地调整分配比例，第二，分配比例的方案应该是很早就确定，并最好载入公司章程，否则容易被质疑为利益输送，从而认定为存在不合理商业目的。

方案六，延迟股权转让收入企业所得税的纳税义务时间。

根据国税函〔2010〕79 号文件第三条的规定，企业转让股权收入，应于转让协议生效、且完成股权变更手续时，确认收入的实现。同时根据《国家税务总局关于企业取得财产转让等所得企业所得税处理问题的公告》国家税务总局公告 2010 年 19 号第一条的规定，企业取得财产（包括各类资产、股权、债权等）转让收入、债务重组收入、接受捐赠收入、无法偿付的应付款收入等，不论是以货币形式、还是非货币形式体现，除另有规定外，均应一次性计入确认收入的年度计算缴纳企业所得税。

根据以上规定，对于股权转让，税法注重转让的法律形式，在完成股权变更手续时才发生企业所得税的纳税义务。因此，在股权转让款分期收取的情况下，企业可以约定收到全部或绝大部分股权转让款才办理股权变更手续，这样可以延迟缴纳企业所得税。

方案七，以股权进行投资。

根据《关于非货币性资产投资企业所得税政策问题的通知》（财税〔2014〕116 号）第一条的规定，居民企业以非货币性资产对外投资确认的非货币性资产转让所得，可在不超过 5 年期限内，分期均匀计入相应年度的应纳税所得额，按规定计算缴纳企业所得税。

如果甲公司转让股权后本就打算投资自然人丙目前投资的 B 公司，那么可以采取以持有 A 公司的股权为对价入股 B 公司，可以分 5 年平均缴纳企业所得税。

方案八，方案七＋以上几种转让方式的组合。

可以采取方案七（以股权进行投资）＋以上几种转让方式的组合形式，即以上方案二至方案五的方式，但不用现金支付，而是以甲公司持有的 A 公司股权来投资 B 公司，享受非货币性资产投资的所得税优惠政策，分期计算缴纳企业所得税。

3.7.6　一般纳税人＋小规模＋个体户

对于一般商贸企业来说，除了分离采购公司、销售公司外，也可采取一般纳税人＋小规模＋个体户模式。

对于必须要开专票的客户，业务安排由一般纳税人公司来做，满足客户对资质、开票等方面的要求；

对于不是必须专票，只要有发票即可的客户，业务安排由小规模纳税人公司来做，增值税从 13％或 9％变为 3％或 1％，而且可以享受小微企业优惠政策；

对于不需要开具发票的客户，业务安排由个体户来做，增值税 3％或 1％，个人所得税核定征收，可能核定得很低。

合理用各类一般纳税人、小规模、个体户的资质和税收优惠政策，可以节税，但一定要业务真实，并且是真实的业务分拆，而不是为了避税硬性去分开。

3.8 ｜ 合理税务规划之——业务分拆

本节以出售机械设备与拆分安装、销售商品与拆分运费、出租仓库与仓储服务、出租建筑施工设备是否配备操作人员等业务分拆或变化，说明合理的业务分拆和变化，也能达到节税的效果。

3.8.1　出售机械设备与拆分安装

根据国家税务总局《关于明确中外合作办学等若干增值税征管问题的公告》（国家税务总局公告 2018 年第 42 号）第六条规定，一般纳税人销售自产机器设备的同时提供安装服务，应分别核算机器设备和安装服务的销售额，安装服务可以按照甲供工程选择适用简易计税方法计税。一般纳税人销售外购机器设备的同时提供安装服务，如果已经按照兼营的有关规定，分别核算机器设备和安装服务的销售额，安装服务可以按照甲供工程选择适用简易计税方法计税。纳税人对安装运行后的机器设备提供的维护保养服务，按照"其他现代服务"缴纳增值税。

根据以上规定，如果你是销售外购机器设备的公司，在销售设备的同时提供安装服务，可以将销售设备的价款和安装费用拆分，还可以将后续的维护保养拆分，销售设备增值税税率 13%，安装服务 9%，维护保养服务 6%，可以节约不少的税。

假设，销售包括安装及后续维护在内的设备总价款 2 000 万元，需交增值税 260 万元。如果拆分成设备 1 600 万元、安装费 200 万元、维护保养费 200 万元，则只需交增值税 238 万元（1 600×13%＋200×9%＋200×6%），可以节税 22 万元。

3.8.2　销售商品与拆分运费

销售货物的时候，同样的钱送到客户处，选择不同的到达方式，所交增值税也不一样。

如果运费包含在销售价里面，则按照包括运费的销售价款交增值税；而如果把运费分开，则运费的税率 9%。

假设销售额 2 000 万元，但运费 400 万元承担方式不一样，结果交的税也不一样。

方案一，如果合同约定销售额 2 400 万元包送到客户，则应交增值税 312 万元（2 400×13%）。

方案二，如果合同约定销售额 2 400 万元包送到客户，运费 400 万元由我方出，可开入运费发票（可抵扣），则应交增值税 276 万元（2 400×13%－400×9%）。

方案三，如果合同约定销售额 2 000 万元，客户自己到我方提货，则应交增值税 260 万元（2 000×13%）。

可以看出，从节税的角度，方案三优于方案二，方案二优于方案一。

3.8.3 出租仓库与仓储服务

某公司有仓库出租，每年收租赁费2 000万元。

出租仓库属于不动产租赁，增值税税率9％，租赁费2 000万元应交增值税180万元。

如果配置人管理仓库，提供仓储服务，服务费2 000万元（增加的人员费用另算），增值税税率6％，应交增值税120万元。

变换一种出租模式，即可节税60万元。

3.8.4 出租建筑施工设备是否配备操作人员

根据《关于明确金融 房地产开发 教育辅助服务等增值税政策的通知》（财税〔2016〕140号）第十六条，纳税人将建筑施工设备出租给他人使用并配备操作人员的，按照"建筑服务"缴纳增值税。

根据以上规定，同样是出租建筑施工设备，出租建筑施工设备是有形动产租赁，增值税税率13％，但如果出租建筑施工设备的同时并配备操作人员，则是建筑服务，增值税税率9％，一下就少了4％。

所以，租赁公司在出租建筑施工设备时，合同约定出租方有没有并配备操作人员、是否真的有操作人员到位，交税不一样。

其实，业务分拆、变化节税的业务还有很多，这里主要是讲原理，合理的业务分拆、变化，适用不同的税率，企业可以以此达到节税的效果。

3.8.5 会员制模式

会员制商业模式下，会员费作为无形资产的其他权益性无形资产，增值税税率6％（《财政部 国家税务总局关于全面推开营业税改增值税试点的通知》财税〔2016〕36号）；

例如，收取会员费200万元，发给会员优惠券，凭券抵减产品价款，假设销售1 000万元抵减200万元的优惠券。

如果销售1 000万元，应交增值税130万元，在使用优惠券的情况下，实际应交增值税116万元（800×13％＋200×6％），可以节税14万元。

3.9 | 合理税务规划之——财务处理

销售折扣、广告费、买车的合理应用，适当捐赠从而享受小微企业政策，这些业务适当变化及财务处理，也可以起到合理节税的效果。

3.9.1 销售折扣与折让

实务中，企业采取销售折扣等促销方式的不在少数。销售折扣，就是在购货方购买数量达到一定程度时给予一定幅度的折扣，也就是销售方为鼓励购货方多购买其货物（限时折扣或捆绑折扣）而给予的折扣。

例如，如果购买方的购买金额达到 500 万元，则给予 20％ 的奖励，那么这个 20％ 的奖励怎么给，也与交税多少有关系。

（1）如果购买金额达到 500 万元，给予 20％ 的奖励，这 100 万元给现金支付，则销售额 500 万元，应交增值税 65 万元，100 万元的奖励费用需要购买方开专票可以抵扣 6％，实际交税 59 万元（65－6）；

（2）如果购买金额达到 500 万元，给予 20％ 的奖励，这 100 万元以货物支付，则这 100 万元货物视同销售，共应交增值税 78 万元；

（3）如果购买金额达到 500 万元，给予 20％ 的奖励，作为销售折扣 100 万元，在同一张发票上以负数单独体现并冲减销售金额（实际销售金额 400 万元），则应交增值税 52 万元。

从上面例子可以看出，同样是满 500 万元奖励 100 万元，但如果合同说明是销售折扣，并且业务单据上也是这样处理，并在发票上单列、冲减，满足销售折扣的必要条件，是可以少交税的。

3.9.2 推广宣传费与业务招待费

公司举行客户答谢会，赠送客户礼包，价值 50 万元，大多数财务计入业务招待费，这样的处理有三个方面的问题：

第一，属于个人消费，增值税进项税不能抵扣，要做进项税转出；

第二，业务招待费受限额控制，企业所得税只能扣除 60％（在小于销售额千分之五的情况下）；

第三，客户个人属于偶然所得，公司要代扣代缴 20％的个人所得税。

几项算下来要多交 21.5 万元（50×13％＋50×40×25％＋50×20％）。

其实公司的目的并不是送礼，而是借机推广宣传，扩大公司的影响力。如果将礼包打上公司 LOGO，制作成公司展现公司形象的样品，用作产品的广告呈现，则可以计入推广宣传费。

而推广宣传费的开支标准是当年销售额的 15％，高了若干倍；即使超过了 15％，超过部分也可以在以后年度扣除，还没有代扣代缴个人所得税这样的烦恼。

类似的，外购礼物经过委托加工，对公司的形象、产品有标记及宣传作用的，作为推广宣传费；因业务洽谈会、展览会的餐饮住宿费，作为推广宣传费；搞促销活动时赠送给客户的礼品，作为推广宣传费。

例如，年会上公司购进了一批小米手环赠送客户，直接购买送给客户，属于送礼，应计入业务招待费；公司若将购买的小米手环委托礼品策划公司进行公司形象设计后赠送给客户，对公司进行形象宣传，则可以计入推广宣传费进行核算。

当然，对于给客户的账外回扣、贿赂等非法支出，不能作为业务招待费，而应直接作纳税调整。

3.9.3 老板买车还是公司买车

老板想要买个车，到底是以老板自己的名义买好，还是公司名义买好？

那当然是公司买好啊，原因有四个：

（1）公司买车，公司出钱，自己买车只能自己出钱。那你说我就想让公司帮我买，那公司帮你买车，视为股东分红，你要先交 20％的个人所得税。

（2）如果公司买车，假设购车款 100 万元，那交增值税 13 万元，还有教育费附加、地方教育附加、城建税，总计 12％，13 万元的 12％就是 15 600 元，这两项就 145 600 元了，这些都是可以在公司抵扣的。

（3）公司买车 100 万元，可以计提折旧 100 万元的费用，那就可以少交企业所得税 25 万元。

（4）车在公司名下，加油费、过路过桥费、修车费、保险费等，所有费用通通都可以在公司报销。

这几项算下来就 50 多万元了。所以说，公司买车和老板个人买车，效果还真的不一样。

3.9.4　关键时刻捐款做好事或买车也能节税

某公司 2021 年利润总额 340 万元，应交企业所得税 85 万元（340×25%），税后利润 255 万元。如果提前预估、事先规划，也可少交税：

根据《关于进一步实施小微企业所得税优惠政策的公告》（公告 2021 年第 12 号、公告 2022 年第 13 号），对小型微利企业年应纳税所得额不超过 100 万元部分，企业所得税实际征收率 2.5%，超过 100 万元但不超过 300 万元的部分，减按 25% 计入应纳税所得额，按 20% 的税率缴纳企业所得税，实际征收率 5%。

方案一，预估到本年利润 340 万元，马上向公益组织、县以上政府部门公益捐款或扶贫捐款 40 万元，这样利润不超过 300 万元，可享受小微企业所得税优惠政策，实际交企业所得税 12.5 万元（100×2.5%＋200×5%）。

做好事、善事捐款 40 万元以后，税后利润 287.5 万元（340－12.5－40），比不捐款多 32.5 万元。

方案二，预估到本年利润 340 万元，马上买一辆 50 万元左右（假设 50 万元）的汽车，这样利润不超过 300 万元，可享受小微企业所得税优惠政策，实际交企业所得税 12 万元（100×2.5%＋190×5%）。

买 50 万元的汽车后，税后利润 278 万元（340－50－12），比不买车多 23 万元，而且还另外有一辆 50 万元的汽车没算在内。

是不是很神奇？所以，不用虚开发票、不用两套账、不用偷逃税也可以少交税款，与其冒那么大的风险，不如合理合法用好税收优惠政策。

3.9.5　增值税税款未在合同单独列明会多交印花税

根据《中华人民共和国印花税法》第五条第一项规定，应税合同的计税依据，为合同所列的金额，不包括列明的增值税税款。

也就是说，如果业务合同中未将增值税税款单独列明，则增值税税款也作为计税依据需要计算缴纳印花税；但如果将增值税税款单独列明，则增值税税款不作为计税依据，不用交印花税。

不要小看增值税税款，有的房地产、建筑、制造业等营业规模大的，几年下来也不少钱。

例如，有一家建筑公司，每年营业额 40 多亿元，采购、销售合同一起，三年下来 200 多亿元，只是增值税税款对应的印花税也有 50 多万元，关键这是完全可以不用交的。只要在签合同时，把价款、增值税税款分开列出来，就可以不用交，只是很多人不了解或者没有注意而已。

3.10 | 用好税收优惠政策就是最好的税务规划

本节从小规模纳税人、小微企业、农产品、分红、西部大开发、税收洼地、高新技术等方面介绍税收优惠政策，从而说明好的税务规划就是合理用好税收优惠政策。

3.10.1　小规模纳税人税收优惠政策

小规模纳税人是增值税上的一个专业术语，与一般纳税人相对应。小规模纳税人与一般纳税人以营业收入的规模来区分，连续 12 个月营业收入超过 500 万元，就划为一般纳税人；小于等于 500 万元就是小规模纳税人。

小规模纳税人的增值税优惠政策主要体现在两点：

第一，小规模纳税人月营业收入 10 万元（季度 30 万元）（含本数）以内免征增值税。

第二，小规模纳税人的增值税征收率 3%（优惠政策期征收率 1%），而一般纳税人的增值税税率通常是 13%。

用好小规模纳税人的优惠政策，也主要围绕这两点来做。例如，假设你现在的项目很小，估计年营业收入不会超过 120 万元，那么就设立公司、个体户，把营业收入控制在 120 万元，享受增值税免税政策。

但要注意，小规模纳税人开普通发票免税、未开票收入免税，如果开专用发票即使在限额内也是不免税的，不管是自己开还是税务局代开，哪怕当月只有 1 万元的营业额，只要开专票都是要交税的；而且，超过 10 万元就要全额交税，哪怕超过 1 元都是全额交税，而不是只交超过部分。

如果你的企业年营业收入虽然超过 120 万元但在 500 万元以内，而毛利率却比较高，或者不能取得合规的发票，如果按一般纳税人税负可能会高于 1%，则可以把营业收入规模控制在 500 万元以内，保持小规模纳税人资质，按小规模纳税人1%征收率计算缴纳增值税，从而缴纳较低的增值税。

如果预计营业收入可能超过规定的标准无法享受优惠政策，则可以考虑再把业务拆分，设立新的公司、个体户，把营业收入规模控制在合理范围内，继续享受优惠政策。

3.10.2 小微企业税收优惠政策

小微企业的优惠政策，主要体现在企业所得税，一般企业的所得税是25%，而小微企业最低可以优惠到5%。

没错，前面说的是小规模纳税人，此处说的是小微企业，两者不一样。小微企业和小规模纳税人虽然都有一个"小"字，但完全是两个不同类型的概念和划分标准。一般来说，增值税的小规模纳税人一般是小微企业；增值税的一般纳税人既可能是小微企业，也可能不是小微企业（中型企业、大型企业）。

小微企业是企业所得税上的概念，也就是企业有利润了，按利润交企业所得税时，会区分是否小微企业。小微企业根据企业规模来划分，分为大型企业、中型企业、小型企业和微型企业，这里指的小微企业就是小型企业、微型企业的统称。

小微企业的标准，要同时满足这三个条件：应纳税所得额（可以简单理解为年利润总额）不超过300万元、从业人数不超过300人、资产总额不超过5 000万元。

对小微企业的所得税优惠是，减按25%计入应纳税所得额，按20%的税率缴纳企业所得税，按5%缴纳企业所得税。也就是说企业所得税实际税率5%。

这样的小微企业税收优惠政策，已经大大低于西部大开发、高新技术、海南等的优惠政策，是十分实惠的。用好小微企业优惠政策，你的税收成本肯定会降低很多，税收风险也会降低很多。

你的企业应根据情况，化小企业规模，享受小微企业的税收优惠政策。如果企业足够大，多注册几家公司，把业务分散到多家企业，成本不见得会更高。你还有必要冒险虚开发票，做两套账吗？

具体操作是在不同公司之间合理安排业务，一方面使利润尽可能在小微企业范围内，另一方面使员工人数、资产总额符合小微企业标准。

如果预计利润较大，可能会超过小微企业的标准，可以提前规划，把业务合理进行拆分，或者设立新的公司、个体户，通过交易模式的改变化小企业规模，以达到降低税负的效果。当然，前提是业务要真实，有合理商业目的，不以少税为目的。

3.10.3　农产品税收优惠政策

农产品的税收政策，主要有以下几类：

第一，根据增值税条例，农业生产者销售的自产农产品免征增值税。这里说的农业生产者是农户，也包括农业合作社、公司＋农户。如果你的企业和农业项目有关，可以采取成立农业合作社、公司＋农户的形式享受税收优惠政策。

第二，对批发、零售部分鲜活肉蛋产品在流通环节免征增值税《财政部 国家税务总局关于免征部分鲜活肉蛋产品流通环节增值税政策的通知》（财税〔2012〕75号）。

包括鲜活肉产品，指猪、牛、羊、鸡、鸭、鹅及其整块或者分割的鲜肉、冷藏或者冷冻肉，内脏、头、尾、骨、蹄、翅、爪等组织。

鲜活蛋产品，是指鸡蛋、鸭蛋、鹅蛋，包括鲜蛋、冷藏蛋，以及对其进行破壳分离的蛋液、蛋黄和蛋壳。

第三，对批发、零售蔬菜在流通环节免征增值税（《财政部 国家税务总局关于免征蔬菜流通环节增值税有关问题的通知》财税〔2011〕137号）。

包括各种蔬菜、菌类植物和少数可作副食的木本植物，包括经挑选、清洗、切分、晾晒、包装、脱水、冷藏、冷冻等工序加工的蔬菜（各种蔬菜罐头不属于免征范围）。

第四，农产品收购发票、从小规模纳税人取得3％增值税专用发票用于销售可以抵扣9％，如果用于加工制造可以抵扣10％，这也提高了抵扣的比例。

第五，免征企业所得税。企业从事蔬菜、谷物、薯类、油料、豆类、棉花、麻类、糖料、水果、坚果的种植，农作物新品种选育，中药材种植，林木培育和种植，牲畜、家禽饲养，林产品采集，灌溉、农产品初加工、兽医、农技推广、农机作业和维修等农、林、牧、渔服务业项目，远洋捕捞项目所得免征企业所得税（"公司＋农户"可以享受）。

第六，减半征收企业所得税。企业从事花卉、茶以及其他饮料作物和香料作物种植，海水养殖、内陆养殖项目所得减半征收企业所得税（"公司＋农户"可以享受）。

无论是增值税还是企业所得税，对于农业项目都有免税、减税优惠，从事农业项目的老板，可以好好研究利用好对农业的税收优惠政策。

3.10.4　公司向公司分红免所得税

根据《中华人民共和国企业所得税法》第二十六条第二项及其实施条例的规定，居民企业直接投资于其他居民企业取得的权益性投资收益免征企业所得税。

也就是说，公司向公司分红免所得税，收到分红的公司是不用交所得税的。

但是，如果公司向个人股东分红，则个人股东要交个人所得税 20％（由公司扣缴）。

如何用好这个优惠政策？可以改变投资主体，从个人直接投资，改变为以公司去投资，这样公司收到分红就不用交所得税。

例如，某老板目前有一个投资项目 A 公司，老板可以以自己个人的身份去投资，也可以先成立一个家族公司 B，然后以家族公司 B 去投资，做 A 公司的股东。这个家族公司为有限公司，只以家庭成员为股东，没有外人。当 A 公司有利润分红时，B 公司作为股东收到分红就不用交所得税。而 B 公司作为某老板的家族公司，无论是对外投资如购买股票、投资项目，或者购买资产如土地、汽车、飞机，等等，整个公司都是某老板家的，公司的资产当然都属于老板的了。只是换了一种方式，从直接分红持有现金改变为持有公司的资产，资产性质没变，但节约了所得税。

而且，这些资产的折旧、维护等费用，公司开支的办公费、差旅费等正常支出，也能在所得税前扣除，达到了双重节税的效果。但也要再次强调，业务是真实的，费用也是真实的、合理的，这是前提。

不以个人去投资而以公司去投资，可以达到三个效果：一是保持创始股东的控制权；二是隔离股东个人的风险；（这两条已在第 2 章"股权风险管理与控制"中有论述）三是能达到节税的效果。所以，不以个人去投资而以公司去投资是一种目前比较流行的投资方式。

3.10.5　西部大开发优惠政策

根据《财政部 税务总局 国家发展改革委关于延续西部大开发企业所得税改革的公告》（财政部公告 2020 年第 23 号），自 2021 年 1 月 1 日至 2030 年 12 月 31 日，对设在西部地区的鼓励类产业企业减按 15％的税率征收企业所得税。

西部地区包括内蒙古自治区、广西壮族自治区、重庆市、四川省、贵州省、云南省、西藏自治区、陕西省、甘肃省、青海省、宁夏回族自治区、新疆维吾尔自治区和新疆生产建设兵团。湖南省湘西土家族苗族自治州、湖北省恩施土家族苗族自治州、吉林省延边朝鲜族自治州和江西省赣州市，可以比照西部地区的企业所得税政策执行。

国家对于鼓励类产业，分别对各省、自治区有不同类别，像西藏、新疆等边远地区就比较宽泛。

享受西部大开发政策需要准备的备查资料有两项：一是主营业务属于《西部地区鼓励类产业目录》中的具体项目的相关证明材料；二是符合目录的主营业务收入占企业收入总额 70％以上的说明。

本身就属于西部地区中的鼓励类产业的企业，以及虽然不属于西部地区但有符合鼓励类产业可以布局到西部地区去的，可以好好规划用好这个优惠政策。

3.10.6　高新技术企业优惠政策

国家需要重点扶持的高新技术企业，减按 15％的税率征收企业所得税。

高新技术企业的条件是：

（1）企业申请认定时须注册成立一年以上。

（2）属于国家重点支持的高新技术领域规定的范围（①电子信息；②生物与新医药；③航空航天；④新材料；⑤高技术服务；⑥新能源与节能；⑦资源与环境；⑧先进制造与自动化）。

（3）通过自主研发、受让、受赠、并购等方式，获得对其主要产品（服务）在技术上发挥核心支持作用的知识产权的所有权。

（4）研发科技人员占企业当年职工总数的比例不低于 10％。

（5）近三个会计年度的研究开发费用总额占同期销售收入总额的比例符

合如下要求：最近一年销售收入小于 5 000 万元（含）的企业，比例不低于
5％；销售收入在 5 000 万元至 2 亿元（含）的，比例不低于 4％；销售收入
在 2 亿元以上的，比例不低于 3％。

（6）近一年高新技术产品（服务）收入占企业同期总收入的比例不低
于 60％。

3.10.7 税收洼地优惠政策

税收洼地主要有四大类。

第一类，是国家层面出台的部分地区税收优惠政策，如海南自贸区、深
圳前海、珠海横琴、福建平潭。

海南自贸区：对注册在海南自由贸易港并实质性运营的鼓励类产业企业，
减按 15％的税率征收企业所得税（《关于海南自由贸易港企业所得税优惠政
策的通知》财税〔2020〕31 号）；对在海南自由贸易港工作的高端人才和紧
缺人才，其个人所得税实际税负超过 15％的部分，予以免征（《财务部 税务
总局关于海南自由贸易港高端紧缺人才个人所得税政策的通知》财税〔2020〕
32 号）。

深圳前海、珠海横琴、福建平潭：对设在广东横琴新区、福建平潭综合
实验区和深圳前海深港现代服务业合作区的鼓励类产业企业减按 15％的税率
征收企业所得税（《财政部 国家税务总局关于广东横琴新区福建平潭综合实
验区深圳前海深港现代服务业合作区企业所得税优惠政策及优惠目录的通知》
财税〔2014〕26 号）。

这类税收洼地是国家推出的优惠政策，符合条件的产业、人员基本上是
企业所得税按 15％，个人所得税按 15％，支持力度较大，政策预期稳定，不
容易受地方各种因素的影响。

只要所从事的产业符合产业目录，有真实的业务可以运行，就可以放到
这些地区去。即使公司主体不适合放到这些地方，也可以把一些如高科技、
服务类、轻资产的项目，单独剥离出来，到这些有优惠政策的洼地单独成立
子公司，可尽可能把利润转移到在洼地的子公司，以合理限度缴较少的税。

第二类，是对在新疆喀什、霍尔果斯两个特殊经济开发区新办企业五年
内免征企业所得税，新疆困难地区新办企业前两年免征企业所得税，第三年
至第五年减半征收企业所得税。

新疆困难地区新办企业定期减免企业所得税，自取得第一笔生产经营收入所属纳税年度起，第一年至第二年免征企业所得税，第三年至第五年减半征收企业所得税。

这一类也是国家级层面出台的优惠政策，也有不少企业获得优惠待遇。

第三类，民族自治地方企业所得税中属于地方分享的部分减征或免征，但须报省、自治区、直辖市人民政府批准，这其中也有优惠力度比较大的。

例如，西藏拉萨，大多数可以享受西部大开发政策，企业所得税税率15%；对符合条件的企业，企业所得税地方分享部分返还50%，实际只有12%；对于鼓励类产业，地方分享部分全部减免，企业所得税可以最低到9%。

这一类也是国家级层面出台的优惠政策，只不过优惠幅度在地方政府，也有不少企业获得优惠待遇。

第四类，是各地地方自己出台的优惠政策。这类税收洼地是地方政府为了吸引投资，在国家税收中对地方享有分成部分，或者给予一定比例返还、财政奖励，比例有高有低。

例如，建筑企业设立采购公司，将材料采购业务放在税收洼地，既化小了企业规模，一部分利润分解到采购公司享受小微企业的优惠政策，而且在税收洼地可以返还增值税20%～50%，有的企业一年可以返还几百万元、几千万元。

以下这类税收优惠的洼地比较多。例如，上海奉贤、金山，四川宜宾筠连，云南西双版纳，贵州毕节、铜仁，江西上饶、共青城、新余、井冈山，西藏林芝，海南海口、三亚，珠海横琴，浙江宁波，等等，全国各地到处都有。这些洼地各有特点，有的返增值税，有的返企业所得税，有的返个人所得税。

前些年减免、返还比较多，造成各地为了吸引投资互相攀比，恶性竞争，后来国家进行了整顿规范，一定程度上有所趋严，但还是比较多。

正因为这类洼地比较多，其实注册在洼地的很多企业都享受到了增值税、所得税的返还，效果还是不错的。

但这类税收洼地也有两大风险，一是毕竟是地方自己出台的政策，稳定性预期不可控，可能上级会清理、取消政策；二是即使政策保持，但有的地方政府可能财力有限，是否能兑现承诺的返还也不好说，这些年地方政府毁约的官司也不少。

针对这类税收洼地蕴含的风险，建议一是要到财力充足的地方，尽可能避开财力困难的地方，以免地方政府承诺的返还无法兑现；二是尽可能不要做长期投资、重资产投资，以免情况不好时难以即使调头。

经过这些年的清理整顿，国家对税收洼地的政策趋紧，管理也越来越严格，这就引起很多人的质疑、畏惧，认为税收洼地是违法的，洼地还靠谱吗？还能用吗？

其实，这是对税收洼地政策的误解。税收洼地政策是符合税收政策的，是合法的，打击整顿的是借税收洼地之名来粗暴偷逃税的。合法、合理地用好税收洼地政策仍然是受到保护的，而且在很多地方是受到鼓励的、非常火爆的，大家可以大胆使用，关键是业务要真实、有商业合理性。

所以也要提醒大家，无论是上述哪类洼地，并不是只要注册个公司在那里，就一定能够享受税收优惠政策，而是要有实质经营，一定要注意业务安排的合理性，否则，也会面临无法得到优惠的风险，这一点在前面 3.4.4 "慎用税收洼地——霍尔果斯注册企业无实质性经营被追缴 5 200 万元"已有述及，在此不再赘述。

3.10.8 安置残疾人优惠政策

安置残疾人主要有三方面的优惠：

第一，增值税即征即退。对安置残疾人的单位和个体工商户，实行由税务机关按纳税人安置残疾人的人数，限额即征即退增值税的办法。安置的每位残疾人每月可退还的增值税具体限额，由县级以上税务机关根据纳税人所在区县（含县级市、旗，下同）适用的经省（含自治区、直辖市、计划单列市，下同）人民政府批准的月最低工资标准的 4 倍确定。

例如，成都市 2021 年最低工资标准是每月 1 780 元，每月可申请返还的增值税为每人 7 120 元。

要求条件：①月安置的残疾人占在职职工人数的比例不低于 25%（含25%），并且安置的残疾人人数不少于 10 人（含 10 人）；②与安置的每位残疾人签订了一年以上（含一年）的劳动合同；③为安置的每位残疾人按月足额缴纳了社保；④通过银行发工资，且不低于最低工资标准。

第二，残疾人的工资可以加计扣除 100%。

企业安置残疾人员的，在按照支付给残疾职工工资据实扣除的基础上，按照支付给残疾职工工资的 100% 加计扣除，也就是假设公司今年给残疾人发的工资是 20 万元，那么可以按 20 万元扣除费用。

需要的备查资料：社会保险证明，通过非现金方式支付工资薪酬的证明（银行对公户支付），安置残疾职工名单及其《中华人民共和国残疾人证》、劳动合同。

第三，安排残疾人就业的比例不低于本单位在职职工总数的 1.5%，可以免交残疾人保障金。（残疾人证 1 至 2 级或残疾军人证 1 至 3 级的人员，安排残疾人 1 名按照 2 名计算）

2021 年成都市城镇平均工资为 91 857 元，如果以一个 200 人的公司计算，如果没有招录残疾人，需要交 275 571 元残疾人保障金，而只需招录 3 个残疾人即可免交。

招录残疾人工资可以几倍退还增值税、可以翻倍扣除所得税费用、可以免交残疾人保障金，算下来节约税费不少，而且使残疾人得以就业，也为社会做了贡献。

3.10.9 特殊群体减税政策

特殊群体减税政策主要包括：

1. 招录建档立卡贫困人口——每人每年节税 7 800 元

自签订劳动合同并缴纳社会保险当月起，在 3 年（36 个月）内按实际招用人数予以定额依次扣减增值税、城市维护建设税、教育费附加、地方教育附加和企业所得税……（《财政部 税务总局人力资源和社会保障部国务院扶贫办关于进一步支持和促进重点群体创业就业有关税收政策的通知》财税〔2019〕22 号、《国家税务总局 人力资源社会保障部 国务院扶贫办 教育部关于实施支持和促进重点群体创业就业有关税收政策具体操作问题的公告》国家税务总局公告 2019 年第 10 号。）

2. 招录登记失业人员——每人每年节税 7 800 元

当年新招用在人力资源社会保障部门公共就业服务机构登记失业半年以上且持《就业创业证》或《就业失业登记证》（注明"企业吸纳税收政策"）人员，与其签订 1 年以上期限劳动合同并依法缴纳社会保险费的，在 3 年内按实际招用人数予以定额依次扣减增值税、城市维护建设税、教育费附加、地方教育附加和企业所得税优惠。

备查资料：县以上人力资源社会保障部门核发的《企业实体吸纳失业人

员认定证明》《持〈就业创业证〉人员本年度实际工作时间表》。

3. 招录自主就业退役士兵每人每年节税 9 000 元

与其签订 1 年以上期限劳动合同并依法缴纳社会保险费的，自签订劳动合同并缴纳社会保险当月起，在 3 年（36 个月）内按实际招用人数予以定额依次扣减增值税、城市维护建设税、教育费附加、地方教育附加和企业所得税。《财政部 税务总局退役军人部关于进一步扶持自主就业退役士兵创业就业有关税收政策的通知》财税〔2019〕21 号。

备查资料：退出现役证。

3.10.10 其他优惠政策

除了以上税收优惠政策外，还可以利用的其他优惠政策：

1. 资源综合利用。企业以《资源综合利用企业所得税优惠目录》规定的资源作为主要原材料，生产国家非限制和非禁止并符合国家及行业相关标准的产品取得的收入，减按 90% 计入企业当年收入总额。

2. 节能环保节水。企业从事《环境保护、节能节水项目企业所得税优惠目录》所列项目的所得，自项目取得第一笔生产经营收入所属纳税年度起，第一年至第三年免征企业所得税，第四年至第六年减半征收企业所得税。

3. 技术转让。一个纳税年度内，居民企业技术转让所得不超过 500 万元的部分，免征企业所得税；超过 500 万元的部分，减半征收企业所得税。需要的备查资料有技术产权证明、技术转让合同、技术转让收入计算、实际缴纳相关税费的证明。

4. 集成电路。集成电路的所得税优惠政策比较多，生产项目 2～5 年免征、6～10 年减半征收所得税，也有企业所得税减按 10% 征收的。

5. 软件企业。符合条件的软件企业，第一年至第二年免征企业所得税，第三年至第五年按照 25% 的法定税率减半征收企业所得税，并享受至期满为止。

除此之外，还有很多对企业所得税的优惠政策项目，限于篇幅无法一一列举，各位读者可以自行查询《企业所得税优惠事项管理目录》，里面有详细说明。

需要特别说明的是，核定征收仍然是一种非常好的方式，在绝大多数地方个体户仍然可以核定征收，少数地方个人独资企业、合伙企业也可核定（股权投资除外），而且往往核定得很低，不需要有进项发票，这些都很实用于某些业务，可以合理运用。

3.11 | 没有发票怎么办

很多公司都规定没有发票，一律不给报销，还写进了财务制度，美其名曰规范化管理，这个情况很普遍。发生这种情况有两方面的原因，一方面，公司业务确实有复杂性，有的业务确实无法取得发票；另一方面，是没有把握好完整的财务、税收知识，不知道有很多业务是不需要发票的。本节从不需要开票的业务、无发票业务的变通处理、变换方式开票等方面论述如果没有发票应该怎么处理。

3.11.1 不是所有的报销都需要开发票

不是所有的报销都必须开发票。以下几种情形都是不需要开发票的。

第一，小额零星费用不需要发票。

我们国家税法有规定，小额零星的费用不用开发票。比如，我们向个人零星采购、零星服务；食堂买菜没有发票；装修完成后的建筑垃圾，请2人清运支付800元费用等。

单次500块钱以内凭他打的收据，白条直接可以报销，这个是可以抵扣的，但要在收据上注明收款人姓名、身份证号、联系电话。

只是我们要把握是小额、零星，单次不要超过500元，白条子这块不要超过一年的总费的10%。

第二，发票管理办法规定，非增值税应税服务不需要开发票。比如公司支付的违约金、赔偿金，对个人的赔偿金、拆迁补偿金等，这些并非增值税应税服务，故不需要发票、收据。

在网上向消费者发红包，也不属于增值税征收范围，不用发票，有付款凭证即可，但属于偶然所得，应代扣代缴个人所得税20%。

第三，可以让对方去税务局代开。

第四，并不是必须按时开的发票才能报，只要是实际发生实际支付，那先报销，后面开发票也是允许的。今年发生的费用，在明年5月31号汇算清缴期之前发票拿回来都是可以的，即使明年5月31号汇算清缴期之前拿不回来，5年之内拿回来都是可以抵扣的。

3.11.2　没发票也有办法处理

有的业务虽然规定必须要发票，也确实无法取得，也有办法处理。

第一，原始凭证分割单。有的服务，像物业相关的，如水费、电费等，可能一个水表、电表下，有若干家在使用，无法给每家都开发票，这时可以开具原始凭证分割单，以原始凭证分割单作为入账和抵减企业所得税的依据。

但要注意，原始凭证分割单必须复印发票、发票对应的付款凭证、抄表的起止度数、费用分割计算依据等作为附件，以证明业务是真实的。

第二，如果金额不是太大，可以凭收据入账，只要业务是真实的，资金流是准确的，年度汇算时做纳税调增，承担一点企业所得税也无妨。

3.11.3　可以换个方式开票

有的情况下，虽然开发票很困难，但换一种方式也可能得到解决。

（1）开加工费发票。小作坊、小工厂、小服装厂等，不愿开发票主要是害怕开大额发票多交税，可以采取委托加工的形式，自己找大厂买材料并开入材料发票，让这些小作坊只开加工费，例如采购1 000万元有材料发票，加工100万元开加工费发票，这样小作坊的加工费少了很多，开票也不多。

（2）个体户开票。有的零星物料，供应商不愿开发票，可以设立贸易类个体户，小规模纳税人税率3%或1%，所得税核定征收。个体户从供应商买入，再转卖给公司，由于是核定征收，可以没有进项发票，凭收据入账，然后个体户开票给公司。

（3）农村合作社、公司＋农户。对于一些购买农产品、园林工程买苗木等没发票，可以设立农村合作社、公司＋农户开票。农村合作社、公司＋农户免增值税、所得税，但进项可抵扣。

（4）第三方开票。例如向专家支付评审费，不可能向专家要求开票，专家也不会提供身份证，可以委托第三方会务组织机构评审会，并由会务机构支付专家费用，会务机构开发票（会务机构一般可核定征收）。

如对方收取的佣金超过成交额的5%，委托第三方做市场推广如酒店携程，外包第三方线下支付服务费（临时劳务所得，核定征收）。

（5）临时劳务人员。可以采取：代开；劳务服务外包机构开票；委托灵活用工平台，由灵活用工平台提供服务并开票。

（6）个人司机提供服务。可以采取：到税局代开、税局 App 代开、向网络平台申请代开、粤税通（广东省）、运票通（江苏省），也可以租赁个人车辆，开租赁发票，油费可在公司报销。

（7）对境外机构支付。境外的形式票据（通常是收据）可以报销入账；如果境外业务、费用太多，可在境外设立子公司，费用在境外公司处理，只是合并报表。

如果是境内企业提供的服务在境外，境内企业是免增值税，提供免税发票即可（不用额外加税点开发票）。

3.11.4　对方特殊原因无法开票可凭其他资料扣除

在某些特殊情况下，例如，对方被税务机关认定为非正常户无法开票，或者对方注销、撤销、依法被吊销营业执照等特殊原因无法补开、换开发票，怎么办？别人的原因导致我不能扣除太不合理了吧？

别急，这些特殊情况下，不需要发票，凭能够证明业务真实发生的外部、内部资料就可以扣除，这些资料包括：

（1）无法补开、换开发票、其他外部凭证原因的证明资料（包括工商注销、机构撤销、列入非正常经营户、破产公告等证明资料）——必备资料；

（2）相关业务活动的合同或者协议——必备资料；

（3）采用非现金方式支付的付款凭证——必备资料；

（4）货物运输的证明资料；

（5）货物入库、出库内部凭证；

（6）企业会计核算记录以及其他资料。

前款第 1 项至第 3 项为必备资料。需要特别注意的是第 3 项，凡是使用现金支付的都不能作为凭据，必须是银行等非现金支付才能使用。

3.12　税务稽查的基本常识

税务稽查是不少公司都会遇到的，也是很多财务人员、老板所畏惧的。本节从稽查案源的选案、怎么查、查多久、怎么应对几方面介绍如何应对税务稽查。

3.12.1 税务稽查为什么会选到你

首先，你要理解"税务稽查为什么会选到你"。

税务稽查为什么会选到我？是不是税务机关看谁不顺眼就查谁，想查谁就查谁？其实并不是这样，税务机关的稽查是有严格程序的。税务稽查的案件来源——选案，也是按程序的。一般来说，税务稽查的案件来源有随机抽查、大数据分析预警、被举报、被关联到等四大类。

一是随机抽查。每个企业在税务系统的数据库都有资料留存，这些资料包括企业名称、识别号、注册地址、注册资金、法人代表、股东高管、行业、财务负责人、办税人员等基础信息。每年的税务稽查名单确定抽查哪些企业，都会从数据库随机抽取企业，类似于抽奖、摇号，所以你的企业就有可能被随机抽查到。不管你的企业是否守规矩、是否照章纳税，都有可能被随机抽中。当然，即使是随机抽查，也可能会关注哪些重点行业、哪些重点领域，还可能会选大放小，什么样规模的会作为重点随机，等等。一般来说，每年随机抽查的比例不得低于多少都有规定。如图 3-2 所示为稽查通知的样式。

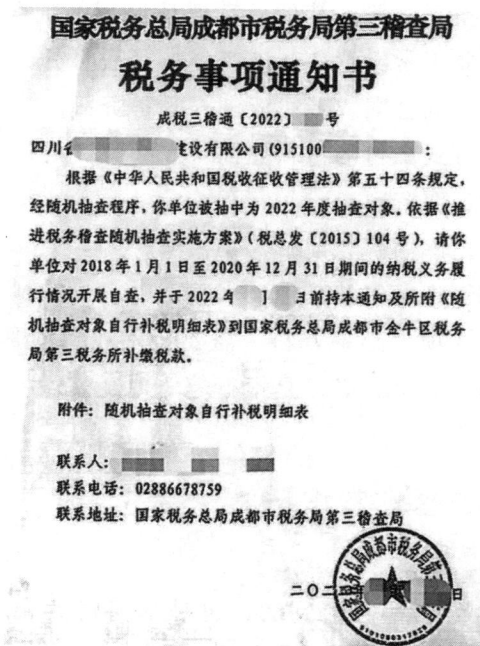

图 3-2　稽查通知书

二是大数据分析预警。企业在税务局数据库的信息中心，除了所属行业等基础信息外，还有营业收入、成本费用、利润、各项资产、负债、所有者权益等历年报表数据信息，还有你收了谁的发票，产品名称、规格型号、数量、单价、金额，你向谁开具了发票，产品名称、规格型号、数量、单价、金额等产品信息，这些信息不仅会与你企业的历年数据对比，也会与同行业企业的数据对比，还会与你上下游企业的数据对比。税务局数据库系统的大数据会对企业涉税数据进行分析，如果企业某些指标异常，就会被预警，会被推送到税务稽查"异常企业数据库"及相关部门，那么你被稽查的概率就相当高了。

三是被举报。因各种原因，你的企业被同行、债权人、合伙人、员工、利害关系人、媒体等举报，现在的规定是对于实名举报税务机关必须查。大家通过众多税务机关的案件处理公告、法院的判决文书中可以看出，非常多的案件均来源于被举报。

四是被关联到。可能是跟你有业务往来的供应商、客户被查到虚开发票、偷税漏税等问题，也可能是公检法、其他行政机关、审计机关等在处理日常工作中发现线索转办、交办等形式关联到的税务稽查，甚至可能是法人代表、实际控制人、财务负责人、办税人违法被关联到，等等。

3.12.2　税务稽查查什么

税务稽查一般会围绕以下几方面来进行。

一是查合同。查询双方签订合同的具体内容，是否是真实交易，是否有合理性，是否存在异常的交易情况。

二是查发票。查看开具的发票是否符合开票规定，是否与合同、交易的产品、服务相符，看是否可能存在虚开发票等。

三是查资金流。通过查有无货款收付，查询银行卡及现金的流向，看是否存在无真实资金流，有无资金流异常回流，以及双方的资金流是否一致。特别提醒，如果查到有资金回流，无论是回流到老板、股东个人名下，还是出纳、会计、其他人员个人名下，都是虚开发票认定的重要证据。

四是查库存及货物流。通过检查库存是否账实相符，有无正常的出入库手续，货物销售交易有无合理货物运输、物流信息，有无运输发票、运输物流单据佐证等，可以判断交易是否真实。

五是查上下游。看购买方和销售方针对同一笔交易入账的经济业务内容是否一致，双方的资金收付、货物交接、发票是否衔接得上等。

通过这些检查，存在虚开发票、两套账、偷逃税等问题的，基本都会无所遁形。

3.12.3　税务稽查会查多少年

在税务稽查实务中，稽查人员一开始通常会将检查期间设定在3年以内，要求你提交3年的凭证、账簿、报表，或是自查报告，但也可能会延长到5年。

根据《中华人民共和国税收征收管理法》的规定，如果你们公司是因为计算错误或者没有申报，造成没交或者少交税的，税务机关可以追征3年内的税款、滞纳金，有特殊情况的，可以延长到5年。

如果你属于偷税、抗税、骗税行为，那税务机关可以无限期地追缴税款。

也就是说，通常3年，但是会根据具体情况延长检查期间，可能到5年；如果涉嫌偷税，根据需要可能会追溯到以前的若干年，理论上是无限期。

3.12.4　税务稽查的应对方法

大家当然不希望被稽查，无论你做得多好，毕竟心里没底，税法也毕竟有一些较为含糊待完善的地方，何况税务机关、税务人员有一定的解释权、自由裁量权，但不希望也不等于不会，被稽查的可能性不仅存在，而且某些情况下概率还不低。

那怎么办呢？除了把我们自己的税务事项处理正规、合法，不能有侥幸心理，不要做违法的事外，一定的应对技巧也是必不可少的，可以注意以下几点：

第一，遵守税法及相关法律法规。不做偷税逃税的事，同时严格按规定的程序处理，做的业务真实，处理规范，照章纳税，这是一切应对技巧的前提和基础。如果你的企业是正规的，你就有底气坦然面对，不用担惊受怕，即使偶尔有些小的瑕疵，也容易解释和弥补，不至于有大的风险；相反，如果你的企业存在偷逃税、虚开发票、两套账等违法行为，你即使有再多的应对技巧，也难免不被查出问题，难免不被处罚，自己面临的风险高心虚也是必然的。

第二，诚恳、不卑不亢的态度。要抱持诚恳的态度，一方面要积极提供所需的资料，工作人员对于税务人员的提问、情况了解，要积极配合；另一方面要抱着学习的态度，对于税务人员提出的疑问，要多做解释沟通，对于指出的问题，要勇于承认、虚心学习，请教解决方法。特别要注意，工作人员对于税务稽查人员指出的问题，不要老讲我们没问题，或者老是强调客观情况。

即使是最终检查下来，企业确实存在问题，也要以诚恳的态度积极沟通，积极按要求及时整改，争取理解，争取更轻的处罚和处理。

第三，老板、法人代表在不在？税务机关稽查时，通常首先会请老板或法人代表到场，以便沟通了解情况，以及需要的配合，但在实务中，很多老板以工作忙、在外地出差等为借口，不愿意到场，这是非常不好的。

一方面，税务稽查人员到你企业来也是工作，也需要尊重。另一方面，你是企业的老板、法人代表，你是企业的管理者，税务人员对你企业的稽查工作需要你的配合和良好的沟通，更需要你来安排、部署企业财务、业务部门人员的配合，争取这项工作顺利推进，争取在合法的幅度内较轻的处罚。试想，如果你不尊重人家，不配合人家的工作，要想别人尊重你，要想别人对你网开一面，可能吗？

第四，稍有瑕疵是正常的。税种多、税法规定有的不明确、税法变化快、现实业务未能被税法及时涵盖等客观方面，财务人员对业务的把握、对税法的理解掌握和处理能力，业务的复杂性和企业其他部门、人员的配合度，企业管理制度、业务流程的合理性等，都决定了即使我们主观上不想偷逃税、想要完全正规，也有可能会留下一些瑕疵、甚至错误，这些可能是无法完全避免的，但只要不是有意而为，只要风险可控，只要发现后积极弥补改正，就都是正常的。

同时，税务人员指出瑕疵，提出改进意见，甚至一定的处罚，一方面回去单位能交差，有汇报内容；另一方面，做出来工作成绩，也对你企业工作作出了指导，也是工作成就感的体现。

第五，对税务稽查的处罚有异议的怎么办？对于税务机关稽查后的处理、处罚，如果有异议，要以诚恳、不卑不亢、有力有礼有节的态度及时沟通，提出交涉。

如果认为税务机关处罚是错误的，或者处罚过重，沟通、交涉下来还是不服怎么办？可以要求举行听证、提起行政复议，也可以向法院提起诉讼。

行政复议：可以自接到处罚通知之日起六十日内，向作出处罚的税务机关的上级税务机关提出行政复议申请。对行政复议决定不服的，可以依法向人民法院起诉。但必须先依照税务机关的纳税决定缴纳或者解缴税款及滞纳金或者提供相应的担保，然后可以依法申请行政复议。

提取诉讼：对于行政复议仍然不服的，可以向税务机关所在地人民法院提起诉讼。

所以，只要我们自己严格按规范来，不违法违规，没有大的问题，就没必要听到税务稽查战战兢兢，完全可以不卑不亢。如果自认为有理有据没什么问题，经过沟通、争取后仍然被不合理对待，或者被刁难，完全可以运用法律武器维护自己的合法权益。

实务中，复议后原来处罚被撤销或者起诉到法院后被撤销的也不在少数。

第4章

资金风险管理及内部控制

本章从资金管控的意义、资金风险管控的主要措施、行之有效的资金风险内控制度、挪用资金罪、职务侵占罪几方面，阐述货币资金管理的风险和漏洞，以及货币资金风险管理的内控制度和方法。

资金是企业生存和发展的重要基础，被视为企业生产经营的血液，一直受到企业的高度重视，但是如果管控不好，会导致企业陷入困境，引起资金链断裂导致企业经营困难甚至破产倒闭。因此，如何防范资金风险、维护资金安全、提高资金效益成了社会广泛关注的热点问题。

本章主要涉及的知识点有：

- 资金及其风险；
- 资金风险管控的主要措施；
- 行之有效的资金风险内控制度；
- 资金风险管理漏洞典型案例；
- 挪用资金罪；
- 职务侵占罪。

4.1 资金及其风险

资金活动管理存在漏洞、管控不严，可能导致资金被挪用、侵占、抽逃或遭受欺诈的风险越来越大。本节从货币资金及其特点、资金被侵占、被挪用的经典案例，揭示货币资金管控中常见的风险。

4.1.1　货币资金及其特点

本书所说的资金，也称货币资金，另外本书说到的现金流、现金，也是指总体上的资金，包括现金、银行存款、其他货币资金等所有可以随时使用的资金。

货币资金就是企业可以随时使用的、用于购买任何东西或服务或偿债的交换媒介。凡是不能立即支付使用的均不能视为货币资金。在流动资产中，货币资金的流动性最强，可以转化为任何资产，是分析判断企业偿债能力与支付能力的重要指标，故持有足够的货币资金是企业运行的基本条件。

货币资金包括库存现金、银行存款和其他货币资金（如外埠存款、银行汇票存款、银行本票存款和在途货币资金等）几大类，但是，在公司的资产负债表上，统一用项目"货币资金"列示，不分别以库存现金、银行存款和其他货币资金单独列示。

货币资金具有如下三个特点。

（1）流动性最强。

货币资金在手里可以购买任何商品，流动性最强，因容易出错、非法侵占、非法挪用而非正常流失的风险非常大；

（2）贯穿企业生产经营的全过程。

公司在筹资和投资、采购和付款、销售和收款、日常生产经营及管理中，包括人员工资，都要用到货币资金，货币资金贯穿企业生产经营的全过程，因而范围广，关系复杂。

（3）有时间价值。

等额的钱，当前拥有与若干年后拥有，其价值当然不一样。

4.1.2　资金是有时间价值的

无论是个人还是企业，要做投资，就不能不对资金的时间价值有所了解。

1. 什么是资金的时间价值

说起资金的时间价值，大家应该有感受，例如，现在有 10 万元钱，与 20 年前有 10 万元钱，但同样的 10 万元其价值能一样吗？20 年前大家的平均收入是多少、物价是多少？

资金的时间价值，就是指当前所持有的一定量资金比未来获得的等量资金具有更高的价值。例如，现在有资金 100 000 元，购买了 3 年期国债，到期可获得利息 9 000 元，这个增加的 9 000 元，就是 100 000 元资金经过 3 年的时间价值，换句话说，现在的 100 000 元相当于 3 年后的 109 000 元。

当然，并不是只要手里面持有资金就有时间价值，资金一定是在不断流动、流通、投资和再投资中才会产生时间价值。

2. 现值和终值

资金的时间价值主要涉及现值和终值两个变量。

（1）现值

现值，又称为本金，就是未来某一时间节点上一定量的资金折算到现在所对应的金额，通常又称为本金。如上例，3 年后 109 000 元的资金折算到现在的金额为 100 000 元，也就是现值为 100 000 元。

（2）终值

终值，又叫将来值，就是现在一定量的资金折算到未来某一时间节点所对应的金额。上例中，现在 100 000 元资金折算到 3 年后的金额为 109 000 元，也就是终值为 109 000 元。

3. 复利现值和终值

一般来说，资金的时间价值具体表现用利率来表示。为方便计算，以 P 表示现值，F 表示终值，i 表示利率（折现率），n 表示利息计算的期数，A 表示年金值。

以利率来计算利息时，通常有单利和复利两种方式。单利就是以固定的本金来计算利息；复利就是不仅以本金，还对利息计算利息，就是所谓的"利生利"。

通常来说，资金估值中的时间价值都按复利方式来计算。

（1）复利现值

复利现值，就是未来某一时间节点上一定量的资金，按复利计算的现在的价值。复利现值的计算公式为：

$$P = F / (1+i)^n$$

为了计算简便，公式中，$1/(1+i)^n$ 是复利现值系数，记作 $(P/F, i, n)$。复利现值系数一般不需要计算，可以通过计算工具查询，像 Excel 等很多计算工具都有这些功能。

例如，××公司某项投资预计两年后可以收回 200 万元，假设年利率为 3%，折合为现值可以值多少钱？

现值 $P = A/(1+i)^n = 200 \times (P/F，3\%，2) = 200 \times 0.9426 = 188.52$ 万元

或　　　$= 200/(1+3\%)^2 = 188.52$ 万元

（2）复利终值

复利终值，就是现在一定量的资金，按复利计算折算到未来某一时间节点的金额（本利总和）。复利终值的计算公式为：

$$F = P \times (1+i)^n$$

为了计算简便，公式中，$(1+i)^n$ 是复利终值系数，记作 $(F/P，i，n)$。与复利现值系数一样，复利终值系数一般不需要计算，可以通过计算工具查询。

例如，某公司将 100 万元存入银行，年复利率 4%，5 年后的终值为多少：

终值 $F = P \times (1+i)^n = 100 \times (1+4\%)^5 = 100 \times (F/P，4\%，5)$

$= 100 \times 1.216\ 7 = 121.67$ 万元

对于资金，一方面要观察其是现在能使用的（现值）还是以后才能使用的（终值），要换算为统一的现值或终值才具有可比性；另一方面，要关注资金的时间价值，勿让资金闲置、无效占用，要加速资金的运动创造价值。

4.1.3　资金管控中常见的风险

企业在资金的管理中，时刻面临着资金被侵占、资金链断裂、资金成本过高、使用效率低这四大风险。

1. 资金被侵占的风险

由于管理不善、管理漏洞，导致资金出现差错，或者资金被挪用、侵占、遭受欺诈、抽逃等，致使企业资金遭受损失。

2. 资金链断裂的风险

由于资金管理不善、无计划或计划不合理，销售资金回笼不畅，筹资不合理，或者盲目投资等，导致资金链断裂，致使企业陷入停顿、破产倒闭的风险。例如前些年一些房地产公司扩张过快，纷纷在海外超额发行债券，近年来由于大环境和政策的影响，销售不景气，资金回笼困难，导致无法兑付

到期债务，严重影响企业信用和正常运转。

3. 资金成本过高风险

由于企业实力、企业信用、筹资决策等方面的原因，资本结构不合理或无效融资，筹资成本过高，超过企业的承受能力，也可能引起企业亏损或资金链断裂。

4. 资金使用效率低的风险

因资金调度不合理、营运不畅，可能导致企业因资金短缺而丧失发展机遇，或因资金大量冗余而导致资金成本高企，这些资金使用效率低下也会使企业面临风险。

4.2 | 资金风险管控的主要措施

本节从职责分工与不相容职务分离控制、预算控制、授权审批控制、业务流程控制、监督检查控制等方面介绍资金风险管控的有效措施。

4.2.1 资金风险管控的目标

资金的风险管控是关系到企业生死存亡的大事，货币资金的风险管控目标就是引导、推动企业的更健康、可持续发展。具体来看，资金风险管理的目标是要达到安全、合法、准确、效益。

1. 安全

资金管理的安全性分为两个层面：

一个层面是，避免资金被非法侵占，确保资金安全，要通过良好的货币资金风险管理控制，防范盗窃、诈骗、挪用、私设小金库等侵占企业资金的违法行为，确保资金安全；

另一个层面是，防范资金链断裂风险。要加强资金计划和预算管理，设计合理的筹资策略、投资策略、销售业务信用措施等，避免资金流断裂，满足企业生存和发展需要。

2. 合法

资金管理的合法性也分为两个层面：

一个层面是，资金的取得、使用，要遵守国家财经法规；

另一个层面是，资金的取得、使用，也要符合企业的各项资金管理制度、内控制度，手续齐备，并且制度能够得到很好的落实。

3. 准确

应保证所有资金的收入和支出都全部入账，所有资金得到完整、准确的记录和反映，真实可靠。

4. 效益

企业在满足营运需求基础上，通过合理安排调度货币资金的收支时间，适当选择资金的收支方式，降低资金的使用成本，发挥资金的最大效益。

对资金活动实施风险管控，需要建立健全相应的内部控制制度，企业应根据法律法规和监管制度的要求及企业生产经营的实际需要，设计科学合理、重点突出、便于操作的业务流程，同时还要有针对关键控制点及主要风险来源的内控措施。

为了实现这些风险管控目标，企业可以采取的控制措施包括：职责分工与不相容职责分离控制、预算控制、授权审批控制、业务流程控制和监督检查控制。

4.2.2 不相容职务分离控制

要管好货币资金，保证资金的安全、准确，就要明确相关部门和岗位的职责权限，建立岗位责任制，确保办理货币资金业务的不相容职务相互分离、制约和监督。

货币资金业务需要分离的不相容职务包括：

1. 专人负责

货币资金的收付、保管工作应由经过授权批准的出纳负责处理，其他人员包括会计人员不得处理资金的收付、保管业务。

2. 资金收付与审批人员分离

出纳及负责资金收付的人员应与货币资金审批人员相分离，不能同时是资金收付的审批人员，不能既是审批人，又是收款、付款人，不能既当运动员又当裁判员。

3. 资金收付与总账记账人员分离

出纳及负责资金收付的人员不能同时负责登记总分类账，就是所谓的管钱不管账，管账不管钱。

4. 资金收付与记账人员分离

出纳及负责资金收付的人员不能同时负责存货、债权债务、收入、支出、费用、投资、筹资等非货币资金账户的记账工作。

5. 资金收付与稽核及档案管理人员分离

出纳及负责资金收付的人员不能同时负责货币资金稽核、会计档案保管工作。

6. 资金收付与资金盘点人员分离

出纳及负责资金收付的人员应与负责现金清查盘点的人员和负责与银行对账的人员相分离。

7. 制单与复核人员分离

不得由一人兼管资金的收付和控制资金收付的专用印章、支付 U 盾、密码，至少应由支付制单和复核两人以上分开进行。

8. 资金收付与银行回单领取、银行核对人员分离

不能由出纳到银行领取结算单，也不能由出纳编制银行余额调节表，应当由两名人员（其中至少一名非资金管理人员）到银行领取银行结单，并在银行结单签字确认，由非资金管理人员按月及时编制银行余额调节表，加强银行结单及对账管理。

笔者为什么要特别强调要由出纳以外的人员领取对账单、编制调节表？从下面这个出纳如何伪造、变造银行对账函的案例中可见一斑。

张某在某知名快餐连锁企业某分公司负责出纳工作和人力资源管理，掌管分公司所有的往来资金，每年经手款项金额数千万元。一段时间后，张某发现总公司的请款管理得比较宽松，于是便开始以各种理由在向总公司申请资金时为自己预留额外的资金，以便据为己有。张某通过支票取现、银行转账等方式，购房购车购买奢侈品等，侵占公司资金 1 000 多万元。

但是，在资金管理方面，公司也设置了层层关卡的，至少有两大关卡还是很有威力的：一是每月会计的银行对账单审核；二是每年总公司委托的会计师事务所审计。

那张某是怎样突破公司自以为严密设防的两个关卡的呢？

第一，突破每月会计的银行对账单审核。

因为张某负责每月去银行领取对账单，他拿到银行对账单以后，就按照银行记录，用软件重新做一份对账单，把自己侵占的记录删除，只保留分公司实际发生的部分，这样提交给会计的银行对账单当然与公司会计账簿上的账一致。刚开始会计也会问怎么对账单没有银行盖章了？张某就解释说可能银行忘盖章了，几次下来会计也就不再多问了。

第二，突破每年总公司委托的会计师事务所审计。

刚开始，会计师事务所会把询证函直接寄给张某本人，张某拿到询证函后，先将询证函中显示公司余额的第一页替换掉，再去银行盖章，银行只在询证函最后一页盖章，盖完章后张某再将第一页换回去，寄还给会计师事务所。

后来会计师事务所的询证函不再发给他，改为直接邮寄到银行。按原来的方式已经不灵了，但也难不倒张某，聪明的张某通过截流快递、篡改文件等方式，仍能蒙混过关，多年未被发现。

后来是窟窿越来越大，实在无力掩盖和应付，自己去了公安机关自首，才最终案发。

从案例可见，将领取银行结算单、对账单、对账函和编制银行余额调节表岗位与出纳岗位相分离是非常必要的。

总之，资金风险管理最重要的是职责分工与不相容职务分离控制，不得由一人办理货币资金业务的全过程，要有相互监督和相互制约。

4.2.3 预算控制

企业的资金管理，说小一点要有计划，量入为出；说大一点，要做预算管理，保证企业的正常运转。

为什么要做资金的预算控制？资金预算控制的基本目标，就是保持现金收支平衡。

企业通过预算控制，合理规划销售回款的资金收入、筹资活动的资金收入，并根据资金收入情况，在保证正常营业成本、费用的基础上，合理安排研发投入、对内对外投资，及时满足企业生产经营各项业务对于资金的需要，并保持现金收支平衡。

如果资金不能保持平衡，入不敷出，企业的资金就会陷入恶性循环，最终将企业拉入破产的万劫不复的境地。

好的预算控制，是结合全面预算管理来进行，将资金预算作为全面预算的一个有机组成部分，通过全面预算管理将资金预算与公司目标结合起来，合理规划资金的平衡。

所以，预算控制也是管控资金风险的有效方法。

4.2.4　授权审批控制

授权审批控制，就是所有的资金收付，都要事先得到有权限人员的批准才能进行，其要求如下：

（1）要有明确的制度，规定审批人员对货币资金业务的授权批准方式、权限、程序、责任和相关控制措施；

（2）审批人员应根据货币资金授权批准制度的规定，在授权范围内审批，不得超越审批权限；

（3）要有明确的制度，规定出纳及负责资金收付的人员办理货币资金业务的职责范围和工作要求；

（4）经办人员应当在职责范围内按照审批人员的批准意见办理货币资金业务，不得未经批准或超批准范围办理；

（5）对于审批人员超越授权范围审批的货币资金业务，经办人员有权拒绝办理，并及时向审批人员的上级授权部门报告；

（6）对于重要、大额的货币资金支付业务，应当实行多层级、多部门审批与决策，并建立责任追究制度，防范贪污、侵占、挪用货币资金行为的发生；

（7）应对批准后的支付申请单进行复核，复核无误后，交出纳人员办理支付，并及时登记现金、银行存款日记账；

（8）未经授权的部门和人员不得办理货币资金业务或直接接触货币资金。

总结下来就是，授权审批控制要求企业所有的资金收付，都要建立管理制度，都要按制度经过审批，并按审批后的额度处理。

4.2.5　业务流程控制

业务流程控制就是企业要制定货币资金收付业务的制度、流程，所有的货币资金支付业务应按照规定的程序办理。

办理货币资金支付业务的程序包括：

1. 申请

由业务办理部门、人员提前向审批人员提交货币资金支付申请，注明款项用途、金额、预算及支付方式等内容，并应附上相关凭据、合同、发票等证明文件证明，除非是自己的费用，不能由出纳人员、财务人员来申请。

2. 审批

把收支审批点作为关键点，是为了控制资金的流入和流出，审批权限的合理划分是资金营运活动业务顺利开展的前提条件。审批人员根据职责、权限和相应程序对支付申请进行审批，不得超范围、超权限审批；对不符合规定的货币资金支付申请，审批人员应拒绝批准。

3. 复核

由复核人员对批准后的支付申请单进行复核，包括手续及相关单证是否齐备，金额计算是否准确，收付款单位是否准确等。复核无误后，交出纳人员办理支付。

复核关键点包括：审查原始凭证反映的收支业务是否真实合法，所附凭据是否齐全，前面环节主管、审核、经办人、制单签章是否齐全等。

复核控制点是减少错误和舞弊的重要措施，复核可以采取上级主管对下级活动的复核（纵向复核）、平级或无上下级关系人员的相互核对（横向复核）这两种形式。

4. 支付

出纳或负责资金收付的人员根据复核无误的货币资金支付申请，按照规定办理货币资金支付手续，及时登记库存现金日记账和银行存款日记账。

5. 反馈

出纳收款、付款后，应将收付款情况及时反馈到相关审批人员、业务发起部门、人员，一方面是信息沟通反馈，另一方面也是接受监督。

4.2.6 监督检查控制

监督检查控制就是通过设立监督检查的岗位、人员以及职责权限，并严格对照货币资金管理的制度、流程，定期或不定期地进行检查从而发现货币资金内部控制中的漏洞、薄弱环节，防范资金风险。

货币资金监督检查的内容主要包括：

（1）检查职责分工与不相容职务分离制度执行情况，相关岗位及人员设置是否符合规范，是否存在不相容职务混岗的现象；

（2）检查货币资金授权批准制度执行情况，授权批准手续是否健全，是否按制度正常运行，是否存在超职权、超范围审批的情况；

（3）检查业务流程控制执行情况，付款申请、审批、复核、支付是否符合制度规定，是否按规定的流程操作处理；

（4）支付款项的印章、票据、U 盾、密码、通知短信等，购买、领用及保管手续是否符合制度规定，是否存在交由一人保管的现象；

（5）票据保管情况。重点检查票据购买、领用及保管手续是否健全，票据保管是否存在漏洞；

（6）检查账目登记是否及时、准确，是否在业务发生后当即入账登记，金额是否准确；

（7）每日资金收支变动情况，包括每个账户昨日余额、今日收款、今日付款、今日余额等信息，以简报形式向财务负责人、公司负责人报送（一方面是便于领导及时掌握资金情况，另一方面也是接受领导的资金监督）；

（8）由上级、其他岗位人员对货币资金定期或不定期地进行清查盘点，检查货币资金实物与账面是否相符、明细账（日记账）与总账是否相符、账面与报表是否相符等，如有不符，应及时查明原因、堵塞漏洞、完善制度流程，及时处理；

（9）财务负责人、企业负责人的手机应开通银行账户余额变动短信提醒，随时了解资金的变动情况，对于异常的、有疑问的资金支付，应及时介入，把风险控制在萌芽状态。

4.2.7 利润不是现金——现金流决定公司的生死存亡

前面讲到的这些风险管理控制方法，只要认真落实，实践证明是可行的，但要真正见到实效，还是公司的决策者要有现金流意识，真正理解"现金为王"的含义。

企业决策者要真正理解一句名言：现金为王。

1. 要真正意识到，有利润不一定有现金流

2022 年 8 月 22 日，华为老总任正非发表一篇题为《整个公司的经营方针要从追求规模转向追求利润和现金流》的文章，其核心内容有两点：第一，从追求规模转向追求利润和现金流，保证度过未来三年的危机；第二，把活下来作为最重要的纲领，边缘业务全线收缩和关闭，把寒气传递给每个人。

从追求规模转向追求利润和现金流，争取活下来，这当然是非常正确的。华为这样的巨无霸公司都发出了活下去的呼喊，千千万万家中小企业怎么办？不更应该警醒吗？

但笔者在这里还要更进一步指出，在利润和现金流这两者中，要更追求现金流，现金流比利润更重要。利润不等于现金流，有利润不等于有现金流。

因为利润是算出来的纸面数据，现金流才是真金白银，原因在于，这是两种会计计算方法造成的差异：利润是根据权责发生制计算的，只要有销售就会计算收入、成本费用、利润，实现了销售可能就会有利润，但可能没有收到款；而现金流是收付实现制，实际收到才会计算。

2. 为什么有利润却没有现金流

原因是多方面的，可能是应收账款过大，或者存货过多，或者投资占用，等等。

例如，某公司 2022 年销售收入 8 000 万元，利润 2 000 万元，但想要给股东分红却连几百万元都拿不出来。仔细分析，本年应收账款从 1 000 万元增长到 2 600 万元，增长了 1 600 万元；存货从 1 200 万元增长到 3 000 万元，增长了 1 800 万元，两项合计增加占用资金 3 400 万元。2022 年账面上有 2 000 万元利润，按道理应该有 2 000 万元的现金流增加才是合理的，却非但没有相应增加 2 000 万元现金流入，反而增加现金流出 3 400 万元。

资金流出大于流入，现金流为负数，就像人的血液一样，只有出血没有回血，长此以往，焉能不败。

所以有时候你会发现，某公司某年表上体现的利润为几千万元、几亿元，但竟然几百万元的欠债都还不起，被列入失信人名单，甚至破产倒闭，就是这个原因。

3. 从什么地方可以看现金流是否正常

大中企业，在现金流量表"经营活动产生的现金流量净额"一栏，可以看到经营活动现金流量数据，如果净额与利润基本匹配，就是比较合理的。如果还有较大的融资、投资，则要结合"期末现金及现金等价物余额"来对照。现金流量表样式见表 4-1。

如果是中小企业，根据财政部要求，一般不编制现金流量表，则将利润与资产负债表的货币资金余额对比也能大体判断。

表 4-1 现金流量表样式

	项 目	本期金额	上期金额
1	一、经营活动产生的现金流量		
2	销售商品、提供劳务收到的现金		
3	收到的税费返还		
4	收到其他与经营活动有关的现金		
5	经营活动现金流入小计		
6	购买商品、接受劳务支付的现金		
7	支付给职工以及为职工支付的现金		
8	支付的各项税费		
9	支付其他与经营活动有关的现金		
10	经营活动现金流出小计		
11	经营活动产生的现金流量净额		
12	二、投资活动产生的现金流量		
13	收回投资收到的现金		
14	取得投资收益收到的现金		
15	处置固定资产、无形资产和其他长期资产收回的现金净额		
16	处置子公司及其他营业单位收到的现金净额		
17	收到其他与投资活动有关的现金		
18	投资活动现金流入小计		
19	购建固定资产、无形资产和其他长期资产支付的现金		
20	投资支付的现金		
21	取得子公司及其他营业单位支付的现金净额		
22	支付其他与投资活动有关的现金		
23	投资活动现金流出小计		
24	投资活动产生的现金流量净额		
25	三、筹资活动产生的现金流量		
26	吸收投资收到的现金		
27	取得借款收到的现金		
28	收到其他与筹资活动有关的现金		
29	筹资活动现金流入小计		
30	偿还债务支付的现金		
31	分配股利、利润或偿付利息支付的现金		
32	支付其他与筹资活动有关的现金		
33	筹资活动现金流出小计		
34	筹资活动产生的现金流量净额		
35	四、汇率变动对现金及现金等价物的影响		
36	五、现金及现金等价物增加额		
37	如：期初现金及现金等价物余额		
38	六、期末现金及现金等价物余额		

现金流是否合理，大体可以从两方面来判断：

第一，一般来说，经营活动产生的现金流量净额大于净利润（净利润为正数），或者营业收入收到的现金大于营业收入，就是非常好的现金流；

第二，一般来说，应收账款占总资产之比超过 20％ 就应引起高度警惕，超过 40％ 风险就非常大了。

4.2.8　亏损也可活下去但没有现金流不行

企业靠什么活下去？靠现金流，而不是利润。一个公司，如果没有利润甚至亏损也是可以活下去的，而且可以活得比较久，一旦机遇来临也能打翻身仗。例如，一家公司现有资金 1 000 万元，假设每年亏损 50 万元，可以承受 20 年不倒，但如果每年有利润 200 万元，而现金流净流出 300 万元，则 4 年后虽然账面利润有 1 000 多万元，却即使有再好的机会也没本钱翻盘了。

像京东、拼多多等知名企业都是亏损多年，非但没有垮下去，而且投资者给出的估值越来越高。相反，行业龙头的某某地产集团，年年利润可观，竟因为区区债务不得不面临破产重组。

但并不是说利润不重要，而是说要重视利润的质量，只有有相应的现金流支撑的利润才是优质的、合理的、企业需要的。那些没有现金流支撑的利润只不过是个数字，甚至是麻醉剂，会麻痹企业决策者，为纸面利润沾沾自喜，没有了亏损时的警惕性，深处危险境地而不自知，以致作出错误判断。

一句话，现金流支撑企业活下去，利润为企业带来发展后劲。

4.2.9　留得青山在不怕没柴烧——决策者的现金流理念更重要

如何管理好现金流是非常广的范畴，前面讲到的管控措施、预算管理都是必要的，但企业决策者的脑海中随时有现金流这根弦更重要。

第一，关注销售部门、销售人员，警惕销售部门为完成销售业绩、获取提成奖励过度铺货而没有回款，不仅要关注、考核销量、毛利，更要关注、考核应收账款、现金回笼，现金收入与销售收入之比、应收账款与销售收入的占比是否增加都是观察指标；

第二，关注库存积压，防止过度采购，也要避免生产部门为完成产量、获取生产提成奖励而过度生产造成产成品积压，库存与销售收入的占比是否增加是观察指标；

第三，特别是一定要防止脱离企业现金流实际情况，不顾一切盲目投资、盲目坚持亏损项目。有时候坚决砍掉亏损项目、及时止损，不失为明智之举，虽然痛惜，但古话说得好，留得青山在不怕没柴烧。

从这个意义上说，老板、CEO懂点财务知识还是非常必要的，我认为老板懂财务不需要样样都懂，最重要的是有两个意识：一个是现金流风险意识，另一个是税务风险意识。

4.3 | 行之有效的资金风险内控制度

4.3.1 现金的风险控制

现在真正的现金使用越来越少了，因此只说三点：

第一，所有的收付款业务尽可能通过银行或其他线上支付方式办理，尽量不使用现金；

第二，如果确实特殊情况收到大额现金，要立即存银行，不要留存大额现金；

第三，管好现金支票，落实管理责任。

4.3.2 银行存款的风险控制

随着信息技术、支付技术的发展，使用现金的情形越来越少，相应地，使用银行收付款的越来越多，而且以银行结算为前提的微信、支付宝等第三方支付方式也越来越多，加强银行存款的内部控制越发重要。

（1）银行结算账户开立使用的控制。开立银行账户应根据生产经营需要，经公司审批授权，由财务部门办理，应根据经营管理需要开设，不得随意开设多个账户。

要定期检查、清理银行账户的开立与使用情况，发现问题，及时处理。财务部门应对于已开设未使用或长期不使用的账户及时作出销户处理。

销户的银行存款应转入正在使用的银行账户中，并对存、销户凭证及时编制会计记录入账。

（2）不得转借、出租、借用账户，单位不得以个人名义开立账户。

（3）实行网上交易、电子支付操作人员的不相容职务相互分离控制，并且还要配备专人加强对交易和支付行为的审核。不得因支付方式的改变或简化而随意变更或简化支付资金所必需的授权批准程序。

（4）及时登账、对账。发生银行存取款、汇兑等业务后应及时登账，并定期与银行核对。

指定专人银企对账是银行存款主要的内部控制手段，每月应至少核对一次，确保银行存款日记账与银行对账单相符，如出现不一致，企业应及时查明原因，并做出处理，其中编制银行存款余额调节表是主要的核对工具，银行存款余额调节表见表 4-2。

核对人员在银企对账时，经过核对，若属企业记账错误，则需及时改正错误；对于因票据传递时差而形成的未达账项，在银行存款余额调节表中，分为企业已收款入账但银行未收款入账、企业已付款入账但银行未付款入账、银行已收款入账但企业未收款入账、银行已付款入账但企业未付款入账四种情况进行填表处理，注明差异原因，编制银行存款余额调节表。

表 4-2　银行存款余额调节表

项　　目	余　　额	项　　目	余　　额
企业银行存款日记账余额		银行对账单余额	
加：银行已收、企业未收		加：企业已收、银行未收	
减：银行已付、企业未付		减：企业已付、银行未付	
调节后的存款余额		调节后的存款余额	

需要说明的是，在当今信息化飞速发展的时代，上述对于因票据传递时差而形成的未达账项，可以说基本不存在了，但银企对账仍是必需的，核对后查明原因进行处理也是必需的。

特别需要说明的是，应由独立于银行出纳的人员（而不是出纳）每月对所有银行账号编制银行余额调节表，以及时发现并调查未达账项。财务部主管人员审核银行余额调节表以确保编制及分析内容的准确性。如此做的目的，是要对出纳有监督，不能由出纳一人自己核对、报告银行存款是否相符。

4.3.3　银行承兑汇票的风险控制

银行承兑汇票是由付款人委托银行开具的一种延期支付票据，票据到期银行具有见票即付的义务；票据最长期限为六个月，票据期限内可以进行背书转让。银行承兑汇票票样如图 4-1 所示：

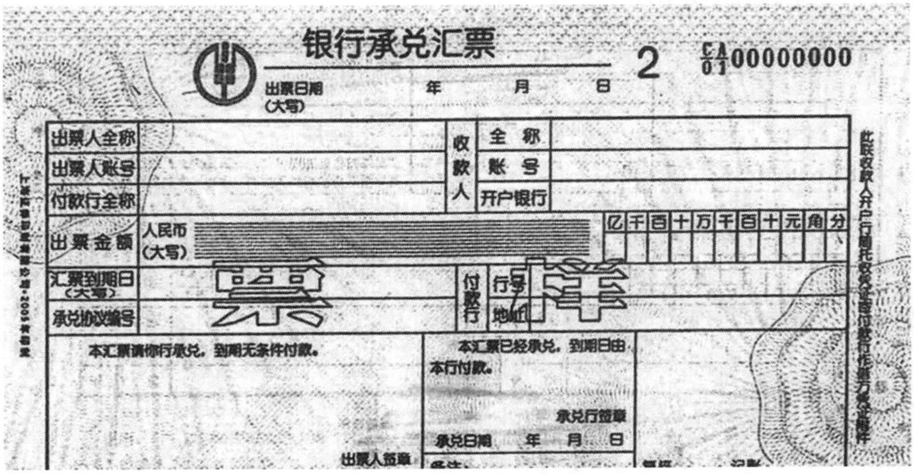
银行承兑汇票 2 CA 01 00000000

出票日期（大写） 年 月 日

出票人全称		收款人	全称	
出票人账号			账号	
付款行全称			开户银行	
出票金额	人民币（大写）			亿 千 百 十 万 千 百 十 元 角 分
汇票到期日（大写）		付款行	行号	
承兑协议编号			地址	

本汇票请你行承兑，到期无条件付款。

本汇票已经承兑，到期日由本行付款。

承兑行签章

承兑日期 年 月 日

出票人签章

此联收款人开户行随托收凭证寄付款行作借方凭证附件

票样

图 4-1　银行承兑汇票票样

由于银行承兑汇票到期后，由承兑银行无条件付款，收到银行承兑汇票就如同收到了现金，所以银行承兑汇票信用好，承兑性强。

银行承兑汇票可以背书转让给别的企业，也可以申请贴现（提前支取款项，但要支付贴现利息），不会占压企业的资金，因而流通性强，灵活性高。

企业只需交纳规定的保证金，就能申请开立银行承兑汇票，可以节约资金成本。能够开具银行承兑汇票的是实力较强、银行比较信得过的企业。

银行承兑汇票常见的风险点有：

（1）鉴别真伪。市场上假冒、变造、克隆的承兑汇票不断涌现，能否把住审查关，鉴别真伪，对防范票据风险至关重要。

有纸张防伪、油墨防伪、缩微文字、印刷防伪、借助鉴别仪的“四个灯”（放大灯、短波灯、长波灯、水印灯）防伪等方法来辨别票据的真伪。

当然，票据真伪的鉴别专业性很强，如果确实没把握，请出票银行核实是最靠谱的。

（2）票据是否合法、准确。

①票据有无破损；

②票面各记载要素及背书填写是否完整、各种签章是否齐全，这些要素

包括：表明"银行承兑汇票"的字样、无条件支付的委托、确定的金额、付款人名称、收款人名称、出票日期、出票人签章。欠缺记载这些规定事项之一的，银行承兑汇票无效。

③票据的行名、行号、汇票专用章等应准确无误；

④背书是否连续等；

⑤票据填写有无笔误，如票据大、小写金额应一致，书写规范，签发及支付日期的填写符合要求（月份1、2月前加零，日期1～9日前加零）；

⑥是否属于被盗、被骗、遗失范围及公检法禁止流通和公示催告范围；

⑦是否有"不得转让""质押""委托收款"字样，这样的票据不得转让、质押、不得办理贴现。

（3）背书不连续。背书不连续是银行承兑汇票最常见的错误，背书不连续以后可以拒绝承兑付款。

背书是转让人在票据背面或者粘单背书人签章栏加盖公司财务章与法人章，将汇票转让给他人的行为。

《中华人民共和国票据法》第三十一条第一款规定，以背书转让的汇票，背书应当连续。持票人以背书的连续，证明其汇票权利。非经背书转让，而以其他合法方式取得汇票的，依法举证，证明其汇票权利。

所谓背书连续，是指在票据转让中，转让汇票的背书人与受让汇票的被背书人在汇票上的签章依次前后衔接。收款人为第一背书人，自第二次背书起，每一次背书的背书人必须是上一次背书的被背书人，持票人为最后背书之被背书人，即构成背书连续。例如，A转让给B、B转让给C、C转让给D，就前后衔接，就是背书连续，如果B跨过C直接背书转让给D，就是背书不连续。

如果背书不连续，因为该持票人是否享有票据权利或享有行使票据权利的权利，从票据上无法得知，因此，如果持票人不是最后背书的被背书人，在形式上，就没有请求付款人付款的资格。

4.3.4　商业承兑汇票的风险控制

商业承兑汇票在日常实务中应用比较多。

1. 什么是商业承兑汇票

商业承兑汇票是指出票人签发的，委托由银行以外承兑的付款人在指定日期无条件支付确定金额给收款人或持票人的票据。商业承兑汇票以合法的商品交易为基础，而且汇票经承兑后，承兑人（即付款人）便负有到期无条件支付票款的责任，同时汇票可以向银行贴现，也可以流通转让。商业承兑汇票票样如图 4-2 所示。

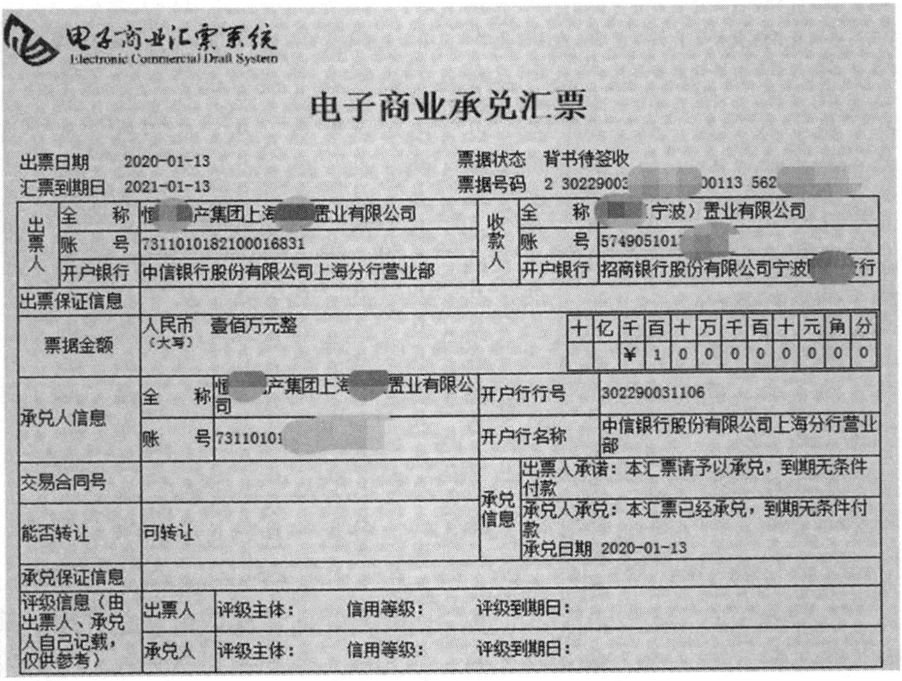

图 4-2　商业承兑汇票票样

商业承兑汇票也和银行承兑汇票一样，可以背书转让，也可贴现（提前支取款项，但要支付贴现利息）。

2. 商业承兑汇票的风险大

很多人搞不清楚商业承兑汇票与银行承兑汇票的区别，其实它们最大的区别就是，银行承兑汇票是由银行承兑，承兑银行需无条件付款，很少出现问题；而商业承兑汇票的承兑人是企业，汇票到期后，银行凭票从付款单位账户划转给收款人或贴现银行，如果汇票到期付款人账户不足支付，开户银行将汇票退给收款人，由收、付双方自行解决。

商业汇票的兑付是以企业信用作为基础，既不用交保证金，又不占用企业在银行的授信额度，故其融资成本很低，这也导致有些企业使用大量的商业汇票进行交易，空手套白狼，到期却无法兑现。

例如，某某地产、某某集团等一些大型上市房地产企业都曾传出商业承兑汇票到期后无法兑付的消息，上游供应商、建筑企业手持大量汇票难以兑现，导致无法支付材料货款和工人工资。

我们知道，子公司与母公司是相互独立的企业法人，各自承担自己的债权债务，利用这一游戏规则，房地产企业往往都会专门为开发某一楼盘而设立一家子公司，商业承兑汇票上的出票人就是各个项目的这些子公司。一旦资金紧张无法兑付，承担法律责任的往往是这些子公司，而可能不是那些大名鼎鼎的房地产企业，因此商业承兑汇票的风险是比较大的。

由此可以看出，商业承兑汇票与银行承兑汇票相比，风险大得多。商业承兑汇票最大的风险，就是承兑人的付款账户是否有足够的资金足以支付。如果承兑人无力支付，持票人可能面临资金无法兑付的风险。

3. 资信调查是防范商业承兑汇票风险的必要手段

如上所述，商业承兑汇票相比银行承兑汇票风险大，怎么防范商业承兑汇票的风险呢？

（1）如果有可能，尽量以银行转账或现金方式结算货款；

（2）若确实要收商业承兑汇票结算，一定要考察兑付方的资信情况，如果资信状况不好或不了解，应当拒绝接收商业承兑汇票；

（3）若确实要收商业承兑汇票结算，可要求对方提供担保（有担保能力的母公司或第三方），如到期无法兑付，由担保人承担担保责任；

（4）协商解决。可以与承兑人重新达成还款协议，也可以与前手协商退票，重新更换支付方式；

（5）汇票到期被拒绝付款的，持票人可以对背书人、出票人以及汇票的其他债务人行使追索权。

4.3.5　不断创新的支付方式下的资金风险管控

随着电子信息技术、互联网技术的飞速发展，资金的收、付方式也发生了翻天覆地的变化，从前的现金、现金支票、托收承付、电汇等传统收付方式已经很少使用，新的收付方式随科技发展进步不断涌现、不断更新，像网上银行、手机银行、微信、支付宝、扫码收付等如雨后春笋，这些新的收付方式在带来更快捷、更方便的体验时，也带来了新的风险，像前面提到的一些案例就属于这类新型资金收付方式带来的巨大风险，更需予以重视。

新的资金收付方式带来的新的资金风险，其风险管控手段也在不断探索之中，或者说原有的管控措施也需要不断与时俱进。

1. 家访和背景调查

所有的问题说穿了都是人的问题，再好的制度也需要人来执行，所以，选择正直、可靠、有能力的人，也是风险管控的应有之义。对于资金管理人员、关键岗位的会计人员、核心资产管理人员，应进行家访和背景调查，像有嗜赌、酗酒、吸毒、过度虚荣、过度炫耀、失信人员、日常开支明显超过正常收入等迹象的人员，应排除在外。同时，通过经常性的家访，也能及时发现核心员工工作之余的状况，一方面及时发现异常，另一方面也能加深感情和认同。

2. 资金变动信息第一时间同步通知企业负责人

应通过与银行、第三方支付的信息联动，将资金任何变动的信息第一时间自动同步通知到企业负责人、财务负责人，以便负责人及时了解资金变动和控制资金风险。

3. 每天报资金余额并截图佐证

出纳应在每天下班前向企业负责人、财务负责人报告当日资金收、支、余情况，并对余额截图予以佐证。

4. 加大资金抽查盘点随机性和频次

任何好的制度、任何好人，都需要落实、都需要监督，资金管理也一样。除了正常的资金盘点外，加大抽查盘点的随机性和频次，形成有效的监督是必须的。

5. 出纳不能拿银行对账单

出纳不能同时管资金和去拿银行对账单，更不能直接拿资金与银行对账，必须有其他监督，在前面已经讲过，此处只是重复强调其重要性，这样即使有资金舞弊现象，也能及时发现。

4.4 │ 资金风险管理漏洞典型案例

4.4.1 违背不相容职责分离要求学校会计挪用资金百余万元

严重违背不相容职责分离要求，贵州一学校会计一人管空白支票和两枚印鉴，挪用了一百余万元。

1. 案例呈现

据纪检信息报道，贵州某镇中心学校会计胡某，利用学校在银行开设的账户支票、印鉴由他一人保管之便，自己填写支票，并加盖印鉴后，到银行提取。至被发现时，胡某累计30多次挪用学校资金130多万元，其中，有67万余元属于学生营养餐专项经费。

为了不被发现，胡某对学校的账目通过技术处理，达到财务收支账目表面平衡，甚至为了应付年底决算，他还制作虚假的学校账户存款余额表，糊弄过关。

2. 典型漏洞

本案例中，有两方面的漏洞：

（1）空白支票、财务章、校长印鉴都由胡某一人保管，严重违背不相容分离的内控要求，使他可以在空白支票上加盖印鉴随意填数取款，是严重的内控失效；

（2）自己一个人既管钱，又兼与银行对账，编制银行存款余额表，监督检查内控机制也失效。

4.4.2 骗子在 QQ 群冒充领导

1. 案例呈现

2020年5月，某上市公司综管部职员杨某某收到公司总经理张某某的电邮指示，要求其建立一内部工作群。杨某某在未核实总经理"张某某"身份的情况下建了 QQ 群，成员有杨某某、总经理"张某某"、财务经理邓某三人。

"张某某"在 QQ 群中告诉邓某，与某客户签订了合同，客户交的保证金298万元不小心已打到他的私人账户，他在开会不方便，让邓某安排先从公司账上将298万元退回去给客户，由客户重新打到公司账户上，客户已打到他私人账户上的钱明天给退回去。"张某某"给了邓某某客户"徐某某"的账号。邓某某未甄别核实"张某某"的身份真伪，也未请示公司其他领导、财务总监，未执行付款审批流程，安排并与出纳员詹某一起经网上银行将公司资金298万元转到"徐某某"的账号。

当天晚上，杨某某对 QQ 群中的聊天记录产生怀疑并提醒邓某某，邓某某才打电话向张某某核实，方知道被诈骗并报警，但款项早已被提现。

2. 典型漏洞

本案例中，漏洞在于没有完善的资金支付、审批流程或者没有严格遵照执行。资金的支付一定是业务经办部门、人员提出申请，业务部门负责人、财务部门负责人、公司领导或其授权的人员审批，并且审批后还应有其他人复核，然后出纳付款，并且出纳制单后还应有其他人审核出纳支付，即使是领导安排也应按制度来，不能失去控制。

特殊情况下，如果领导通过微信、短信、QQ等不见面、不听声音无法核实身份的聊天方式要求转账汇款时，一定要电话或当面确认准确无误后才可转账，在暂时无法确认的情况下，一定不能转账汇款。

这样的诈骗案例很多，总之严格按内控制度的要求执行就会把风险降到最低。

4.4.3 上市公司收到假汇票损失 6 900 万元

收到、未能识别虚假银行承兑汇票、商业承兑汇票是频繁发生、损失较大的货币资金管控漏洞。

1. 案例呈现

2013 年 7 月，某上市公司销售业务接收银行承兑汇票，在回收货款过程中，发现一份银行承兑汇票是假票，经对其他银行承兑汇票进行鉴别，发现还有其他假票据，都是一个业务员提供的，合计金额 6 896 万元。

实际上，根据该公司对银行承兑汇票的管理规定：第一，收到购货单位交来的银行承兑汇票后，市场部应认真审核，及时填制银行承兑汇票签收单，经往来核算岗位确认后移交银行，不能及时移交的交财务部销售管理岗位保管，并建立暂保管台账；第二，财务部与市场部共同认定可采用银行承兑汇票结算的客户名单；第三，建立银行承兑汇票结算手续制度，收到票据认真审核并通过开户银行及时查询。

2. 典型漏洞

本案例中，漏洞在于以下两方面。

（1）假票并不止一张，而是很多张。所有假票据都是某一个业务员提供，可见并非偶发事件，说明公司对于用户票据的风险管理内控制度失效。

解决的方法是，业务人员或财务人员应对汇票的真实性进行初步的查验，在搞不清楚真伪的情况下应送交银行真实性和有效性，以保证资金的安全。

（2）不能由业务员收款，这是资金管理风险控制所要求的。如确需销售业务人员收款，应经过公司授权同意，并加强与对方财务联系，核对款项往来是否相符。

4.4.4　修改金额、模仿董事长签字虚假报销 3 800 万元

某钢材生产公司贾某负责董事长费用报销及日常生活起居等工作。某日，董事长通知贾某准备 5 万元，次日要用，贾某便电话通知公司出纳准备款项，说好次日来取。第二天上午，贾某如约从出纳处取走 5 万元交给董事长，出纳未要求李某办理任何手续。

贾某随后填写董事长的业务费报销单，金额 5 万元，但有意将金额数字小写、大写之前留下一定空隙。在董事长为报销单签字后，贾某又在小写"5"之前加上"1"，大写"伍"之前加上"壹拾"，报销金额由 5 万元变为 15 万元。次日下午，贾某持经董事长签字的 15 万元费用报销单到财务部，出纳又将 10 万元通过银行打给贾某。此外，贾某还虚构报销单，并模仿董事长签字，到财务部报销款项。

六年时间，贾某通过篡改董事长已签字单据的金额，或者模仿董事长签字虚构假报销单，共虚假报销 3 800 万元。

实际上，这只是贾某虚假报销的手段之一，除此之外，贾某还通过模仿董事长签字的方式，虚开报销单，最终，因犯职务侵占罪，被判处有期徒刑十四年二个月。

4.4.5　上市公司教科书式补救措施案例

货币资金管控失败后，应积极采取补救措施减少损失，堵塞漏洞，这方面某上市公司作出了教科书式示范。

1. 案例呈现

2020 年 2 月 12 日，某上市公司发布重大事项公告，公司全资子公司的一名财务涉嫌贪污公款 1.539 亿元，已被属地监察机关立案，并被采取留置措施，目前案件正在调查之中。

2. 教科书式补救措施

此案例财务涉嫌贪污 1.539 亿元，当然暴露出公司多个内控环节都存在

严重缺失，但亮点是公司随即出台了补救措施。

采取的补救措施是：

（1）由两名人员（其中至少一名非资金管理人员）到银行领取银行结单，并在银行结单签字确认，由非资金管理人员按月及时编制银行余额调节表，加强银行结单及对账管理。

笔者特别强调：要由出纳以外的人员领取对账单、编制调节表。

（2）全面开通银行账户短信提示功能，扩大银行账户短信通知接收人范围至各公司的关键、重要岗位人员，以即时掌握银行账户资金变动情况，加强银行账户安全保障。

（3）全面核查资金管理岗位人员检查他们是否具备必要的履职能力和职业操守，并通过持续参加专业培训，提高履职能力。明确资金管理岗位人员的职责及基本原则，加强内部控制，进行有效监督检查。

（4）对资金管理的重点管理环节从制度层面进行了明确和强调，其中包括现金日清月结、银行对账、函证、制证记账等工作环节。严格落实不相容职务管理规定，严格管理公章、印鉴、USB KEY 及登录密码。强化财务部保险柜管理的具体要求，并进行不定期的检查。

为什么出了那么大的问题还说是亮点，因为这些补救措施确实正是资金风险管理控制的基本要求和精髓所在。

当然，资金管控方面还可以补充内容，例如，由非资金管理人员核对银行存款余额情况，进行比对分析；再如，财务管理人员或审计人员能直接向银行函证，也是银行存款风险管理内控的有效方法。

4.5 | 挪用资金罪

本节从挪用资金罪的概念、案例，特别是著名的甲某挪用资金案讲解公司资金风险管控，以及触犯该罪应承担的刑事责任。

4.5.1 什么是挪用资金罪

挪用资金罪是公司比较常见的一类经济犯罪，特别是出纳、会计人员较多。

1. 什么是挪用资金罪

挪用资金罪，是指公司、企业或者其他单位的工作人员利用职务上的便利，挪用本单位资金归个人使用或者借贷给他人，数额较大、超过三个月未还的，或者虽未超过三个月，但数额较大、进行营利活动的，或者进行非法活动的行为。

具有下列情形之一的，属于本条规定的"归个人使用"：

（1）将本单位资金供本人、亲友或者其他自然人使用的；

（2）以个人名义将本单位资金供其他单位使用的；

（3）个人决定以单位名义将本单位资金供其他单位使用，谋取个人利益的。

2. 如何界定

是否构成挪用资金罪，有几点比较重要：

（1）身份（是公司、企业或者其他单位的工作人员）；

（2）利用职务上的便利（利用本人在职务上主管、经管或经手资金的便利，如果不利用职务上的便利，则不构成挪用资金罪）；

（3）行为（挪用本单位资金归个人使用或者借贷给他人）。

3. 严重程度

具备上述身份、利用职务上的便利、有挪用资金的行为，还要看严重程度，有下列行为之一就构成挪用资金罪：

（1）挪用资金数额较大（目前是5万元以上）、超过三个月未还，就构成挪用资金罪；

（2）虽未超过三个月，但数额较大（目前是5万元以上）、进行营利活动（如投资、炒股、经商等）的，构成挪用资金罪（只要达到数额较大、进行营利活动的标准，不管是否超过三个月、是否退还，都构成挪用资金罪）；

（3）只要达到数额较大（3万元以上）、进行非法活动的，例如挪用资金用于赌博、贩毒等，不管是否超过三个月、是否退还，都构成挪用资金罪。

4. 多大金额会被追究

2022年4月29日，最高人民检察院、公安部联合发布修订后的《关于公安机关管辖的刑事案件立案追诉标准的规定（二）》第七十七条第一款，公司、企业或者其他单位的工作人员，利用职务上的便利，挪用本单位资金归个人使用或者借贷给他人，涉嫌下列情形之一的，应予立案追诉：

（1）挪用本单位资金数额在五万元以上（之前立案标准为 10 万元，下同），超过三个月未还的；

（2）挪用本单位资金数额在五万元以上，进行营利活动的；

（3）挪用本单位资金数额在三万元以上（之前立案标准为 6 万元），进行非法活动的。

5. 量刑标准

《中华人民共和国刑法》第二百七十二条第一款规定，公司、企业或者其他单位的工作人员，利用职务上的便利，挪用本单位资金归个人使用或者借贷给他人，数额较大、超过三个月未还的，或者虽未超过三个月，但数额较大、进行营利活动的，或者进行非法活动的，处三年以下有期徒刑或者拘役；挪用本单位资金数额巨大的，处三年以上七年以下有期徒刑；数额特别巨大的，处七年以上有期徒刑。

6. 即使归还了或者无职务也可能构成挪用资金罪

无公司职务的实际控制人可以构成挪用资金罪。

挪用资金的行为经集体讨论或公司同意，且非为个人利益，则不构成挪用资金罪。

挪用资金给个人实际控制的单位经营的，属于归个人使用，应认定挪用资金罪。

利用个人账户存取公司资金也可以构成挪用资金罪。

利用公司资金储蓄理财的，即使归还也构成挪用资金罪。

4.5.2　出纳挪用资金 680 万元买彩票获刑 9 年

王某在某公司做出纳工作，公司的现金支票和财务印章归他一人管理，王某填好支票盖上章，就可以到银行取钱。王某挪用公款达 678.9 万元，全部用于购买彩票，后来承受不了压力，主动到公安机关投案自首，警方在王某家中搜出了一麻袋体育彩票。

王某挪用公司巨额公款一年多，但该公司经理直到他投案自首后才知道此事，该经理介绍，该公司成立于 1998 年，是由河南某出版社退休职工集资组建，截至 2005 年，公司业绩每年都攀升。

由于王某的挪用，公司账户上出现亏空，但公司的领导层也没有去找原因，最后公司不得不在报纸上刊发公告，宣布破产。

法院以挪用资金罪，判处王某有期徒刑 9 年。

本案中，该公司的现金支票和财务印章归出纳一人管理，王某填好支票盖上章，就可以到银行取钱，这当然是违背了不相容职务分离的要求，没有将空白支票、财务印章分开由不同岗位的人员管理，是资金风险管控的漏洞。

但是，出纳利用资金风险管控的漏洞挪用资金，被判坐牢九年，也付出了巨大的代价。

4.5.3 风险高但被民营企业家所忽视的挪用资金罪

相比其他岗位，因接触资金的机会多，出纳、会计岗位出现挪用资金的概率要大得多，但风险很高的挪用资金罪往往被民营企业家所忽视。

1. 出纳、会计是案件高发岗位

触犯挪用资金罪的可以是公司的任何工作人员，特别出纳、会计等岗位是高发、高危岗位，应该特别重视加以防范，其方法主要是不相容职务的分离控制、授权审批控制、监督检查盘点控制等。

2. 风险高被民营企业家所忽视

挪用资金罪的高风险被企业家所忽视，原因在于两方面：一方面，企业家在观念上往往觉得，公司是我投资的，整个公司都是我的，我用公司的钱是天经地义的；另一方面，实务中，民营企业家们不仅是企业的投资者、控股者，往往也都主导企业的经营管理，再加上制度不完善，监督制约风险管控机制欠缺或不落实。

民营企业老板一定要注意，虽然公司是你投资设立的，但你的资金一旦投入公司就属于公司的了，公司作为一个独立的法人主体，有独立的财产权。你对公司有所有权、控制权、分红权，但不能直接拿走公司的资金，否则，轻则被视为分红，交个人所得税；重则触犯挪用资金罪，承担刑事责任，这个风险就大了。

3. 以借款方式拿走公司资金也存在风险

实务中，很多老板采取借款的方式拿走公司资金，好像大多数也没有怎么样，但其实也存在风险。《中华人民共和国公司法》第一百一十五条规定，公司不得直接或者通过子公司向董事、监事、高级管理人员提供借款。

一方面，如果借款不是与公司生产经营有关，可能会被视为分红，要追缴个人所得税；另一方面，如果在没有经过董事会同意、没有任何贸易背景或者业务往来的情况下就拿走资金，也可能会被认定为挪用资金罪。

特别是经济状况不佳、企业陷入困境、偿债困难的时候，如果其他股东、债权人采取举报、起诉等激烈手段，那触发挪用资金罪的概率就会大大增加。

4.5.4 实际控制人不能擅自在关联公司之间调用资金或转归个人使用

"挪用自己公司资金2.9亿元5天用于注册公司被判刑8年！"

2019年4月，最高人民法院对某著名民营企业老板F等人挪用资金一案再审进行公开宣判。

F挪用资金的问题，简单来说就是，挪用其所控制的某电器公司资金2.9亿元，用于个人出资注册公司，挪用的资金用了5天后归还，被法院认定犯挪用资金罪，判处有期徒刑八年，刑满释放后，提出申诉。最高人民法院审理后维持犯挪用资金罪，改判有期徒刑五年。

最高人民法院的判词说：公司的经营者，即使是法定代表人、董事长，在未经董事会同意、没有任何贸易背景或者业务往来的情况下，也不能擅自在关联公司之间调用资金，更不能将公司资金转归个人使用，更不能将公司财产与个人财产相混淆。

这一著名案例，对于挪用资金罪的认定理由有非常清晰的论述，而且也可以从另一方面观察民营企业家在公司资金使用和管理上的风险。

4.6 | 职务侵占罪

与挪用资金罪一样，职务侵占罪也是企业常见的一种经济犯罪，企业也深受其害，常常导致企业资产被非法侵占，需要加强风险管控。

4.6.1 什么是职务侵占罪

职务侵占罪，是指公司、企业或者其他单位的人员，利用职务上的便利，将本单位财物非法占为己有，数额较大的行为，一般为管理物资、资金的人员监守自盗或内外勾结。

《中华人民共和国刑法》第二百七十一条第一款规定，公司、企业或者其他单位的工作人员，利用职务上的便利，将本单位财物非法占为己有，数额较大的，处三年以下有期徒刑或者拘役，并处罚金；数额巨大的，处三年以上十年以下有期徒刑，并处罚金；数额特别巨大的，处十年以上有期徒刑或者无期徒刑，并处罚金。

4.6.2　什么情况下构成职务侵占罪

职务侵占罪由 5 个要件构成，包括公司、企业或者其他单位的人员、利用职务上的便利、本单位财物、非法占为己有、数额较大。

（1）是公司、企业或者其他单位的工作人员，包括正式员工、临时工、实习生、兼职人员等。

（2）利用职务上的便利。该员工的工作职责能够占有、控制、支配本单位的合法财物，并且行为人利用在单位职务职责范围内的权力的便利条件，非法将本单位财物占为己有。

（3）本单位财物，包括现金、银行存款、承兑汇票、公司固定资产、产品、原材料、办公用品等公司各类资产。

（4）非法占为己有。将公司财物置于自己或第三人占有、支配、控制之下，意图无偿占有该财物，且没有合法取得财产的依据或者刑事违法的阻却事由。

（5）数额较大——三万元以上。《关于公安机关管辖的刑事案件立案追诉标准的规定（二）》第七十六条规定，公司、企业或者其他单位的工作人员，利用职务上的便利，将本单位财物非法占为己有，数额在三万元以上的，应予立案追诉。

4.6.3　职务侵占罪与挪用资金罪有什么区别

两者的区别主要有以下两个方面：

（1）犯罪对象不尽相同，职务侵占罪的对象是本单位的财物，既包括钱（现金、银行存款等），也包括物，如公司固定资产、产品、原材料、办公用品等公司各类资产；而挪用资金罪的对象只能是本单位的资金。

（2）犯罪故意内容不同，职务侵占罪的故意内容是以非法占为己有为目的，完全不打算归还；而挪用资金罪的故意内容只是暂时使用本单位的资金，准备日后归还。

4.6.4　职务侵占罪案例

职务侵占罪的案例也非常多，这里举以下两个加以说明：

1. 小额、次数多

常某某在某全国知名连锁饮品店担任华北区运营经理并负责北京区域 60 余家门店的人事、财物管理。

常某某侵占财物的方式有三种：

一是利用其职务便利，指使下属在非高峰时间段以结算系统故障为由，要求客户将消费款项扫码支付至常某某微信、支付宝账户，收款 26 万余元；

二是借用别人身份证、银行卡办理 5 家门店入职手续，并指使各店长代打卡，虚报、冒领工资薪酬共 21 万余元；

三是利用职务便利，先将门店设备向公司报损，然后挪运到亲戚饮品店经营使用，经鉴定设备为 27 923 元。

一年多时间，常某某通过上述三种方式侵占公司财物共 50 万余元，被以犯职务侵占罪，判处有期徒刑一年十个月。

2. 电商企业运营人员

雷某担任某公司品牌运营经理期间，利用帮公司线上推广品牌、采购直播设备、申请某电商平台店铺等职务便利，编造将钱款用于向公司某直播平台刷礼物、找就职于电商平台的朋友公关等事由，向公司申领备用金、公关费等共计人民币 18 万元并占为己有，被法院以职务侵占罪判处有期徒刑一年。

第 5 章

采购业务风险管理及内部控制

采购是企业生产经营的起点，既是企业实物流的重要组成部分，又与资金流密切关联。本章从采购业务的风险、采购业务的风险管控措施、采购业务的后期评估几方面讨论如何做好采购业务的风险管控。

本章主要涉及的知识点有：

- 采购业务及其风险；
- 采购各业务流程的主要风险点及管控措施；
- 采购业务的后期评估。

5.1 采购业务及其风险

本节从虚构业务侵占公司资金的案例，介绍采购业务的特点，以及采购业务的风险，为下节的采购业务风险管理打基础。

一方面，采购环节承担着保障供应的重要责任，另一方面，众所周知，采购部门也一向是被认为油水充足的部门，因此采购环节成为舞弊风险的高发区，也一直是被重点监督的领域。采购环节的流程虽然不很复杂，但蕴藏的风险却是巨大的。

5.1.1 从虚构业务侵占 2 500 余万元看采购业务风险管控

先看一个采购业务风险控制失败的案例。

1. 案例呈现

中央纪委国家监委网站披露，2015年，某公司引进了一套企业管理系统，以整合采购、销售、库存等业务流程管理，提高效率。公司财务部成本核算员韩某很快发现刚上线的系统存在漏洞，但他没有向公司汇报，而是密谋利用这一漏洞侵占公司资金。

毕竟公司有那么多管理制度和管理环节，韩某明白单靠自己一人之力难以如愿，便与采购部稽核管理员方某一番密谋，双方一拍即合，但即便这样，也需要外部人员配合才行，于是韩某、方某又与公司某供应商的实际控股人周某内外勾结。

他们先由方某虚拟采购入库清单提供给周某，周某根据清单虚开增值税专用发票交给方某；方某则利用公司管理系统虚构存货的采购入库；然后由韩某操作审批通过，将虚构存货生成的采购应付账款在财务进行挂账。

采购应付账款挂账成功后，接下来就是如何将公司资金套出来，这也难不倒他们，由方某虚构入库清单等资料，提交付款申请，并模仿伪造审批签字后，一起交韩某，进入财务审批付款环节，出纳付款。周某收到虚构的货款，扣除税点后三人平分。

按此"高招"，韩某、方某伙同7家供应商，在没有实际供货的情况下，骗取公司资金2 500余万元。事发后，法院判处韩某有期徒刑十一年六个月，方某有期徒刑十一年，包括周某在内的其他涉案老板均被判处三至六年有期徒刑。

2. 案例反思

观察上述案例，某公司采购人员通过虚构业务、内外勾结，侵占公司资金2 500万余元，金额大、时间长，认真反思，即使没有专门学习过风险控制，从常识判断其原因是不是至少可以从以下几方面思考：

（1）供应商资质是否合格，是否有足够的技术能力、生产能力、供应能力，信用如何？是否经过筛选、评估，是否经过审批？

（2）采购需求是由其他环节提出，还是采购部门自行决定？

（3）是否提出采购申请并经过合法授权的审批？

（4）是否签署采购合同，合同是否经授权审批？

（5）采购回来的货物是否检验，谁来检验合格情况？

（6）采购回来的物资是否验收入库，谁来验收入库，验收人有无签字确认？有无入库单，对方有无送货单？

（7）是否有付款申请、是否得到审批，审批依据是什么？

（8）是否如实记录采购物资的入库、出库情况？是否定期或不定期盘点物资库存，是否检查账实相符？

如果这众多部门、岗位、环节、流程中，有一个或几个起到了把关、监督作用，相信结果会大不一样。

事实上，采购环节的风险管控主要也是围绕这些节点来进行的。

5.1.2 采购业务三方面的风险

采购业务涉及需求、计划、合同、审批、检验、运输、入库、融资、付款、退换货、发票等各环节，这其中都涉及风险管控，企业需要明白主要的风险点在哪里，才能有的放矢，制定相应的控制措施。

企业的采购风险主要体现在以下三个方面。

1. 舞弊、欺诈风险

可能因供应商选择不当、采购方式不合理、内外勾结、合同审批漏洞、验收入库漏洞、付款审批漏洞等缺陷，导致采购的货物质量差、价格高、数量短少、货款被骗、被套取等舞弊、欺诈风险。

2. 采购不足或过多风险

采购计划不合理，或对市场变化趋势预测把握不准确，或者生产经营异常，导致采购货物不足、短缺，严重影响企业生产经营的政策开展；或者采购过多，造成库存严重积压，使采购成本因企业生产停滞或资源浪费而进一步增加。

3. 信用风险

采购业务并不都是先款后货、一手交钱一手交货，很多时候是先货后款，甚至先收货过一段时间再付款，比如一个月、一个季度、半年的账期，变相的无息借款，也就是应付账款融资。这当然能够有效缓解资金压力，但因应付账款往往占企业负债的很大部分，按时足额付款是对企业偿债能力的考验，也对企业资信的有重要影响。

5.2 | 采购业务的主要风险管控措施

本节结合采购业务流程，讲解每一业务流程的风险点及管控措施方法。

采购业务流程：组织机构与人员控制、请购与审批控制、供应商选择与招标控制、采购价格及合同控制、验收控制、付款控制、会计控制。

采购业务内部控制的目的在于规范采购活动的程序、防范采购业务风险，在保证企业经营活动所需物料的情况下，最大限度降低采购成本和付款风险。

5.2.1　不相容职务分离控制

控制采购业务风险，最主要的仍然是完善组织机构设置、不相容职务分离。

组织机构设置方面，采购部门主要负责采购活动的实施，财务部门主要负责款项支付业务，另外还有预算和计划部门、物料或劳务的使用部门、验收部门和仓库保管部门等，只有这些部门设置合理，才能高效开展采购活动。

不相容职务相互分离、相互制约、相互监督，是企业风险管理贯穿始终的主题，企业应合理设置采购业务各岗位，建立采购业务的岗位责任制，确保办理采购业务的不相容职务相互分离。特别需要注意的是，任何情况下都不得由同一部门或同一人员办理采购业务的全部过程。采购业务不相容职务包括：

1. 请购与审批

采购业务申请只能由使用部门提出，如生产车间、仓库管理、行政管理等使用部门提出，不能由采购部门提出，而且，采购申请应由申请部门之外的部门负责审批。

2. 询价与确定供应商

询价人员不得负责供应商的选择，因为询价人员负责市场价格调查，与供应商讨价还价，如果由询价人员负责供应商的选择，容易产生舞弊行为。另外，负责选择供应商的人员也不能同时负责审批确定供应商。

3. 采购合同的谈判草签与审批

采购合同的谈判、签订应由采购部门的人员负责，但采购合同是否合理、合法，是否符合公司目标和管理要求，应由其他部门实施监督。所以，为了保证采购合同的内容真实、合法、可执行，采购合同的谈判、签订应与审批职能相互分离。

4. 采购的实施与验收入库

验收、库管部门的工作职责主要是对所采购物资的数量、质量等进行检查、检验、核对，并办理入库，是对采购业务的后续服务，也是对采购活动进行监督。按照监督和执行业务相分离的原则，实施采购的部门、岗位应当与验收、入库部门和岗位相分离。

5. 采购、验收入库与相关会计记录

会计对采购环节、验收入库环节的数量、成本、物流等信息的记录，以及审核、保存相应的单据、发票、凭证等原始依据，同时也是监督采购、验收入库等环节的依据，所以采购、验收及仓库保管人员不得同时承担会计核算记录工作。

6. 付款审批与付款执行

按照审批与执行相分离的原则，付款的审批由使用部门主管和财务主管负责，付款的执行由出纳人员负责，付款审批人员不得执行付款业务。

5.2.2 请购与审批控制

采购部门编制采购预算，采购业务活动的首要环节是使用部门根据物料或劳务的需求情况向采购部门提出请购要求，对采购申请进行审批。

请购环节的主要风险是：未编制采购预算，没有采购申请制度，或者请购未经适当审批或超越授权审批，可能导致采购物资过量或短缺，影响企业正常生产经营。

请购环节的主要管控措施：

1. 建立采购预算制度

为了从总体上反映生产、研发、销售、后勤管理等各环节对物资的需求结构、需求数量，保障生产经营，使采购活动合理、有效，需要编制采购实物预算，并将采购预算、采购资金预算共同构成采购计划，这是企业进行采购活动的依据，也是采购业务风险管控的方法之一。

2. 建立采购申请制度

依据购买物资或接受劳务的类型和根据实际需要，确定请购归口管理部门，明确相关部门或人员的职责权限及相应的请购程序。

3. 办理请购手续

具有请购权的部门，如成品库房、生产车间、原材料库房、行政部门（办公用品）等只能是实际使用部门，而不能由采购部门自己提出采购申请、自己采购。对于预算内采购项目，严格按照预算执行进度办理请购手续；对于超预算和预算外采购项目，应先履行预算调整程序，经批准后再行办理请购手续。

4. 进行请购审批

只能由制度规定具有审批权的部门、人员进行审批，严禁无权限审批或超权限审批。

审批的重点是采购申请内容是否准确、完整，是否符合生产经营需要，是否符合采购计划，是否在采购预算范围内等，对不符合规定的采购申请，应要求请购部门调整请购内容或拒绝批准。

各个部门负责人审批的侧重点不同，请购部门负责人审批的目的是保证请购商品的品种、质量满足经营活动的需要；仓库管理部门负责人审批的目的是根据库存量核准采购物资的数量；采购部门负责人审批的目的是防止重复采购，控制采购价格和成本；财务部门负责人审批的目的是付款条件、发票、资金规划。

5.2.3 供应商选择与招标控制

企业选择优秀的供应商，合作过程省心省力，并且他们还会与企业一同成长；选择劣质的供应商，不仅合作过程劳心费力，而且还可能给企业未来埋下隐患。所以供应商的选择是企业采购业务流程中非常重要的环节。

选择供应商环节的主要风险是：供应商选择不当，可能导致采购物资质次价高，甚至出现舞弊行为。

选择供应商环节主要管控措施包括：

1. 供应商资质评估和准入制度

建立科学的供应商评估和准入制度，无论是原有供应商还是新增供应商，都应对其资质信誉情况的真实性和合法性进行审查，由采购部门根据需要提出申请，并按规定的权限和程序审核批准后，纳入供应商清单。

2. 公平、公正和竞争

采购部门应当按照公平、公正和竞争的原则，择优确定供应商，在切实防范舞弊风险的基础上，与供应商签订质量保证协议。采购业务招标就是非常好的供应商选择方式。

3. 供应商信息化和淘汰制度

建立供应商管理信息系统和供应商淘汰制度，对供应商提供物资或劳务的质量、价格、交货及时性、供货条件及其资信、经营状况等进行实时管理和考核评价，根据考核评价结果，提出供应商淘汰和更换名单。

4. 最好选择一般纳税人

我们在第3章"税务风险管理与控制"讲过，具有一般纳税人资质，意味着可以开具增值税专用发票，假设采购一般货物，增值税税率13％，在同样价格的情况下，我们可以抵扣13％；如果是小规模纳税人，他们开的普通发票不能抵扣，即使开专票也只能抵扣3％。两者相比一般纳税人可以为我们多抵扣增值税，可以合法少交增值税。

而且，供应商是否有一般纳税人资质，某种程度上在公司规模、管理规范等方面，也可作为评估供应商的参考条件。

几年前税务局对一般纳税人会发一个一般纳税人资格证明文件，现在不发了，如何知道对方是否一般纳税人呢？有两个方法：

（1）进入税务局网站，输入对方的公司名称和税号，可以查询；

（2）最简单的方式是，要求对方提供一份曾经开具的增值税发票复印件，是否一般纳税人一目了然，当然该发票最好也上税务局网站查询一下真伪。

5.2.4 采购价格及合同控制

采购价格及合同环节的主要风险是：采购定价机制、定价方式不科学，采购人员对市场价格和产品不熟悉，导致采购价格不合理而造成企业损失；未经授权对外订立采购合同，合同对方主体资格、履约能力等未达要求，合同内容存在重大疏漏和欺诈，可能导致企业合法权益受到侵害等。

采购价格及合同环节主要管控措施包括：

（1）采取前以询价、比价、市场调研等方式掌握市场价格信息，以招标、动态竞价采购等多种方式科学合理地确定采购价格。

（2）对拟签订合同的供应商的主体资格、信用状况等进行风险评估。

（3）合同条款要严谨、具体、周密、无歧义、可执行，根据供应商、采购方式、采购价格等情况，拟订采购合同，明确双方权利、义务和违约责任，按照规定权限签署采购合同。

（4）对于影响重大、涉及较高专业技术或法律关系复杂的合同，应当组织法律、技术、财会等专业人员参与谈判。

（5）定期检查合同执行情况，进行比价分析，完善制度流程，堵塞漏洞和风险。

（6）实务中往往对于税款谁来承担、是否含税、是否开具发票等税务事项容易发生争议，所以应当对价款是否含税、税率、是否开具发票、是否开具专用发票含税普通发票、发票的交接、未按约定开具发票的违约责任等事项在合同中进行明确。

5.2.5　验收控制

验收是保证采购物资和劳务真实、完整的一个重要环节，因此企业必须建立相应的控制制度。验收环节的主要风险是：验收标准不明确、验收程序不规范，对验收中存在的异常情况不做处理，可能造成账实不符、采购物资损失。

验收环节主要管控措施包括：

（1）有明确的验收标准，并严格按标准进行验收，包括数量是否准确，质量、规格是否符合标准或约定，是否有合格证、质量保证书、商检证书等证明文件；

（2）对于验收合格的，应由验收人、库管人员签字确认，办理入库手续；

（3）对于数量、规格、种类和质量等方面不合格的物资，由采购部门依据合同、检验结果办理退货、索赔等事宜，或者要求供应商给予一定的折让；

（4）对延迟交货造成生产建设损失的，采购部门要按照合同约定索赔；

（5）验收入库的具体流程通常包括：

物流部门或采购部门请求验收通知书→质量部门现场检查→质量部门出具检测报告单→物流部门根据报告单将合格品、让步接收品移交仓库办理入库手续，不合格品退回供应商→采购部门通告供应商验收入库情况或退货情况。

5.2.6　付款控制

企业应当完善付款流程，明确付款审核人的责任和权力，严格审核采购预算、合同、相关单据凭证、审批程序等，审核无误后按照合同规定，合理选择付款方式及时付款。

付款环节的主要风险是：付款审核不严格、付款方式不恰当、付款金额控制不严，可能导致企业资金损失或信用受损。

付款环节主要管控措施包括：

1. 审核付款资料

严格审查物资需求计划单、请购申请审批单、采购入库单、对方送货单、运输物流单据、发票等票据的真实性、合法性、有效性，以及签字手续是否完备盖章是否符合要求等，判断采购款项是否确实应予支付。

2. 落实付款审批程序

一是根据授权审批原则，所有的款项均应得到有权限人员审批通过后才能支付，采购付款也不能例外；二是付款额度、付款期限要按合同约定；三是原则上通过银行或第三方办理支付，避免使用现金。

3. 加强预付账款和定金管理

应定期对定金、大额或长期预付款项进行期限、合理性、可收回风险追踪核查，采取措施及时处理。

4. 用好供应商的信用政策

财务部门、采购部门还要分析供应商的信用政策，充分利用采购融资和信用杠杆，延长付款期限，降低资金使用成本。

5.2.7 会计控制

会计控制环节的主要功能是，全面、真实、准确记录采购各环节的资金流和实物流情况，保持会计记录与相关采购记录、仓储记录一致，并完整保存相关凭据、票据，避免采购物资和资金受损。

会计控制主要管控措施。

1. 如实的会计记录

会计系统应详细记录供应商情况、采购申请、采购合同、采购发票、验收证明、入库凭证、退货情况、商业票据、款项支付等采购业务各环节的记录，确保会计记录、采购记录与仓储记录核对一致。

2. 核对一致

会计人员要与采购业务各环节加强沟通，交换信息，互相核对，确保会计记录、采购记录与仓储记录核对一致。

3. 专人与供应商核对应付账款

要由专人通过登门或函证等方式，定期与供应商核对应付账款、应付票据、预付账款等往来款项，保持双方债权债务的真实、准确。

5.3 | 采购业务的后期评估

本节站在采购业务的后期评估角度，以几个采购业务案例，分析其中存在的风险和控制漏洞，从而总结风险管控的方法及各部门在采购业务中的职责、如何审查供应商资质等。

5.3.1 后期评估有助防范采购风险

由于采购业务对企业生存与发展具有重要影响，所以企业建立采购业务后期评估制度，可以不断总结经验，补齐短板，不断防范采购风险。

采购业务的后期评估主要包括：

（1）定期对采购活动进行评估和分析，不断发现薄弱环节，总结经验，补齐短板，优化采购流程，防范采购风险；

（2）完善业绩考核体系，重点检查考核采购需求、采购计划、供应商管理、采购合同、验收入库、采购发票、单据交接、付款手续等履行情况，促使采购与生产、销售、财务等环节的有效衔接。

下面通过一些案例来分析如何做好采购业务的后期评估。

5.3.2 为什么用量大，价高，质量差

由于采购业务内控失效导致内外勾结，采购的油墨用量高于同类兄弟单位若干倍，价格也高。

1. 案例呈现

李某为××鞋业总经理，全面负责该公司包括采购在内的各项管理工作，肖某为 H 油墨公司福建代理商。

肖某找到李某请其为自己代理的油墨帮忙，李某接受肖某的请托后，利用职务之便向××鞋业 A 分厂采购部推荐了肖某代理的 H 公司油墨，并顺利达成合作。合作几年后，肖某向李某抱怨所供应的油墨太少，于是在李某的帮助下 H 公司升级为××鞋业 A 分厂的油墨独家供应商。肖某为感谢李某的关照，先后送李某共计 27.5 万元。

为了扩大业务，肖某向××鞋业 A 分厂负责油墨与铜模使用管理等工作的高频车间主任周某先后送了 15.5 万元，让其帮忙隐瞒、处理油墨质量问题。

此外，为了进一步提高 H 油墨在××鞋业 A 分厂的销售量，肖某还指使公司业务员朱某接触匹克高频车间两位工作人员，送给他们 43.6 万元，让其多多申报采购油墨。事后这些多购的油墨只能作为废料倾倒。

20×6 年，××鞋业总经理助理林某为了解市场行情，打电话给××鞋业另一分厂——B 分厂，咨询 B 分厂 20×5 年油墨的采购单价和全年采购总额等情况。经仔细对比，林某发现：两家工厂 20×5 年所生产鞋的总量差不多，但是 B 分厂油墨采购金额为 25 万元左右，而 A 分厂采购金额高达 112.7 万元，采购单价也高于 B 分厂 10％左右。

林某又对比了 A 分厂 20×4 年和 20×5 年全年产量的数据，结果显示：工厂 20×4 年全年产量比 20×5 年高，但 20×4 年全年油墨的用量比 20×5 年少。

2. 典型漏洞

本案例中，存在的风险漏洞在于以下几方面：

（1）供应商选择漏洞。

本案中，李某一句话就把 H 公司定为 A 分厂的油墨独家供应商，在供应商筛选管理中存在漏洞。

管控供应商选择风险应做到：第一，加强询价管理，货比三家，每类产品至少应询价、遴选三家以上供应商；第二，推行招标，甄选优质供应商；第三，阳光是最好的防腐剂，供应商的选择过程应"阳光透明"，保持采购过程的公平、公正、公开，并将供应商申报信息在企业内部及公开的对外平台进行公示，最大限度过滤掉不合格供应商。

（2）验收控制漏洞。

验收控制要求对采购物资进行质量检验合格后方可入库，以确保其符合合同相关规定或产品质量要求；对于不合格物资，不得办理验收入库。

A 分厂对于采购物资没有在验收时发现质量问题，而且供应商还拉拢车间主任周某帮忙隐瞒、处理油墨质量问题，可见验收的数量、质量均存在严重问题，控制形同虚设。

（3）采购价格及合同控制漏洞。

采购价格及合同控制要求采取询价、比价、市场调研等方式掌握市场价格信息，以招标、动态竞价采购等多种方式科学合理地确定采购价格。而A分厂的采购价格不透明，违反询价、比价、竞价，造成采购价格虚高于同类的B分厂，采购价格控制是失败的。

（4）后期评估漏洞。

横向比，A分厂在使用量总产量差不多的情况下，油墨消耗量比B分厂高4倍、价格高10%；纵向比，2015年产量比上年低，而油墨消耗量却比上年多。这些都是很明显的异常情况，只要定期对采购情况进行评估，是很容易发现问题的，但却没有做，导致舞弊多年未被发现。

5.3.3　一份奇怪的合格供应商名单

明眼人一看就有诸多问题的公司，也被列入供应商名单。

1. 案例呈现

某大型国有企业的合格供应商名单包括：

某贸易经营部，3万元注册资本、0元实缴资本、0参保人数；

某食品股份有限公司某市分公司，0元资本，3人参保，先后被某市工商部门处罚了三次，包括虚假广告和虚假标注食品生产日期。

某副食品有限公司，实际控制人被公示为老赖、被限制高消费，尚未执行法院裁定。

某绿色食品发展有限公司，于2019年4月26日被最高人民法院公示为失信公司，而且有200条风险资信。

某农特产有限公司，成立于2022年1月4日，不满半年，注册资金300万元，实缴资金0元，参保人数0人，作为电商平台入围名单。

2. 典型漏洞

0元实缴资本、0参保人数，说明根本没有一分钱的自有资金，没有员工，是皮包公司；实际控制人被公示为老赖、被限制高消费；因虚假广告和虚假标注食品生产日期多次被行政机关处罚；被法院公示为失信公司，而且有200条风险资信；经营范围为助老咨询及调研的也作为餐饮企业进入名单……这样的一些公司居然被列入合格供应商名单，可见供应商选择存在多大的漏洞。

可以采取的风险控制措施包括：

（1）不相容岗位分离控制。

严格遵循不相容职责分离原则，明确相关岗位责任，后勤供应商准入的管理要求采购人员与准入评审人员必须分离，形成牵制约束机制，保证准入审核的有效性。

采购人员可以做前期的供应商资质准备工作，但不得参与准入供应商的评审核准工作，严禁供应商准入与采购实施由一人完成。

（2）供应商选择控制。

有专人对供应商资质信誉情况的真实性和合法性进行审查，由采购部门根据需要提出申请，并按规定的权限和程序审核批准后，才能纳入供应商网络；按照公平、公正和竞争的原则，择优确定供应商；对供应商提供物资或劳务的质量、价格、交货及时性、供货条件及其资信、经营状况等进行实时管理和考核评价等等，都是行之有效的方法。

5.3.4　采购员虚假采购侵吞款项 100 余万元

1．案例呈现

周某系某百货公司营业员，负责销售彩电。他称自己可以从某电子公司采购一批价格较为便宜的手机，百货公司便向电子公司支付采购款 28 万元，其实电子公司老板杨某系周朋友，百货公司的汇款到达杨某公司账户后，便被转给周某。

周某还注册成立了一家贸易公司，以向百货公司供货为名，骗取百货公司向该公司汇款 130 万余元，占为己有。

周某还编造客户购买的名义，从百货公司仓库提走价值共计 24 万余元的电视机、冰箱、空调等家电产品，然后低价卖给他人。

最后，周某被以职务侵占罪，判处有期徒刑七年二个月。

2．典型漏洞

本案例中，采购业务内部控制漏洞主要有以下几种：

（1）不相容职务分离控制漏洞。

周某作为营业员却多次在承担采购员的角色，岗位职责界定不清晰且相冲突；自己提出采购申请，而又执行采购职能，申请与审批、审批与执行职能冲突，这些都是不相容职务分离控制漏洞。

（2）供应商选择控制漏洞。

没有对供应商的资质进行审查，也没有在采购前进行市场比价。

（3）付款控制漏洞。

通常情况下，财务人员付款时应当根据采购订单、合同、供应商送货单、验收单或者入库单等单据进行相互核对，确保货物的名称、数量以及价格等信息准确并且货物已经真实入库后，才能支付款项。而周某多次向公司谎称可以采购什么物资就能骗取百货公司向其公司汇款，付款环节风险控制失败。

（4）会计控制。

会计控制要求企业应当加强对购买、验收、付款业务的会计系统控制，详细记录供应商情况、采购申请、采购合同、采购通知、验收证明、入库凭证、退货情况、商业票据、款项支付等情况，做好采购业务各环节的记录，确保会计记录、采购记录与仓储记录核对一致，并定期向供应商寄发对账函，核对应付账款、应付票据、预付账款等往来款项。

案例中，周某多次采用虚假采购的方式骗取公司采购款，财务方面已经进行了付款，但是否有实物入库，是否有入库单、发票等，并没有把关。

（5）销售业务控制漏洞。

销售业务必须提供客户所签订的合同或下达的订单，经过必要的审批后，库管员根据销售合同和订单，开具销售出库单，才能出库。而本例中，周某多次编造其他单位采购的虚假信息，提取公司的家电进行低价销售，侵吞销售款。

（6）存货管理控制漏洞。

采购入库必须要由库管员验收入库、填写入库单，销售出库必须要有销售部门开具的销售单，没有销售单一律不能出库。周某多次编造其他单位采购的虚假信息，提取公司的家电，库房没有按制度执行；存货管理控制要求应定期或不定期进行库存盘点，但明显库房没有执行库存盘点制度。

以上这一系列的漏洞，各个岗位都没有起到控制风险的作用，导致舞弊发生，造成公司损失。

5.3.5　各部门在采购业务中的职责

一个企业正常的采购流程一般是：

（1）首先应当由生产车间、库房管理、行政等使用部门提出采购申请，经过有关领导的审核确认后实施采购；

（2）采购环节应当由采购人员寻找合适的供应商；

（3）采购部根据采购数量和价格签订合同或订单；

（4）待供应商发出货物后，由采购员、库管员共同验收入库；

（5）由财务核对完相关单据后付款。

有效控制采购业务并不只是采购部门的责任，采购业务各环节涉及的部门均应承担相应责任，以确保采购业务的有序推进。

1. 请购部门的职责

请购部门指资产采购回来后的使用部门，公司内部各部门都可能是请购部门，但经常性发生请购的部门一般是生产车间（生成过程耗用的原、辅材料）、库房（入库待售的库存商品、待领用的原材料等）、行政部（办公用品）等。

请购部门应按预算、生产计划合理确认采购需求，并合理计划使用物资，避免物资的积压或者浪费。

请购部门的责任：企业应当对请购制定追责制度，对于因请购部门责任而造成的损失，例如生产计划不能按时完成造成物资积压或采购延误等情况，请购部门需承担责任。

2. 采购部门的职责

采购部门的职责有三：第一，确保供应，这是采购部门最首要、最基础的职责。在企业内部，如果因采购部门工作问题导致产线停工待料，严重的情形下，巨大的直接损失加上因此导致客户订单丢失造成的附加损失，往往无法估量；第二，合理设置安全库存，要既能保障供应，又可减少资金占用，提高库存周转率；第三，采购质优价好的物资，要既保质保量，又价格合理，最大限度为生产经营创造价值。

因此，对于因采购部门工作失误而造成的采购延误影响生产经营、物资积压等，企业同样需要制定具体的追责制度。

3. 验收部门的职责

验收部门的主要职责是核对数量、检验质量，确保入库物资符合合同约定。为完成验收任务，验收部门应当配备必要的专业人员对质量进行检验，必要时也可将物资送到第三方机构检验。

如发现物资存在质量问题、数量误差，验收部门应及时报告采购部门处理，否则也应承担相应责任。

4. 付款部门的职责

付款部门的主要职责是对采购业务进行审核并付款。付款部门要做到付款程序合规审批完整、付款凭据合法齐全、付款准确无误。

付款部门应审核预算、合同、送货单、验收单等相关单据凭证，并确认发票真实、合法、有效，只有当相关事项都符合要求时才能付款。

5. 会计部门的职责

会计部门的主要职责是复核预算、合同、送货单、验收单等相关单据凭证，确认发票真实、合法、有效；及时、准确记录验收入库、付款、发票等业务发生情况；定期与采购部、供应商核对应付账款；监督实物盘点；对于票据、验收入库、付款、对账、盘点库存等情况跟踪分析，有异常及时反馈或上报处理。

5.3.6 如何审查供应商资质

企业应建立科学的供应商评估和准入制度，对供应商资质信誉情况的真实性和合法性进行审查，确定合格的供应商清单。审查供应商资质有一些基本的方法。

（1）核实供应商经营范围。主要可以通过查看营业执照中描述的经营范围、通过互联网搜索核实，以及供应商是否能提供类似的业绩证明，判断其经营范围是否能满足需求。

（2）核实供应商规模。企业可以通过供应商营业执照或要求供应商提供包括成立时间、注册资金、实缴资金、经营场地、固定资产、流动资金、参保人员、员工人数、管理人员、基层员工情况等，以此判断供应商规模是否能满足需求。

（3）通过天眼查、企查查等第三方大数据平台，核实供应商本身的信用情况，包括是否受过市场监管处罚、法律诉讼风险、经营风险、敏感舆情等，以及核实供应商股东、实际控制人、高级管理人员等关键人员的信用记录、法律纠纷等，看其是否存在瑕疵。

（4）通过国家企业信用公示系统，查询主要股东、注册地址、注册资金、变更情况、是否正常经营、是否被行政处罚等信息。

（5）通过国家税务总局网站，查询纳税人信用等级 ABCD 级，判断其税务信用情况和税务风险。

（6）审查是否具备一般纳税人资质。具有一般纳税人资质，意味着可以开具增值税专用发票，假设采购一般货物，我们可以抵扣13%可以合法少交增值税，而且，是否有一般纳税人资质，某种程度上在公司规模、管理规范等方面，也可作为评估供应商的参考条件。

如何知道对方是否一般纳税人呢？有两个方法：

①进入税务局网站，输入对方的公司名称和税号，可以查询；

②最简单的方式是，要求对方提供一份曾经开具的增值税发票复印件，是否一般纳税人一目了然，当然该发票最好也在税务局网站查询一下真伪。

第 6 章

销售业务风险管理及内部控制

销售业务风险管理，是为了促进企业销售稳定增长，扩大市场份额，规范销售行为，防范销售风险。本章以案例讲解销售业务应当关注的主要风险及相应的管控措施，以促进企业销售稳定增长、扩大市场份额。

本章主要涉及的知识点有：
- 销售业务的主要风险；
- 销售业务的主要风险管控措施；
- 销售业务风险漏洞案例分析；
- 销售计划（预算）管理控制；
- 应收账款的成本及客户信用政策；
- 当心你开的发票被作为拒付款的依据。

6.1 | 销售业务的主要风险

销售业务是指企业出售商品（或提供劳务）及收取款项等相关活动。企业生存、发展、壮大的过程，在相当程度上就是不断加大销售力度、拓宽销售渠道、扩大市场占有的过程。企业如不能实现销售的稳定增长，售出的货款如不能足额收回或不能及时收回，必将导致企业持续经营受阻、难以为继。

6.1.1　从案例看销售业务的风险

1. 案例呈现

据中央纪委国家监委网站报道，颜某担任国企某化学公司销售经理一职，主要负责全国范围内 A 产品的销售工作。因 A 产品在青海市场销路好，定价较其他地区偏高，青海地区独家代理商陈某找到负责代理商对接和产品定价的颜某，二人一番合计后打算私下办厂生产 A 产品，共同发财。

为了避免新工厂的产品进入青海市场后化学公司的销量下滑引起怀疑，颜某决定采取过票的方式——即颜某利用职务之便，为陈某安排 200 吨 A 产品，指使下属邓某在填写发货申请表时将目的地写成石家庄某公司，再暗中授意将产品运往青海。化学公司按照颜某提供的石家庄市场价 1.3 万元/吨给石家庄某公司，颜某再安排该公司负责人以 1.6 万元/吨的价格给青海代理公司。这样，差价 60 万元进了颜某、陈某等的腰包。他们先后倒卖 A 产品3 600余吨，非法获利 1 100 余万元。

由于青海市场管控严格，颜某和陈某合办工厂生产的产品难以直接销往青海，颜某便借用化学公司的包装袋，假冒商标后将产品销往青海市场。后因产品不合格、假冒商标爆雷，颜某、陈某等人的内外勾结才曝光。

2. 案例反思

观察上述案例，颜某及其下属与陈某锋内外勾结，非法获利 1 100 余万元，说明公司在风险管理上存在漏洞，可以从以下几方面思考：

（1）销售定价。

销售定价应根据有关价格政策，综合考虑企业财务目标、营销目标、产品成本、市场状况及竞争对手情况等多方面因素，确定产品基准定价。但案例中看公司并没有做这方面的工作或者做得不扎实，由颜某一人操纵，既没有制约和监督，也没有完善的审批程序，从不相容职务分离、审批控制、销售定价方面都存在问题。

（2）仓储发货环节。

应当以盖章生效的销售单或销售合同作为发货申请依据，相关审核人应确认发货申请是否合理，包括数量、批次等；应对销售通知进行审核，严格按通知内容组织发货，形成相应的发货单据。颜某授意下属随意更改收货目的地，发货部门也没有起到监督作用。

（3）监督检查环节。

应当及时更新销售管理台账，包括销售客户、合同签订时间期限、实施情况、数量及金额等信息，跟踪客户需求变动情况；定期统计分析销售数据，对于销售下降等情况应查明原因，据此调整销售策略，及时作出反应，企业在此过程中还可以对标竞争对手的销售策略，对比、分析差异。如果对于石家庄市场的销售下降变化能即使分析预警，也能较早发现问题。

（4）客户服务环节。

应设专人或部门进行客户服务和跟踪，加强售前、售中和售后技术服务，做好客户回访工作，定期或不定期开展客户满意度调查。如果公司在客户服务环节做好跟踪服务、做了回访调查，其中的猫腻是很容易暴露出来的。

6.1.2　销售业务的主要风险

通俗地说，销售业务的风险就是，卖不出去货、款收不回来、钱货被侵吞。

1. 卖不出去货——库存积压

库存积压可能来自两方面的原因：一是因市场预测不准、销售策略不当、自身销售能力欠缺等，造成销售不畅而导致库存积压；二是销售目标定得过高、脱离实际，造成备货过多而导致库存积压。

库存积压的影响主要表现在两方面：一是增加如库房租金、水电费、搬运费、仓储管理人员工资等仓储管理成本；二是增大过期、变质甚至贬值风险；三是占用大量资金，影响企业生产经营的正常进行，可能导致资金链断裂。

但是，现实中往往不少企业只有等到仓库堆积如山的库存、资金链断裂的时候，才会开始重视库存积压的风险。

2. 款收不回来——应收账款

款收不回来也可能来自两方面的原因：一是客户信用管理存在漏洞，客户无力支付货款或有钱不付，二是公司无人催收或催收不力，总之就是货发出去后没法按约定收到货款。

若销售款不能及时收回或者根本就无法收回，一方面会增加资金占用成本、应收款催收成本、应收款处置成本；另一方面占用了大量资金，影响企业生产经营的正常进行，可能导致资金链断裂。这与库存积压是一样的结果，同样会给企业带来资金风险。

3. 舞弊、欺诈风险

销售过程存在舞弊行为，销售业务各环节人员利用管理不严和内部控制漏洞，通过不正当手段，例如签订虚假合同、大量赊销、侵吞或挪用货款、盗窃存货、虚假费用等，侵占公司货、款。

6.2 销售业务的主要风险管控措施

组织机构与人员控制是所有业务环节风险管理中都必须坚持的内控措施，在销售业务环节也不例外。企业应建立销售业务岗位分工制度，明确相关部门和岗位的职责、权限，确保销售业务不相容岗位相互分离、相互制约、相互监督。

6.2.1 不相容职务分离控制

简单地说，不相容职务分离控制就是，使关键岗位互相牵制、互相制约、互相监督，从而达到控制风险的目的。

销售业务不相容岗位相互分离包括以下内容：

（1）接收客户订单、签订合同的岗位应当与最后付款条件批准的岗位相分离，一般也应由不同部门来审批，即使必须由同一部门操作，也应由不同的人员来分别办理，不能由一人来将接收订单、签订合同、审批付款条件全部完成。

在销售合同订立前，企业应当指定专人参与谈判，谈判内容包括销售价格、信用政策及收款方式等具体事项。需要注意的是，谈判人员应至少有2人，且其职务要与订立合同人员的职务相互分离。

（2）信用政策（即赊销条件）必须由销售部门和信用部门同时批准，不能由销售部门一家来决定。

（3）销售订单签发（发货通知）人与货物出库、包装或托运货物的人员不能是同一人，货物出库的人员与门卫也不能是同一人，也就是出库、发货人只能接收销售订单（发货通知），照单出货、发货，相互制约，不能一个人既销售制单又负责出库。

（4）销售、收款、发货这三项业务应分属三个部门（或岗位）负责，特别是销售人员不能接触销售货款、不能由同一部门或人员办理销售与收款业务的全过程，这一点是整个销售业务风险管控的核心点，销售业务风险管控工作做得好不好很大程度上取决于这一点的贯彻情况。

（5）编制销售发票通知单岗位与开具发票岗位应相互分离，分属不同人员负责。开具发票岗位与发票审核岗位也应当分离。

（6）应收账款记录岗位与收款岗位应当分离。

（7）催收货款岗位与结算货款岗位应当分离。

（8）退货验收的人员与退货记录的人员不能是同一人。

（9）折扣及折让提议、执行岗位与审批岗位应当分离。

（10）应收票据的取得和贴现必须获得具有相应权限的主管人员的书面批准，该主管人员的职务须与发票保管人员的职务相互分离。

6.2.2　授权审批控制

企业建立有效的授权审批制度，对于销售业务的风险管理与控制十分重要，应当明确授权审批的范围和责任，规范授权审批的程序。因为销售合同的签订，销售价格、销售出库、销售付款等如果未经授权或超越授权范围，可能会发生舞弊行为并导致公司资产损失。

销售业务授权审批制度的主要措施如下所示：

（1）要以制度形式明确规定审批人员对销售业务授权审批的方式、权限、程序、责任和相关控制措施。审批人员的审批应在授权范围内，根据销售业务授权审批制度的规定进行，不能越权审批。

（2）销售业务的经办人员必须在规定职责范围内、按制度规定和审批人员的批准意见办理销售业务。对于审批人员超越授权范围审批的销售业务，经办人员有权拒绝办理，并及时向审批人员的上级授权部门报告。

（3）建立、坚持、完善销售合同审批制度，销售合同里如销售价格、销售条件、信用条件、收款方式、运费、折扣等重要内容必须经过审批。

（4）未收到符合公司销售管理制度审批程序规定的销售订单（销售合同），仓储部门不得发出货物。

（5）为防范决策失误造成严重损失，重大销售合同、特殊情况销售合同、特殊信用条件，或金额较大的销售，应经销售、技术研发、生产、仓储、市场、营销、客服、财务、法务等进行集体决策，经过有审批权限的人员审批后方可执行。

6.2.3 销售计划（预算）管理控制

销售预算是企业全面预算的起点，在充分进行市场调研的基础上做好销售计划，控制销售计划制定中的风险，对于销售业务风险控制有重要作用。

销售计划（预算）管理的主要管控措施有：

（1）结合年度生产经营计划制定年度销售计划，并分解到每个月，制定月度销售计划；

（2）定期对销售计划与实际销售情况进行销售额、差价、产品、客户等方面的分析，找出差异原因，围绕年度目标及时修正、调整销售计划；

（3）无论是制定年度销售计划、月度销售计划，还是调整销售计划，都应按规定的权限和程序审批后下达执行。

销售计划（预算）的编制可以参考以下几种方法。

1. 预测

合理预测销售量，是销售预测的基础。企业可以综合运用定量分析法和定性分析法，以历年大数据为基础，结合企业自身条件、竞争对手状况、产品情况、顾客状况、市场情况、市场占有率等，进行综合分析，从而得出比较合理的、经过努力可以达到的合理销售量。

2. 编制

在预测的合理销售量的基础上，由销售部门在与企业发展战略以及企业内外条件的要求保持一致的前提下编制销售计划（预算）。

3. 审批

销售（预算）编制完成后，应交由销售部总监（经理）进行审核，并根据审核意见进行修改，直至审核通过并签字，然后交财务部进行平衡后，提交公司预算委员会进行审批。

公司预算委员会对销售计划（预算）的修改意见应形成书面意见稿后，将意见稿和销售计划（预算）返回销售部门进行沟通、修改，销售部门形成新的方案再次按前述路径提交审批。

预算委员会审批通过后下发各部门执行。

6.2.4　客户开发与信用管理控制

在客户开发与信用管理中，可能面临两方面的风险：一方面是客户开发力度不足，市场拓展不够，未充分挖掘市场潜力和客户需求，可能导致客户丢失或市场拓展不利；另一方面是客户信用评估、授信不当，销售款项不能收回或遭受欺诈，从而影响企业的资金流转和正常经营。

所以，要既能开发和发展客户，扩大销售，又能将信用风险控制在可承受范围内。

客户开发与信用管理的主要管控措施有：

（1）加强客户开发。运用销售折扣、销售折让、信用销售、代销、广告宣传等多种策略和营销方式，进行市场调查，确定定价机制和信用方式，不断提高市场占有率。

（2）信用管理。建立客户信用等级划分标准，由与销售部门相对独立的信用管理部门对客户付款情况进行持续跟踪和监控，持续加强客户信用管理。

建立和不断更新维护客户信用动态档案，由与销售部门相对独立的信用管理部门对客户付款情况进行持续跟踪和监控，提出划分、调整客户信用等级的方案。

（3）加强信用审批。根据客户信用等级和企业信用政策，由销售、财会等部门具有相关权限的人员对客户赊销最高金额和时限进行审批。

关于客户信用政策的制定，在本章后面 6.4 小节有专门讲述，此处暂时略过。

6.2.5　销售定价控制

价格是企业获取利润的重要来源，也是企业以产品或服务开展市场竞争的非常重要的因素。销售定价环节的主要风险，一是销售定价不符合市场供需状况或公司利润目标，价格过高或过低，无法达成销售目标；二是制定的销售价格未经制度规定的程序审批，销售定价可能存在舞弊，损害企业利益。企业要有合理的销售定价机制，并对销售价格进行有效管控。

销售定价环节主要管控措施有：

（1）确定产品基准定价。确定产品基准定价应综合考虑企业财务目标、营销目标、产品成本、市场状况及竞争对手情况等多方面因素。

（2）适当授权。在执行基准定价的基础上，可以授权销售部门根据产品特点、市场特点进行一定浮动。

（3）授权批准。销售定价、销售折扣、销售折让等政策的制定应由具有相应权限人员审核批准。

（4）记录归档。销售折扣、销售折让授予的实际金额、数量、原因及对象应予以记录，并归档备查。

6.2.6 订立销售合同控制

订立销售合同环节的主要风险，一是相关人员未经授权或超越权限对外订立销售合同；二是合同内容存在重大疏漏和欺诈；三是信用政策、销售价格、收款期限、收款方式等违反企业销售政策。这些都可能导致舞弊或利益受损。

订立销售合同环节主要管控措施有：

（1）指定专人负责洽谈、谈判。企业应在关注客户信用状况的基础上，由专门人员与客户就销售定价、结算方式、收款方式、税款承担、税率、发票、权利与义务条款等相关内容进行业务磋商或谈判。

（2）建立合同审批制度。要健全销售合同审批管理制度，征询法律、财务、税务专业人员的意见，对销售价格、信用政策、发货及收款方式、税款承担方式、税率发票等，明确具体的审核人、审批程序。

（3）专人跟踪。由专人负责跟踪合同的执行情况，分析及催收应收账款。

6.2.7 发货控制

发货环节可能由于未按规定的权限、流程进行发货，或者存在舞弊，给公司带来损失，主要是通过岗位责任制和规范流程来进行控制。

发货环节主要管控措施有：

（1）销售通知。销售部门根据经审核后的销售合同、收款情况，向仓储部门和财会部门开具销售通知。

（2）照单出库。仓储部门严格按照经批准的销售部门发货通知所列的发货品种和规格、发货数量、发货时间、发货方式、接货地点等，办理出库，发货单据、票据应由相关人员签字确认。

（3）客户确认。加强所发货物的交接，应由客户验收并签章确认。实务中很多企业将货发给客户后，没有后续跟踪，没有客户的签字确认手续，往往造成客户不认账，发生纠纷，其实只要在客户确认环节坚持让客户签章确认的手续，即可免去后面的许多麻烦。

（4）登记台账。仓储部门的发货人员、销售部门的开单人员，都应做好发货各环节的记录，填制并保存相关单据，并登记销售台账。

（5）加强销售退回控制。无论何种原因退货，都应经销售部门经办的业务人员与客户进行确认；销售退回需经具有相应权限的人员审批后方可执行；销售退回的商品应当参照物资采购入库管理，即由仓促部门办理销售退回的入库手续，并将相关退货的入库手续单据传递到销售部门、财务部门。

6.2.8 收款控制——禁止销售人员收款是核心

销售收款环节的主要管控措施有：

（1）选择恰当的结算方式、信用政策。结合公司销售政策，加快款项回收，提高资金的使用效率。

（2）加强汇票管理。汇票管理在第四章有讲到，这里主要再次提醒，对于银行承兑汇票，主要是严格检查汇票的真实性和合法性，防止票据欺诈；对于商业承兑汇票，主要是严格审查出票人的资信状况，防止汇票到期无法兑现。

（3）加强赊销管理。任何赊销都应经过客户信用评估，并经具有相应权限的人员审批；赊销必须取得客户的书面确认（欠条），或者办理抵押、担保。

（4）禁止销售人员收取款项。要从制度上规定，并严格执行，不能由销售人员直接收取款项，如特殊情况必须由销售人员收取的，应由财会部门加强监控。

（5）建立回款奖惩制度。应收账款的催收由销售部门负责，并承担应收账款回款责任。应建立应收账款管理考核奖惩制度，对于应收账款催收、管理良性，周转快、效果好、坏账小的，应给予绩效激励；也可以为激励销售人员积极收回货款，将销售人员的收入与应收款项回收情况挂钩，给予销售提成；对于应收账款周期长、周转慢，或者未能按照合同约定回款的，或者造成坏账损失的，给予相应处罚。

6.2.9　客户服务控制

客户服务包括产品维修、销售退回、维护升级等，对客户提出的问题，企业应予以及时解答或反馈、处理，在企业与客户之间建立信息沟通机制，不断提升客户满意度和忠诚度。客户服务环节的主要风险是，企业的客户服务水平低，客户的满意度低，影响公司品牌形象，造成客户流失。

客户服务环节的主要管控措施有：

（1）建立和完善客户服务制度，包括客户服务内容、标准、方式等；

（2）设专人或部门进行客户服务和跟踪，加强售前、售中和售后技术服务，实行客户服务人员的薪酬与客户满意度挂钩；

（3）建立产品质量管理制度，加强销售、生产、研发、质量检验等相关部门之间的沟通协调；

（4）做好客户回访工作，定期或不定期开展客户满意度调查；

（5）建立客户投诉制度，记录所有的客户投诉，并分析产生原因及解决措施。

最重要的是，通过客户回访、客户关系维护，可以在一定程度上发现公司业务员与对方相关人员恶意串通、内外勾结，损害双方公司利益的舞弊行为。

6.2.10　会计系统控制

会计系统控制是企业所有业务控制的基础和有力武器，要识别会计系统控制中的风险，并利用记账、核对、岗位职责落实和相互分离、档案管理、工作交接程序等会计控制方法，措施加强风险控制。会计系统控制环节的主要风险是，销售业务会计系统不真实、不可靠。

会计系统控制环节的主要管控措施有：

（1）及时详细记录。所有的销售客户、销售合同、销售通知、发运凭证、商业票据、款项收回、销售退回、发票开具与交接等情况，都应在会计系统详细记录。

（2）核对销售数据。财会部门与仓库部门、销售部门的销售量、销售额必须每月核对，保持一致性。

（3）应收账款清收核查。销售部门是应收账款的催收责任部门，销售部门应定期与客户核对应收账款并取得书面对账凭证；财务部门应与销售部门定期核对客户的应收账款，并对销售部门定期与客户对账情况、款项催收欠款进行监督检查，发现异常（包括未及时与客户对账）的应及时上报并提出处理意见。

（4）专人跟踪、催收。企业应由专人负责跟踪、催收重要、大额应收账款，对于超过一定期限仍未能回款的应收账款，应给予足够重视，指定专人负责，采取多种方式催收。

一般来说超过约定三个月未能回款的就要引起足够重视；超过六个月未能回款的，就有一定可能的坏账；超过一年未能回款的，坏账可能性较大；超过三年当年未能回款的，一般意味着该款项可能无法收回或收回可能性极小。

（5）妥善保管应收账款资料。及时收集应收账款相关凭证资料并妥善保管；及时要求客户提供担保；对未按时还款的客户，采取申请支付令、申请诉前保全和起诉等方式及时清收欠款；对收回的非货币性资产应经评估和恰当审批，并及时登记入账。

（6）计提坏账准备。企业对于可能成为坏账的应收账款，应当计提坏账准备，以真实反映应收账款的坏账风险。

6.3 销售业务风险漏洞案例分析

销售业务的风险管控漏洞很多，形形色色，下面分享的都是实际发生的案例，从中可以看出加强销售业务风险管控的必要性和紧迫感。

6.3.1 业务员私改系统侵吞销售款

1. 案例呈现

骆某任职某家具公司销售跟单业务员。每次客户确定下单后，骆某会按照客户订单需求在家具公司系统中做好销售单，待客户打款至上述账户后，骆某会根据客户所需货物的不同，采取不同的方式谋取非法利益：

一是如果客户所需货物可以找到代加工厂，骆某就会直接把系统中的销售单删掉，然后委托代加工厂生产假冒产品并贴上家具公司的商标发货给客户，把公司业务变为自己的业务，侵占公司利益；

二是如果客户所需货物无法找到代加工厂的，骆某就会在确认客户货款到账后，在公司系统中制作发货单下达发货指令，待货物发出后，就利用自己的权限将系统中相应的销售单删掉、发货单作废，侵占公司货款。

2. 典型漏洞

本案例中，存在的风险漏洞在于以下几方面：

（1）不相容职务分离控制漏洞。

企业在赋予销售下单、发货、退换货等事项的相关人员权限时，必须遵守不相容职务分离的原则，即申请人、审核人、审批人不得由同一人担任，避免出现在缺乏过程制衡与制约的情况下某个业务员独立完成整个流程。

（2）收款控制漏洞。

制度明确并宣贯销售回款必须直接转入公司银行账户，不得使用个人账户代收销售款。

（3）发货控制漏洞。

该家具公司存在财务尚未确认款项入账，仓库即按照销售业务跟单员指令向客户发货的情况，造成了公司资产流失，说明企业销售发货管控不严。销售发货应当以盖章生效的销售单或销售合同作为发货申请依据，相关审核人应确认发货申请是否合理，包括数量、批次等。如果是现销，在发货前财务人员应确认客户资金是否到账；属于赊销的，则应由公司销售部门、信用部门、财务部门确认客户信用水平、信用等级等是否符合公司赊销发货政策，然后按规定程序由有权限的人员审批后才能将销售通知发到仓储部门；只有符合这些规定手续的，仓储部门才能出库货物，不符合上述条件的，仓库应一律拒绝发货。

6.3.2 过磅员、出纳与客户合谋以少称重的方式侵占公司财物

1. 案例呈现

某股份公司出纳袁某伙同公司过磅员何某某与公司客户陈某、程某某、牛某等人相互勾结，利用职务上的便利，在销售称重环节多次以少称重的方式侵占公司财物 356.9 万元，并以现金方式分赃。

经法院审判认为，袁某、何某某利用担任某股份公司过磅员、出纳的职务便利，伙同该公司客户将本公司的财物非法据为己有，数额巨大，其行为均已构成职务侵占罪，且系共同犯罪。袁某因犯职务侵占罪，判处有期徒刑七年；何某某犯职务侵占罪，判处有期徒刑五年。

2. 典型漏洞

本案的舞弊事件发生在销售发货环节，主要是过磅员与现场收款出纳利用职务之便，与客户串通实际多发的货物价值与少收的货款之间的差额，事后共同分赃，侵占公司营业收入。

（1）不相容职务分离控制漏洞。

过磅员与现场收款出纳属于重要的关键高风险岗位，为了防止舞弊行为的发生，安排轮岗十分必要。

（2）发货控制漏洞。

销售发货环节，存在过磅记录被篡改等舞弊风险，可以采取的措施管控包括：

①运用信息化系统，过磅系统直接接入企业整个数据平台，而非人工输入，这样能更直接、更直观地对过程实施控制，防止舞弊；

②在过磅操作区域安装监控，确保对过磅整个操作流程进行完整的记录，这样既能对过磅操作人员进行心理上的威慑，也便于事后追溯；

③二人以上同时在岗，减少串通舞弊风险。

（3）会计系统控制漏洞。

由非销售及发货相关人员、收款人员，定期或不定期与客户直接联系，确认销售发货与应收账款情况。由于案例中的客户提货人员和企业过磅人员等勾结，所以在与外部对账过程中可以考虑有时与客户方不同的人员进行核对，进一步确保对账结果的真实性。

（4）定期控制漏洞。

定期不定期盘点，检查库存准确性。销售环节出货后少计销售出库数量，漏洞就在于库存管理存在漏洞，如果库存管理准确，自然就堵上了漏洞。

（5）监督检查。

企业运营管理部门定期将生产数据、销售订单、发货数据与收款数据进行对比，检查相关数据、指标是否符合逻辑，发现异常及时查明原因、上报，比如分析配货数据与发货收款记录是否一致等。

6.3.3 4S店业务员私改系统侵吞卖车款

1. 案例呈现

某汽车4S店一名销售员将客人交付的车款携款失联，据车主初步统计，涉及此事的新车共有13台，涉及金额约72万元，其中还有一些是按揭车辆。而4S店的销售记录显示，这些车主已经交钱购买的新车并没有被出售。

4S店销售总监说："销售员傅某通过伪造相关签字的文件，私自把车交付给了客户，同时私自收取客户的购车款……"

4S店相关负责人还说，销售员傅某在收取客户购车款时曾多次盗用公司合同印章，目前公司也无法联系上他……

2. 典型漏洞

本案例中，存在的风险漏洞在于以下几方面：

（1）不相容职务分离控制漏洞。

印章、空白合同要有专人管理，其他人使用印章、签订合同应按规定的流程审批并在管理人监控下进行。但本案中傅某多次盗用公司合同印章，印章、合同的风险管控失败。

（2）收款控制漏洞。

业务员不能收款，这是最基本的风险管控要求。收款控制失败，傅某多次私自收取客户的购车款，这是购车款被侵吞的基本原因。

6.3.4 伪造客户欠条回款侵占货款获刑

1. 案例呈现

宋某在某商贸公司担任业务员，负责向各大酒店、饭店销售酒水，以及催收账款。宋某的母亲生病需要用钱，便想到了挪用公司的货款。在某饭店已经结清货款的情况下，宋某伪造了该饭店的欠条，交给公司入账。初次得手后，宋某见公司没有发现，胆子越来越大，又多次伪造客户签名的欠条向公司入账，侵占货款。后来宋某甚至连欠条也不伪造，直接将收回的货款扣下不交给公司，直到三年后公司才发现并报警。

2. 典型漏洞

本案例中，存在的风险漏洞在于以下几方面：

（1）不相容职务分离控制漏洞。

销售与收款都是由业务员一人操办，过程中无其他人进行参与，更加无人进行监督，是该商贸公司的重要管理缺陷。

（2）收款控制漏洞。

业务员不能收款，这是最基本的风险管控要求。宋某销售与收款都是由一人操办，收款控制没有起到作用。

（3）会计系统控制漏洞。

财务会计要定期核对应收账款，宋某多次通过伪造客户欠条方式成功挪用货款，就是由于没有及时月结客户对账造成的。

（4）授信控制。

客户赊销应事先做信用调查，符合条件的才予以授信，并要按惯例制度跟踪检查分析。宋某的客户在宋某的操办下长期"欠款"，公司却持续地对这些客户进行大量发货，让宋某能够有机会持续挪用货款，从这个角度来看该公司在信用管理方面是缺乏或欠考虑的。如果案例中的商贸公司能够加强对客户的信用管理，及时对宋某经常欠款的客户少发货甚至停发货，自然也就能够很早发现其舞弊的端倪。

6.4 │ 应收账款的成本及客户信用政策

应收账款对公司的生产经营会产生有利和不利的影响，企业应分析应收账款的成本，权衡成本与收益，并运用信用政策对客户进行授信管理，从而管控好应收账款。

6.4.1 应收账款的实质

应收账款是指企业在正常的经营过程中因销售商品、产品、提供劳务等业务，应向购买单位收取的款项。说白了，就是交付了货物、劳务或者服务，但对应的款项没有收到，只有客户欠款的这笔债权。也即是说，因为有了赊销所以才形成了应收账款。

赊销是信用销售的俗称，指用赊欠的方式销售。赊销是以信用为基础的销售，卖方与买方签订购货协议后，卖方让买方取走货物，而买方按照协议在规定日期付款或以分期付款形式付清货款的过程。

任何一家卖方都希望现金交易，即一手交钱，一手交货，这样既无风险，又可尽快回笼资金。然而，面对竞争日趋激烈的市场，企业又不得不接受对它来说看似苛刻的条件——赊销。事实上，在市场竞争日益激烈的情况下，赊销也是促进销售的一种重要方式。

因为，赊销所形成的应收账款，类似于放贷（把自己的钱贷给别人），实际上是公司垫钱给客户让他购买公司的货物、劳务、服务，这其中也是有风险、也需要付出成本的，而且，因为交易已经发生，尽管没有收到款，也要缴纳各项税费。

所以，应收账款实质上就是公司给客户提供无息贷款，借以提升销售和市场占有率。

6.4.2　应收账款的好处

赊销于卖方并非全都是弊，也存在有利的一面。实际上，绝大多数企业都会发生赊销，因为赊销能够带来扩大销售、减少库存的好处。

1. 扩大销售

对于那些资金暂时有困难的买方，赊销无疑具有强大的诱惑力，所以赊销刺激销售增长，扩大市场占有率，增加营业收入。一家有能力赊销的企业显然比没有能力赊销的企业具有更强的市场竞争力。

2. 减少库存

很多企业的产品积压严重，资金大量占用，无法变现，在很大程度上阻碍了企业的发展，有些企业甚至面临破产倒闭的危险。赊销虽然不能使企业的资金马上回笼，但是起码使其成为可能。

6.4.3　应收账款的不利影响

应收账款毕竟是公司垫资把货物、劳务、服务交付出去，资金出去了就必然对公司产生影响。

1. 虚增收入和利润，夸大了企业经营成果

由于我国实行的是权责发生制，发生的当期赊销全部记入当期收入，也就在当期体现为账面利润的增加。但企业账面利润的增加，并不代表有相应的现金流入，不表示有真正的经营成果，相反还有坏账的风险。因此，企业应收款的大量存在，虚增了账面上的销售收入，在一定程度上夸大了企业经营成果，增加了企业的风险成本。

2. 占用大量资金，可能坏账，降低了企业的资金使用效率

企业因上述垫资销售，占用了大量的流动资金，势必影响企业资金的周转，影响企业生产计划、销售计划等，很可能导致企业资金周转困难，甚至可能发生坏账，使资金使用效率和企业效益下降。

3. 垫资税费和分红，加速了企业的现金流出

一方面，赊销不但没有收到款项，反而还要调动流动资金来垫付各种如增值税、消费税、资源税、城市建设税、教育费附加、地方教育附加等税金和费用；另一方面，因为有账面利润，股东通常会要求分红。这些都加速了企业的现金流出。

4. 诱导赊销冲刺业务，造成公司财务信息失真

尽管赊销只是增加了账面收入和利润，没有实际现金流入做支撑，价值要大打折扣。但由于其结果会体现在利润表上的收入和利润增加，这对于公司经营管理层、销售部门及其负责人，都是业绩的体现，也往往与个人收入挂钩。如果公司的绩效考核过于偏重收入与利润的考核，又会反过来刺激信用政策的放松，加大应收账款的风险。

5. 影响销售人员绩效兑现，影响销售人员士气

一般来说，销售人员的薪资结构中很大一部分是销售提成，而且通常是回款后才兑现。如果应收账款迟迟不能收回，销售人员势必不能及时得到对应的提成工资，时间一长可能影响销售人员积极性。

6. 企业很可能被无商业信用的客户绑架

一些客户长期拖欠货款，金额很大，一旦出现问题可能给公司带来灭顶之灾，正因如此，最后很可能反被不良客户绑架要挟，愈陷愈深，如不继续赊货，前面的应收账款可能就还不了了。

6.4.4 应收账款的成本

如上所说，赊销能够带来一些扩大销售、减少库存的好处，但是，赊销也是有成本的，而且成本不低。

1. 机会成本

资金都是有机会成本的，应收账款也不例外。机会成本，即因资金投放在应收账款上而丧失的其他收入，通俗点说，就是这些钱假设不放在应收账款上，而是做其他投资，一般都会产生收益，但因为被应收账款占用，丧失了投资机会，也就减少了这些收益，相应的也就增加了机会成本。

例如，假设今年应收账款为 5 000 万元，如果把这 5 000 万元进行一项投资，其投资收益率为每年 10％，那这笔应收账款的机会成本就是 500 万元（5 000×10％）。

应收账款机会成本可通过以下公式计算得出：

$$应收账款机会成本＝赊销业务所需资金×资金成本率$$

一般来说，每个人投资的机会、风险不一样，所以机会成本可能不一样，但是，通常来说，整个社会的平均机会成本（也就是平均资金成本率）是趋于一致的。

资金成本率一般可按国债利息率计算。

2. 管理成本

只要有应收账款，那么应收账款的管理就必不可少。管理成本是指企业对应收账款进行管理所发生的费用支出，主要包括对客户的资信调查费用，收集各种信息费用，应收账款记录和询证核对过程中的费用，催收账款的如电话费、快递费、差旅成本等催收费用以及建立专门的催收团队的工资、奖励等所发生的费用，其他用于应收账款的管理费用等。

3. 坏账成本

坏账成本，即因应收账款无法收回而给企业带来的损失。一般来说，应收账款的数额越大、时间越长，坏账成本也可能越大。为尽可能避免发生大额坏账成本给企业生产经营活动的稳定性带来的不利影响，企业应合理提取坏账准备。

4. 仲裁或诉讼成本

为了追讨应收账款而打官司，要发生律师费、诉讼费等费用。

5. 税费成本

企业虽然可以计提坏账准备，但坏账准备税务局一般不会承认，基本不允许它在所得税前扣除。如果坏账成本不能在企业所得税前扣除，这无异增加了企业的税费成本。

这样算下来，应收账款不仅有成本，而且如果管理不善风险也不小。

6.4.5　赊销要把握好前提条件

企业要赊销，或者客户要求欠账，不能两句好话一说，或者为了冲刺完成目标任务一时冲动就赊销了，而是要把握好前提条件。

1. 企业要有充足的现金流

赊销前要测算、预估一段时期内各项硬性开支和投资所需资金，避免一旦赊销出去后不能按时把款项收回来，造成资金链断裂，严重影响正常的生产经营，把自己企业推入危险境地。

2. 要求有严格的信用政策和应收账款管控措施

要建立严格的信用政策和应收账款管理制度，并得到严格执行，保证赊销出去以后应收账款能够按计划及时收回，即使有一些小的瑕疵，也是在预计范围内，风险可控，并且不断完善管控措施，把风险控制在最小。

6.4.6　按信用政策先授信后赊销

如前所述，赊销会给企业带来商机和利润，同时也为企业带来了成本和风险。如果管控不好，可能给企业带来不小的经济损失，有时候可能是灭顶之灾。因此，企业要制定企业信用政策，加强客户授信管理，才能从根本上降低应收账款的风险。

企业信用政策是指企业信用管理部门在某个特定市场环境下，分析不同客户产生的应收账款的成本、风险和收益，并制定适合该客户的应收账款的回收方案，主要包括信用标准、信用额度、信用期限、现金折扣等。

1. 信用标准

信用标准是指企业用来衡量客户是否有资格享受商业信用的最低条件。企业通过参考对客户的信用评价来决定是否向该客户提供商业信用。

信用标准通常采用"五C"评估法，即：

（1）品质（Character）。

即客户的信誉。公司营销人员等有关人员，应当尽可能设法了解客户的商业道德，过去的诚信情况、付款记录，是否有按期如数付款的一贯做法，客户与其他供货企业的关系是否良好，是否老赖，是否皮包公司，这点是公司评价客户信用的首要因素。

（2）能力（Capacity）。

指客户的偿债能力，有诚信的品质，但没有偿债能力也是白搭。企业需要了解客户包括经营规模、盈利能力、资金周转情况、资产负债率、速动比率等情况，主要考核客户流动资产的数量和结构以及负债情况。

（3）资本（Capital）。

指客户的经济实力和财务状况，包括企业的注册资本、实收资本（很多时候注册资本并没实缴，再大也没用）、所有者权益的构成、融资渠道和背景等，一般在资产负债表的所有者权益合计栏可以查到。但需要提醒的是，即使有资本实力也不代表一定有偿债的意愿和实力，赊销的信用额度也要在资本实力内适当打折。

（4）抵押（Collateral）。

指客户拒付款项或无力支付款项时能做抵押的资产。对不知底细的新客户或信用状况有争议的客户，必须由客户提供足额的资产抵押，才能考虑给予相应的信用，否则宁可放弃。

（5）条件（Conditions）。

指可能影响客户付款能力的经济环境，特别是在国家金融政策紧缩情况下客户的付款历史。就像前文里信用标准第 3 条资本中讲到的，即使有资本实力也不代表一定有偿债的意愿和实力，也可能受各方面环境的影响。

2. 信用额度

信用额度是在信用条件下，企业授予客户的赊销限额，也就是经公司评价后，确定各个客户可以赊欠的货款最高金额。客户只能在这个限额内欠款。

确定信用额度的途径有：递增法、信用评级法、动态评估法、模型分析法等。

3. 信用期限

信用期限是企业允许符合信用标准的客户赊销账款的最长期限，即延期收款期限，也就是经评价，允许客户拖欠贷款的期限。信用期限的制定对于企业的发展存在利弊两方面的作用，信用期限的延长能刺激销售增长，增加企业收入；但同时会使企业平均收款期限延长。因此，在深刻分析收益与费用的前提下，企业确定信用期限要慎重。

4. 现金折扣

现金折扣是给提前付款客户的优惠安排，包括折扣期限——提供优惠安排的有效期限，以及折扣率——提供优惠的程度，例如，提前 10 天付款打 95 折。现金折扣也同时存在优缺点，其优点是能够加快资金的周转，有利于长期应收账款的回收，减少呆坏帐的可能性；而缺点是利息损失巨大。

综上，企业对申请赊销的客户按照信用政策进行授信管理，是有效防止坏账发生、强化责任的关键，是内部控制制度的重要内容之一。

6.4.7 怎样对客户进行资信调查

对客户进行资信调查。

1. 为什么要进行资质调查

企业在和客户开始合作签约前进行资质和信誉等方面的调查，可以及时了解和确保对方的履约能力和风险发生后的赔偿能力。

2. 调查的重点

调查的重点在于调查合作方的商业信誉和履约能力，重点是客户的基本信息，主要股东及公司负责人情况，客户的经营状况、财务状况，客户的其他供应商对该客户的口碑评价，合同标的是否存在争议或者被司法行政机关依法查封、扣押、冻结等。

3. 调查的方法

企业可以通过不同的渠道获得客户上述信息，主要方式包括主动向客户提出合作所要提供的资料，与客户的接触和访谈，向工商、税务、银行等机构查询，客户以往的档案及业务往来交易的资料，委托其他第三方机构调查等。

（1）通过"国家企业信用信息公示系统"查询客户信用信息。

通过"国家企业信用信息公示系统"来查询相关企业的信用能力是最基础、最快捷的资信调查方式。

输入相关企业的名称就可以快速查询企业的营业执照信息、工商变更信息、动产抵押登记信息、股权出质信息、知识产权出质信息和商标信息、年报信息等，还可以关注企业的行政许可、行政处罚，以及列入异常经营名录和严重违法失信名单的信息。

（2）通过"中国裁判文书网"查询客户曾经发生的案件。

通过"中国裁判文书网"可以查询企业过去曾经发生的案件的裁判文书，由此可以帮助判断企业的经营状况，以及是否会影响后续与之的合作等。

（3）通过"被执行人信息查询网站"查询客户被执行情况。

通过最高人民法院"被执行人信息查询网站"可以查询全国法院执行实施案件的被执行人信息，查找相关企业是否被列入其中。

（4）通过"企查查""天眼查"等第三方平台获取客户更多资信状况信息。

通过"企查查""天眼查"等第三方微信小程序，可以查询企业的更多资信信息。例如，涉诉情况、经营风险、预警提醒、最终受益人、实际控制权、经营信息等。

（5）通过中国人民银行的征信中心查询企业信用报告。

（6）通过国家税务总局网站查询纳税人等级。

6.4.8 信用评价的依据

前面讲了，赊销前要对客户信息进行信用评价。信用评价的依据有以下这些内容：

（1）企业基本资料，包括营业执照、税务登记证、开户许可证、生产许可证、经营许可证等，如果可能有资产负债表、损益表、现金流量表及其明细则是最好的；

（2）调查报告（市场部调查人员应当对客户的基本情况、经济状况、财务状况进行综合调查）；

（3）此前信用情况（客户遵守合同和承诺的信誉情况）；

（4）银行信用等级证书或银行资信证明；

（5）销售增长率（评价客户对公司的销售贡献及客户的发展潜力）；

（6）销售、回款的金额及增长率（目的为了考核客户的经营规模及经营能力）；

（7）退货率（考察客户对公司产品的销售能力及信心）；

（8）客户访谈记录（了解客户基本情况、商业道德和付款意愿）；

（9）担保或抵押物等。

6.4.9　你的赊销效果如何——应收账款周转率

既然赊销，当然是希望通过赊销放大销售规模，这就要求加快应收账款的周转，周转越快，同样规模的应收账款带来的销量就越大。评价应收账款周转快慢的指标就是应收账款周转率。

应收账款周转率，又叫收账比率，是指在一定时期内（通常为一年）应收账款转化为现金的平均次数。应收账款周转率是用于衡量企业应收账款流动程度的指标，它是企业在一定时期内（通常为一年）赊销净额与应收账款平均余额的比率。应收账款周转率是用于衡量应收账款流动程度的指标，其取决于相对客户的强势或弱势地位、销售模式以及对应收账款的管理能力。

一般来说，应收账款周转率越高越好，表明公司收账速度快，平均收账期短，坏账损失少，资产流动快，偿债能力强。与之相对应，应收账款周转天数则是越短越好。反之，若企业应收账款周转率过低，则说明企业催收账款的效率太低或信用政策十分宽松，会影响企业资金利用率和资金的正常周转，增加坏账发生的比率，最终影响利润及偿债能力。

应收账款周转率的计算公式为：

应收账款周转率＝营业收入/应收账款平均余额

＝营业收入/［（期初应收账款＋期末应收账款）/2］

通常来说，企业的标准值一般设置为 3，但实际上企业所处的行业不同，应收账款周转率差异很大。例如某些大型设备制造企业，可能应收账款周转率不到 1，也就是应收账款一年周转不了 1 次；而某些快速消费品类企业可能应收账款周转率超过 20，也就是一年应收账款要周转 20 次以上。所以应收账款周转率一般在相同或类似行业才有可比性。

但是，相同行业，特别是同一企业的不同年份之间，如果应收账款周转率差异很大，说明应收账款管理水平也有很大差别。所以应收账款周转率是一个评价企业管理能力的很重要的指标。

当然，也不能绝对化，因为应收账款周转率指标存在局限性，具体情况要具体分析。比如，同样的销售收入、同样的期初期末应收账款，一个是期初（1月份）收回，另一个是期末（12月）收回，在这两种情况下，应收账款的周转率是一样的，但显然不能认为回款质量是一样的。

再如，如果应收账款在年末计提了坏账准备，那么，在计算这个指标时，要将坏账准备加回去，否则，计算出来的应收账款周转率可能会告诉我们一个错误的信息。比如，某企业年末有应收账款 1 000 万元，其中有 500 万元很大可能无法收回，出于谨慎性考虑，对这 500 万元应收账款全额计提了坏账准备。相当于应收账款一下少了一半，那应收账款周转率一下就快了，应收账款周转天数一下就变少了。如果不还原回去，或者不懂这个原理，对这个因计提坏账准备而提高的应收账款周转率，作出应收账款管理水平提高或者风险减小的判断，那就南辕北辙了。

用时间表示的应收账款周转速度为应收账款周转天数，也称平均应收账款回收期或平均收现期，它表示公司从获得应收账款的权利到收回款项、变成现金所需要的时间。

6.4.10　多少营业收入才能保本——盈亏平衡点

你每个月要多少万元的营业收入才能够保本？很多老板和财务都不是很清楚，这就是盈亏平衡点的计算。

盈亏平衡点，又叫保本点、零利润点、盈亏临界点、损益分歧点等，是指全部销售收入等于全部成本时的产量。以盈亏平衡点的界限，当销售收入高于盈亏平衡点时盈利，反之，就亏损。

盈亏平衡点的计算，是以每个月的固定费用除以毛利率计算的。

比如，我们本月房租费 5 万元、工资社保等人工费开支 20 万元，还有其他固定的开支费用 6 万元，合计固定的费用每个月 30 万元，毛利率是 15%。

那我们的保本点就是：30 万元的固定费用除以 15% 的毛利率，金额就是 200 万元。

$$保本点 = 30/15\% = 200\ 万元$$

也就是说我每个月营业收入 200 万元，就可以保本；超过 200 万元，达到 300 万元、400 万元，那就赚了；低于 200 万元那就亏本了。

6.5 ｜ 当心你开的发票被作为拒付款的依据

我们在合同履行过程中，经常会遇到买方要求卖方先行开具发票，收到发票后再付款的情况，这似乎是一种交易惯例。但即使你没有收到款，你开的普票在某些情况下也可能会被视为已经收款的证明，从而遭受损失。

6.5.1　专票、普票对收款的证明力不一样

一般来说，大部分企业都会同意付款方"先开发票后付款"的请求，但事实上，这种交易习惯存在巨大的风险。一个案例就显示，某些情况下，发票可能会被与付款关联一起：

某建设集团与某房地产公司在履行建设工程施工合同中，因房地产公司违约不按时支付工程款发生合同纠纷，导致工程多次停工，合同不能继续履行，起诉到省高级法院。

房地产公司答辩称其中一笔 244 万元款项已经支付，有建设集团出具的发票为证；而建设集团认为，是双方协商准备付款时，房地产公司要求建设集团先出具发票，建设集团开具了发票并交付给房地产公司，但房地产公司收到发票后既未付款也未退还发票。

省高院认为：发票只是完税凭证，不是付款凭证，不能证实收取款项的事实。付款方付款后应当索取并持有收据，以证明收款方已收取该款项。房地产公司未提供其他财务凭证或收据等证据印证已付款的事实，对房地产公司的理由不予支持。

最高人民法院查明的事实与省高院查明的事实相同，但认为发票应为合法的收款收据，是经济活动中收付款项的凭证。双方当事人对 244 万元发票的真实性没有提出异议，房地产公司持有发票，在诉讼中处于优势证据地位，建设集团没有举出有效证据证明付款事实不存在，故对房地产公司的理由予以支持。

也就是说，在这个案件中，最高法院和省高院在查明事实阶段完全相同，但对支付款项是否存在作出了截然相反的认定。

根据《最高人民法院关于审理买卖合同纠纷案件适用法律问题的解释》法释〔2012〕8 号第八条规定，出卖人仅以增值税专用发票及税款抵扣资料证明其已履行交付标的物义务，买受人不认可的，出卖人应当提供其他证据证明交付标的物的事实。合同约定或者当事人之间习惯以普通发票作为付款凭证，买受人以普通发票证明已经履行付款义务的，人民法院应予支持，但有相反证据足以推翻的除外。

通俗点说就是，如果是增值税专票，在没有其他证据的情况下，既不能

证明标的物已经交付，也不能证明买受人已经付款；如果是普通发票，在有合同约定或当事人之间交易习惯存在的前提下，可作为买方已经履行付款义务的证明，但有相反证据足以推翻的除外。

这个案例争议比较大，省高院和最高院的观点都不同，也不是指导案例，以后有相同的案例也不一定会是一样的结果，但提醒我们注意发票带来的风险，在某些情况下你开具的普通发票可能会被视为收款凭据，至少要警惕由此带来的纠纷和诉讼风险。

6.5.2　如何防范开票被视为已付款

在日常商业交易中，发票开具与收货、收款时间不一致的情况比比皆是，即"先票后货"或者"先票后款"。一般而言，收货凭证与收款凭证才是可以证明货物交付与款项交付最为直接的证据，这个功能也不是发票能够简单替代的。

但为了避免不必要的麻烦，供货方可以做如下完善，举手之劳就能避免大麻烦，何不平时就做细一点呢？

（1）在合同中清楚说明"发票不代表付款，款项以实际银行转款凭据为准"，以免产生歧义。

（2）在给交付发票时，要求收发票对方在发票签收单上写明："给付发票时款项尚未支付"，并请对方签字盖章。

（3）很多时候送货单签收后也会发生是否已支付款项的争议，双方各执一词，真假难辨。解决这个问题，只需在打印的送货单上加上一句："送货单被收货方指定人员签收，视为单据所载货物已被收货方验收入库，但不代表收货方支付款项。款项支付以实际银行转款凭据为准。"

在这里想要多说一句，如果现实当中有企业遇到类似情况，被法院比照这个案例来判决，但其实很多方面的证据不一样，而致使自己公司吃亏的，公司可以作出申辩。我国是成文法国家而非判例法国家，人民法院之前的裁判案例并不能成为判案的依据。因为，依据《〈最高人民法院关于案例指导工作的规定〉实施细则》第十条"各级人民法院审理类似案件参照指导性案例的，应当将指导性案例作为裁判理由引述，但不作为裁判依据引用"，以及第十一条"在办理案件过程中，案件承办人员应当查询相关指导性案例。在裁判文书中引述相关指导性案例的，应在裁判理由部分引述指导性案例的编号和裁判要点"的规定进行使用，但这个案例并非指导案例，可以不作为参照，除非该案例被最高人民法院公布为指导性案例。

第 7 章
资产管理风险及内部控制

资产作为企业从事生产经营活动、实现发展战略的物质基础，是企业非常重要的经济资源。企业要加强存货、固定资产、无形资产的风险管理，促进企业在保障资产安全的前提下，提高资产效能。

本章主要涉及的知识点有：

- 资产管理的要求；
- 存货的管控；
- 授权审批控制；
- 固定资产管控；
- 无形资产管控。

7.1 资产管理的要求

资产管理也就是所谓的实物流管控，因为涉及企业的重要资源，因此应贯穿于企业生产经营全过程。

7.1.1 从临时工盗取 200 万元邮票无人知看资产风险管控

企业资产经常面临损失和被侵占的风险，实务中这样的案例很多。下面这个案例就具有一定的代表性和典型意义。

1. 案例呈现

2015年，李某成为某集邮分公司临时工，主要负责货物的收发、装卸、运输，以及参与库存清点和盘货等工作。

工作中李某发现由于平时常有运送货物的任务，自己可以自由进出库房，而且公司存放邮票的库房也没有太多安保措施。于是，李某认为财运来了，便开始盘算如何利用自己收发货物和盘点货物的机会，搞一些邮票出去发财。李某先后窃取公司7楼邮资票品仓库内的9种邮票价值200多万元，并将所盗邮票售卖，供自己挥霍。集邮分公司在2017年2月进行年度盘点过程中，发现公司储存邮票短少，遂向公安机关报案，经鉴定涉案金额共计224.32万元。

2. 案例反思

李某作为一名临时工进入公司，负责货物的收发、装卸、运输，以及参与库存清点和盘货等工作，盗窃资产200多万元，公司风险管理内控制度的漏洞可见一斑。我们可以从以下几方面反思：

（1）不相容职务分离控制。

按内控制度的要求，存货管理要与采购、销售、盘点清查等职务相分离，并落实资产管理的岗位责任制；而本案例中，李某一个人负责货物的收发、装卸、运输，以及参与库存清点和盘货等工作，中间几乎没有制约、监督，想不侵占都难。

（2）验收入库控制。

采购入库要有经批准的采购部门的合同、协议等手续和对方的送货单、发票等，经有关部门验收合格，由仓储部门清点数量相符，才能办理入库，并填制入库单据、登记库存台账，相关单据交财务部门等办理结算手续；而公司的采购入库并未按要求办理相关验收入库手续。

（3）出库控制。

销售出库要有按制度经批准的销售部门的出库通知单，或经批准的使用部门的领料单，没有这些手续，不能办理入库、出库；而李某没有这些手续照样把货拿出去。

（4）盘点清查控制。

公司应由仓储管理以外的部门、人员定期不定期地对存货进行盘点清查，对存货的准确性进行监督检查，而公司显然没有做到这些。

从上述案例可以看出，存货管理中漏洞多、风险大，如果管理不善，可能会给企业带来损失。试想，如果有一个环节的风险管控起了作用，也不会让李某在接近两年的时间里频繁作案而不被发现。由此看来，加强存货、固定资产、无形资产等企业资产的管理，防范资产管理的风险，显然也是迫在眉睫的大事。

7.1.2　资产管理的要求

长久以来，企业都把如何保障货币性资产的安全，将如何防范资金、资产的舞弊、非法侵占等作为内部控制的重点。

但是随着企业生产经营的需要和管理水平的提高，企业对资产管理的目标已经越来越高。资产管理的目标是，在保障资产安全的前提下，提高资产效能。

为实现资产管理目标，企业要全面梳理资产管理的制度流程，及时发现各项资产管控中的漏洞和薄弱环节，改进提高。

资产管理涉及企业业务的方方面面，应从各方面建章立制并认真执行。

1. 梳理制度流程

企业各项资产数量多、金额大，是保障生产经营的重要物质基础，因此，要在区分存货、固定资产、无形资产大类的基础上，从进入到退出的各个环节进行细分和梳理，认真、全面地梳理资产在各环节的流程，建立存货、固定资产、无形资产等科学合理、顺捷畅通、风险小、成本低、能最大限度地发挥资产效能的各项资产管理制度。

2. 查找薄弱环节

在梳理制度流程，企业应认真查找资产管理中的痛点、漏洞和薄弱环节，并加以改进和优化。例如，存货是否积压或短缺，是否过量占用资金，有无贬值或导致生产中断风险；固定资产是否完好，使用效能有无保证，产能是否过剩；无形资产是否拥有核心技术，权属是否清晰，基数是否先进等。

3. 落实管控措施

再好的制度、流程也需要好的落实才能达到想要的效果。企业要在梳理制度流程、查找薄弱环节的基础上，建立、健全和落实相关措施，并结合绩效考核，把执行、落实资产管理的制度流程、措施落到实处，并与工作业绩评价结合，与奖惩结合，使各项资产管理有序、高效，发挥应有的效能和作用，防范资产风险，提升核心竞争力。

7.2 | 存货的风险管控

存货在企业资产中种类很多，入库、出库也非常频繁，对企业日常生产经营影响非常大。企业应梳理存货管理中的主要风险点和关键环节，建立和完善符合本企业生产经营存货特点的风险管理内控制度，有效管控存货风险。

7.2.1 存货的主要环节

存货根据生产和使用的环节不同，主要包括库存商品（产成品）、原材料、在产品、半成品、周转材料、辅助材料，以及不构成固定资产的工具、器具、办公用品等。

不同种类的存货管理流程不同，管理的方法也可能不同，但相同的是都要结合企业实际，针对关键风险点和关键环节，建立并严格执行各项业务流程和制度，有效管控风险。

虽然一般生产企业、流通企业在存货管理上略有差别，但大体上，企业的存货业务流程可分为取得、验收入库（流通企业是直接从供应商处取得并验收入库，生产企业先是从供应商处取得并验收入库原材料，经领料、生产加工后再将产成品验收入库）、仓储保管、生产加工（流通企业无此阶段）、销售发出（流通企业的外购产品和生产企业的自产产品）、盘点处置等几个阶段。

相应的，商品流通企业也要经历取得存货、验收入库（生产企业包括原材料验收入库和产成品验收入库）、仓储保管、领用发出（流通企业无此环节）、原料加工（流通企业无此环节）、装配包装（流通企业无此环节）、盘点清查、销售处置等主要环节。

简单地说，所有存货都要经过存货取得、验收入库、仓储保管、领用发出、盘点清查、销售处置等主要环节，而这些环节中企业资产也都可能面临风险，都需要采取措施加强风险管控。

7.2.2 取得存货

企业取得存货的方式，可能是直接向供应商购入，或者委托加工，也可能是向供应商购入原材料后自己生产加工，也有的资源型原材料生产企业是直接自己开采、加工。企业应本着成本效益原则，根据所处行业特点、经营目标计划、市场情况选择适合自己的方式，并进行风险管控。取得存货环节的主要风险是：采购计划不科学、不合理，可能导致存货积压或短缺。

取得存货环节的主要管控措施有：

（1）预算管理。结合预算控制、采购业务控制，根据企业的生产经营计划、行业特点、市场供求关系、资金供应能力、现有库存等制定科学合理的预算计划。

（2）最佳库存。充分利用信息系统，科学合理制定采购计划，目的是合理确定存货采购日期和数量，确保存货处于最佳库存状态。

（3）动态调整。在预算管理的基础上，根据生产经营情况、市场情况，运用大数据，合理分析预测趋势变化，及时进行动态调整。

7.2.3 验收入库

验收入库环节的主要风险是应收的标准不合法、不合理、不明确，应收的程序不合法、不规范，可能导致数量上清点错误或有意克扣，质量上以次充好不符合标准，造成账实不符。

所以任何存货的入库，包括外购，也包括自产的，都必须经过严格的数量、质量验收，符合标准或合同约定方能入库。否则，验收入库部门有权拒收或者提交采购部门、技术部门负责人或公司领导处理。

验收入库环节的主要管控措施有：

（1）不相容岗位相分离。按照监督和执行业务相分离的原则，存货验收入库环节也同时是对存货采购环节、使用环节的监督，必须贯彻执行不相容岗位相分离原则。

①实施采购的部门、岗位应当与验收、入库部门和岗位相分离，采购人员不能同时从事验收入库工作；

②存货的使用部门、岗位与验收、入库部门和岗位相分离，存货使用部门人员不能同时从事验收入库工作。

（2）外购存货的验收应当重点关注存货的数量、质量、规格等是否与合同、发票等原始单据一致。技术性强的存货，若有需要可以聘请外部专家或者第三方专业机构协助。

（3）自制存货无论是半成品还是成品的验收，数量应经过清点相符，质量应经检验合格方能入库，应当重点关注产品质量，不合格应拒绝办理验收入库手续。

（4）其他方式取得存货的验收，应对照合同、协议检查核对存货来源、数量、质量、实际价值。

（5）对于经验收质量合格、数量相符的存货，仓储部门应及时办理入库手续，填制入库单，进行入库登记，并保证记录及附件凭据真实、完整，可以追溯、核查，所有单据按流程传递到财务等部门，不得擅自修改。

（6）定期与财会、采购、领用等相关部门核对，做到各部门、各环节相互核对一致。

7.2.4　仓储保管

仓储保管环节的主要风险是：存货仓储保管方法不适当、检查分析不细致、管理不严格，可能导致数量不准确、损坏变质、价值贬损、资源浪费。

仓储保管环节的主要管控措施是：

（1）不相容岗位相分离。仓储部门要建立岗位责任制，明确各自的岗位职责，奖惩分明；存货的入库、出库、管理、登记等工作只能由仓储管理人员负责，其他人员不能办理。仓储保管环节不相容岗位有：存货保管与清查，存货业务审批、执行与相关会计记录等。

（2）限制接近控制。对于进入仓库的人员应办理进出登记手续，未经授权人员不得接触存货。

（3）存货在不同仓库之间调拨、流动时，应当办理出入库手续，填制调拨单。

（4）结合电子计算机及其管理系统的使用，对于不同批次、型号、使用功能、出入库频率、用途的存货要分类存放，堆码有序，以便于清点和进出操作，提高效率。

（5）按先进先出原则，为保证存货的质量、性能、新鲜，先入库的存货要优先出库，尤其要注意保质期管理，对于临近保质期的存货、滞销存货、使用功能可能面临淘汰的存货，要及时清理，提出促销、变价处理等建议，避免虽然存货数量准确，但蕴含过期、贬值风险。

（6）改善储存条件妥善贮存，做好防火、防盗、防洪、防潮、防鼠雀、防病虫害、防变质等保管工作。

（7）对代管、代销、暂存、受托加工的存货，应单独存放和记录，避免与本单位存货混淆。

（8）结合企业实际情况，加强存货的保险投保，保证存货安全，合理降低存货意外损失风险。

（9）对贵重物品、关键设备、精密仪器、危险品等重要存货，要专门存放、专人管理，要采取多重控制措施，其保管、调用、转移等必须经过严格的授权审批，且在同一环节由两个或两个以上人同时经办。

（10）仓储部门应对库存物料和产品进行每日巡查和定期抽检，详细记录库存情况，发现毁损、存在跌价迹象的，应及时与生产、采购、财务等相关部门沟通。

（11）财务部门等要定期或不定期组织对存货的盘点、抽查，核实存货管理制度执行情况，检查是否账实相符，若发现风险漏洞，或者存货异常，应及时提出处理意见。

7.2.5　领用发出

领用发出包括三种情况，一是生产企业的生产部门领用原材料、辅料、燃料和零部件等用于生产加工；二是生产企业的仓储部门根据销售部门开出的发货单向经销商或用户发出产成品；三是商品流通领域的批发商根据合同或订货单等向下游经销商或零售商发出商品，消费者凭交款凭证等从零售商处取走商品等。这几种情况都涉及存货领用发出。

存货领用发出环节的主要风险是：存货领用发出审核不严格、手续不完备，可能导致货物流失。

存货领用发出环节的主要管控措施有：

（1）企业应当根据自身的业务特点和管理模式，制定严格的存货准出制度，建立健全存货发出领用的审批权限、出库手续，并严格存货领用记录。

（2）仓储部门应当根据经审批的销售出库单、领料单发出货物。通常出库手续一般都应有经过有权限的人审批的销售单、领料单等。在使用电子计算机系统管理情况下，这些单据的提出、审批、出库记录往往都是在同一管理系统由不同岗位的人员完成，由上游环节的单据生成下游单据、数据，以及数据记账，数据在各环节共享，大大提升了工作效率和准确性。

（3）生产企业的仓储部门应核对经过审核的领料单或发货通知单的内容，做到单据齐全，名称、规格、计量单位准确。

（4）商场超市等商品流通企业，在存货销售发出环节应侧重于防止商品失窃，随时整理弃置商品，每日核对销售记录和库存记录等。

（5）所有符合条件的准予领用或发出存货，都要与领用人当面核对、点清交付，并签字确认；由第三方物流代为运输、配送的，也应由运输人、配送人当面核对、点清，并签字确认。

（6）对于大批存货、贵重商品或危险品的发出，任何企业均应当实行特别授权，仓储部门应当根据经审批的销售（出库）通知单发出货物。

7.2.6　盘点清查与监督检查

企业应在存货的取得、验收入库、仓储保管、领用发出、处置各环节建立监督检查制度，明确监督检查机构人员的职责权限，定期或不定期进行检查。

存货的监督检查主要是（但不限于）存货盘点清查。

存货盘点清查环节通常存在的问题是只关注数量是否准确，很少关注存货的质量，但实际上存货的质量也是不能忽视的，应该引起更多的关注。所以存货盘点清查环节，一方面是要核对实物的数量，检查是否与相关记录相符、账实相符；另一方面也要检查、盘点实物的质量情况，看是否有明显的损坏，是否保有完好的功能，是否存在贬值风险。

监督检查及存货盘点清查环节的主要风险是：存货盘点清查制度不完善、流程不合理、盘点操作不扎实，可能导致盘点清查工作流于形式，无法查清存货真实状况。

监督检查及存货盘点清查环节的主要管控措施有：

（1）存货业务相关岗位及人员的设置情况，重点检查是否存在违反不相容职务分离情况；检查存货业务授权批准制度执行情况和存货取得、验收入库、领料发出、仓储保管、盘点清查、账目登记制度执行情况，如有漏洞，应进行完善。

（2）应当结合本企业实际情况建立存货盘点清查工作规程，确定盘点周期、盘点流程、盘点方法等相关内容，定期盘点和不定期抽查相结合进行存货盘点清查。

（3）盘点清查时，应拟定详细的盘点计划，合理安排相关人员，使用科学的盘点方法，保持盘点记录的完整，以保证盘点的真实性、有效性。

（4）盘点结束，要及时编制盘点表，形成书面报告。盘点表内容包括盘点人员，时间，地点，实际所盘点存货名称、品种、数量、存放情况以及盘点过程中发现的账实不符情况等内容。

（5）对盘点清查中发现的问题，应及时查明原因，落实责任，按照规定权限报经批准后处理。

（6）对于多部门人员共同参加的盘点，大家应当各司其职，充分体现相互制衡、相互监督，严格按照盘点计划，认真记录盘点情况。

（7）至少应当于每年年度终了开展全面的存货盘点清查，及时发现存货减值迹象，将盘点清查结果形成书面报告，并及时计提存货跌价准备。

7.2.7 安全库存——应对不确定性

安全库存，又叫保险库存，是指为了防止由于突发性大量订货或供应商延期交货等不确定因素，影响企业正常生产经营的需求，而必须保持的最低限度的库存。

1. 为什么需要安全库存

安全库存缘于企业所有的业务都面临着不确定性，可能影响企业生产经营的正常进行，这些不确定性包括：在需求端（销售环节），不确定顾客要买多少、什么时候买；而在供应端（采购环节），寻找合适的供应商所需的时间、供应商的配合程度、完成采购订单所需的时间也不确定；在交付的可靠性方面，运输师傅可靠性不确定，还有其他原因也能产生不确定性。

如前所述，由于每日需求量、交货时间、供应商的配合程度等因素，总之就是预测与需求不符，供应时间长于预期等，都存在太多的不确定因素，不管何种因素，只要控制不好，企业很容易因此断货、影响生产，从而影响企业的交货，给企业造成经济损失、信誉损失。

因此，为了减少这些不确定因素对企业正常生产经营的影响，就需要一个安全库存来保护自己，给自己提供一个缓冲。

安全库存说白了就是为保险或预防所准备，主要是为了应对异常和意外而需要长期准备的额外的库存，在正常情况下不动用，只有在库存量被过度使用或者送货延迟时，才能使用。如果需求极不稳定、供应能力不可靠，即不确定性高，那么，我们需要保持较高水平的安全库存；但如果需求稳定、供应能力宽余，即确定性高，那安全库存可以设置为零。

2. 影响安全库存的因素

不确定性就是影响安全库存的核心因素。影响不确定性并从而影响安全库存的因素主要有：

（1）需求的不确定性。错误预测需求来源和需求因果关系、错误感知需求信号、不稳定的需求模式等，都会带来需求的波动，这种需求的不确定性，是安全库存的最大影响因素。

（2）供应的不确定性。采购前置期过长，供应商按时交货水平低及不稳定，供应产品的质量合格率低、质量水平不稳定等，都是供应的不确定性表现。

（3）企业的缺货容忍度。缺货容忍度是由企业自己确定的，容忍度越低，越会要求有高安全库存水平的支持，但需要付出额外的成本，所以企业应该根据自己的实际情况确定缺货容忍度。

3. 安全库存的计算

随着管理水平的提升，安全库存的前提条件假设比较多，计算方式比较复杂，限于篇幅，为简便起见，此处不做过多介绍，但最古老的计算方法仍然是最简单、最快捷、最易懂的：

$$安全库存＝每期平均用量×采购提前期$$

例如，假设某产品每天用量为 20 吨，从向供应商发出订货通知到物料仓库办理入库为 7 天，也就是至少要保障 6 天的用量，则：

$$安全库存＝20×6＝120 吨$$

这种方法看似很简单，因为只考虑了平均消耗，但并不是完全没有用，对于某些价值较低的物料，或者在没有任何计算工具可以辅助的情况下，我们可以用这种方法来降低计划员的工作量。

7.2.8 存货周转率——提高存货管理水平

存货周转率反映了企业存货的周转速度，是衡量企业营运能力、存货管理水平的一个重要指标，还可以用来评价企业的经营业绩。

1. 存货周转率

存货周转率，又叫库存周转率，是指企业在一定时期销售成本与平均存货余额的比率。存货周转率可以从一个侧面评价存货的流动性及存货资金占用量是否合理，通常情况下，存货周转率越高，表明存货周转速度越快，存货的占用少，存货转换为现金或应收账款的速度越快。

2. 存货周转率的计算

存货周转率的计算公式为：

$$存货周转率（次）＝销售成本÷平均存货$$

$$平均存货＝（年初存货＋年末存货）÷2$$

例如，某公司 2021 年销售收入 15 000 万元，销售成本 12 000 万元，年初存货 2 000 万元，年末存货 2 800 万元，则：

$$平均存货＝（2 000＋2 800）/2＝2 400（万元）$$

$$存货周转率＝12 000/2 400＝5（次）$$

3. 存货周转天数

观察存货周转也可以用存货周转天数。

存货周转天数，是指企业从取得存货开始，至消耗、销售为止所经历的天数，通过企业一定时期（通常为 1 年）内销售成本与平均存货之间的比值计算。

存货周转天数与存货周转率是相反关系，周转天数越少，说明存货占用资金时间越短，存货变现的速度越快，存货管理工作的效率越高。

存货周转天数的计算公式为：

$$存货周转天数＝360/存货周转次数$$

$$＝360/（主营业务成本/存货平均金额）$$

例如，前述案例中，存货周转天数的计算：

$$存货周转天数＝360/5＝72（天）$$

4. 存货周转率的意义

存货周转率是企业营运能力分析的重要指标之一，还被用来评价企业的经营业绩，反映企业的绩效，在企业管理决策中被广泛地使用。

例如，前述案例中，某公司 2021 年销售收入 15 000 万元，销售成本 12 000万元，存货周转率 5 次（周转天数 72 天）。

也就是说，相当于用 2 400 万元的资金，周转了 5 次，产生了 3 000 万元毛利，每周转 1 次就产生 600 万元。

那么，假设平均销售成本不变，平均库存余额也不变，如果该公司的年存货周转率提高 1 次，变为 6 次，则将多产生 600 万元的毛利，全年毛利将变为 3 600 万元，增长 20％。

当然，存货周转率的提升，也就意味着存货周转天数的降低，在本案例中，存货周转天数也从 72 天减少到 60 天（360/6）。

5. 需要注意的事项

从上述分析可以看出，企业在经营管理中也可以把存货周转率作为评价企业高管团队管理能力的员工绩效考核指标，但也要注意以下事项。

（1）存货周转天数不是越低越好。比如，减少存货量虽然可以缩短周转天数提高周转率，但也可能给正常的经营活动带来风险。

（2）要结合应收账款的变动来观察，如果为了加大销售而忽视了款项回收，理论上可以加快资金回笼，但实际上可能未必如此，而是造成应收账款大量增加，虽然提高了存货周转率，但应收账款周转率降低，也是得不偿失。

（3）某些情况下，可能存货余额变动不大，因而未引起存货周转率的明显变化，但可能某类产品库存大量增加，很可能是由于销售不畅引起的库存积压，故即使库存量和存货周转率没有显著变化，也要分析各品类构成之间的比例关系。

7.2.9　案例分享：两名"硕鼠"连续 5 年偷卖公司鞋材

存货管理人员监守自盗的案例也不少。

1. 案例呈现

某鞋业公司报警称，内部核查时发现仓库内剩余材料和实际用量不吻合，怀疑公司员工利用职务之便侵占公司财产。警方经调查抓获两名嫌疑人——仓库管理员潘某和车间主管方某。

潘某供述，有朋友询问自己是否有渠道低价提供某种制鞋材料，自己便找到车间主管方某商量。两人利用职务之便，由潘某将仓库内的材料运出交给方某负责的车间加工。加工完成后，潘某以仓管员的身份为这些材料开具出门单，交由他人运出后低价卖出，获利两人平分。

公司发现仓库内剩余材料过少随即展开调查，潘某两人的侵占行为才最终败露。公司称鞋材总损失市场价高达 1 000 多万元。

2. 案例反思

本案例又是一起仓库管理员监守自盗，其中的风险管理控制漏洞，大家可以对照本章开始的案例反思和本章风险管控内容进行思考，看哪些方面有存货风险管理漏洞，需要如何管控。

7.3 | 固定资产管控

固定资产是企业的非流动资产，其安全、完整直接影响企业生产经营的可持续发展能力。企业要从固定资产取得、登记造册、运行维护、升级改造、资产清查、抵押质押、资产处置等各环节加强管控，防范资产损失风险。

7.3.1 固定资产的特点

固定资产是指企业持有的、使用时间超过 12 个月的、价值达到一定标准的非货币性资产，包括房屋、建筑物、机器、机械、运输工具以及其他与生产经营活动有关的设备、器具、工具等。其特点有以下两点。

1. 单位价值大、使用时间长

固定资产一般需要占用企业大量的流动资金，其单位价值较大；同时，能长期地、重复地参加生产过程，使用时间比较长，可以长期发挥作用。

2. 使用过程不改变其本身的实物形态

固定资产在生产过程中可以长期保持原有的实物形态，长期发挥作用，但其价值则会逐渐地转移到产品成本、劳务成本中去，并构成产品价值的一个组成部分，这种价值转移的数据化体现，则是计提折旧，一方面表现为资产净值的减少，另一方面表现为生产成本、劳务成本的制造费用（折旧费用）。

固定资产业务流程一般包括取得、验收移交、日常维护、更新改造和淘汰处置等五个环节。所以，固定资产的风险管控也是围绕这些环节来进行，在每个环节梳理流程，查找漏洞和薄弱环节，保证固定资产安全、完整、高效运行。

固定资产业务的风险管控方法一般有：不相容岗位分离与岗位分工控制、授权批准控制、取得验收控制、使用管理控制、清查盘点控制、转移处置控制、监督检查控制等。

7.3.2　固定资产的不相容职务分离

固定资产管理也和所有资产的管理一样，也要进行职责分工，明确岗位职责、权限，也要贯彻不相容职务分离的原则，互相制约、互相监督。

固定资产管理中不相容岗位分离包括但不限于：

（1）固定资产投资预算与审批；

（2）固定资产采购与验收；

（3）固定资产采购、验收与款项支付；

（4）固定资产的维修保养申请与审批；

（5）固定资产投保申请与审批；

（6）固定资产的保管与盘点清查；

（7）固定资产处置申请、执行与审批；

（8）固定资产的使用、执行与会计记录。

但是在实务中，很多企业的资产管理部门人员却普遍存在兼职现象，未有效采取不相容职务分离的措施，人员职责界定不清，致使复核程序形同虚设。

此外，某些固定资产管理人员对固定资产管理流程不熟悉也会导致固定资产内部控制管理存在缺陷。

因此，第一，企业需在资产管理部门中强化不相容岗位分离制度，避免职能的交叉。第二，应根据员工素质和岗位实际要求，明确各岗位的职责分工，合理分配各个固定资产管理工作环节的人员，确保责权利明确。第三，要加大对资产管理人员的专业培训，定期开展职业培训，提高固定资产管理能力，实现用理论指导实践的目标。

7.3.3　固定资产的取得验收

固定资产的取得方式包括外购、自行建造、股东投入、融资租赁、非货币性资产交换、接受捐赠、外单位调拨收入等。

固定资产有不同类别，即使是同一类固定资产也会有标准化程度、技术难度等的不同，因而不同的固定资产有不同的验收程序和技术要求。例如办公家具、电脑、打印机等标准化程度较高的固定资产验收过程比较简化；而高科技精密仪器、大型生产设备、建筑物竣工验收等，就需要一套科学、规范、严密的验收制度来保证。

1. 固定资产取得验收的风险

固定资产取得验收环节的主要风险有：

（1）由于验收程序不合理、不规范而导致固定资产质量不符合要求并因此影响资产运行；

（2）由于登记内容不完整、不准确而导致固定资产流失、资产信息失真、账实不符；

（3）由于投保制度不健全、不规范而导致应投保的固定资产未投保、索赔不力，不能有效防范资产损失风险。

2. 建立严格的固定资产交付使用验收制度

固定资产交付使用必须按规定的流程，依据合同协议进行验收：

（1）外购的固定资产应按照合同、协议、发票、供应商的送货单等进行验收，要核对、检查固定资产的品种、规格、数量、质量、技术要求等内容；

（2）自行建造的固定资产，应由固定资产建造部门、管理部门、使用部门、财务部门共同对照标准共同组织验收；

（3）验收合格的，应具备完整的产品说明书及其他相关说明资料，要填制固定资产验收单，编制验收报告，并交付给使用部门投入使用；

（4）对于未通过验收的不合格的固定资产不得接收，必须按照合同、协议等有关规定办理退换货或采取其他弥补措施；

（5）对于具有权属证明的资产，应取得合法的权属证书。

3. 建立固定资产目录和固定资产卡片

不管哪种方式取得的固定资产，都应编制固定资产目录，建立固定资产卡片，便于固定资产的统计、检查和后续管理。

（1）编制固定资产目录。为便于全面了解固定资产使用情况的全貌，企业应根据自身实际情况，制定适合本企业的固定资产目录，列明固定资产编号、名称、类别、存放地点、使用部门、责任人、采购金额、使用状态等内容。

（2）建立固定资产卡片。固定资产卡片就像每个人的身份证一样，要便于识别，企业应按照单项资产建立固定资产卡片，要做到一个资产对应一张卡片，使资产、卡片在资产编号上与固定资产目录保持一一对应关系。固定资产卡片要详细记录各项固定资产的来源、验收、使用地点、责任单位和责任人、运转、维修、改造、折旧、盘点等相关内容，便于固定资产的有效识别。固定资产卡片（范例）如图 7-1 所示。

固定资产卡片

单位名称：					
卡片编号：					
资产类别：	□房屋建筑　□机械设备　□办公设备　□车辆　□仪器　□家具　□其他				
资产编号：		资产名称：			
品牌型号：		生产厂商：			
购入日期：		启用日期：			
采购人员：		采购金额：			
使用状态：		存放地点：			
使用记录					（粘贴资产正面及侧面照片两张）
使用部门	使用人员	保管人员	领用日期	移交日期	
备注：					

复核人：　　　　　　　　　制表人：

图 7-1　固定资产卡片（范例）

（3）固定资产目录和卡片均应定期或不定期复核，保证信息的真实和完整。

4. 严格固定资产投保管理

固定资产一般都金额大、价值高，如果发生意外对企业的影响非常大，所以应重视固定资产的投保，建立固定资产保险制度，明确固定资产的投保范围和办理流程，以控制和减小意外风险。

要加强对投保的授权审批，规范投保行为，防范固定资产投保舞弊风险。

已投保的固定资产发生损失的，要及时将受损情况、受损原因、受损金额通知保险公司，及时向保险公司办理索赔手续。

7.3.4　固定资产的盘点清查

企业应建立固定资产清查制度，保证固定资产账实相符，及时掌握资产盈利能力和市场价值。

（1）主要风险有固定资产盘亏、丢失、毁损等造成账实不符，或资产贬值严重。

（2）财务部门、管理部门要建立固定资产盘点清查的制度、流程、标准，报公司审批后公布执行。

（3）由财务部门牵头，组织资产管理部门、使用部门编制盘点清查方案，定期进行盘点清查，确保实物与卡、财务账表相符，至少每年应当进行一次全面的盘点清查。

（4）固定资产盘点清查结束后，编制盘点清查报告，交财务部门、管理部门审核，并上报公司管理层。

（5）盘点清查过程中发现的盘盈、盘亏，应分析原因，提出处理意见，追究相关人员责任，并研究完善管理制度，报公司审批，报告审核通过后及时调整固定资产账面价值，确保账实相符，并上报备案。

（6）根据经公司批准的盘点清查方案、处理意见，财务部门、资产管理部门及时调整固定资产账面价值，确保账实相符。

7.4 ┃ 无形资产管控

企业应从不相容职务分离、授权批准、取得与验收、使用与保全、升级与更新、处置等环节防范风险，加强无形资产管理控制，保护无形资产安全。

7.4.1　无形资产的特点

无形资产是企业拥有或控制的没有实物形态的可辨认非货币性资产，通常包括专利权、非专利技术、商标权、著作权、特许权、土地使用权等。

无形资产应该这样理解，一是无形资产不具有实物形态，与实物资产（如存货、固定资产等）的最重要的区别是没有实物形态，另外也不是货币性资产；二是要能够可靠的计量其价值，像企业自创商誉，内部产生的品牌、报刊名等，因其成本无法可靠计量，不应确认为无形资产。

在无形资产管理包括取得与验收、使用与保全、技术升级与更新换代、处置等这些环节中，企业应当建立健全无形资产分类管理制度，提高无形资产的使用效率，充分发挥无形资产对提升企业创新能力和核心竞争力的作用。

7.4.2　无形资产的不相容职务分离

企业要保证无形资产安全，应确保办理无形资产业务的不相容职务分离使之相互制约、相互监督，不能由同一部门或个人办理无形资产业务的全过程；同时应建立无形资产业务的岗位责任制，明确相关部门和岗位的职责、权限。

不相容岗位至少包括：

①无形资产投资预算的编制、审批与执行；

②无形资产外购或自行研发的申请与审批；

③无形资产的取得与验收；

④无形资产的取得、验收与款项支付；

⑤无形资产处置的审批与执行；

⑥无形资产的使用、保管与会计处理；

⑦无形资产的使用、保管与盘点清查。

企业要对这些不相容职务分离与岗位责任制进行严格监督执行，确保无形资产全过程有效控制。

7.4.3　无形资产的取得与验收

无形资产的取得与验收环节，要注意以下几点：

（1）主要风险。无形资产取得与验收环节的主要风险是取得的无形资产不具先进性，或权属不清，可能导致企业资源浪费或引发法律诉讼。

（2）要建立严格的无形资产交付、验收制度，财务部门编制资金预算予以费用保障，采购、验收应有明确的制度、流程并严格遵守，并及时办理产权登记手续。

（3）外购的无形资产，应由技术部门评估或者在必要时聘请行业专家给出专业意见，重点是要特别关注其先进性，以及审查合同、协议，审核该无形资产的所有权是否真实、有效（某些情况下虽然真实但可能过了有效期），是否有权属争议等。

（4）企业自行开发的无形资产，应由技术研发部门评估或者在必要时聘请行业专家评估其技术可行性、先进性、实用性，还要由财务部门牵头其他部门参加进行财务可行性、成本效益评估，并做好研发费用的资金投入预算。

（5）自行开发的无形资产研发结束并可以交付使用的，由技术研发部门、资产管理部门、使用部门共同办理无形资产验收交接手续，并填制无形资产移交使用验收单，移交使用部门使用。

（6）企业取得的土地使用权，必须取得土地使用权的有效证明文件。

（7）当无形资产权属关系发生变动时，应当按照规定及时办理权证转移手续。

7.4.4　无形资产的使用与保全

无形资产使用与保全环节主要风险点及管控措施有以下几个方面：

（1）主要风险。无形资产使用与保全环节的主要风险有：

①无保密制度或保密制度有漏洞，执行不严，致使技术秘密、商业秘密泄露；

②专利权、商标权、专有技术等无形资产疏于管理，导致被仿冒、剽窃或者专利权、商标权被抢注，发生争议诉讼等，损害企业形象和利益；

③对于无形资产是否达到当初外购、研发时的整体设想、规划，路径是否符合规划方向，是否能达到预期的目标或收益等，未建立无形资产投入使用后的跟踪、评估机制，可能导致后劲乏力，发展后劲不足；

④使用效率低下，效能发挥不到位。

（2）建立并严格执行无形资产核心技术保密制度，若有违反，进行严肃追责，并完善管控措施。

（3）采取隔离措施，无关人员严禁接触技术资料、无形资产秘密。

（4）对技术资料、无形资产的保管、使用、借阅及接触建立登记台账制度，所有与无形资产、技术资料有关的行为、接触都应进行详细记录，保证可追溯。

（5）对无论是外部还是内部侵害无形资产、技术秘密的行为，要进行调查取证、查找漏洞，采取防范措施，按规定程序上报，并采取经济的、行政的、法律的综合手段，打击侵权，保证无形资产的安全与完整。

第8章

筹资业务风险管理及内部控制

　　企业通过筹资活动取得投资和日常生产经营活动所需的资金，本章从筹资应把握的原则、负债性筹资、权益性筹资、发行股票、业务流程、主要风险、控制措施、非法集资罪等方面，分析如何筹到资金、降低资金成本、规避资金风险。

　　本章主要涉及的知识点有：

- 筹资应把握的原则；
- 负债性筹资；
- 权益性筹资；
- 发行股票筹资；
- 其他方式筹资；
- 资本成本与资本结构；
- 筹资活动业务流程及主要风险；
- 筹资活动风险控制措施；
- 筹资活动警惕非法集资罪；
- 筹资风险管控总结。

8.1 筹资应把握的原则

　　企业的资金由于来源与方式的不同，其筹集的条件、筹集的成本和筹

285

集的风险也不同。因此，公司资金筹集管理的目标就是寻找、比较和选择对公司资金筹集条件最有利、资金筹集成本最低和资金筹集风险最小的资金来源。

8.1.1 筹资动机

筹资是企业资金活动的起点，也是财务管理、资金风险管控的起点，关系企业能否正常开展生产经营活动，某种程度上可以说关系企业的生死存亡，是企业整个经营活动的基础，因此筹资活动应做到经济、科学、合理。

一般来说，企业筹资的动机：一是保证日常生产经营活动顺利进行；二是扩大生产经营规模、加快发展的需要；三是希望既要偿债，又能扩大规模；四是调整资金结构，降低资金成本和资金风险。

8.1.2 筹资需要把握的原则

筹资活动是企业开展生产经营的基础，对企业的重要性凡是管理过企业的人都深有感触，无须多说。正因为筹资的重要性、风险性，因此企业在筹资时一定要严肃、谨慎，把握好以下原则。

1. 规模适度

要结合企业战略目标、生产经营计划、资金预算，合理预测资金需求和供给能力，充分挖掘现有资金潜力，做到筹资规模合理、适度，既不少筹也不多筹，既满足合理资金需要，也不造成资金短缺。

2. 筹措及时

深刻理解资金时间价值原理，要使所筹集的资金无论在数量上还是时间上都及时、恰当，刚好能够满足企业的合理需求，既不提前也不延后。

3. 成本节约

采取合理的筹资结构、筹资方式，综合考虑筹资渠道、筹资潜力、约束条件和风险大小，尽可能降低资金成本。

4. 结构合理

要通过筹资活动合理安排资本结构，使权益性资本与负债性资金结构比例合理，其资金风险小，成本低，并保持适当的偿债能力。

5. 合法合规

企业的筹资活动要遵守国家的法律、法规、规章、政策，筹资的来源、渠道方式和程序等，要符合国家的有关规定。

8.1.3 筹资的方式

筹资方式是指企业在筹措资金时可供选用的具体筹资形式。根据不同的划分标准，筹资的方式也有所不同。

1. 按所取得资金的权益特性分

按企业所取得资金的权益特性（区别在于：是由投资者投入形成所有者权益还是由债权人投入形成企业负债）不同，筹资的方式可以分为负债性筹资、权益性筹资、衍生工具筹资三大类，而这三大类方式下又有不同的筹资方式。

（1）负债性筹资：（向金融机构和非金融机构）借款、融资租赁、商业信用、应收账款融资、发行债券等。

（2）权益性筹资：包括吸收直接投资、发行股票、利用留存收益。

（3）衍生工具筹资：包括可转换债券、认股权证等。

2. 按资金来源于企业内部还是外部划分

按资金来源于企业内部还是外部，筹资的方式可以分为内部筹资和外部筹资两大类。

（1）内部筹资：就是企业通过利润留存而形成的留存收益筹资，这种筹资一般无筹资费用。

（2）外部筹资：向企业外部筹措资金而形成的筹资，包括吸收直接投资、发行股票、发行债券、向银行借款、融资租赁、利用商业信用等。

3. 按所筹集资金的使用期限分

按所筹集资金的使用期限，可分为长期筹资和短期筹资。

（1）长期筹资：使用期限在1年以上的筹资。

（2）短期筹资：使用期限在1年以内（含1年）的筹资。

4. 按是否借助于金融机构为媒介分

按是否借助于金融机构为媒介，可分为直接筹资和间接筹资。

（1）直接筹资：指企业不需要通过银行或非银行金融机构而直接与资金供应者协商筹集资金，主要有发行股票、吸收直接投资、发行债券等。

（2）间接筹资：企业通过银行和非银行金融机构筹集资金，主要是银行借款、融资租赁等。

虽然筹资按不同的划分标准有多种分类方式，但在实务中一般大多使用上述第一种分类方式，即按所取得资金的权益特性分类，本书也主要讨论按所取得资金的权益特性这种筹资划分的方式。按所取得资金的权益特性划分的筹资方式见表 8-1。

表 8-1　按所取得资金的权益特性划分的筹资方式

划分标准	分　类	筹资方式
按所取得资金的权益特性分	负债性筹资	借款、融资租赁、商业信用、应收账款融资、发行债券
	权益性筹资	吸收直接投资、发行股票、利用留存收益
	衍生工具筹资	可转换债券、认股权证

8.2 │ 负债性筹资

负债性筹资是指通过承担债务的形式融入资金，需要在规定期限内清偿债务的筹资。按所筹资金的渠道不同，负债性筹资可分为借款（向金融机构和非金融机构）、商业信用、融资租赁、发行债券等。

8.2.1　信用借款、抵押借款——借款筹资

借款这种筹资方式是企业常见的一种筹资方式，一般指的是向银行的借款，但也不限于银行，现在能够提供融资服务的非银行金融机构非常多，如保险公司、证券公司、担保公司、典当行、财务公司、小贷公司、信托投资公司、租赁公司等都能提供各种金融服务。

所有这些方式中，向银行借款是最常见的，其他方式的原理与银行借款也大同小异，故此处主要讨论银行借款。

1. 短期借款与长期借款

根据借入资金使用期限的长短，借款可分为短期借款和长期借款。

短期借款：企业向银行或非银行金融机构借入的、使用期限在一年以内（含）的借款。筹资成本一般就是资金的利息；

长期借款：企业向银行或非银行金融机构借入的、使用期限超过一年的借款。筹资成本一般就是资金的利息和筹资费用。

2. 信用借款与抵押借款

按借款有无抵押物（担保），借款可分为信用借款和抵押（担保）借款。

1）信用借款

信用借款是指企业凭借自己的信誉、不需要抵押品或不需要提供担保的借款。银行出于风险考虑，对信用借款管理比较严，会审核企业的资产负债表、资金预算、企业信用、股东征信等资料，并分析评价各项指标，一般只会授予信誉好、规模大的公司，通常来说大型国企取得信用借款要容易一些。

信用借款虽然不需要抵押物（担保），但对银行来说，风险比较高，因此要求的利率也较高，而且通常都会对企业附加一些如信用额度、周转信用协议、补偿性余额等信用条件。

（1）信贷额度。

银行对借款企业规定的、一定时期内授予信用、无抵押（担保）借款的最高金额，例如授予企业 500 万元的信用额度，则企业最高可以无抵押借款 500 万元，但是，这个信用额度对银行不具有法律约束力，银行有权授予、增加、减少、取消信用额度。

（2）周转信用协议。

周转信用协议是银行对借款企业正式承诺的最高借款限额。签订了周转信用协议的企业，在协定有效期内任何时候提出借款要求，只要累计借款总额未超过最高限额，银行必须满足，这种承诺对银行是有法律约束力的，一旦做出承诺不得改变，这对于企业有计划地安排使用资金有保障。

但是，企业享有周转协定，通常要对借款限额的未使用部分额外支付给银行一笔承诺费。例如，某企业与工商银行 2021 年签订周转信用协议借款 5 000 万元，承诺费 6%，2021 年实际使用 4 600 万元，则该企业应就未使用的 400 万元支付承诺费 24 万元。

（3）补偿性余额。

补偿性余额是银行要求企业因信用借款而必须在账户内保持的最低存款余额，一般为借款金额的 10%～20%。

补偿性余额要求企业必须保留一部分资金在银行账户，这样有助于补偿银行可能遭受的风险，降低借款的风险；但是，也使得企业可以使用的资金减少，但实际支付的利息并没减少，因而实际借款成本增加了。

例如，某企业与工商银行 2021 年签订补偿性余额借款 5 000 万元，年利率 5%，但要求保留 10% 的补偿性余额，则企业借款 5 000 万元，实际可用资金 4 500 万元。

实际利率＝年利息/实际可用借款＝5%÷（1－10%）＝5.56%

2）抵押（担保）借款

担保（担保）借款是指需要借款人提供一定的财产作抵押或质押，或者有一定清偿能力的担保人作保证而取得的借款，一般是提供动产、不动产作抵押，或以股票、债券等有价证券、票据作质押，或由保证人提供担保。当借款人不能清偿借款时，用抵押物、质押物抵偿债务，或者由担保人负责清偿。

3. 借款筹资的优缺点

借款这种筹资方式，筹资速度比较快、成本比较低、筹资弹性大、具有财务杠杆是其优点，但也有限制条件多、数量有限、风险较大的缺点。

8.2.2 应付账款、应付票据、预收账款、商业承兑汇票——商业信用筹资

商业信用筹资是指利用商品交易中由于延期付款或提前预收货款所形成的借贷关系而形成的融资。商业信用筹资是在企业之间正常的商品交易中自然而然地产生的，一般不需要支付任何代价。

1. 商业信用筹资的主要形式

商业信用筹资的主要形式有应付账款、应付票据、预收账款、商业承兑票据等，其中：

（1）预收货款是货还没有发出去，对方已经把货款预付过来，企业提前支配使用资金。

（2）延期付款，但不提供现金折扣。采购方已将货物收到占有，但货款可以延期支付，这种情况下只要在约定期间内按时支付即可。

（3）延期付款，但早付款有现金折扣。采购方已将货物收到，货款可以延期支付，但如果提前付款可以享受一定现金折扣优惠，例如，如果提前 20 天付款可以打 95 折，这种情况下，应尽量早付款争取获得现金折扣，放弃现金折扣的成本比较高，放弃了实在可惜。

2. 应付账款筹资

应付账款筹资是赊购商品形成的，就是购货方先收到货物，但不需要立即付款，而是经过一个双方约定的一段时间后再付款，例如收货后一个月内付款，这就转化为采购方企业的一个资金来源。

采购方企业能够争取较大的赊销额度、较长的付款期限，合理利用供应商的赊销政策，争取推迟付款，是比较好也比较便宜的筹资方式，所以应付账款筹资是最常见、最典型、应用最多的商业信用筹资方式，同时，也是采购方管理能力、谈判能力、采购部门业务能力的体现。

应付账款筹资中，销货方比较被动，存在一定的风险，虽然销货方把赊销作为一种促销手段，但在赊销前应考察采购方是否具有良好的财务状况（偿债能力）和良好的品质（企业信用）。

3. 商业承兑汇票

采购方货物入库后，不是马上支付货币资金，而是开出商业承兑汇票给销售方，承诺今后的一段时间（通常是 6 个月）才支付，这也是延迟付款，也达到了筹资的效果，与应付账款筹资没有本质区别。

商业承兑汇票的知识在前面"4.3.4 商业承兑汇票的风险控制"中有专门讲解，不熟悉的读者可到该章加深印象。

4. 预收账款筹资

预收账款筹资是在发出货物之前向购货单位预先收取部分或全部货款的信用筹资方式，相当于采购方提供了一笔无息借款。紧俏商品才容易采取这种方式，例如，茅台酒就基本上是财务预收款后一段时间才发货。

5. 商业信用筹资的优缺点

商业信用筹资的优点是：手续简便、容易取得、筹资成本低、一般不用提供担保、较大的机动权。

商业信用筹资的缺点是：利用时间短，容易产生拖欠甚至坏账，使用期限短还款风险大，控制不好容易恶化企业的信用水平。

8.2.3 应收账款质押、保理、证券化——应收账款筹资

应收账款是企业的债权，但由于这个债权往往金额大、不容易收回来及时变现，所以它既可能使企业资金短缺紧张，也可能造成坏账损失。但是，随着金融产品越来越丰富，应收账款也有机会可以进行融资，加快变现并降

低风险，为企业提供一个低成本筹资的渠道。

应收账款筹资的方式有质押、保理、证券化三种方式。

1. 应收账款质押

应收账款质押，就是供货企业以应收账款债权作为抵押品向银行或非银行金融机构进行融资。此后，如果购货方拒绝付款或无力付款，融资机构有向供货企业要求偿还融通资金的追索权。

由于应收账款的风险程度高低不同，融资机构对于企业质押的应收账款需进行价值评估，根据风险大小质押率也不同。

（1）哪些应收账款风险相对较小

一是供货方已经发货，并由第三方付款人验收合格所产生的应收账款；二是没有不良信用记录、资金实力强的第三方付款人产生的应收账款；三是所供货物的具体金额已被第三方付款人确认的应收账款；四是到期日早于借款合同规定的还款日的应收账款等。

（2）进行应收账款质押登记

对于应收账款质押登记，中国人民银行 2019 年 11 月 22 日制定了《应收账款质押登记办法》，2021 年 12 月 29 日又制定了《动产和权利担保统一登记办法》，进行统一规范和管理。

应收账款质押登记公示系统由中国人民银行征信中心建立并维护、登记、查询。但登记机构中国人民银行征信中心只做登记，不承担对登记内容进行实质性审查的责任，登记内容的真实性、合法性和准确性由登记当事人负责。

应用征信中心的公示登记系统，可以查询相关应收账款是否已经被质押或转让，防止被重复转让。

（3）应收账款质押融资需要审核哪些资料

融资机构审核、评价借款人的信用状况、质押物、合同协议、货物单据、发票等，还要审核第三方付款方的生产经营状况、财务状况等。

虽然中小企业有强烈的融资需求，但由于应收账款的风险性，在实务中应收账款质押融资面临很多的困难，其发展也受到一定影响。

2. 应收账款保理

应收账款保理是指企业将赊销形成的未到期应收账款在满足一定条件的情况下，按一定折扣转让给保理商，以尽快收回账款，尽快获得资金支持，加快资金周转。

应收账款保理按不同的分类标准，可以进行多种分类。如按应收账款被转让的情况是否通知购货方，可分为明保理和暗保理；按照保理商是否有追索权（保理商是否承担坏账的风险），可分为有追索权保理和无追索权保理；按保理商是否提供预付账款融资，可分为折扣保理和到期保理。

应收账款保理的本质是利用未到期的应收账款作为抵押品而从保理商处获得短期借款，实际上是一种融资功能。

近些年来，利用应收账款保理这种筹资方式的企业很多，这方面的保理商也很多，为很多企业解决了资金短缺的难题，增加了企业销售产品的机会，也让更多企业得到了新的发展商机。

3. 应收账款证券化

应收账款证券化，就是将企业那些缺乏流动性但能够产生可以预见的稳定的现金流量的应收账款，转化为金融市场上可以出售和流通的证券的融资方式，是企业资产证券化的一部分。应收账款证券化，既能充分发挥应收账款的促销作用，又能控制和降低应收账款成本。一般来说，只有具备如下特征的应收账款才可以用于证券化：

①有可预见的、稳定的现金流；

②应收账款的还款条件非常明确；

③有较高的价值可以用于抵押或清偿；

④抵押债券的利息支出成本低于该应收账款获得的利息收入。

在国际上，应收账款的证券化已经覆盖很多领域，但在国内，由于种种原因，符合证券化的应收账款并不多，还处在尝试阶段。

8.2.4　融资租赁筹资

融资租赁筹资是指出租人根据承租人对租赁物件的特定要求和对供货人的选择，出资向供货人购买租赁物件，并租给承租人使用的一种筹资方式。在融资租赁筹资中，租赁物件的所有权属于出租人所有；承租人分期向出租人支付租金，并拥有租赁物件的使用权。

1. 融资租赁的特点

（1）融资租赁的租赁物由承租人指定或选择，出租人出资购买并租赁给承租人使用，在租赁期内只能由该承租人使用。

（2）融资租赁的租赁物一般都是如机械设备等价值较高、寿命较长的物品，需要占用的资金大，而承租人无须大量资金就能迅速获得资产，融资期限长，还款压力小。

（3）融资租赁的租金中，包括设备价款、利息费用、手续费等费用，还包括出租方的合理利润，也就是说，出租方通过融资租赁不仅可以收回全部投资，而且可以获得合理的利润。

（4）租赁期限比较长，通常在所租赁资产可使用寿命的一半以上。

（5）租赁合同不能随意取消，较为稳定，在租赁期间任何一方均无权单方面撤销合同，无故毁约要支付相当重的罚金。因为融资租赁的设备通常是承租人特殊定购的，是特定设备，如果承租人解约，出租人很难再将此设备租给他人，出租人为此要承担较大的风险。

（6）出租方在实质上转移了与资产所有权有关的全部或绝大部分风险和报酬。

融资租赁门槛低、形式灵活，非常适合出现暂时困难或者需要及时购买设备扩大生产规模的生产型、加工型中小企业。

2. 融资租赁的形式

融资租赁有直接租赁、售后租回、杠杆融资等多种形式。

（1）直接租赁。

直接租赁就是出资人（租赁公司）通过自己筹集资金，直接购入承租企业选定的租赁物品，并出租给承租企业使用的一种租赁形式。

（2）售后租回。

售后租回就是由承租人（设备使用方）首先将自己的设备出售给出租人（融资租赁公司），再由租赁公司将设备出租给原设备使用方（承租人）使用。

为什么自己的设备要把它出售了，并且又把它租回来？因为通过回租可以改善财务状况、盘活存量资产，出售资产可以获得周转资金，然后以较低的租金即可取得继续使用设备的权利，也就是说，通过这种方式，可以既不影响自己对财产继续使用，又能将资产盘活，获得一笔资金。

（3）杠杆融资。

杠杆融资的融资租赁公司（出租人）使用杠杆，只承担设备成本的一小部分（一般为20%～40%）资金即可在法律上拥有该设备的完整所有权，大部分资金由银行或其他金融机构提供，但出租人需以租赁设备作抵押、以收取租金的权利作担保。

杠杆融资租赁的对象大都是一些如飞机、轮船、卫星等购置成本非常高的大型设备。

3. 融资租赁的优点

（1）既融到了资金又融到了租赁物，以少量资金就能获得所需的资产。

（2）租赁物设备的整个租赁期基本上涵盖大部或全部使用寿命，能够避免设备过时、陈旧的风险。

（3）租金可以作为折旧费用扣除，享受税收优惠。

（4）筹资的限制条件较少。

（5）租赁期限长，租金在租赁期内摊销，不用在租赁到期时一次性支付大额资金，到期不能归还的风险小。

4. 融资租赁的缺点

（1）因租金中不仅包含租赁物的购入成本，还包括利息费用、手续费，还有出租方因出租而获取的利润，故租金费用较高。

（2）融资租赁物的净残值归出租方，对于承租方来说资产的残值也是一种损失。

8.2.5　公司债券

发行公司债券也是取得融资的一种方式。

公司债券又叫企业债券，是公司依照法定程序发行、约定在一定期限内还本付息的有价证券，也就是说，公司债券是要偿还本金、利息的；同时，公司债券也是一种债务凭证，债券持有人与发行债券的公司之间是债权债务关系。

债券持有人与股票持有人不同，股票持有人是公司的所有者，享受股东分红；债券持有人是按约定条件向公司取得利息并在到期收回本金，是公司的债权人而不是公司的所有者，不能参与公司的经营管理活动。如果公司破产清算，优先偿还债券的本金和利息，而股票的持有人是没有这个优先权的。

1. 公司债券的种类

根据不同的分类标准，公司债券有不同的分类，主要有以下几种：记名债券与不记名债券；短期债券、中期债券和长期债券；信用债券与担保债券；可转换债券、附认股权证债券、可退还公司债券与不附选择权债券；固定利率债券、浮动利率债券和累进利率债券；可提前赎回债券和不可提前赎回债券等。

2. 公司债券的发行方式

公司债券的发行方式分为私募发行和公募发行。

（1）私募发行，指债券的发行以少数特定的投资者为对象发行债券，是债券发行公司直接发行债券；私募发行为非公开发行证券，不得采用广告、公开劝诱和变相公开方式。

（2）公募发行，是指债券的发行以不特定的多数投资者为对象发行债券，是债券发行公司与承销机构签订合同，通过承销机构向社会发行债券。

3. 债券的发行价格

公司债券有面值发行、溢价发行、折价发行三种发行价格。溢价或折价是发行债券企业在债券存续期内对利息费用的一种调整。

4. 债券的发行条件

（1）经国务院授权的部门批准并公开发行。

（2）股份有限公司的净资产额不低于人民币 3 000 万元，有限责任公司的净资产额不低于人民币 6 000 万元。

（3）累计发行在外的债券总面额不超过企业净资产额的 40%，在此限定规模内，具体的发行规模由发行人根据其资金使用计划和财务状况自行确定。企业债券每份面值为 100 元，以 1 000 元人民币为 1 个认购单位。

（4）最近三年平均可分配利润足以支付债券一年的利息。

（5）企业债券利率的规定。企业债券的利率不得高于银行相同期限居民储蓄定期存款利率的 40%。

（6）筹集资金的投向符合国家产业政策，所需相关手续齐全。

（7）债券的期限为一年以上。《企业债券管理条例》和《中华人民共和国证券法》对于企业债券的期限均没有明确规定，在现行的具体操作中，原则上不能低于一年。

（8）债券的实际发行额不少于人民币 5 000 万元。

（9）债券的信用等级不低于 A 级。

（10）债券有担保人担保，其担保条件符合法律、法规规定；资信为 AAA 级且债券发行时主管机关同意豁免担保的债券除外。

（11）申请债券上市时仍符合法定的债券发行条件。

（12）证券交易所认可的其他条件。

（13）已发行的企业债券或者其他债务未处于违约或者延迟支付本息的状态。

（14）最近 3 年没有重大违法违规行为。

5. 发行债券筹集资金的使用要求

（1）必须按用途使用，必须按照公司债券募集办法所列资金用途使用；

（2）改变用途必须经债券持有人会议做出决议；

（3）不得用于弥补亏损和非生产性支出。

6. 公司能否发行债券取决于什么

一般来说，公司能否发行债券，主要取决于公司规模和公司信用。公司规模越大，信用等级越高，其发债成功的概率越高，发债成本越低。国内发债最低评级是 AA，一个 A 基本发不出来。

总的来说，发行公司债券是一种比较常用的筹资方式，企业能够通过发行债券向社会募集大量资金。但是，由于对发行债券的资质要求高，只有具备相应资质的企业才可以发行公司债券，因而把大多数企业挡在了门外。

同时，发行公司债券的前提条件是必须保障企业自身具备较高的营业利润，由此带来的风险同样不容忽视。

8.3 权益性筹资

企业要通过权益性筹资，采取包括吸收直接投资、发行股票、利用留存收益等筹资方式，筹集企业生产经营所需要的资金，并降低筹资成本，控制筹资风险。

8.3.1 权益筹资的特点

权益筹资，是以吸收企业投资者的投资及其增值中留存企业的部分的筹资。例如，投资者以货币资金或者非货币资产出资或增资，从净利润中提取的公积金，暂不向投资者分配利润或少分配利润从而留下更多的生产经营资金。

1. 权益筹资的优点

（1）不需要偿还本金。投资者的资金一旦投入公司，就属于公司资产，除非全体股东决议进行清算、关闭公司，也可以转让，但不得要求收回所投资的资金，所以权益筹资是不需要偿还本金的。

（2）没有固定的利息负担，与债券筹资需要支付利息不同，权益筹资是不需要支付利息的。由于没有固定的利息负担，所以财务风险低。

（3）能增强企业的实力。

2. 权益筹资的缺点

（1）资金成本较高。投资者把资金投入公司，是希望获取比债权投资的利息更高的收益回报。通常来说公司对投资者的分红比债券利息高，所以权益筹资的成本较负债性筹资的资金成本高。

（2）控制权容易分散。权益筹资往往意味着引入其他投资者，会导致股权稀释或分散，也可能导致控制权分散。

3. 权益筹资的方式

权益筹资主要包括吸收直接投资、发行股票、留存收益等筹资方式。

8.3.2　吸收直接投资

吸收直接投资，就是直接吸收国家、法人、个人和外商等投资者的投资的一种筹资方式。全体投资者按照"共同投资、共同经营、共担风险、共享收益"的原则，对所投资的企业享有权利、承担义务。

吸收直接投资这种筹资方式，不以股票等证券为中介，可以直接形成生产能力，非股份制企业主要采取这种筹资方式。

吸收直接投资的主体，可以是国家（财政拨款）、法人（其他企业、事业等法人单位）、个人、外商等。

出资形式可以是货币资金，也可以是存货、固定资产、无形资产等非货币资产。

1. 吸收直接投资的优点

（1）能够尽快形成生产能力。

（2）容易进行信息沟通。

（3）吸收投资的手续相对比较简便，筹资费用较低。

2. 吸收直接投资的缺点

（1）资本成本较高（投资者往往要求将大部分盈余作为红利分配）。

（2）公司控制权集中，不利于公司治理。

（3）由于没有证券为媒介，不利于产权交易，难以进行产权转让。

8.3.3 普通股股票筹资

普通股是股票中最基本、最常见的一种。

1. 什么是普通股

普通股就是投资者的股息、红利等投资收益不是在购买时约定，而是事后根据股票发行公司的经营业绩来确定。公司的经营业绩好，普通股的收益就高；如果经营业绩差，收益就低。普通股是股份公司风险最大，也是最重要、最基本的一种股份。

2. 普通股筹资的优点

（1）不需偿还。所筹资金没有到期日，除非公司清算需要偿还，否则可以永远使用，不需要偿还。

（2）不需支付利息。公司只需要根据经营效益和资金情况向股东分红，不需固定支付利息，财务负担较小。

（3）增强公司实力和社会声誉。能够在证券市场发行股票的公司，基本都是规模大、效益好、信誉好的公司，发行股票本身就是公司实力强、社会声誉好的一种体现。

（4）优化治理结构。发行普通股，可以吸引大量社会投资者，投资主体多元，并引入监督机制、及时披露机制，优化了公司的治理结构。

（5）有利于股权流通和转让。由于以证券为媒介、在股票市场公开发行和交易，有利于股权流通和转让。

3. 普通股筹资的缺点

（1）筹资费用较高，手续复杂。

（2）吸收了大量社会投资者，股权分散，也意味着控制权分散，公司容易被经理人控制，也容易被恶意收购。

（3）普通股筹资吸收的都是货币资金，不容易尽快形成生产能力，还需要通过购置和建造才能投入使用。

4. 由于发行股票内容比较多，从体例结构上此处先做简单介绍，具体请参见后面 8.4 发行股票筹资相关内容。

8.3.4 留存收益筹资

留存收益筹资，是指企业将盈余公积、未分配利润等留存收益转化为投资的筹资方式。企业历年的净收益留在企业继续使用而不作为股利分配给股东，实际上相当于股东对企业追加投资。

1. 留存收益筹资的优点

（1）不用发生筹资费用。使用留存收益筹资，各项资产本就在企业，只需财务进行相关账务处理，可不考虑筹资费用。

（2）保持控制权。使用留存收益筹资，不发行新的股票，不会改变企业的股权结构，不会稀释原有股东的控制权，有利于股东保持控制权。

（3）增强企业信誉。

2. 留存收益筹资的缺点

（1）筹资数额有限制。能够通过留存收益筹资的是历年积累下来的税后利润，有的企业可能留存并不多，或者经营亏损，则可通过这一渠道筹集的资金可能很有限或没有。

（2）资金使用受到限制。留存收益中如法定盈余公积金等某些项目的使用，必须遵守国家相关规定，其使用方式和使用范围受到限制，不能随心所欲。

8.4 发行股票筹资

企业通过发行股票筹资要了解股票及其特点、不同分类，熟悉股票上市的条件和流程，争取股票顺利上市，筹集到所需要的资金。

8.4.1 什么是股票

股票，又叫股份证书，是股份公司为筹集正常生产经营所需要的资金而发行的、用来证明股东身份和权益，并借以取得股息和红利的一种有价证券。股东取得某公司的股票，也就取得了对公司的所有权，但每个股东对公司所有权的大小，取决于其持有的股票数量占公司总股本的比例。

股份公司的股东作为公司的所有者，以其投资额为限对公司承担有限责任，对公司承担风险、分享收益，可以转让、买卖、抵押，但不能要求公司返还其投资。

所以，股票有三方面的作用。

（1）出资证明。当自然人或法人投资某股份公司并取得股票时，该股票就是出资证明。

（2）股东身份证明。投资者持有某公司股票便能证明其股东身份，享有如参加股东大会等等各项股东权利。

（3）凭股票参加收益分配。投资者持有某公司股票便可参与分享分配股利、分红等收益。

8.4.2　股票的特征

一般来说，股票具有五种特征。

1. 收益性

投资者持有股票，当然是为了取得收益，股票可能为投资者带来收益，所以，收益性是股票最基本的特征。股票为投资者带来的收益可分为两部分。

（1）享有公司的股息、红利等经济权益。投资人作为股东，享有股份公司的股息、红利等经济权益。当然，股息、红利的多少取决于的经营状况和盈利水平。

（2）赚取股票差价收益。投资者股票市场上进行交易，低买高卖，赚取差价收益（称为资本利得）。

2. 风险性

前面讲到股票的收益性，股票可能为投资者带来收益，但只是一种可能性，这种收益是不确定的。投资界有一句行话，叫作投资的收益与风险成正比例，股票投资也正是这样。与股票的收益来自两方面一样，风险也来自两方面。一方面，能否取得预期的股利、分红等收益、取得多少收益，取决于公司的盈利状况。公司效益好则有分配、多分配，效益不好就不分，如果亏损股东就要赔本；另一方面，股票的市场价格也受宏观经济状况、社会因素、政策因素等的影响，如果投资股票后股价下跌，投资者也会因股票贬值而赔本。

3. 流动性

股票是流动性很高的证券，投资者可以自由地进行转让、买卖、抵押交易，使得投资者虽然不能直接向股份公司要求退股，但可以在股票交易市场上自由地卖出股票来变现。

4. 参与性

投资者作为股份公司的股东，有权通过出席股东大会、选举公司董事会和监事会等来参与公司重大决策和管理。当然，股东参与公司重大决策和管理的权利大小，取决于其持有股票数额的多少。

5. 永久性

股票是一种无偿还期限的有价证券和法律凭证，除非股票持有者因转让股票丧失其股东身份，否则股票所代表的身份、所载权利的有效性是始终不变的，股东不能要求公司退股，股票的有效期与股份公司的存续期相联系，股东与股份公司之间的关系稳定，公司也因股票筹集的资金获得一笔稳定的自有资本。

8.4.3 A股、B股、普通股、优先股——股票有哪些种类

根据不同的分类标准，股票有很多的分类。

1. 普通股、优先股、后配股

按照股东的权利不同分类，股票可分为普通股、优先股、后配股。

（1）普通股。是指股东在公司财产权益的分配上和公司经营管理上享有普通权利的股份，其特点是其股息和分红等投资收益不是在购买时约定，而是根据股票发行公司的经营业绩来确定。公司业绩好收益就高，业绩差收益就低甚至亏本。

当公司破产或清算时，如果公司资产偿还负债后还有剩余，则要先分配优先股股东，有剩余才最后分配普通股股东。

普通股是股份公司最普通、最基本、最重要的股份，是股份公司资金的基础部分，目前在上海和深圳证券交易所上市交易的股票都是普通股。

（2）优先股。是与普通股比较而言的，优先股在利润分配、剩余财产分配的权利方面优先于普通股，先由优先股股东分配，有剩余才由普通股股东分配，也就是说，优先股股东的求偿权，次于债权人，优于普通股。

优先股股东的权利比普通股股东小，一般没有选举权、被选举权、重大经营决策的投票权。

（3）后配股。是指在利润分配、剩余财产分配方面后于普通股的股票。后配股与优先股正好相反，一般是在普通股分配之后，对剩余利益进行再分配。

2. A 股、B 股、H 股、N 股、S 股

按股票的上市地点和所面对的投资者分，股票可分为 A 股、B 股、H 股、N 股、S 股。

（1）A 股。又叫人民币普通股票，就是在中国大陆注册上市的股票，必须以人民币购买和交易的股票。

（2）B 股。又叫人民币特种股票，是指在中国大陆注册上市的特种股票，只能用外币认购和交易的股票，一般以境外投资者为主。

（3）H 股。取香港英文名称 Hong Kong 的首字母 H，指的是在内地注册、在香港上市的企业股票。

（4）N 股。取纽约英文名 New York 的首字母，指在美国纽约证券交易所上市的股票。

（5）S 股。取新加坡的英文名 Singapore 的首字母 S，是指那些主要生产或者经营的核心业务在中国大陆，企业注册地在中国大陆，但在新加坡交易所上市的股票。

3. 记名股票和无记名股票

股票按是否记载股东姓名，可分为记名股票和不记名股票。大多数国家未做记名或不记名的限制。我国《中华人民共和国公司法》规定，公司向发起人、国家授权投资的机构、法人发行的股票必须为记名股票，对社会公众发行的股票，可以为记名股票，也可以为不记名股票。

4. 有面值股票和无面值股票

按股票票面是否标明金额，可划分为有面值股股票和无面值股股票。

（1）有面值股票。有面值股票，又叫有面额股票，是指在股票的票面记载一定金额（票面价值）的股票。世界各国股份有限公司所发行的股票以有面值者居多。我国的《公司法》《证券法》对此均未作出明确规定，但实际上通常为 1 元人民币，股票发行价格可以按票面金额，也可以超过票面金额，但不能低于票面金额。

（2）无面值股票。无面值股票又叫无面额股票、比例股票，是指在股票的票面不载明具体金额（票面价值），而在股票票面上标明其在公司具体总额中所占的比例的股票。目前除美、日等少数国家外，多数国家的《公司法》不允许股份有限公司发行无面值股股票。

5. ST 股、绩优股、蓝筹股、垃圾股

根据公司业绩，可分为 ST 股、绩优股、蓝筹股、垃圾股：

（1）ST 股。ST 股票，意思就是"特别处理"的股票，就是在股票名称前加 ST，是指因为经营亏损或其他异常情况而被中国证监会提醒股民注意特别处理的股票，该政策针对的对象是出现财务状况或其他状况异常的公司的股票。

股票名称前加上 ST，就是警示该股票存在投资风险，起一个警告作用。但是，如果 ST 前加一个"＊"号，变成＊ST，就是该股票有退市风险，希望投资者警惕的意思。我国规定，公司经营连续三年亏损，退市预警。

（2）绩优股。绩优股，指业绩优良且比较稳定的公司股票。

（3）蓝筹股。蓝筹股，是指长期稳定增长的、大型的、传统工业股及金融股。证券市场上通常将那些经营业绩较好、具有稳定且较高的现金股利支付的公司股票称为"蓝筹股"。

（4）垃圾股。垃圾股，与绩优股相对应，指业绩较差、经营亏损或违规的公司的股票。

8.4.4　股票发行上市需要哪些条件

企业公开发行股票并上市，主要有主体资格、规范运行、财务指标、公开发行比例四方面的条件和要求。

1. 主体资格

准备上市的主体公司，必须符合以下七方面的条件要求。

（1）必须是股份公司。

（2）持续经营三年以上。

（3）注册资本已足额缴纳、主要资产不存在重大权属纠纷。

（4）生产经营合法。符合法律、行政法规和公司章程的规定，符合国家产业政策。

（5）主业、主要高管、实际控制人无变化。公司最近三年主营业务、董事、高级管理人员没有发生重大变化，实际控制人没有发生变更。

（6）股权清晰。公司的股权清晰，控股股东和受控股东、实际控制人支配的股东持有的发行人股份不存在重大权属纠纷。

（7）主业突出。公司可以多元化开展生产经营业务，但必须主营业务突出。

2. 规范运行

公司在治理结构、内控制度、管理流程方面，必须规范运行。

（1）股东大会、董事会、监事会制度健全。已依法建立健全股东大会、董事会、监事会、独立董事、董事会秘书制度，相关机构和人员已经了解有关的法律法规、法定义务和责任，能够依法履行职责。

（2）董事、监事高管任职资格符合要求。发行人的董事、监事和高级管理人员符合法律、行政法规和规章规定的任职资格，且不得有下列情形：被中国证监会采取证券市场禁入措施尚在禁入期的；最近 36 个月内受到中国证监会行政处罚，或者最近 12 个月内受到证券交易所公开谴责；因涉嫌犯罪被司法机关立案侦查或者涉嫌违法违规被中国证监会立案调查，尚未有明确结论意见。

（3）内控制度健全且被有效执行。公司的内部控制制度健全且被有效执行，能够合理保证财务报告的可靠性、生产经营的合法性、营运的效率与效果。

（4）无重大违法违规行为。公司未发生以下行为：最近 36 个月内未经法定机关核准，擅自公开或者变相公开发行过证券，或者有关违法行为虽然发生在 36 个月前，但目前仍处于持续状态。最近 36 个月内违反工商、税收、土地、环保、海关以及其他法律、行政法规，受到行政处罚，且情节严重。最近 36 个月内曾向中国证监会提出发行申请，但报送的发行申请文件有虚假记载、误导性陈述或重大遗漏；或者不符合发行条件以欺骗手段骗取发行核准；或者以不正当手段干扰中国证监会及其发行审核委员会审核工作；或者伪造、变造发行人或其董事、监事、高级管理人员的签字、盖章。本次报送的发行申请文件有虚假记载、误导性陈述或者重大遗漏。涉嫌犯罪被司法机关立案侦查，尚未有明确结论意见。严重损害投资者合法权益和社会公共利益的其他情形。

（5）不存在违规担保。公司章程中已明确对外担保的审批权限和审议程序，不存在为控股股东、实际控制人及其控制的其他企业进行违规担保的情形。

（6）资金管理严格。公司有严格的资金管理制度，不得有资金被控股股东、实际控制人及其控制的其他企业以借款、代偿债务、代垫款项或者其他方式占用的情形。

3. 财务指标

公司资产质量良好，资产负债结构合理，盈利能力较强，现金流量正常。财务指标应当符合下列条件。

（1）最近3个会计年度连续盈利且累计净利润超过3 000万元。净利润以扣除非经常性损益前后较低者为计算依据。

（2）最近3个会计年度经营活动现金流量净额累计超过5 000万元或者累计营业收入超过3亿元。

（3）发行前股本总额不少于3 000万元，发行后股本总额不少于5 000万元。

（4）最近一期末不存在未弥补亏损。

（5）最近一期无形资产（扣除土地使用权、水面养殖权和采矿权等后）占净资产之比不超过20%。

4. 公开发行比例

发行后总股本小于4亿股的，公开发行的比例须不低于25%；发行后总股本超过4亿股的，公开发行比例须不低于10%。

8.4.5　重大风险和对持续盈利能力的不利影响——否决性条件

公司要想股票发行上市，不得有重大风险和对公司持续盈利能力构成重大不利影响的情形。

（1）严重依赖税收优惠。公司应当依法纳税，各项税收优惠符合相关法律法规的规定，经营成果对税收优惠不存在严重依赖。

（2）重大负债、担保、诉讼。公司不存在重大偿债风险，不存在影响持续经营的担保、诉讼及仲裁等重大或有事项。

（3）经营模式、产品品种结构重大变化。公司的经营模式、产品或服务的品种结构已经或者将发生重大变化，并对持续盈利能力构成重大不利影响。

（4）行业地位、经营环境重大变化。公司的行业地位或发行人所处行业的经营环境已经或者将发生重大变化，并对持续盈利能力构成重大不利影响。

（5）对关联方或者客户重大依赖。公司最近1个会计年度的营业收入或净利润对关联方或者重大不确定性的客户存在重大依赖。

（6）近1年度净利润主要来自投资收益。发行人最近1个会计年度的净利润主要来自合并财务报表范围以外的投资收益。

（7）无形资产重大不利变化。公司在用的商标、专利、专有技术以及特许经营权等重要资产或技术的取得或者使用存在重大不利变化的风险。

（8）其他可能对公司持续盈利能力构成重大不利影响的情形。

8.4.6 股票发行上市的一般流程

公司股票发行上市一般要经过重组改制、尽职调查与上市辅导、文件制作申报、发行审核、路演询价定价、发行与上市这几大流程。

1. 重组改制

公司在重组改制阶段，尤其是有限责任公司改制为股份有限公司的，一般要经过以下流程：

（1）企业拟定改制方案；

（2）聘请证券中介机构对方案进行可行性论证；

（3）对拟改制的资产进行审计、评估，签署发起人协议，起草公司章程等文件；

（4）设置公司内部组织机构，设立股份有限公司。

2. 尽职调查与上市辅导

尽职调查与上市辅导阶段的一般流程是：

（1）向当地证监局申报辅导备案；

（2）保荐机构和其他中介对公司进行尽职调查、问题诊断、专业培训和业务指导；

（3）完善组织机构和内部管理，规范企业行为，明确业务发展目标和募集资金投向；

（4）对照发行上市条件对存在的问题进行整改，准备首次公开发行申请文件；

（5）当地证监局对辅导情况进行验收。

3. 文件制作申报

文件制作申报阶段一般经过以下流程：

（1）企业和证券中介按照证监会或证券交易所的要求制作申请文件；

（2）发行申报文件经过企业董事会、股东大会等决策机构审批通过，完成发行申报内部决策；

（3）保荐机构进行内核并向证监会或证券交易所尽职推荐。

4. 发行审核

发行审核阶段一般经过以下流程：

（1）证监会对申请文件进行初审，征求省级政府意见，符合申报条件的，在 5 个工作日内受理申请文件；

（2）证监会向保荐机构反馈意见，保荐机构组织发行人和中介机构对相关问题回复；

（3）证监会根据反馈回复继续审核，预披露申请文件，召开初审会；

（4）证监会发审委召开会议对申请文件和初审报告进行审核，对发行人上市申请作出决议；

（5）依据发审委审核意见，证监会对发行人申请作出决定。

5. 路演、询价、定价

路演、询价、定价阶段一般经过以下流程：

（1）发行人在本所网站及符合证监会规定的媒体披露招股说明书及发行公告等信息；

（2）主承销商与发行人组织初步累计询价；

（3）主承销商与发行人通过直接定价或询价定价的方式确定发行价格；

（4）主承销商与发行人组织路演，向投资者推介。

6. 发行与上市

发行与上市阶段一般经过以下流程：

（1）向证券交易所提交发行与承销方案备案材料（创业板适用）；

（2）根据证监会规定的发行方式公开发行股票或根据发行方案备案的发行方式公开发行股票；

（3）在登记结算公司办理股份的托管与登记；

（4）挂牌上市；

（5）券商负责上市后的持续监督；

（6）提交发行承销总结（创业板适用）。

通常来说，企业自筹划改制到完成发行上市总体大概需要 3 年左右时间，但是如果企业各方面基础较好，需要整改的工作较少，则发行上市所需时间可相应缩短。

8.4.7 主板、创业板、科创板、新三板及其上市条件

1. 主板

主板市场，又叫一板市场，指传统意义上的证券市场（通常指股票市场）。主板市场上市门槛较高，对发行人的营业期限、股本大小、盈利水平、最低市值等方面都具有较高要求，是我国证券发行、上市及交易的主要场所。通常能在主板上市的多为大型成熟企业，或处于某个行业的龙头地位，具有较大的资本规模及稳定的盈利能力。主板的上市条件见前面"8.4.4 股票发行上市需要哪些条件"所述。

上海证券交易所和深圳证券交易所是两个主板市场，上交所主板股票代码以 60 开头，深交所主板股票代码以 00 开头。

2. 创业板

创业板市场，又叫二板市场，是为具有高成长性的中小企业和高科技企业融资服务的资本市场。

（1）创业板的上市条件。创业板的上市条件是，市值及财务指标应当至少符合下列标准中的一项：

①最近两年净利润均为正，且累计净利润不低于 5 000 万元；

②预计市值不低于 10 亿元，最近一年净利润为正且营业收入不低于 1 亿元；

③预计市值不低于 50 亿元，且最近一年营业收入不低于 3 亿元。

另外，在股本及发行比例方面要求，第一，发行后股本总额不低于 3 000 万元；第二，公开发行比例须不低于 25%；发行后总股本大于 4 亿股的，公开发行比例须不低于 10%。

（2）创业板的特点。创业板是专为暂时无法在主板市场上市的创业型企业提供融资途径和成长空间的证券交易市场，具有前瞻性、高风险、监管要求严格以及明显的高技术产业导向的特点。

与主板市场相比，在创业板市场上市的企业规模较小，上市条件相对较低，中小企业更容易上市募集发展所需资金。对投资者来说，创业板市场的风险要比主板市场高得多，当然，回报可能也会大得多。

创业板 2009 年创立，是深交所专属板块，股票代码以 3 开头，主要针对高科技高成长的中小企业。2020 年 8 月 24 日，试水注册制的首批企业挂牌上市。

3. 科创板

科创板是我国首个实行注册制的场内市场，主要服务于符合国家战略、突破关键核心技术、市场认可度高的科技创新企业，其特点是并不限制首次公开募股的定价，亦允许企业采取双重股权结构。科创板股票代码以 68 开头。

科创板上市企业普遍具有技术新、研发投入规模大、盈利周期长、技术迭代快、盈利能力不稳定以及严重依赖核心项目、核心技术人员、少数供应商等特点，因此企业上市后的持续创新能力、主营业务发展的可持续性、公司收入及盈利水平等仍具有较大不确定性。

科创板重点关注三类企业：一是符合国家战略、突破关键核心技术、市场认可度高的科技创新企业；二是属于新一代信息技术、高端装备、新材料、新能源、节能环保以及生物医药等高新技术产业和战略性新兴产业的科技创新企业；三是互联网、大数据、云计算、人工智能和制造业深度融合的科技创新企业。

科创板的上市条件与标准：

（1）发行后股本总额不低于人民币 3 000 万元；

（2）首次公开发行的股份达到公司股份总数的 25% 以上，公司股本总额超过人民币 4 亿元的，首次公开发行股份的比例为 10% 以上；

（3）首次发行上市的，应当至少符合下列上市标准中的一项：

①预计市值不低于人民币 10 亿元，最近两年净利润均为正且累计净利润不低于人民币 5 000 万元，或者预计市值不低于人民币 10 亿元，最近一年净利润为正且营业收入不低于人民币 1 亿元；

②预计市值不低于人民币 15 亿元，最近一年营业收入不低于人民币 2 亿元，且最近三年研发投入合计占最近三年营业收入的比例不低于 15%；

③预计市值不低于人民币 20 亿元，最近一年营业收入不低于人民币 3 亿元，且最近三年经营活动产生的现金流量净额累计不低于人民币 1 亿元；

④预计市值不低于人民币 30 亿元，且最近一年营业收入不低于人民币 3 亿元；

⑤预计市值不低于人民币 40 亿元，主要业务或产品需经国家有关部门批准，市场空间大，目前已取得阶段性成果，并获得知名投资机构一定金额的投资。医药行业企业需取得至少一项一类新药二期临床试验批件，其他符合

科创板定位的企业需具备明显的技术优势并满足相应条件。

4. 新三板

新三板是全国性的非上市股份有限公司股权交易平台，主要针对的是中小微型企业。

新三板股票代码以 8 开头。

新三板市场的优势明显，就是对挂牌企业没有明确的财务指标要求，这对以高新技术为主导，处于成长阶段的企业来说，很有吸引力。

新三板的上市条件很宽松，没有很高的门槛，基本条件是：

（1）盈利要求。必须具有稳定的，持续经营的能力；

（2）主营业务必须突出；

（3）国家级高新技术产业。

需要注意的是，在新三板挂牌并不是上市，在新三板交易的都不是上市公司。新三板基本没有融资功能，因为他不像普通股票那样可以快速交易流动，只能通过股份转让的形式交易。

8.5 │ 其他方式筹资

其他方式筹资中，最常见的混合融资方式是可转换债券，最常见的其他衍生工具融资方式是认股权证，还有风险投资与私募基金等风险类的筹资。

8.5.1 可转换债券

可转换债券是一种比较受投资者青睐的投资方式，作为发行的公司，如果设计得好，可转换债券筹资也很有优势。

1. 什么是可转换债券

可转换债券，简称可转债，就是持有人可以在一定期限内自由选择是否按事先规定的比例或价格转换为普通股的债券。

2. 可转换债券的特征

可转换债券同时兼具债权和股权的双重特征，在转换前是债券，转换后是股票。是否转换，由持有人自由选择，如果转换为股票划算就转换为股票，不划算就不转换而继续持有债券，但是这种选择权只属于债券持有人，发债公司不得拒绝转换。具体说来，可转换债券具有以下几点特征。

（1）债权属性。与其他债券一样，可转换债券也有规定的利率和期限。可转换债券一般有赎回和回售条款，投资者可以赎回和回售，也可以选择持有债券到期，收取本息。

（2）期权属性。在持有人按规定转换为股票之前，可转换债券就是单纯的债券，但转换成股票之后，原债券持有人就由债权人变成了公司的股东，享有股东的一切权益，可参与企业的经营决策和红利分配。

（3）可转换性。在持有人未行使转换权之前，发行可转换债券的公司到期必须无条件支付本金和利息；一旦持有人行使转换权（转为股票），持有人即成为公司的股东。这种债权人与股东的身份转换，可以由持有人自由行使。

所以，具有普通股所不具备的固定收益和一般债券不具备的升值潜力，这就是可转换债券最大的优点。

3. 可转换债券的转换条件是事先约定的

可转换债券与普通债券相比，具有八大要素，包括：票面利率、标的股票、转换价格、转换比例、转换期、赎回条款、回售条款、强制性转换调整条款，这些要素都是可转换债券发行时就约定好的。

（1）票面利率。普通债券一般会高于银行存款利率水平，可转换债券的利率一般低于普通公司的债券利率。

（2）标的股票。一般是该公司自己的股票，也可以是该公司已上市子公司的股票。

（3）转换价格。也称转股价格，因为可转换债券可在未来获取转换为股票的期权收益，所以转换价格一般比发行价高一定比例，以发行前一个月股票的平均价格为基准上浮一定幅度。

（4）转换比例。在规定的转换价格下每一份可转换债券能转换为股票的数量。

（5）转换期。转换期可以与可转换债券的期限相同，也可以短于可转换债券的期限，一般根据公司的资本使用情况、项目情况、投资者的要求等决定。

（6）赎回条款。指发行可转换债券的公司依照事先约定的价格买回未转股的可转换债券的条款。设置这一条款一方面是促使持有人积极行使转股权，另一方面是防止万一市场的利率大幅下降而必须按约定支付较高的利率，通常是公司股票连续高于转股价格某一幅度时才会发生。

（7）回售条款。持有人有权按照事先约定的价格将可转换债券卖回给公司，这是一种选择权，有利于降低投资者风险。

（8）强制性转换调整条款。某些条件成立时，持有人必须将可转换债券转为股票，无权要求偿还本金。

4. 可转换债券发行条件

上市公司发行一般可转换债券，除了应当符合增发股票的一般条件之外，还应当符合以下条件：

（1）最近 3 个会计年度加权平均净资产收益率平均不低于 6%；

（2）本次发行后累计公司债券余额不超过最近一期期末净资产额的 40%；

（3）最近 3 个会计年度实现的年均可分配利润不少于公司债券 1 年的利息。

5. 可转换债券筹资的优点

可转换债券筹资的优点有三：

（1）资本成本低。一方面是可转换债券的票面利率比普通债券低，另一方面是可转换债券可以直接转换为股票，没有新增发新股的发行费用。

（2）筹资效率高。一方面是如果在新股发行的时机、效果不好时先发行可转换债券，可以提前筹到资金；另一方面是可转换债券发行时规定的转股价格比当时的股票价格高，相当于以高于当时股票的价格发行了新股，可以以较少的股份代价筹到更多的资金。

（3）比较灵活。如果股票价格高则转股，公司无须承担还本付息的负担；如果股票价格低则还本付息，无须将来承担分红的负担。

6. 可转换债券筹资的缺点

可转换债券筹资的缺点也很明显。

（1）不转换的财务压力。如果股价低持有人不愿转换，公司要承担还本付息的财务压力。

（2）如果股价一直低迷而又有回售条款，持有人集中向公司回售也会面临财务压力。

8.5.2 认股权证——高管及核心人员的期权激励工具

认股权证，全名叫作股票认购授权证，是上市公司签发的、持有人有权在一定时间内按约定价格购买该公司一定数量股票的证明文件。

认股权证与可转换债券不同，最大的区别是，可转换债券目前的状态是债券，而认股权证目前的状态既不是债券，也不是股票，只是将来可以按约定价格购买股票的权利，本质上是认购股票的一种期权。

当然，认股权证也有内在的投资价值，投资者购买了认股权证，可以获得股票认购价与市场价之间的价差收益。

只有股价高于认股权证约定的价格，投资者才会主动执行认股权证购买股票，这对上市公司完善治理结构、提高经营效益也有促进作用。

认股权证运用最广的功能，是作为期权激励工具，通过给予职业经理人、核心技术人员、重要员工一定数量的认股权证，当公司股价高于约定价格时，这些人按约定的稍低价购买公司股票。当公司的经营效益越来越好、股票价格越来越高，其收益就会越来越大，是将公司利益与他们的利益结合在一起，让他们为公司和自己的财富增加而提升公司的价值。

8.5.3 风险投资与私募基金

风险投资，顾名思义属于投资的概念，但此处是站在企业融资的角度来谈风险投资的。

1. 什么是私募基金、风险投资

私募基金（PE），是指以非公开方式向特定投资者募集资金并以特定目标为投资对象的证券投资基金。

风险投资（VC），又称创业投资，国内也简称"风投"，是指向初创企业、团队投入资金，并获得公司股份，追求最大限度资本增值的一种投资方式。

从资金管理的性质看，风险投资是一种特殊的私募基金。广义的私募股权基金包括风险投资，成熟企业的股权投资，也包括并购融资等形式；狭义的私募股权基金不包括风险投资的范畴。

2. 风险投资是一种特殊的私募基金

所谓私募基金（包括风险投资），有两个内涵：

（1）不公开针对大众募集。私募是指不公开针对大众募集资金，基金的发行不能借助传媒，主要通过私人关系、券商、投资银行或投资咨询公司介绍筹集资金。

（2）封闭式管理。私募基金既不对外公布业绩和投资回报细节，也不在市场上交易。

3. 风险投资的共同点

风险投资和私募基金主要有以下几个共同点：

（1）资金来源。都是通过向特定对象、非公开募集资金来筹集资本，资金的来源都包括个人投资者、机构投资者。

（2）投资对象。投资的都是具有潜力非上市企业。

（3）投资期限。都比较长，起码三年以上，甚至五年、七年或者十年。

（4）风险都比较高。企业未来成长充满不确定性，加上退出机制和投资流动性较差，造就了高风险。高风险，这是风险投资的基本特征之一，有数据统计，美国风险投资的三万多家企业里边，失败率高达65%，也就是说，有65%的投资是赔本的；在中国，挣钱的风险投资据估计只有5%左右，也就是说大部分都在亏钱。

（5）投资回报较高

平均可以达到3～5倍，在我国，私募基金甚至可以达到20～30倍。

（6）投资目的相同。虽然从结果看取得公司股权，是一种股权投资，但投资的目的是通过投资和提供增值服务做大企业，然后通过公司上市、兼并收购、公司股份回购、股份转卖、亏损清偿、注销等方式退出，从而在产权流动中实现投资回报，而并不是为了获得企业的所有权，不是为了控股，更不是为了经营企业。

（7）退出方式。退出包括公司上市、兼并收购、公司股份回购、股份转卖、亏损清偿、注销等方式来收回投资。退出都比较难，流动性较差。

4. 风险投资与私募基金的主要区别

除了共同点，二者还有一定区别。

（1）投资对象——是否创始阶段、新技术、新产业。风险投资并不泛指一切高风险为特征的投资，而是主要指与一定的科技开发和技术创新相联系的高风险的产业投资，而其他高风险的投资如证券、期货、房地产开发等投资不在此列。

私募基金的投资对象主要是那些已经形成一定规模，并产生稳定现金流的成熟企业，这是其与风险投资基金最大的区别。腾讯、阿里巴巴、京东、滴滴等，都是风险投资、私募基金等风险资本支持的。

（2）提供资本的方式不同。风险投资通过购买股份和提供担保等方式进入企业；私募基金通过直接或者间接购买股权或者获得债权等方式进入企业。

（3）是否分期投入。风险投资一般采用分批次到位的方式；私募基金则一般都是一次性到位。

（4）介入企业管理的程度不同。虽然两者都有专业化的管理团队，但私募基金主要是通过对企业提供资金支持而使企业发展壮大，管企业大的战略方针，而不非常细致地参与到企业管理当中；风险投资对企业的管理更加深入，它可以直接插手企业的经营管理，直到达到既定的发展目的为止。

（5）法律结构不同。风险投资采用有限合伙的法律结构；募股权基金主要是契约型关系。

5. 风险投资、私募基金的钱从哪里来

风险投资、私募基金从本质上来说是一个金融中介，它投的不是自己的钱，投的是从别人那里募来的钱。从哪里募来的钱呢？从有限合伙人（LP）那里募集，然后成立一个风险投资的基金，这个基金是由普通合伙人（GP）来管理。影响很大的著名风险投资家，像美国的唐·瓦伦丁、莱昂内，国内的沈南鹏、熊晓鸽等。红杉资本、凯鹏华盈是全世界最著名的风险投资机构。

投资人在投资了一个项目以后，他们大概会跟踪 3 到 8 年，或者更长一点的时间。在投资项目结束以后，就必须要把它所有项目退出来清算，在所获取的利润里边，一般来说普通合伙人 GP 会分 20%（叫作管理分红），剩下的 80% 分给有限合伙人 LP。

注意：普通合伙人、有限合伙人的概念、权利、他们之间的区别，在本书第二章"2.3.5 掌握公司控制权最有效的几个大招"有讲到。

6. 风险投资、私募基金融资的好处

（1）拓宽融资渠道。

（2）完善公司治理结构。投资后，私募投资进一步掌握企业的信息并对其进行监督，利用自身经验和管理技术上的优势支持企业的发展，完善企业治理结构，促进企业更快的发展；能帮助中小企业建立合理的股权结构；能建立良好的激励和约束机制，从而缓解中小企业人才流失现象。

（3）提供增值服务。私募投资机构能够引入资金、技术、管理团队，并且可能利用各方面资源引导企业把握适当的时机促成上市，促进企业快速成长和价值最大化。私募投资机构还会做很多增值服务，会介入你日常的运营当中，帮你整合上游的供应商、拓展下游的客户，或者帮你整合你的团队、雇佣核心的技术人才，等等；会利用自己的信用来给企业背书，有风投支持的企业，价格更不容易被低估；能够帮助企业更好地择时，选择在二级市场比较热的时候去上市，可以卖一个好价钱，而且保证股权被更少地稀释。

8.5.4　什么是天使轮、A 轮、B 轮、C 轮、D 轮融资

不时听到种子轮、天使轮，ABCD 轮融资又是怎么回事？它们之间又有些什么区别呢？其实，这些都是风险投资、私募基金等融资轮次，也就是分多次融资，至于需要多少轮，取决于项目不同运营阶段和投资价值，并没有太严格的定义。

1. 种子轮：项目只是一个概念、设想、蓝图，好似一粒种子，没有具体的产品或服务，创业者拥有一项技术上的新发明、新设想以及对未来企业的一个蓝图，缺乏初始期资金投入。种子轮的项目估值一般在 500 万元以内，融资额度一般在 10 万元～100 万元人民币。

2. 天使轮：项目初步的商业模式，有了雏形，积累了一些用户资源。大多数项目也可跨过种子轮直接进入天使轮，种子和天使轮融资对外稀释的股权最高不要超过 30%，估值在 5 000 万元左右，融资额度一般在 100 万元～1 000万元人民币。

3. A 轮：项目基本步入正轨，并且有完整的商业和盈利模式，在行业内有一定的地位及口碑，但依旧处于亏损状态或盈利不多。此阶段稀释一般在 5%～15%，项目估值大于 1 亿元，融资额度一般在 1 000 万元～1 亿元。

4. B 轮：项目取得较大发展，已经开始盈利，公司需要推出新业务、拓展新领域，此阶段稀释一般在 5%～15%，融资额度一般在 2 亿元人民币以上。

C 轮、D 轮，还有的项目会有 E 轮甚至更多，轮次的多与少没有固定标准，主要看项目不同运营阶段、资金需求、投资价值而定。

8.5.5　引入风险投资的最大风险——丧失控制权

风险投资、私募基金可以在创业者最需要钱的时候给你带来资金，但是，你也有很大的风险。

（1）丧失控制权。风险投资、私募基金进入企业，为了保护自己的利益，通常会要求一定的股份和控制权。一个项目经过一轮或多伦融资，作为创业者的你，你手里的股权就不断地被稀释，等到时候，你的股权就已经变得非常小了。创始人被赶出公司，这样的案例非常多，著名的如乔布斯当年被赶出苹果，新浪的创始人王志东在企业上市了以后被董事局扫地出门，上海永乐电器被国美收购创始人陈晓出局等。

（2）对公司运营的干预。如果原创始股东失去对企业的绝对控制权，那么企业原本拥有的经营独立性和自主性就会被削弱或者丧失，投资机构可能对公司运营进行干预。

（3）业绩要求的对赌条款。风险投资、私募基金机构为了保护自己的利益，通常会对业绩有要求，有的要求什么时间上市，一旦无法达到这些要求，通常会有高额的惩罚性条款，这个对原创始人来说也是大的风险。

8.5.6　如何防范引入风险投资风险——维护控制权

控制风险投资、私募基金融资的风险，要注意维护控制权、准确估值、慎选投资者、慎鉴对赌条款。

1. 维护控制权

一旦失去控制权，你的创业梦想可能也就到头了，所以一定要重视控制权，时刻将维护控制权放在心里，强化企业内部的管理，具体做法有三：

（1）让懂法律、懂规则的人参与。在引入风险投资的过程中，让专业人士参与其中，从法律上清晰协议内容。

（2）不要稀释太多股权。最好不要一次释放太多的股权，要为下一次融资保留空间做准备，释放太多的股权也会直接涉及公司的控制权问题。

（3）三是重视董事会的一票否决权。通常来说，在股东会上，股东按照所代表股权或者股份的表决权进行投票；董事会上按董事席位一人一票。但是，风险投资、私募基金机构往往要求创立某些条款，要求由他们派驻的董事可以在董事会上一票否决的"保留事项"，这是对私募基金最重要的保护，所以，机构要求一票否决的保留事项的范围有多广是私募交易谈判最关键的内容之一。

2. 正确合理估值

公司估值偏高或偏低，都会直接影响企业自身的利益，导致投资者的利益丧失，从而降低了企业的价值，有碍于企业自身未来的发展，所以企业在估值时要全面地考虑各种因素在合理并客观的假设下正确估算企业自身的价值。

3. 慎选投资者

投资机构当然会慎重选择能够给他们创造利益的企业，但被投资企业也需要慎重选择投资者，除了考虑投资者的投资额度之外，更为重要的是考虑投资者对于企业未来发展方向的规划是否抱支持的态度。

4. 对赌条款

对赌条款按行文结构在本处，但因内容比较多，下面专列一条进行讲解。

8.5.7　高度警惕引入风险投资的风险——对赌条款风险

对赌条款，又叫对赌协议，就是包含对赌条款的私募股权投资协议。通常是，如果企业未来的获利能力达到业绩增长指标或者达到其他预定，由融资方行使估值调整的权利，以弥补其因企业价值被低估而遭受的损失；否则，由投资方行使估值调整的权利，以补偿其因企业价值被高估而遭受的损失。补偿的方式有两种，一种是赔股份，另一种是赔钱。对赌条款通常有以下几种形式。

1. 经营业绩

通常是以净利润作为对赌标的，这是对赌协议的最主要方式，是指被投公司在约定期间能否实现承诺的财务业绩，如果不能实现承诺，则应向投资方进行赔偿。业绩赔偿的方式通常有两种，一种是赔股份，另一种是赔钱，通常来说赔钱较为普遍。

例如，某公司在 2018 年年初引入 PE 机构签订协议时，大股东承诺 2018 年净利润不低于 6 000 万元，且 2019 年至 2022 年度净利润同比增长率均达到 25% 以上，否则，按差额的 50% 向投资方进行赔偿。

在经营业绩对赌时，企业需要注意的是设定合理的业绩增长幅度，不少风险投资、私募基金与公司方的纠纷起因就是大股东对将来形势的误判，承诺值过高。

2. 上市时间

就是约定被投公司在约定时间内能否上市，如果约定的时间不能上市，则以高价回购股份，或者赔一笔钱，通常以回购的方式。因为企业什么时候上市通常不是公司大股东能决定的，所以应很谨慎对待这项约定。

例如，若目标公司未能在 2028 年 12 月 31 日之前完成中国境内 A 股上市，投资方有权要求大股东一次性回购投资方持有的部分或全部目标公司股份。

3. 非经营业绩

对赌标的为非财务经营业绩，包括 KPI、用户人数、产量、产品销售量、技术研发等，特别是某项技术。

4. 债权和债务

就是约定若公司未向投资方披露对外担保、债务等，在实际发生赔付后，投资方有权要求公司或大股东赔偿。基本每个投资协议都有这一条款，目的就是防止被投公司拿投资人的钱去还债。

5. 关联交易

就是约定被投公司在约定期间若发生不符合章程规定的关联交易，公司或大股东须按关联交易额的一定比例向投资方赔偿损失。例如，若公司发生不符合公司章程规定的关联交易，大股东须按关联交易额的 10% 向风险投资、私募基金机构赔偿损失。

6. 股权转让限制

就是约定为任一方的股权转让设置一定条件，仅当条件达到时方可进行股权转让。如果大股东要卖股份，可能不看好公司，因此更多的是限制大股东转让股权。企业通常会将股权限制条款写入公司章程，使其具有对抗第三方的效力，或者通过原股东向投资人质押其股权的方式实现对原股东的股权转让限制。

7. 引进新投资者限制

就是约定将来新投资者认购公司股份的每股价格不能低于投资方认购时的价格，若低于之前认购价格，投资方的认购价格将自动调整为新投资者认购价格，溢价部分折成公司相应股份。

8. 反稀释权

反稀释权与引进新投资者限制差不多，就是约定进入的新投资者的等额投资所拥有的权益不得超过投资方，投资方的股权比例不会因为新投资者进入而降低。

9. 优先分红权

就是约定每年公司的净利润要按风险投资、私募基金投资金额的一定比例，优先于其他股东分给风险投资、私募基金红利。

10. 优先购股权

就是约定公司若要增发股份，风险投资、私募基金优先于其他股东认购增发的股份。

11. 优先清算权

就是约定公司进行清算时，投资人有权优先于其他股东分配剩余财产。例如，某公司的风险投资、私募基金方就要求，若自己的优先清偿权因任何原因无法实际履行的，有权要求公司大股东以现金补偿差价。

12. 共同售股权

就是约定公司原股东向第三方出售其股权时，风险投资、私募基金有权以同等条件根据其与原股东的股权比例向该第三方出售其股权，否则原股东不得向该第三方出售其股权。

13. 强制随售权

就是约定投资方在其卖出其持有公司的股权时，要求原股东一同卖出股权。强卖权尤其需要警惕，很有可能导致公司大股东的控股权旁落他人。

14. 回购股份

就是约定公司在约定期间若违反约定相关内容，投资方要求公司回购股份。

15. 一票否决权

就是约定投资方在公司股东会或董事会对特定决议事项享有一票否决权。

16. 管理层对赌

就是约定在某一对赌目标达不到时由投资方获得被投公司的多数席位，增加其对公司经营管理的控制权。

17. 竞业限制

就是约定大股东不得通过其他公司或通过其关联方，或以其他任何方式从事与公司业务相竞争的业务。竞业限制是一定要签订的条款，除了创始人不能在公司外以其他任何方式从事与公司业务相竞争的业务外，还会要求创始人几年不能离职，如果离职了，几年内不能做同业的事情，这是对中高管的限制。

实务中，很多投资者都是将以上这些对赌条款若干项综合运用，从而保护自己的利益，但从另一个角度看，也就是公司大股东的风险所在，所以在引入风险投资、私募基金时，一定要对这些风险高度重视。最著名的案例是俏江南引入风险投资鼎晖创投，触发了多项对赌条款，最终失去控制权。俏江南这个案例当年很轰动，大家可以在网上查阅一下前因后果。

8.5.8 对赌失败创始人出局案例

B集团定位为中餐高端餐饮品牌，高端餐饮形象广为人知，门店也从一家扩展到全国十多家，是北京奥运会唯一中餐服务商，负责为8个奥运竞赛场馆提供餐饮服务，公司估值达20亿元。但随着门店的迅速扩张，投资成本加大，随即资金链出现紧张，此时，创始人甲决定引入将国内知名投行C投资行。

2008年，为了引进C投资行，双方签订了对赌协议。协议约定：B集团必须在2012年底实现A股或港股上市，否则甲将回购C投资行手中的股份，且每年回报率为20%。C投资行出资2亿元，占B集团10.53%的股份。

至2012年底，B集团没有实现在A股或港股上市的承诺，触发了股份回购条款。根据回购条款，甲应以现金4亿元回购C投资行所持有的股份，但此时B集团经营也非常困难，甲无法拿出4亿现金去回购C投资行所持有的股份。

这就触发另一条款——强制随售权。根据双方的强制随售权条款约定，C投资行转让自己的10.53%的股份，甲应跟随转让自己持有的72.17%的股份，转让股份的现金先用于偿还C投资行的本金及收益。2014年，C投资行引入D国际资本，B集团82.7%（包括C投资行10.53%、甲72.17%）的股份被以10亿元转让给D国际资本，至此，从极盛到出局不过短短几年，属于甲的时代结束。

这一再提醒我们，创始人在引入投资者特别是风险投资时，一定要关注控制权、对赌条款风险。

8.6 资本成本与资本结构

资本成本最低时的资本结构是最优资本结构，此时的股权筹资和债权筹资比例，资本成本最低，企业价值最大。

8.6.1 资金需要量预测

筹资当然需要先知道需要多少资金，这就需要做科学、合理的资金需要量预测，这样既不会因资金多余而闲置，也不因资金短缺而严重影响企业的生产经营。资金需要量预测有因素分析法、销售百分比法、资金习性预测法这三种预测方法。

1. 因素分析法

因素分析法，又叫分析调整法，是在有关项目基期年度的平均资金需要量的基础上根据预测年度的生产经营任务和资金周转加速的要求进行分析调整，来预测资金需要量的一种方法，其计算公式为：

资金需要量＝（基期资金平均占用额－不合理资金占用额）×

（1±预测期销售增减率）×（1±预测期资金周转速度变动率）

这种方法简单易学，但预测结果不太精确。

2. 销售百分比法

销售百分比法，是按照某些资产、负债与销售收入之间存在稳定的比例关系，来预计企业的外部筹资需要量。销售百分比法的计算公式为：

资金需求增长额＝增加的敏感性资产－增加的敏感性负债

＝基期敏感性资产／基期销售额×（预测期销售额－基期销售额）－基期敏感性负债／基期销售额×（预测期销售额－基期销售额）

这种预测方法能够提供短期预计财务报表，可以计算外部筹资的需要量，但如果相关因素发生变动，则原有的销售百分比也要相应变动，通常用于品种繁多、规格复杂、资金用量较小的项目。

3. 资金习性预测法

资金习性预测法，是指根据资金的变动同产销量变动之间的依存关系这一资金习性预测未来资金需要量的一种方法，实质就是从数量上把握资金与产销量之间的规律性来预测资金需要量。

8.6.2　资本成本

资本成本，是指企业为筹集和使用资金而付出的代价，包括筹资费、占用费两个部分。

筹资费：为筹资而发生的各项费用，如银行借款的手续费，发行股票、债券等证券的印刷费、评估费、公证费、宣传费及承销费等。

占用费：在资本使用过程中向投资者支付的相关报酬，如银行借款和债券的利息、股票的股利等。

当然，资本成本相对于筹资者而言是成本，相对于投资者而言，则是让渡资产使用权所带来的投资报酬。

资本成本的作用主要体现在以下几方面：

1. 评价投资项目可行性的主要标准

任何投资项目如果它的投资报酬率超过该项目使用资金的资本成本率，则该项目在经济上是可行的。资本成本率是评价必须达到的投资报酬率的最低标准。

追求企业价值最大化是企业管理的终极目标，当资本成本率最小时，企业价值最大，此时的资本金结构是最佳资本结构。

2. 比较筹资方式、筹资方案的依据

资本成本率能够量化，直观明了，决策者喜欢用来作为评价、选择筹资方式的依据。

3. 评价企业整体业绩的重要依据

企业生产经营的利润率只有超过资本成本率时，才能给企业带来收益，所以资本成本率除了能够评价筹资管理水平外，也可以作为评价企业经营管理水平的重要依据。

资本成本率的计算公式为：

$$资本成本率 = \frac{年资金占用费}{筹资总额 - 筹资费用}$$

$$= \frac{年资金占用费}{筹资总额 (1 - 筹资费用率)}$$

8.6.3　资本结构

资本结构是企业资本总额中各种资本的构成及其比例关系，说穿了就是股权融资、债权融资的合理比例。

最佳的资本结构，是指企业在一定时期内，使加权平均资金成本最低、企业价值最大时的资本结构。举一个例子大家就明白了。

如果有一个投资项目，需要投入一笔资金，分为股权筹资（找合伙人投资）和负债筹资（银行借款或发行债券）两种筹资方式：

第一种方式，找一个债权人，全部通过负债筹集资金，则无论经营好坏，都需支付一笔固定的利息费用；

第二种方式，找一个合伙人入股，全部通过股权筹集资金，则未来公司赚了钱，需要按比例分给他，如果赔钱也要按比例亏损。

如果你是企业实际控制人，在什么情况下你会选择第一种筹资方式？什么情况下你会选择第二种筹资方式？

选择哪种筹资方式，其实就是计算哪种方式下支付出去的成本低一些。很显然，如果公司经营状况良好，盈利能力强，未来发展有很大潜力，会选择第一种筹资方式，付给债权人一笔固定的利息费用以后，剩下收益全都是自己的。

如果预期公司经营状况不佳，支付了债权人的利息费用以后剩下很少或者还亏损，那我肯定会选择第二种筹资方式，不用支付利息，按出资比例分利润给他或者一起承担亏损。

当然，上述例子只是理想状态，现实当中可能一个投资项目既有股权筹资，又有债权筹资。

最佳的资本结构，就是使企业在一定时期内，加权平均资金成本最低、企业价值最大时的资本结构。

要达到最佳的资本结构，就要不断优化股权筹资和债权筹资的比例，使其达到资金成本最低。

企业决策者的责任，就是通过筹资活动的合理安排和设计，在股权筹资和债权筹资的若干组合中，在做好可行性分析的基础上，选择资金成本最低的筹资方案。

至于具体的计算方式数据从哪儿来，交给专业的人，让他们来提供吧。

8.7 | 筹资活动业务流程及主要风险

企业筹资活动一般要经过筹资方案提出、论证、审批、执行、评估等5个业务流程，而其中的每个流程都会面临风险。

8.7.1 筹资活动的业务流程

只有先分析筹资活动要经历哪些业务流程，才能更好地建设筹资活动的内控制度，实现筹资活动风险控制的目标。一般来说，筹资活动包括提出、论证、审批、执行、评估这五个业务流程，其中，筹资方案的论证是最重要的环节。

筹资方案论证就是在财务部门提出的筹资方案初稿基础上，公司组织各部门、相关专家进行评估、论证，判断其是否可行，一般从以下三个维度来分析判断：

1. 是否符合整体发展战略

只有符合企业整体发展战略的筹资方案才是优选方案，才可持续，也才具有可行性；同时，如果筹资规模过大，会造成资金使用效率低、资金成本高、财务负担重，所以要做战略考量，筹资规模要适度。

2. 筹资成本是否经济合理

筹集同样规模的资金，选择发行债券、发行股票、短期或长期借款等不同筹资方式，或者同一筹资方式下的不同结构、不同期限筹资，筹资成本也是不一样的。要判断筹资成本是否经济合理，就要看所获得资金的筹资成本是否最低，是否还有降低筹资成本的空间，是否还有更好的筹资方式。

3. 筹资风险是否安全可控

企业应在不同的筹资风险之间进行权衡、分析比较，例如对于利率、汇率、货币政策、宏观经济走势等重要条件进行预测分析，有效地应对可能出现的风险。

8.7.2　筹资活动的主要风险

由于筹资活动手续多、流程长、类型多、风险大，企业应注意建立完善的风险管理内部控制制度，及时识别关键风险，有效地进行风险控制。筹资活动的主要风险有以下几方面：

1. 没有完整的筹资战略规划

如果企业对目标资本结构认识模糊，忽视战略导向，可能使得资本结构、资金来源结构、利率结构等变动过于频繁，导致失去目标感、方向感而盲目筹资，给生产经营带来严重的财务风险。因此企业在筹资活动中，应以目标资本结构为导向，贯彻既定的资金战略，具体包括资本结构、资金来源、筹资成本等。

2. 没有对企业资金现状的全面认识

如果资金管控、资金预算不合理、不规范、不到位，使管理层无法正确评估资金的实际需要及资金现状，容易导致筹资过度或者筹资不足，使得企业资金利用效率低下以及资金成本高。因此企业在筹资之前应在全面、准确了解资金现状的基础上，结合企业战略、中短期生产经营计划、各方面客观条件等提出筹资方案。

3. 没有完善的授权审批制度

如果没有完善的授权审批制度，管理者可能看不到或者轻视筹资方案中的潜在风险，或者对风险的严重程度估计不足，准备不充分，一时冲动草率决策，将给企业带来严重的风险隐患。因此，筹资方案必须先在企业上下认真、有效地沟通，并经过各部门、各层次按控制程序进行审核，经过完整的授权审批流程方可正式实施。

4. 没有对筹资条款的认真审核

如果企业对筹资合同、协议等法律文件的条款、权利义务审核不严，筹资合同、协议等过于简单、不完整、有漏洞或歧义，可能导致企业在未来发生经济纠纷并置自己于不利境地。因此，无论是哪种筹资方式，企业都要签订相应的筹资合同、协议等法律文件，并由法务、税务专业人员或相关中介机构认真审核、仔细推敲筹资合同的具体条款，防范合同条款可能给企业带来的风险和不利影响。

5. 无法保证支付筹资成本

如果债权类筹资无法按期、足额支付利息费用，可能导致各种方式的催收、诉讼、查封、划扣；如果股权类筹资股利支付不足，或者对股权投资者报酬不足，可能导致股东抛售股票，从而使得企业股价下跌。这些筹资成本无法保证支付，都会对企业的生产经营、企业形象、企业信用、企业再融资等带来重大不利影响。因此，企业对债权类筹资的固定利息费用，必须按期足额支付；对股权类筹资应认真制定包括股利金额、支付时间、支付方式等股利支付方案，并保证准时足额支付。

6. 没有严密的跟踪管理制度

如果筹资活动缺乏严密的跟踪、检查、监督、管理，可能导致资金管理失控，资金被挪用、被非法侵占，未及时支付利息而被罚息等，使企业面临不必要的财务风险。因此，企业在资金的筹集到位、资金使用过程（包括利息、股利等筹资费用的计提、支付）、最终的还本等整个筹资活动过程中，应制定完整的管理制度，包括资金到账、资金使用、利息支付、股利支付等，并时刻监控资金的动向。

8.8 │ 筹资活动的风险控制措施

根据筹资活动的主要业务流程，其对应的风险控制点和控制目标是：提出筹资方案——主要控制目标是进行筹资方案可行性论证；筹资方案审批——主要控制目标是选择批准最优筹资方案；制定筹资计划——主要控制目标是制定科学合理的具体筹资计划；实施筹资——主要控制目标是保证筹资活动正确、合法、有效进行；筹资活动评价与责任追究——主要控制目标是保证筹集资金的正确有效使用。企业筹资活动流程长，面临的风险类型多，应找出其中的关键风险控制点，设计相关内控制度，有效地控制风险。

8.8.1 可行性论证

提出筹资方案是筹资活动的起点，也是筹资活动中第一个重要环节。筹资方案是否科学、完整、准确、周密，决定了筹资活动的风险和效率。

筹资方案提出阶段的主要控制目标是进行筹资方案的可行性论证，其主要的控制措施包括：

1. 进行战略性评估

根据企业的战略目标和长远规划，进行包括与企业发展战略目标的一致性、匹配度，以及筹资规模是否适当等的战略性评估。如果与企业的战略目标不一致、不同步、规模不匹配，则应进行修改、调整，保证筹资方案服务于、服从于企业的战略目标。

2. 进行经济性评估

一个合理的、可行的筹资方案，一定是筹资成本最低、资本结构恰当、筹资成本与资金收益相匹配的，因此，一定要对筹资方案进行经济性评估。

3. 进行风险性评估

一个筹资方案，不仅要看其是否符企业的战略目标，是否经济可行、成本低、效益好，更重要的是进行筹资方案的风险性评估，要观察、评估其面临哪些风险，风险是高是低，风险是否可控、可承受，所面临的风险是否与收益相匹配，以及真正的风险来临时企业预备采取哪些措施进行应对等，要做到心中有数。

8.8.2 选择最优方案——授权批准控制

财务部门提出的筹资方案，经相关部门、专家进行可行性分析论证以后，应在企业上下进行充分沟通，提交相关部门按程序进行以集体决策审议或者联签制度形式的审批，并由高管层、董事会、股东（大）会履行严格的审批责任。为避免决策失误，企业应避免一个人说了算或几个人关起门来决策。

筹资方案审批阶段的主要控制目标是选择批准最优筹资方案，其主要的控制措施包括：

1. 坚持分级授权批准制度

坚持分级授权批准制度，不仅要进行授权批准，而且要在企业上下各层级中分级授权批准，充分发挥各层级的把关、控制作用。

2. 实行集体审议或联签制度

企业在审批过程中应实行集体审议或联签制度，保证决策的科学性，避免盲目、片面和舞弊。

8.8.3　科学可行效益——筹资计划制定阶段的控制措施

筹资方案按企业的审批制度审批通过后，财务部门应制定严密细致的筹资计划，对筹资活动进行周密安排和控制，使筹资活动高效、有序进行。

筹资计划制定阶段的主要控制目标是制定切实可行的具体筹资计划，科学规划筹资活动，保证低成本、高效率筹资，其主要的控制措施包括：

1. 制定具体筹资计划

企业根据审批制度通过筹资方案后，由财务部分析不同筹资方式的资金成本以及经济金融形势，选择合理的筹资方式和不同方式的筹资数量，制定具体筹资计划。

2. 根据授权审批制度报有关部门批准

虽然筹资方案经过了企业的授权审批程序并得到通过，但财务部根据该筹资方案制定的具体筹资计划，仍需报经企业负责人批准方可执行。

8.8.4　合法有效——筹资实施阶段的控制措施

筹资方案按企业的审批制度通过且财务部制定的具体筹资计划经批准后，应认真做好筹资合同的签订，资金的划拨、使用及跟踪管理等组织实施工作，妥善管理所筹集的资金，保证资金的安全性。

筹资实施阶段的主要控制目标是保证筹资活动正确、合法、有效进行，其主要的控制措施包括：

1. 根据筹资计划进行筹资

筹资方案及具体筹资计划经批准后，财务部门或资金管理部门应即根据筹资方案和筹资计划展开筹资工作，与银行等金融机构、债券发行机构、股票发行监管机构、其他债权人等接触、沟通，进行意向性谈判，达成初步共识。

2. 签订筹资协议

在前期接触、沟通、谈判的基础上，就筹资的方式、规模、时间、期限、费用等达成一致，并按审批流程批准后，签订正式的筹资合同、协议。

3. 履行审批监督责任

各环节和各责任人按照岗位分离、岗位责任制、授权审批制度的要求，正确履行审批监督责任，实施严密的筹资程序控制和岗位分离控制。

4. 做好筹资记录

财务部门、资金管理部门根据实际业务发生情况，获取、保存相关凭据，做好严密的筹资记录，发挥会计控制的作用。

8.8.5　是否高效使用——筹资评价监督阶段的控制措施

筹集资金到位以后，督促各部门正确使用资金，管理好各类筹资票据，做好筹资费用的计提、支付，做好股权筹资的股利支付，以及相关会计核算等工作，对加强企业筹资风险控制，营造良好的筹资环境极为重要。

筹资评价监督阶段的主要控制目标是保证筹集资金的正确有效使用，维护筹资信用，其主要的控制措施包括：

1. 督促按规定用途使用资金

企业所筹集的资金都有规定的用途，都应在企业战略目标、筹资方案规定的范围内使用，不能逾越和突破，财务部门、资金管理部门、监察审计部门、风险防控部门要加强监督检查，促成各部门严格按照确定的用途使用资金。

2. 监督各环节严密保管未发行的股票、债券

对于尚未发行的股票或债券，企业应当委托独立的机构代为保管；如果自行保管时，应指定专人将债券或股票存放于保险箱中保管，并详细记录在登记簿中。无论是委托代管或者自行保管，都应由保管人以外的监督检查人员定期清点在库的债券或股票，并与债券或股票登记簿进行核对，保证债券或股票真实、准确、安全。

3. 监督促正确计提、支付利息

无论是向金融机构借款、其他债权人借款，还是债券筹资，都应及时、准确计提利息费用，并按约定及时支付，防止少算、多算、提前或延后计提、支付利息。

4. 监督债务偿还和股利支付

要根据合同、协议约定及时足额偿还债务，并根据企业经营效益、投资计划、现金流情况合理安排利息分红，合理保证股息适当支付，保障债权人和股东恰当利益。

5. 评价筹资活动过程

在筹资活动过程中和结束后，要对筹资活动各环节进行分析、总结，评价，检查筹资业务相关岗位及人员的设置情况，要重点检查是否存在违背筹资业务不相容职务分离和岗位责任制，检查授权批准手续是否健全，筹资决策是否按照规定程序进行，是否严格按照经批准的筹资方案及合同或协议办理筹资业务，各项债务、利息、租金、股利等的支付是否符合规定，是否真实、正确、信息披露是否及时、完整等。

8.8.6　筹资业务的会计控制

在筹资业务中，财务部门要按照国家统一会计准则和制度的规定，做好会计控制，确保筹资活动符合筹资方案的要求，可以从以下几个方面入手：

1. 准确进行账务处理

企业应按照国家统一的会计准则，设置记录筹资业务的会计凭证和账簿，正确核算和监督资金筹集、本息偿还、股利支付等相关情况。

2. 妥善保管合同、协议、各类凭证

要妥善保管筹资合同或协议、收款凭证、付款凭证、出资证明、备忘录、入库凭证、等重要资料和法律文书，由财务部门编号登记、造册装订并妥善保管，以备查备用。

3. 随时掌握资金情况

财务部门要把控筹资业务各个节点，随时掌握资金情况。

（1）财务部门在办理筹资业务及资金使用中应严格管理筹资程序，应按流程编制贷款申请表、支付审批表、内部资金调拨审批表等并履行审批程序。

（2）为准确掌握贷款资金的动向，财务部门应定期、及时、准确编制借款存量表、资金预算表、资金使用计划表、借款计划表、还款计划表等资金报表并按规定报送相关管理人员。

（3）为保证资金及时到位与资金安全，财务部门应定期与资金提供者进行账务核对。

4. 降低资金成本

为了最大限度降低资金成本，财务部门应分析、评价、合理规划取得筹资的结构、利率、期限等，并合理调配、使用资金，使资金发挥最大效益。

8.9 | 筹资活动警惕非法集资罪

由于筹资渠道不畅，企业家在筹资过程中可能面临非法集资的刑事责任风险，重点是需要从不向社会公开宣传和避免向不特定对象吸收资金两方面来注意规避风险。

非法集资并不是一个独立的罪名，一般是指非法吸收公众存款罪、集资诈骗罪。

1. 什么是非法吸收公众存款罪

非法吸收公众存款罪是指违反国家金融管理法规实施非法吸收公众存款或变相吸收公众存款而构成的犯罪。

《中华人民共和国刑法》第一百七十六条第一款、第二款规定，非法吸收公众存款或者变相吸收公众存款，扰乱金融秩序的，处三年以下有期徒刑或者拘役，并处或者单处罚金；数额巨大或者有其他严重情节的，处三年以上十年以下有期徒刑，并处罚金。数额特别巨大或者有其他特别严重情节的，处十年以上有期徒刑，并处罚金。单位犯前款罪的，对单位判处罚金，并对其直接负责的主管人员和其他直接责任人员，依照前款的规定处罚。

根据最高人民法院的司法解释，违反国家金融管理法律规定，向社会公众（包括单位和个人）吸收资金的行为，同时满足以下四个条件，会被定性为"非法吸收公众存款罪"。

（1）未经有关部门依法许可或者借用合法经营的形式吸收资金；

（2）通过网络、媒体、推介会、传单、手机信息等途径向社会公开宣传；

（3）承诺在一定期限内以货币、实物、股权等方式还本付息或给付回报；

（4）向社会不特定对象吸收资金。

未向社会公开宣传，在亲友或者单位内部针对特定对象吸收资金的，不属于非法吸收或者变相吸收公众存款。

2. 两个特别明显的特征

这里要特别注意，构成非法吸收公众存款罪有两个特别明显的特征，第一，必须是向社会公开宣传，如果没有向社会公开宣传则不构成犯罪；第二，必须是向社会不特定对象吸收资金，如果是向亲戚、朋友、同事、同学、内部员工等特定对象，也不构成犯罪。

3. 立案标准

涉嫌下列情形之一的就会予立案追诉：

（1）非法吸收或者变相吸收公众存款数额在一百万元以上的；

（2）非法吸收或者变相吸收公众存款对象一百五十人以上的；

（3）非法吸收或者变相吸收公众存款，给集资参与人造成直接经济损失数额在五十万元以上的；

（4）非法吸收或者变相吸收公众存款数额在五十万元以上或者给集资参与人造成直接经济损失数额在二十五万元以上，同时涉嫌下列情形之一的，应予立案追诉：

①因非法集资受过刑事追究的；

②二年内因非法集资受过行政处罚的；

③造成恶劣社会影响或者其他严重后果的。

4. 量刑标准

根据最高人民法院的司法解释，量刑标准为：

（1）达到上述立案标准的，处三年以下有期徒刑或者拘役，并处或者单处二万元以上二十万元以下罚金；

（2）具有下列情形之一的，应当认定为刑法第一百七十六条规定的"数额巨大或者有其他严重情节"，处三年以上十年以下有期徒刑，并处五万元以上五十万元以下罚金：

①非法吸收或者变相吸收公众存款数额在五百万元以上的；

②非法吸收或者变相吸收公众存款对象在五百人以上的；

③非法吸收或者变相吸收公众存款，给存款人造成直接经济损失数额在二百五十万元以上的；

④非法吸收或者变相吸收公众存款数额在二百五十万元以上或者给存款人造成直接经济损失数额在一百五十万元以上，同时具有本解释第三条第二款第三项情节的，应当认定为"其他严重情节"。

（3）具有下列情形之一的，应当认定为刑法第一百七十六条规定的"数额特别巨大或者有其他特别严重情节"，处十年以上有期徒刑，并处罚金：

①非法吸收或者变相吸收公众存款数额在五千万元以上的；

②非法吸收或者变相吸收公众存款对象五千人以上的；

③非法吸收或者变相吸收公众存款，给存款人造成直接经济损失数额在二千五百万元以上的。

④非法吸收或者变相吸收公众存款数额在二千五百万元以上或者给存款人造成直接经济损失数额在一千五百万元以上，同时具有本解释第三条第二款第三项情节的，应当认定为"其他特别严重情节"。

5. 警惕非法集资风险

这些年来，因非法集资被追究刑事责任的企业家很多，有的甚至被判了很长的刑期，风险非常大。

由于社会大环境对民营企业筹资上的诸多有形和无形的限制，加上管理不规范，很多企业资金困难，为了企业的生存、发展，企业家不得不想尽各种办法融资，这当中稍不小心就会陷入非法集资的陷阱中去，非常痛心。

为了保护自己，各位企业家一定要注意规避非法集资的风险，再强调、再提醒一下，即使必须要多方筹资，也一定要注意前面说的两点，一是不要向社会公开宣传，二是只在亲朋好友、同学、同事熟人或者单位内部针对特定对象吸收资金，千万不要在外面随便集资，一定要避开非法集资这个承担刑事责任的风险。

8.10 筹资风险管控总结

从前面的分析论述中可以看出，运用恰当的筹资方式获得充足资金，可以解决企业生产经营中面临的资金不足问题，也能有效提升企业发展速度和扩大规模，是企业自身发展的必要条件和主要手段，但是在筹资过程中，如果处理不当，也容易出现风险，必须加强筹资过程的风险管控。

8.10.1 筹资风险原因分析

1. 负债规模过大

企业负债规模过大，必然会加大偿付压力，给企业发展带来较大负担。如果在大额负债的同时经营状况严重不佳，效益不好，则很难承担相应筹资利息，没有偿付能力，就有可能面临资金链断裂和破产的风险。

2. 筹资方案不合理

筹资方案不合理，筹资方式不当。例如，较高的利息率，负债期限设置不合理，负债结构不当，本来应该长期负债筹资的选择了短期负债方式筹资，筹资方式的顺序不合理，这些都可能导致需要偿付的负债额度大，或者短期内需要偿付大量资金，无法按时偿付，增加了企业财务风险。

3. 商业信用应用不当

一方面，在对外商业信用筹资中，如果对相应资信评估存在严重隐患、缺陷，或者商业信用被滥用，会导致自身债务难以有序偿还；另一方面，如果企业不注重自身信用维护和优化管理，则很可能使自身的商业信用受到影响，从而影响自己的筹资能力，也会带来后续筹资风险。

4. 经营收益差

如果生产经营差，未能取得应有的经营效益，或者决策出现大的失误，导致大量资金浪费，或者现金并没有按预期的流入，也会导致企业丧失偿债能力。

5. 金融市场波动

利率及汇率变动，比如在筹资时采用短期贷款，如果金融市场出现明显波动，导致金融紧缩以及贷款利息率上升，也会明显增加额外支出，导致更高风险。

6. 法规政策变动

国家法规政策变动，也会对企业正常运营带来影响，还会在影响汇率及利率的基础上，进一步影响企业筹资状况，这些有可能导致筹资风险出现。

8.10.2　筹资风险的应对策略

1. 树立风险观念

只有公司决策层高管和财务管理人员树立正确的风险观念、具备较高风险意识，时刻保持高度清醒，及时分析筹资中可能存在的诸多风险因素，有备无患，能对出现的风险及时响应高效处理，才能将企业筹资风险带来的损失降到最低。

2. 控制负债规模

较高的负债规模和负债率，就意味着较高的偿债风险。企业筹资中应重点关注自身资产状况、资产质量，依据实际需要和偿债能力来合理规划筹资，避免随意性，重点是以确保企业具备合理的资金流动性为基本前提和依据。

一方面要避免过度谨慎，合理运用财务杠杆，使企业运营状况以及利润水平达到最优效果；另一方面，要将负债规模和负债率控制在合理水平，避免超出企业实际承受能力，承担较大风险。

3. 优化筹资方案

力求筹资方案更合理、更经济，能积极应对各种因素的干扰。

（1）合理安排筹资期限，使企业形成较为理想的时间偿债顺序，尽量避免短期过大还债压力；

（2）合理规划还债期限和企业自身收益，最好是借助自身现金流入量来偿债；

（3）多方对比和优化筹资方案、计划，选择合理的筹资方式，避免选择高利息、高风险的筹资渠道，使其成本最低、风险最小。

4. 积极应对不可控风险

风险无时不在、无处不有，内外因素、环境在不断变化，不可能时时、事事完全预估到，但要尽可能做预案，实时关注，积极应对，尽可能将不可控因素带来的筹资风险威胁程度降到最低。

第 9 章
投资业务风险管理及内部控制

本章从投资的基础知识，分析评估方法，项目投资决策，证券投资决策，投资业务流程及主要风险、主要控制措施等方面，介绍如何通过投资可行性分析控制风险，以及采取风险控制措施以管控投资业务中的风险，依据企业发展战略进行投资活动，达成经营目标。

本章主要涉及的知识点有：

- 投资及其特点；
- 投资需要分析评估；
- 项目投资决策；
- 证券投资决策；
- 投资业务流程及主要风险；
- 投资业务的风险控制措施。

资金只有在不断的运动中才能增值，也就是说，筹资的一个非常重要目的就是用来投资，结合企业的发展战略、发展规划、资金状况、筹资可能性，通过制定投资目标、投资计划，合理安排资金投放的数量、结构、方向与时机，合理选择投资项目，使企业筹集的资金在这个投资过程的运动中实现增值，能够补偿筹资成本，创造利润而获得收益。

案例呈现

A集团破产重整的警示

2021年某月，A集团发布声明称，相关债权人因其不能清偿到期债务，申请法院对其破产重整，已被法院受理。

A集团并非泛泛无名之辈，它是曾经的世界500强（2020年位居世界500强第一百多位）、拥有万亿资产的中国第*大民营企业、国内排名前五、A股和B股同时上市的集团公司。

这样的庞然大物怎么会走到破产重组的境地呢？原因当然是多方面的，但根据媒体公开报道的资料、数据，也有着深刻的根源，例如：

集团的现代企业治理结构缺失，缺乏相互监督、相互制约的公司治理体系，人治代替正常的公司治理，表现在连续多年不召开董事会，实际控制人安排自己的儿子、亲人进入董事会，出任H集团的高管；听不进股东们要求控制风险、放慢发展和扩张的脚步的意见；内部员工对公司的管理多有非议，也充耳不闻等。

片面的多元化战略，贪大求全，盲目扩张。A集团旗下的子孙公司多达2 000余家，涵盖旅游、地产、酒店、零售、金融、物流、船舶制造、科技等众多产业，遍及世界各地，而实际上绝大多数投资都不是自己的资金，而是借贷资金。

忽视产品质量，利润增长乏力。

融资中很少融到战略投资人的资金，大多是财务投资或借贷，融到的资金大多用于长期投资，导致融资、投资不匹配，造成资金链紧张。

所有这些，都让人不胜嘘唏！

导致A集团由风光无限到破产重整，其中的原因固然是多方面的，有市场原因、疫情原因等，但治理结构缺陷、决策体系随意、资金管理漏洞、多元化战略失误、主业不聚焦且亏损、盲目的巨额投资、高企的负债率和融资成本，等等，风险管理和内部控制的制度、机制的缺失、失败，无疑更值得深思。

9.1 投资及其特点

本节从投资的概念、特点、分类等方面介绍投资的基础知识，为后面的投资业务风险管控打基础。

9.1.1　投资的实质

要了解投资活动及其风险控制，先要了解什么是投资，投资的实质是什么。

1. 投资是什么

投资活动是指企业为了获得未来经济利益而进行的长期资产的构建和不包括在现金等价物范围的投资及其处置活动。说白了，投资活动就是为了获取未来收益、为了未来盈利。企业通过投资，可以有效提高长期的盈利能力、增长潜力、竞争力。

2. 投资的实质

投资的过程，依次经过货币形态→生产形态→产品形态→增值后的货币形态→进入下一轮扩大规模后的循环，就是企业投入的资金从货币形态通过投入生产转换为生产形态，由生产形态转换为产品形态，再由产品形态通过销售成为增加了价值后的货币形态，进入下一轮扩大规模的循环。资金只有在不断运动中才能实现价值的增值，资金循环运动示意图如图9-1所示。

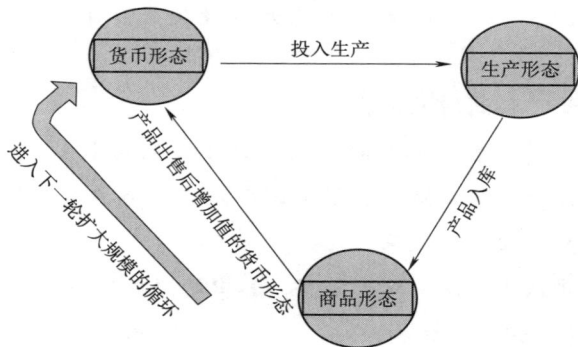

图 9-1　资金循环运动示意图

所以，投资的实质，也就是企业通过投资活动使投资的资金在连续不断的运动中实现价值的增值。

9.1.2　投资有什么特点

投资决定着企业的盈利能力或长期生存能力，也考验着企业决策层的决策能力。与日常生产经营活动相比，投资涉及的资金多、经过的时间长，有以下三方面的特点：

1. 投资属于企业的战略性决策

企业进行投资，首先需要考虑的是"投资什么项目"，而这取决于企业发展战略和经营目标，在这个前提下才考虑市场状况、竞争因素、产品、技术等，发展战略决定了企业资源的总体布局和投放方向。

2. 投资属于一次性、独特性、资金量大、时间较长的非程序化管理

程序化管理是指重复性的、常规性的日常生产经营管理活动，例如，采购哪些产品、采购多少，什么价格销售、怎么回款等，这些都属于基本确定的，按常规的方法操作管理即可。

非程序化管理，是性质不确定、结构不稳定或很复杂，或者其作用非常重要而需要用特定的方法来处理的管理活动。例如，投资研发某项新产品，是否能够开发成功、其效果如何都有很大的不确定性。

投资活动的特点是具有一次性和独特性，资金量大、时间较长，一般也不会经常性重复出现，属于非程序化管理。

投资虽然属于非程序化管理，但毕竟是影响未来发展方向的重大问题，也应当在实践中总结经验和规律，通过可行性分析、授权审批等手段，减少投资风险。

3. 投资的价值波动性大

投资的价值波动性大主要体现在三方面。

（1）投资对象未来的收益不确定。投资对象的盈利能力决定了投资的价值，而投资对象本身的盈利能力受各方面因素的影响具有不确定性，也直接或间接导致投资价值的波动性大。

（2）投资对象本身的变现能力差。企业的厂房、机器、设备等投资项目的变现能力差，需要通过一年以上的若干个周期，在其寿命期内不容易确定其价值。

（3）投资对象的价值时刻受宏观因素的影响。国家的法律法规、宏观政策、产业政策、利率、汇率等因素影响未来现金流量、折现率等的确定，必然时刻影响投资对象的资产价值。

9.2 | 投资需要分析评估

本节从投资要把握的原则、可行性分析要分析哪些方面、可行性分析报告的主要内容、投资项目的财务评价指标几方面讲解投资需要运用的分析评估方法，防范投资风险。

9.2.1 投资要把握三个原则

由于投资具有高风险、高收益的特点，为了管控风险，保证投资活动按照规划的方式进行，达成预期目标，投资活动应注意把握以下三个原则。

1. 做好可行性分析

投资项目可行性分析，就是在一个投资项目决策之前，对项目的战略目标、市场环境、市场需求及规模、资源条件、工艺技术及设备、是否符合国家产业政策、资金匹配、收益与风险等等进行详细、周密、全面的调查研究、分析判断和综合论证，从而为项目决策提供科学、可靠的依据，以便企业挑选出最佳投资项目、最佳投资方案。

简单地说，投资项目可行性分析就是研究该投资项目在市场前景、技术方面是否具有先进性、可行性，经济上是否具有合理性，成本与收益是否匹配，财务上、资金上是否可承受，风险是否可控，是投资项目立项、决策的主要依据。

投资项目可行性分析虽然费时费力费钱，但对于避免投资的主观性、盲目性，避免投资决策失误和造成大的损失，使投资决策更科学、更客观、更合理，保护投资者利益，避免投资风险，提高投资效益，有着十分重要的意义。

2. 结构平衡

企业要按照结构平衡的原则，合理规划固定资金和流动资金，协调投资进度和资金供应，使生产能力与经营规模相匹配，达到最佳资金使用效果。

3. 动态监控

企业要根据项目规划和项目预算，例如工程量大、投资额高、建设周期长的项目投资，资金拨付是否按项目预算的节点和进度，是否存在资金闲置和浪费等，证券投资的被投资对象的资产状况和盈利水平、资本市场的行情等，对投资项目的实施过程进行有效的动态控制，减少投资风险。

9.2.2　可行性分析要分析哪些方面

投资项目可行性分析是投资项目立项、决策的主要依据，由于涉及面广、专业性强、综合性强，要吸收工业经济专家、市场分析专家、工艺工程师、机械工程师、企业管理、财务管理等专家人员组成的专家组，或者委托有专业资质的中介机构来进行。

不同类型、不同行业的投资项目可行性分析的内容、侧重点可能有不同，但分析评价一般应包括以下方面。

1. 投资的必要性

主要根据国家宏观政策、产业政策、市场环境等的市场调查、分析、预测的结果，一是要做好产业政策、投资环境的分析，对各种要素进行全面的分析论证；二是要做好市场研究，做好包括市场供求预测、竞争力分析、价格分析、市场细分、市场定位、营销策略等的分析论证，最终分析论证投资项目投资的必要性。

2. 技术的可行性

主要从投资项目的技术方案进行比选和评价，分析论证其新技术、新设备是否具有先进性、可行性、实用性，是否可以验证，是否能与国际惯例接轨。

3. 财务的可行性

主要从投资者及投资的角度，评价项目的盈利能力、收益回报、成本回收、现金流入、现金预算、资金保障、债务偿还、财务风险等，论证是否合理、是否可行、风险是否可控和可承受等。

4. 风险的可控性

要对投资项目的政策风险、市场风险、技术风险、财务风险、税务风险、组织风险、法律风险、经济及社会风险等风险因素进行评价，制定风险防范和应对方案，为投资项目全过程的风险管理提供依据。

5. 管理的可行性

要评估企业的组织管理能力，设计合理的组织机构，搭建合理的管理体系，调配经验丰富的管理人员，制定科学、合理、可行的项目实施进度计划、培训计划，对内对外建立良好的协作关系，保证项目顺利执行。

9.2.3 可行性分析报告的主要内容

有关人员在做可行性分析过程中，要将相关分析资料、分析意见和结论形成书面的投资项目可行性分析报告，以便提交企业进入审批流程。

可行性分析报告的主要内容一般包括：总论、市场分析与项目必要性、内外资源、建设条件、设计方案、节约资源与环境保护、安全生产、组织体系与人力资源、实施进度安排、投资估算与资金筹措、社会效益与经济效益分析、不确定性与风险分析、结论与建议等内容。

1. 总论

（1）项目名称及投资者概况；

（2）项目背景及历史情况；

（3）项目概况；

（4）可行性报告编制依据；

（5）存在的问题及建议。

2. 市场分析与项目必要性

（1）产业政策及行业发展情况；

（2）市场调查及需求预测（需求预测、供求关系、市场竞争情况、在同行业中的竞争优势分析、综合优势分析、是否符合市场需求、市场推广策略、是否符合当地产业政策和发展规划、是否符合企业发展战略等）；

（3）竞争优势分析；

（4）综合优势分析；

（5）项目必要性，是否符合当地产业政策和发展规划、是否符合企业发展战略、能否给企业带来效益等；

（6）市场推广策略。

3. 内外资源

与项目有关的自然资源、原材料、能源等的种类、来源、分布情况、经济分析。

4. 建设条件

（1）区位条件与自然地理；

（2）交通运输、水电气能源等基础设施；

（3）区域发展规划、发展趋势、协作条件；

（4）选址比较。

5. 设计方案

（1）设计指导思想及设计原则；

（2）生产技术、生产工艺、设备条件（来源、先进性、可靠性、经济合理性、推荐设备及理由等）；

（3）主要原辅材料；

（4）共用和辅助设施构成；

（5）项目的特殊条件和难度；

（6）生产技术方案。

6. 节约资源与环境保护

（1）用能标准和节能规范；

（2）能耗分析；

（3）节能措施；

（4）环境现状、影响预测；

（5）环境保护和治理方案、预期效果。

7. 安全生产

（1）劳动安全、工业卫生、消防设计依据；

（2）劳动安全制度与安全教育；

（3）劳动安全、工业卫生；

（4）安全防护与劳动保护；

（5）安全保护设施、消防设施及管理使用方案。

8. 组织体系与人力资源

（1）组织系统设置原则及机构图；

（2）定员构成及定员汇总；

（3）人员技术水平要求及培训计划；

（4）人员来源。

9. 实施进度安排

（1）工作量、工程量估算；

（2）特殊施工、特殊安装；

（3）实施进度安排建议、进度表。

10. 投资估算与资金筹措

（1）项目概况、总投资额及构成、年度投资计划；

（2）产品成本估算；

（3）资金使用计划；

（4）资金来源、筹措方式、还款方式。

11. 社会效益与经济效益分析

（1）营业收入测算、现金流量测算；

（2）成本费用、税费测算；

（3）利润测算；

（4）投资回收期、贷款偿还期、内部收益率测算；

（5）财务评价结论；

（6）社会效益评价：税费贡献、就业效果、分配效果、环境效果等。

12. 不确定性与风险分析

（1）项目盈亏平衡分析：考察拟建项目适应市场变化的能力和抗风险能力；

（2）敏感性分析、识别风险因素：分析拟投资项目的产品价格、经营成本、建设投资、建设周期等经济效益影响比较大的因素的变化对评价指标所带来的变化，考察、了解哪些因素对拟投资项目经济效益影响最大和拟投资项目的抗风险能力；

（3）风险防范对策。

13. 结论与建议

（1）拟投资项目是否可行或拟选定投资方案的结论性意见；

（2）问题和建议。

9.2.4　投资项目的财务评价指标

前面讲到，一个项目是否可行、是否值得投资，要做项目可行性分析，而项目可行性分析中一个重要方面就是分析财务的可行性。

判断一个项目是否具有财务可行性（但不仅仅是财务可行性），通常有净现值、年金净流量、现值指数、内含报酬率、回收期等。

1. 净现值

要讲清楚净现值，得先说一下现金净流量。

（1）现金净流量，就是一个长期投资方案在未来一定期间所发生的现金收支净额，计算公式是：

现金净流量＝现金流入（收入）量－现金流出（支出）量

一个项目是否可以维持下去，不是看有无利润，而是看有无足够的现金用于支付。由于利润的计算是以权责发生制，受折旧、摊销、减值准备、应收款、预付款等影响，有利润不一定有相应的现金净流量，所以有无现金净流量，对一个项目至关重要。

投资项目大体上经过投资期、营业期、终结期三个阶段，投资期以各项长期投资和垫付营运资金为主，一般来说，主要是现金流出；营业期既有现金流入，也有现金流出，一般来说比较理想的状态是现金流入大于现金流出（但也不一定如此，这也是风险所在）；终结期是固定资产处置收入、收回垫付的营运资金等。

（2）净现值。因为现金净流量，是未来各个期间的现金净收入（现金流量净值）之和，与原始投资的现值（现在就要投出去）这中间有时间差，没法做比较，要把它们换算到同一时间才有可比性，所以就需要用到净现值。

投资项目的净现值，就是原始投资净现值与该投资项目未来现金净流量现值之间的差额，其计算公式为：

净现值＝未来现金净流量现值－原始投资额现值

例如，某投资项目现在投资 100 万元，各期间的现金净流量合计折算成现值为 140 万元，则净现值＝140－100＝40 万元。

（3）如何用净现值进行决策。实务中，净现值可能为正数、0、负数，决策依据是方案的预期报酬率高于所要求的最低报酬率（至少是不低于）：

如果净现值大于 0，表明投资方案预期报酬率高于所要求的最低报酬率，方案可行；

如果净现值等于 0，表明投资方案预期报酬率刚好达到所要求的最低报酬率，方案基本可行；

如果净现值小于 0，表明投资方案预期报酬率小于所要求的最低报酬率，方案不可行。

在用净现值决策中，如果只有一个投资方案，则只要净现值大于 0 即可采用；如果是几个方案进行选择，则同等条件下净现值最高的为优。

提示：此处所说的现金，是广义的现金概念，包括现金、银行存款等货币资金，也包括原材料、设备等非货币性资产的变现价值（不是账面价值）。

（4）净现值的优点：是能基本满足项目年限相同的互斥投资方案的决策，适用性强；折现率中包含投资的风险报酬率要求，所以能灵活地考虑投资风险。

（5）净现值的缺点：所采用的折现率不容易确定；因为初始投资额不相等，仅仅看净现值不能判断各自的盈利能力，所以不适用于独立投资方案的比较决策；净现值法不能直接用于对寿命期不同的互斥投资方案进行决策。

2. 年金净流量

年金净流量，就是项目全部现金净流量总额的净现值或总终值折算为等额年金平均现金净流量，计算公式为：

$$年金净流量＝现金净流量总现值（净现值）÷年金现值系数$$

年金净流量的决策方式与净现值类似，年金净流量大于 0，表明投资方案预期报酬率高于所要求的最低报酬率，方案可行；反之则方案不可行。

年金净流量法在各方案寿命期相同时，实质上就是净现值法，所以是净现值法的辅助方法，但缺点是不便于对原始投资额现值不相等的独立投资方案进行决策。

3. 现值指数

现值指数，又叫获利指数、现值比率，是项目未来现金净流量现值与原始投资额的比值。现值指数的计算公式是：

$$现值指数＝未来现金净流量现值/原始投资额现值$$

现值指数的决策方式与净现值类似，现值指数大于等于 1，说明方案实施后的投资报酬率高于或等于必要报酬率，方案可行；反之则方案不可行。

现值指数可用来评价独立投资方案，因为是一个比值，反映了投资效率，它克服了净现值指标的缺点，所以对方案的评价比较客观、合理。

4. 内含报酬率

内含报酬率，就是净现值等于零时的贴现率，是投资方案实际可能达到的投资报酬率。

内含报酬率的决策方式是，当内含报酬率高于投资人期望的最低投资报酬率时，投资项目可行。

（1）内含报酬率的优点

反映投资项目可能达到的报酬率，易于被高层决策人员所理解；可以通过计算各方案的内含报酬率来反映各个投资方案的盈利水平，因此可用于原始投资额现值不同的独立投资方案的比较决策。

（2）内含报酬率的缺点

不易直接考虑投资风险大小，而且计算过程太过于复杂；在互斥投资方案决策时，如果各互斥投资方案的原始投资额现值不相等，也许某方案原始投资额低，净现值小，但内含报酬率可能较高，所以有时无法作出正确的决策。

5. 投资回收期

投资回收期，就是原始投资额通过未来现金净流量所需要的时间。投资回收期根据是否考虑资金的时间价值，可分为静态投资回收期和动态投资回收期。

（1）静态投资回收期，也叫不折现回收期，就是不考虑资金的时间价值的情况下原始投资额通过未来现金流量所需要的时间，又可分为未来每年现金流量是否相等两种情况。

未来每年现金净流量相等时：

$$静态回收期＝原始投资额÷每年现金净流量$$

未来每年现金净流量不相等时：将未来每年的现金净流量逐年加总，根据累计现金流量来确定回收期，分整数部分和小数部分，分别确认。

（2）动态投资回收期，又叫折现回收期，是将未来现金净流量进行贴现（不考虑资金的时间价值）情况下，原始投资额通过未来现金流量所需要的时间。

动态投资回收期也可分为未来每年现金流量是否相等两种情况，计算方法类似于静态回收期的计算公式，但是考虑了货币的时间价值。

（3）投资回收期的决策方法。无论是静态投资回收期，还是动态投资回收期，其决策方法都是回收期越短，投资方案越好。

（4）投资回收期的优点：能直观反映投资的回收期限，计算简便，易于理解；不衡量利润，但是回收期越短，所冒的风险越小，能反映投资风险；某些成本低、规模小、重复性的投资不一定非要专业技术，也可凭经验判断回收期。

（5）投资回收期的缺点：静态投资回收期，没有考虑资金的时间价值，不能准确计算投资收益，比较粗略，因此只能用于比较项目或拒绝项目；回收期只考虑了未来现金净流量中等于原始投资额的部分，没有考虑超过原始投资额的部分，不能保证公司价值最大化；投资者可能更愿意回收期短的项目，做短平快，忽视长期利益。

注意：关于投资项目的财务评价指标，一方面管理者需要了解资金的时间价值，这在"第4章资金风险管理及内部控制"有述及；另一方面，资金的时间价值和投资项目的财务评价指标，其计算都比较复杂，不容易懂，管理者只需要了解需要运用这些指标作为决策的判断依据即可，而不能凭感觉、靠冲动决策，但计算课程可忽略由专业人员来给出数据。

9.3 | 项目投资决策

项目投资，一般是企业的对内投资，也包括用实物资产投资于外部其他企业，是指直接投资于生产经营的实体性资产用以形成生产能力和开展生产经营活动。项目投资决策的过程，一般是先从若干个独立的备选方案中筛选出具有可行性的方案，然后在这些可行性方案中选择一个最优方案。

9.3.1 独立投资方案的决策

独立投资方案，是指各投资项目之间互不关联、互不影响、独立存在的投资方案。

独立投资方案的决策只需考虑投资项目本身是否满足决策标准，而不需考虑与其他项目的关系。

独立投资方案属于筛分决策。独立投资方案决策时，需要先评价各个投资方案是否可行，方案是否达到可行性标准，筛掉、淘汰不具有可行性的方案；然后在具有可行性的方案中，以内含报酬率作为评价标准，并以投资方案内含报酬率由高到低进行排序。

9.3.2 互斥投资方案的决策

互斥投资方案，就是各投资项目之间可以相互排斥、相互替代、不能同时并存的投资方案。

互斥投资方案的决策实际上是选择决策，需要从各个可行性方案中选择最优。

互斥投资方案的决策以经济利益最大化为出发点，选择获利数额最大方案为标准，一般采用净现值法和年金净流量法，但为了排除净现值法容易受投资项目寿命期的影响，大多采用年金净流量法，又可分为项目寿命期相等和项目寿命期不等两种情况：

项目寿命期相等的互斥投资方案，一般以净现值最大的方案为最优方案，不考虑原始投资额的大小；

项目寿命期不相等的互斥投资方案，一般采用年金净流量法，即直接计算原始期限的年金净流量作为决策指标。

9.3.3 固定资产更新决策

固定资产更新决策，是指购买新的设备还是继续使用旧设备的决策。

固定资产更新决策的思路是，如果购买新设备，则将旧设备卖掉，将继续使用旧设备视为一种选择方案，所以就是方案一继续使用，方案二购买新设备并卖掉旧设备，这两个方案为互斥方案，再按互斥方案的决策方法进行决策。

固定资产更新决策也与互斥方案决策一样，看新设备、旧设备未来使用年限是否相同，采取不同的标准来决策：

如果新、旧设备未来使用年限相同，一般采用净现值法进行决策，选择现金流出净现值低者；

如果新、旧设备未来使用年限不相同，一般采用年金净流量法进行决策，即直接计算原始期限的年金净流量作为决策指标。

9.4 | 证券投资决策

证券投资，是指股票、债券及其衍生证券等以凭证、凭据或合同合约形式存在的权益性金融资产。本节从证券资产的特点、风险表现、从上市公司财务报表数据看其风险指标等方面，介绍证券投资的风险防范措施。

9.4.1 证券资产的特点

证券资产是企业进行金融投资形成的资产，有风险高、流动性强、价值虚拟、可分割、持有目的多元的特点。

1. 风险高

股票、债券及其衍生品受公司盈利水平、宏观经济运行情况、投资者心理、资本市场平均报酬率等诸多因素的影响，价格波动大，投资的风险明显高于其他投资。

2. 流动性强

股票、债券及其衍生品可以在二级市场随时转让或抵押、质押，变现能力强，流动性强。

3. 价值虚拟

证券资产当然不能完全脱离企业的实体资产而单独存在，但是证券资产的价值基本上取决于这些契约性权利能够带来的未来现金流量，而不完全由实体资产的生产经营活动决定，这是一种未来现金流量折现的资本化价值，具有价值虚拟性。

4. 可分割

一份股票，如果股价过高，影响投资者交易的积极性，可以把一股拆分为若干股，从而降低每股的单位价格，以吸引更多投资者，增加交易量。

5. 持有目的多元

投资者持有证券资产，可能是为了获得转让收益，可能是为积累资金，也可能是为了获得被投资企业的控制权等，持有的目的各不相同。

9.4.2　证券投资的风险

证券投资按风险的性质分，有系统性风险和非系统性风险两大类。

系统性风险，又叫不可分散风险，是影响证券市场所有证券、由外部经济环境引起的风险，又可分为价格风险、购买力风险、再投资风险三类；

非系统性风险，又叫可分散风险，是被投资公司的特有风险，是公司的经营风险和财务风险，如破产风险、违约风险、变现风险。非系统性风险可以通过持有多家公司、多种证券的多元化投资来抵消、分散。

1. 价格风险

价格风险是指证券市场的证券资产价格普遍下跌的风险。

2. 购买力风险

购买力风险，是指由于通货膨胀导致的购买力降低的风险。降低此类风险的方法一般是投资于实物资产或优先股股票。

3. 再投资风险

再投资风险，是无法通过再投资来实现预期收益的风险。降低此类风险的方法一般是分散投资，分散风险。

4. 破产风险

破产风险，是因被投资对象破产清算而无法收回应得权益的风险。

5. 违约风险

违约风险，是被投资对象无法按时足额兑付本金和利息的风险。

6. 变现风险

变现风险，又叫流动性风险，是指无法在证券市场以正常价格平仓出货的风险，如无法在短期内找到愿意出合理价格的买主，这类风险的大小取决于积极参与者的多少和证券市场的成熟度。降低此类风险的方法一般是购买交易频繁活跃、期限短的证券资产。

9.4.3 股票、债券投资的估价问题

股票投资的估价、债券投资的估价问题，需一系列的解释、公式、计算，比较专业，比较枯燥，也比较晦涩难懂，而且限于篇幅，就不在此赘述。作为公司管理者不需要做太深入了解，由投资部门、财务部门提供专业意见供决策参考即可。

但无论企业规模大小，能大概看懂财务报表主要指标，对企业管理者来说也是很有必要的，故下面以上市公司的财务报表为例，简单介绍作为企业管理者需要了解哪些主要的财务指标。

9.4.4 轻松看懂上市公司财务数据——成长能力指标

看懂简单的财务报表，我们可以通过查看上市公司财务报表，侧面观察上市公司经营情况，这也是对自己公司的对照和检验。

当然，本文观察的是上市公司的财务报表，但仅仅是站在财务的角度观察相关指标及背后的价值。本文并不站在股票投资的角度，特别是股票投资中的各种技术分析指标、金叉死叉等各种术语、MACD线布林线等各种线，不属于讨论范围。

但是，如果是一个理性的投资者，应该是价值投资者，就是要看透公司的价值，因为股价长期来看最终要回归公司价值，那么看懂上市公司财务报表就很有必要。当然，技术派、炒短线者请忽略。

看一个公司的财务数据，我们主要从成长能力指标、盈利能力指标、偿债能力指标、容易挖坑指标四个方面，以及市值估价指标结合着来看。

①成长能力指标 2 个（营业收入增长率、净利润增长率）；

②盈利能力指标 3 个（毛利率、净资产收益率、净利润现金流比率）；

③偿债能力指标 1 个（资产负债率，因流动比率和速动比率易受应收账款、存货影响，参考价值会大打折扣，此处不建议）；

④容易挖坑指标 4 个（应收账款、存货、商誉、净利润中的非经常性损益）；

⑤市值估价指标 2 个（市盈率、每股净资产）。

这里所说的指标都能在软件上直接查到，不需要自己去算，即使没有，财务人员根据财务报表数据计算也很容易。

成长能力指标，即营业收入增长率、净利润增长率这 2 个指标。

投资一个公司，看一个公司的发展，首先是看有没有成长性，炒股炒预期，说的就是这个道理。

先观察营业收入，可以了解企业规模，发现行业龙头，或者与行业龙头的差距。有比较大的营业收入，才会有比较大的企业规模和比较大的利润来源。

净利润也是一样的道理。

投资者准备投资一家公司，重要的是要看它的成长性——增长率，有比其他行业更高的营业收入增长率、利润增长率的行业，才是好行业，公司才是好公司，能够持续保持高增长率的公司才是值得投资的公司。

9.4.5　轻松看懂上市公司财务数据——盈利能力指标

把控毛利率、净资产收益率、净利润现金流比率这 3 个盈利能力指标，是参透上市公司盈利能力的法宝。

1. 毛利率

为什么说毛利率这个指标这么重要，因为毛利率反映了公司主营业务的盈利能力，毛利率越高，越表明企业控制成本、增加效益的能力很强，在材料成本和人力成本方面比行业其他企业有更大的优势。毛利率指标主要反映公司产品在市场的竞争力，是判断公司盈利能力的基本指标。

企业毛利率至少应该稳定在20%以上，超过30%那就是比较好的公司了。毛利率太低表示是处在过度竞争行业中的公司。像大族激光，连续多年毛利率基本在35%以上，恒瑞医药80%以上。

2. 净资产收益率

净资产收益率（ROE），是净利润与股东权益百分比，反映股东投资（所有者权益）的盈利水平，是企业核心盈利能力的体现，也是综合性非常强的指标，可以衡量任意行业的公司。净资产收益率在10%以上就基本可以了，能在20%以上就是非常好的公司了。

像恒瑞医药，连续多年保持净资产收益率在20%以上，恒瑞医药历年净资产收益率如图9-2所示。

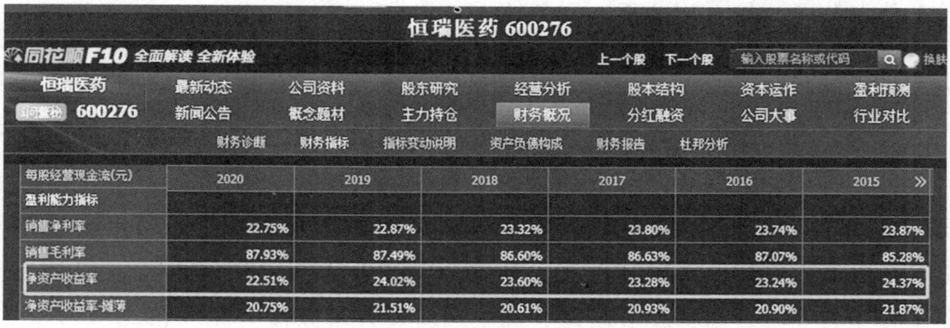

每股经营现金流(元)	2020	2019	2018	2017	2016	2015
盈利能力指标						
销售净利率	22.75%	22.87%	23.32%	23.80%	23.74%	23.87%
销售毛利率	87.93%	87.49%	86.60%	86.63%	87.07%	85.28%
净资产收益率	22.51%	24.02%	23.60%	23.28%	23.24%	24.37%
净资产收益率-摊薄	20.75%	21.51%	20.61%	20.93%	20.90%	21.87%

图9-2　恒瑞医药历年净资产收益率

3. 净利润现金流比率

净利润现金流比率是主营产品现金流指标，一般应大于1，如果小于1就预示企业不健康，注意提高警惕，长此以往，这样的公司是会倒闭的，计算公式为：

净利润现金流比率＝经营现金流净额÷净利润×100%

2020年贵州茅台经营活动经销价流量516.69亿元，净利润466.97亿元，净利润现金流比率为1.11，现金流非常好。

9.4.6　轻松看懂上市公司财务数据——偿债能力指标

前面讲到，因流动比率和速动比率易受应收账款、存货影响，参考价值会大打折扣，不是不重要，而是不容易用好，容易得出相反的结论，故偿债能力指标此处讨论资产负债率。

资产负债率，又称举债经营比率，是期末负债总额除以资产总额的百分比，指在总资产中有多大比例是通过借债来筹资的。如果资产负债比率达到100%或超过100%说明公司已经没有净资产，处于资不抵债状态。

本来资产负债率这个指标是债权人用来评价自己借出去的钱是否安全的，但投资人同样应该关注。如果资产负债率过高，说明股东投入不足，或者盈利不好或者没有积累，过度依赖借债，可能会有比较大的还债风险，管理不好可能会严重影响正常生产经营，甚至陷入官司或破产。

特别是如果借债当中多数是有息负债（就是借债要付利息），包括长期借款、发行债券等，有息负债越多需支付的利息费用越高，利润越低，如果利润率低于资金利息率，甚至公司会发生亏损。

所以要关注资产负债率指标，特别是要关注总资产中有息负债的占比，尤其是有息负债占总资产的50%可能就要高度重视了。

当然资产负债率指标不是越低越好，适度的负债经营可以取得财务杠杆利益。资产负债率在不同行业的公司、在公司的不同发展阶段，会有高低不同，没有统一标准，一般认为，40%～60%比较适宜。一般来说，科技类公司资产负债率应偏低一些，地产、航空、物流业因固定资产占比较高总负债率也会偏高一些。高速发展阶段、高毛利行业，可以适当高一点。

特别要说明的是，虽然资产负债率比较高，但如果其中无息负债占比高，例如预收账款（预收客户货款）、应付账款、应付票据等，这些是不需要付利息的，即使资产负债率高，特别是预收账款占比高的，是公司在产业中、行业中地位比较强势的表现，可能还是好现象。

除了资产负债率，还有流动比、速动比也是评价偿债能力的常见指标。例如，流动比，是流动资产与流动负债的比值，因为流动资产变现比较容易，也有人经常作为评价指标。但其实，流动资产中，应收账款有的是多年收不回来，存货中不是适销对路的或者是专用的，很多时候变现能力并不好，在这种情况下用来评价并不准确，所以笔者不太喜欢用。

9.4.7　轻松看懂上市公司财务数据——容易挖坑指标

财务报表到手，看到各项指标、数据都很好看，你会心里非常高兴。

然而，高兴之余，也要关注一些指标背后隐藏的风险。笔者把它总结为容易挖坑指标，这是笔者自己取的名，可能不是很贴切，但我认为很有必要引起重视。

容易挖坑的指标：应收账款、存货、商誉、净利润中的非经常性损益。

1. 应收账款

公司对客户发出商品，开出发票，货款却没有收回，形成应收账款，也就是俗称赊销。赊销能够在一定程度上提高销量，增加账面利润，但注意，此处说的是账面利润，因为没有实际现金流入，那么所说的利润只是账面上的，是还没有实现的。

一个公司，如果有大量应收账款存在，一方面表明账面上的销售收入、净利润比值高，即使不说是虚构、夸大经营业绩，但至少实际情况可能会打折扣；另一方面，后面可能存在退货风险（减少销售收入和利润），增加催收欠款费用，甚至形成坏账，增加风险成本。

而且，一个公司，如果应收账款过大，靠赊销来消化库存，形成表面上的营业收入和利润，表明产品不适销对路，缺乏竞争力，未来的前景也好不到哪里去。

2. 存货

一个公司持有存货的最终目的是出售实现盈利，如果存货过高，资金被大量套牢在存货上，不仅资金使用效率低，还增加仓储费用，而且除了行情太好提前备货外，更多的情况是错判市场，产品滞销，存在极大的贬值风险和无法及时变现的偿债风险，所以存货过高也是一个公司的风险预警。

3. 商誉

商誉这个名词有点拗口，很多人可能是第一次听说，但是，其实很常见。有的公司资产负债表上商誉作为资产，账面价值非常大，有几千万元、几亿元、几十亿元的，不能不重视。

什么是商誉？

商誉是在企业合并中，购买方支付的价款超过被购买方净资产公允价值的部分。

例如，甲公司并购乙公司，双方确定的并购价款 5.8 亿元，已支付；乙公司净资产公允价值 4.6 亿元。相差的 1.2 亿元，就会在甲公司的合并资产负债表账面上形成 1.2 亿元的商誉。

那么，有人会问，为什么要多用 1.2 亿元去并购呢？因为甲公司认为乙公司自身盈利效果好，以后能赚更多的钱，所以愿意支付远高于净资产公允价值 1.2 亿元的价格，溢价 1.2 亿元去收购乙公司，这就是商誉产生的原因。

那么，以后并购的乙公司确实盈利能力超过当初的预期，不仅提前赚回了多付的 1.2 亿元，还带来了更多的收益，那这笔商誉就是优质资产，这笔并购就是成功的。

如果乙公司的盈利能力不及预期，甚至亏损严重，业绩“爆雷”，这笔商誉就是劣质资产。

对于并购业绩“爆雷”，企业就会计提商誉减值准备，损失计入当期损益，也就是减少当期利润。

这里就提醒，投资者要关注资产负债表的 1.2 亿元商誉。也许，你今年主营业务利润 3 000 万元，但因所并购的乙公司业绩完全不及预期，今年计提减值准备 5 000 万元，那么最终的合并利润表就是净利润－2 000 万元。

例如，某上市公司在 2020 年净利润－6.61 亿元，其中计提商誉减值准备 7.78 亿元（图 9-3 为某上市公司商誉减值损失 7.78 亿元），如果没有这笔商誉减值，本来应该是净利润 1.17 亿元。

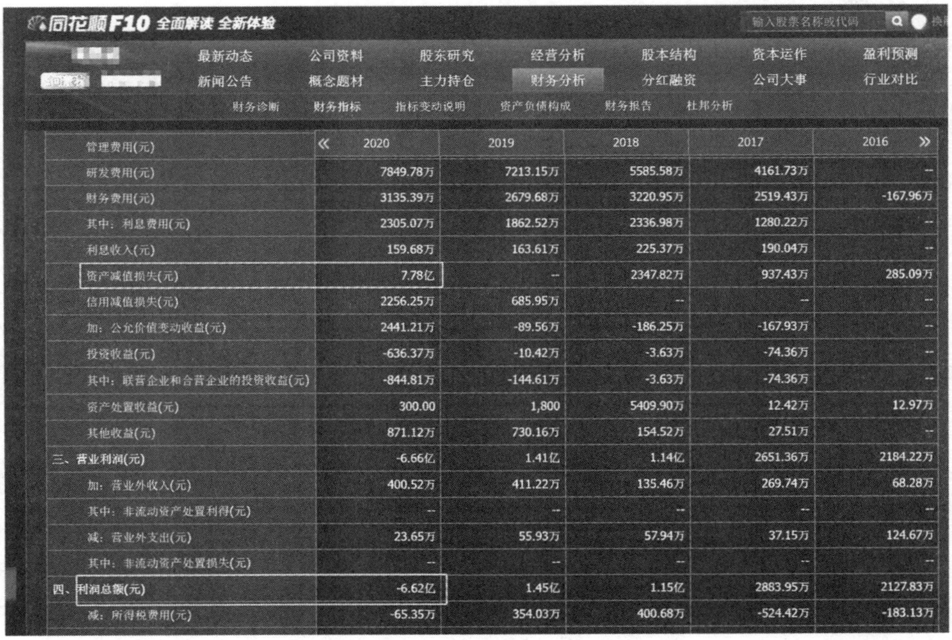

管理费用(元)	2020	2019	2018	2017	2016
研发费用(元)	7849.78万	7213.15万	5585.58万	4161.73万	--
财务费用(元)	3135.39万	2679.68万	3220.95万	2519.43万	-167.96万
其中：利息费用(元)	2305.07万	1862.52万	2336.98万	1280.22万	--
利息收入(元)	159.68万	163.61万	225.37万	190.04万	--
资产减值损失(元)	7.78亿	--	2347.82万	937.43万	285.09万
信用减值损失(元)	2256.25万	685.95万	--	--	--
加：公允价值变动收益(元)	2441.21万	-89.56万	-186.25万	-167.93万	--
投资收益(元)	-636.37万	-10.42万	-3.63万	-74.36万	--
其中：联营企业和合营企业的投资收益(元)	-844.81万	-144.61万	-3.63万	-74.36万	--
资产处置收益(元)	300.00	1,800	5409.90万	12.42万	12.97万
其他收益(元)	871.12万	730.16万	154.52万	27.51万	--
三、营业利润(元)	-6.66亿	1.41亿	1.14亿	2651.36万	2184.22万
加：营业外收入(元)	400.52万	411.22万	135.46万	269.74万	68.28万
其中：非流动资产处置利得(元)	--	--	--	--	--
减：营业外支出(元)	23.65万	55.93万	57.94万	37.15万	124.67万
其中：非流动资产处置损失(元)	--	--	--	--	--
四、利润总额(元)	-6.62亿	1.45亿	1.15亿	2883.95万	2127.83万
减：所得税费用(元)	-65.35万	354.03万	400.68万	-524.42万	-183.13万

图 9-3　某上市公司商誉减值损失 7.78 亿元

4. 净利润中的非经常性损益

有的公司利润表上净利润非常好，但可能主营业务利润是亏损的，利润表上的利润多数是因处置投资、获得政府补贴收入等形成的，虽然利润表上净利润还可以，但不能不说该公司的主营业务存在问题，公司可能不稳定、不可持续。

那么像出售子公司股权、获得政府补贴收入、财务利息收入、出售投资性房产的收入等这些在公司不是主营业务产生的利润，因为收益不稳定、不具有连续性，今年有明年、后年可能就没有了，影响我们对该公司真实、公允的正常盈利能力的判断。

所以我们在看利润表时，要看它的真实价值，要扣除这部分不是公司主营业务形成的利润，这就是扣非净利润，全称叫扣除非经常性损益后的净利润。因为扣非净利润才能真实反映公司的平稳发展、持续盈利能力，才是真实的反映企业经营状况。

例如，某上市公司 2020 年净利润 21.48 亿元，但要注意，扣非净利润为－1.20亿元，也就是说 2020 年公司正常性经营为亏损 1.20 亿元，是不是很意外？某上市公司扣非净利润为－1.20 亿元，如图 9-4 所示。

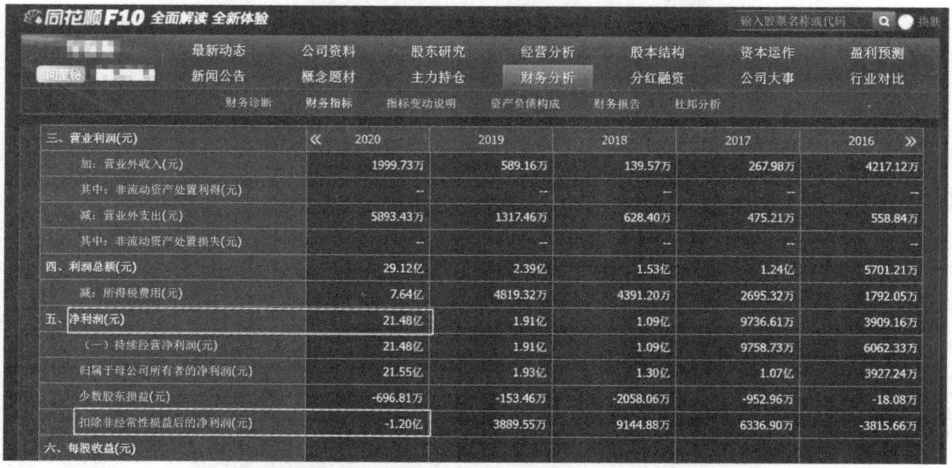

三、营业利润(元)	« 2020	2019	2018	2017	2016 »
加：营业外收入(元)	1999.73万	589.16万	139.57万	267.98万	4217.12万
其中：非流动资产处置利得(元)	--	--	--	--	--
减：营业外支出(元)	5893.43万	1317.46万	628.40万	475.21万	558.84万
其中：非流动资产处置损失(元)	--	--	--	--	--
四、利润总额(元)	29.12亿	2.39亿	1.53亿	1.24亿	5701.21万
减：所得税费用(元)	7.64亿	4819.32万	4391.20万	2695.32万	1792.05万
五、净利润(元)	21.48亿	1.91亿	1.09亿	9736.61万	3909.16万
（一）持续经营净利润(元)	21.48亿	1.91亿	1.09亿	9758.73万	6062.33万
归属于母公司所有者的净利润(元)	21.55亿	1.93亿	1.30亿	1.07亿	3927.24万
少数股东损益(元)	-696.81万	-153.46万	-2058.06万	-952.96万	-18.08万
扣除非经常性损益后的净利润(元)	-1.20亿	3889.55万	9144.88万	6336.90万	-3815.66万
六、每股收益(元)					

图 9-4　某上市公司扣非净利润为－1.20 亿元

9.4.8　轻松看懂上市公司财务数据——市值估价指标

公司估值见仁见智，并没有完全统一的标准，有的人炒股甚至完全不看这些指标。

但实际上公司估值是有一些明确的指标，并得到多数人公认的。我们就站在财务的角度，聊一下财务是如何看公司估值指标的。

上市公司估值指标一般有市盈率、市净率、净资产收益率等，每个人侧重点不同，指标也会有增减。

1. 市盈率

市盈率（PE），是股票价格除以每股盈利的比率，就是股价和当期每股净利润的比值。市盈率反映了当前公司股票价格相对于公司利润的溢价倍数，在不考虑未来公司利润增长的情况下，只要保持目前的利润水平，投资公司多少年可以靠利润回本。

假设市盈率为10，表示按目前的股价和去年的净利润，投资该公司需要10年可以靠利润回本（注意不是靠分红回本，也不是靠股价上涨回本）。

例如，宁德时代，静态市盈率160.2，也就是按目前股价和上年净利润，如果投资该股，假设未来每年利润不增不减保持不变，需要160.2年才能靠利润回本（不是分红回本）。宁德时代市盈率如图9-5所示。

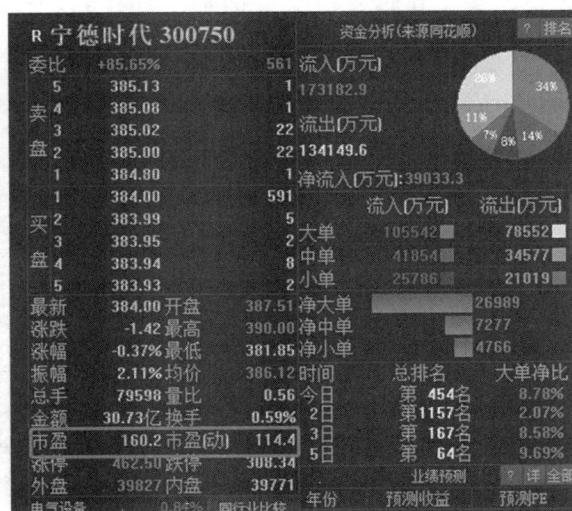

图9-5　宁德时代市盈率

市盈率分为静态市盈率与动态市盈率，静态市盈率是股价与上年利润做比较，动态市盈率是以本期（比如一季度）利润做比较，通常指的是静态市盈率。

市盈率通常用来作为比较不同价格的股票是否被高估或者低估的指标。一般来说，市盈率越低，表明投资回收期越短，投资风险就越小，股票的投资价值就越大。

不同类型、不同行业的公司对市盈率的高低可能会有不同要求，像传统产业如传统制造业、银行业可能市盈率会比较低，一般在 10 以下，比如工商银行市盈率 5.93，通常认为市盈率超过 30 就比较虚高甚至泡沫了；而预期会呈指数级高速增长的新兴产业如高科技企业、高端制造业、互联网科技类公司市盈率会很高，比如宁德时代市盈率 160.2。有的公司甚至目前亏损，但人们看好它也会给它很高的估值。

但是，至少市盈率提供了一个进行比较的很重要的参数，至少在本行业内市盈率完全是有可比性的。

提醒一下，大家在用该指标时要注意使用前几期提到的扣非后净利润，排除非经营性收益的影响。

2. 市净率

市净率（PB），指的是每股股价与每股净资产的比率，或者以公司股票市值除以公司净资产。某只股票市净率越低，表明每股内含净资产值高但每股市价不高，万一上市公司倒闭，清偿的时候可以收回更多成本。所以市净率越低，其投资风险越低，投资价值越高。

一般认为，传统产业市净率比较低。例如，一般来说钢铁、银行业 1.5 左右，家电行业 3 左右，但也有很多朝阳产业、高技术企业超过 5 甚至 10。例如，八一钢铁 1.78，长沙银行 0.84（表明股价低于净资产），格力电器 2.98，宁德时代 14，等等。

投资者在用市净率指标估值时也和市盈率一样，要注意避坑，只不过市盈率要注意净利润是指扣非净利润；而市净率中的净资产，要注意其中应收账款、存货、商誉等资产的坏账、贬值、减值风险，要是真实的净资产，不要被表面的净资产数据蒙蔽了。

3. 净资产收益率

净资产收益率虽然已在之前讲过，在这里提出来，主要是想说明，这个指标不仅是评价公司核心盈利能力的主要指标，而且因为是反映股东投资（所有者权益）的盈利水平，所以也是评价公司估值的重要指标。

净资产收益率越高，投资这家公司收益回报越大，越有投资价值。一般来说，净资产收益率最少应不低于10%才有价值。为什么大家愿意对恒瑞医药600276给予70倍市盈率，其中连续多年20%以上的净资产收益率应该是功不可没吧？恒瑞医药净资产收益率连续多年20%以上，如图9-6所示。

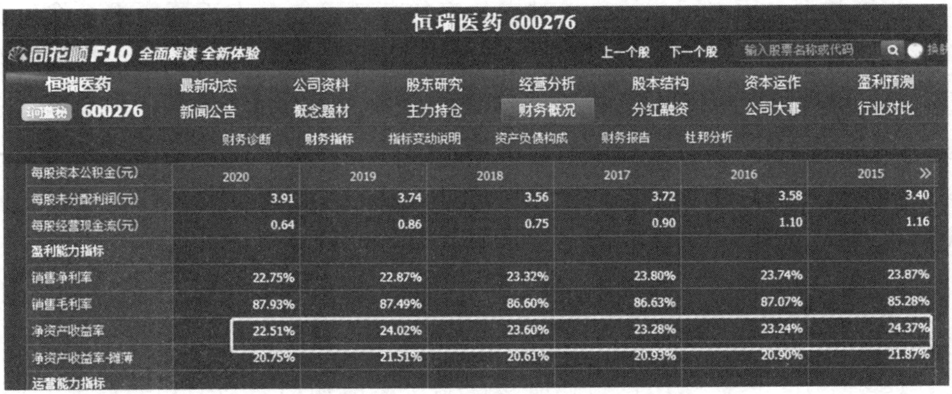

每股资本公积金(元)	2020	2019	2018	2017	2016	2015
每股未分配利润(元)	3.91	3.74	3.56	3.72	3.58	3.40
每股经营现金流(元)	0.64	0.86	0.75	0.90	1.10	1.16
盈利能力指标						
销售净利率	22.75%	22.87%	23.32%	23.80%	23.74%	23.87%
销售毛利率	87.93%	87.49%	86.60%	86.63%	87.07%	85.28%
净资产收益率	22.51%	24.02%	23.60%	23.28%	23.24%	24.37%
净资产收益率-摊薄	20.75%	21.51%	20.61%	20.93%	20.90%	21.87%
运营能力指标						

图9-6 恒瑞医药净资产收益率连续多年20%以上

再看一个极端例子，像ST*****，连续多年净资产收益率为负数（2018年表面为正数，实际扣非净利润为负数），已经预警那么多年了。

9.5 投资业务流程及主要风险

企业的投资活动业务要经过以投资方案可行性论证为主的业务流程，其中每个流程都蕴含着不小的风险。

9.5.1 投资活动业务流程

企业进行投资活动的风险控制，必须先了解投资活动经过哪些流程。投资活动一般包括投资方案拟定、投资方案可行性论证、投资方案决策、投资计划编制与审批、投资计划实施、投资项目的到期处置这6个业务流程。

（1）投资方案拟定。

企业应在综合考虑发展战略、宏观经济环境、产业环境、市场状况、预算管理、筹资能力、资金情况等各方面因素的基础上，提出投资项目规划，拟定投资方案，并按程序进行项目筛选，确定投资项目。

（2）投资方案可行性论证。

投资方案可行性论证，就是投资方案拟定后，在财务部门提出的筹资方案初稿基础上，公司组织与项目有关的市场、资源、工程技术、经济、社会、财务等各部门、相关专家进行分析、论证和评价，评估、判断其是否可行，以选择最佳投资项目或投资方案。

进行投资方案可行性论证，应当重点从投资方向是否符合国家产业政策、投资战略是否符合企业的发展战略、市场前景和市场容量是否足够好、技术上是否具备可行性、资金来源是否可靠、投资收益是否稳定可预期、投资风险是否可控或可承受等几个方面进行论证。投资方案可行性研究报告如何做，后面会详细说明。

（3）进行投资方案决策，应注意以下几点：

①要根据授权批准控制的要求，按照规定的权限和程序，对投资项目采取分级审批、集体决策的方式进行决策审批；

②要坚持贯彻执行不相容职务分离和岗位责任制要求，决策者应与方案制定者适当分离；

③投资方案审查的重点是，方案是否具有可行性、投资项目是否符合投资战略目标和战略规划、资金是否能得到保障、能否按时收回投资、是否能实现预期收益、投资和并购的风险是否可控等；

④重大投资项目，应当报经董事会或股东大会批准；投资方案需要经过有关管理部门审批的，应当履行相应的报批程序。

（4）投资计划编制与审批。

投资方案经公司批准后，由投资部门、财务部门与被投资方沟通、协商，就投资合同或协议达成意向，编制详细的投资计划，针对不同阶段的资金投放量、投资具体内容、项目进度、完成时间、质量标准与要求等逐一落实确定，并按程序报经公司和有关部门批准；在按规定的流程履行审批手续后，与被投资方签订正式投资合同。

（5）投资计划实施。

（6）投资项目的到期处置。

9.5.2　投资活动的主要风险点

投资活动的主要风险主要来自以下情况，应予以关注。

1. 投资活动与企业战略不符带来的风险

企业的投资活动不能盲目、冲动决策，要在企业发展战略的指导下合理选择投资项目，聚焦主业，确定合理的投资规模，科学合理权衡风险和收益。

2. 投资与筹资在资金数量、期限、成本与收益上不匹配的风险

筹资很大程度上是为了满足投资的需求，但筹集资金的方式、数量、偿还方式、筹资成本不同，投资活动也要注意与筹资活动的匹配，规避其中的风险。

（1）千万不能脱离企业的筹资能力和资金实力去盲目投资，而应量入为出、量力而行。

（2）为避免不能按时支付计划中的到期投资，发生支付危机，一定要把握资金的收入节奏与支付节奏相匹配，使投资的现金流量与筹资的现金流量在数量和时间上保持同步。

（3）为保证筹资成本得到足额补偿并使投资获得预期的利润，一定要使投资收益与筹资成本相匹配。

3. 投资活动忽略资产结构与流动性的风险

企业要妥善处理资产流动性和盈利性的关系，保持投资风险与收益均衡，通过投资保持合理的资产结构，并在保证企业资产合理流动性的前提下追求利润最大化。

4. 缺乏严密的授权审批制度和不相容职务分离制度的风险

不相容职务分离制度、授权审批制度使企业各项活动相互制约、相互牵制，保证各项业务在严格控制下进行，是企业所有业务中最基本的内控制度和风险防范措施，在投资活动中也不例外，而且应该更严格地遵守。因此，不相容职务分离制度、授权审批制度是投资内部控制、防范风险的重要手段，而且，还应建立严密的与投资责任制度相适应的责任追究制度，使责权利相一致。

5. 缺乏严密的投资资产保管与会计记录的风险

为避免投资风险，防范各种舞弊行为，企业应建立健全资产保管制度，明确各部门、各岗位的保管责任，建立健全账簿体系，及时准确登记账簿，通过账簿记录对投资资产进行详细、动态反映和控制。

9.6 投资业务的风险控制措施

企业投资活动每个环节都存在风险，可以采取可行性论证、优选投资方案、制定切实可行的投资计划、授权审批制度、不相容职务分离、财务会计控制等措施控制风险。

9.6.1 可行性论证——投资方案提出阶段的控制措施

在投资方案提出阶段，可以采取的控制措施有：

（1）对投资方案是否符合企业战略目标、发展规划战略性评估；

（2）投资规模、投资方向、投资时机是否适当；

（3）分析、比较不同项目的市场前景和市场容量、技术可行性和先进性、收益与风险、收益与成本、预计现金流量等，进行市场、技术、财务可行性研究。

9.6.2 授权审批选择最优方案——投资方案审批阶段的控制措施

投资方案审批阶段最主要的控制措施，就是要坚持完善授权审批制度。

（1）企业要建立、完善投资业务的授权审批制度，明确审批人对投资业务的授权批准方式、权限、程序和责任，不得越权；重大投资项目，应当报经董事会或股东（大）会批准。投资方案需要经过有关管理部门审批的，应当履行相应的报批程序。

（2）审批人只能在规定的流程、规定的权限范围内进行审批，违反审批程序、超越审批权限的审批行为无效，经办人有权拒绝执行，并向审批人的上级提出，要求及时处理。

（3）审批中应实行集体决策审议或者联签制度，严禁不按流程冲动审批、独断专行。

（4）按审批制度得到批准的投资方案，由企业投资部门与有关被投资方签署正式的投资协议，明确各方权利义务。

9.6.3 合法有序有效——投资方案实施阶段的控制措施

在投资方案实施阶段，重点是要保证投资活动按计划合法、有序、有效进行，可以从以下几方面入手：

（1）根据投资计划的进度要求，严格控制资金流量和时间节点，并分期、按进度适时投放资金；

（2）清理、统计、核查目前企业的资金额，以企业及正常生产经营预算对资金的需求量，积极筹措投资项目所需资金；

（3）严格坚持执行不相容职务分离制度和授权审批制度，各部门、各环节、各岗位坚持原则，履行职责，正确履行审批监督责任，以投资计划为依据，对项目实施过程进行监督和控制，防止各种舞弊行为，保证项目建设的质量和进度要求；

（4）充分发挥会计控制的作用，及时准确登记会计账簿，做好会计记录；

（5）做好跟踪分析工作，及时评价投资的进展，将分析和评价的结果反馈给决策层，以便及时调整投资策略或制定投资退出策略。

9.6.4 符合企业利益——投资资产处置阶段的控制措施

投资资产处置阶段的控制，目的是保证投资资产的处理符合企业的利益，具体包括：

（1）企业应选择相应的资产评估方法，确定处置策略，并客观评估投资价值；

（2）投资资产的处置应该由专业技术人员进行评估，或者聘请专业中介机构进行评估或协助处置；

（3）投资资产的处置必须按制度、流程经过董事会或股东大会的授权批准。

9.6.5 不相容职务分离和岗位责任制

企业为了投资业务在各环节、各岗位互相牵制、互相监督，认真落实执行不相容职务分离和岗位责任制仍然是风险控制的根本措施，这些措施具体包括：

（1）投资业务的授权批准、执行、审批、会计记录、保管是不相容职务，应当进行分离，以起到互相牵制、互相监督的作用，不能由一人同时负责任何两项工作；

（2）各岗位应有明确的岗位职责、制度、流程、奖惩制度等，并进行严格分工和责任落实；

（3）应有专人对岗位职责、岗位责任制落实情况进行监督检查，定期开展盘点和审计，发现漏洞和风险，及时予以纠正、弥补、处罚，并完善制度。

9.6.6　投资业务的会计控制

企业应当按照会计准则的规定，准确进行投资的会计处理，根据对被投资方的影响程度，合理确定投资业务适用的会计政策，建立投资管理台账，详细记录投资对象、金额、期限、收益等事项，妥善保管投资合同或协议、出资证明等资料。对于被投资方出现财务状况恶化、市价当期大幅下跌等情形的，企业财务机构应当根据国家统一的会计准则和制度规定，合理计提减值准备、确认减值损失。

具体包括：

（1）为了准确反映企业投资的真实状况，企业必须按照会计准则的要求，确定合理的会计政策，对投资项目进行准确地核算、记录与报告；

（2）应由专门部门、专人负责妥善保管投资合同、协议、备忘录、出资证明等重要的法律文书；

（3）企业应当建立投资管理台账和明细账，详细记录投资对象、金额、占比、期限等情况，作为企业重要的档案资料以备查用；

（4）应根据项目实际情况如实进行处理，例如投资项目出现财务恶化、严重亏损、市价大幅下跌等情形，应按会计准则的要求及时、合理地计提减值准备；

（5）不能滥用会计估计，不能把减值准备作为调节利润的手段，减值准备的估计应准确、合理。